海国商道

——来自十三行后裔的历史报告

HAIGUO SHANGDAO

谭元亨◎著

人民出版社

目 录
CONTENTS

下篇

序　曲

　　其实，真正被称为"珠江"的，只是流近广州，直至入海口的一段。在那之前，则是西江、北江、东江，它们分别来自云南、湖南及江西的崇山峻岭，自带有莽原大川的豪气，急流直下，一泻千里，冲出偌大一个珠江三角洲，更拓开一个巨型的喇叭口——珠江两岸，即便是广州一线，在唐宋年间，都是彼此看不见的。珠江水量之大，在神州大地，仅次于浩浩长江。约100年前，有名的"乙卯大水"，使得整个珠江三角洲，差点又回到几万年前的古海湾情状，只余下孤零零露出水面的岛屿与礁石——这些，在平日，却有山峰之称，如顺峰山、锦屏山。在广州，珠江的北岸与南岸，也几乎都相互见不到了，唯有浩森无垠的大水。北岸，更退到了当年达摩舍筏登岸的地方，那可是南北朝时期。珠江水，不羁的江水，狂傲的江水，年年岁岁，应和着顶托的南海大潮，让人类感受其掀天覆地的膂力。人称"黄河之水天上来"，那么，珠江更是"九天银汉手中挽"，气吞天地。难怪人称黄河人厚重、粗犷，而珠江人也一般大气、豪放，没有江南的阴柔、妩媚之弱不禁风。

　　然而，珠江不是黄河。珠江面对的是浩浩荡荡的南海，而非高山大岭的中原。珠江人的豪爽，分明又带有大海的长风的骀荡，还有扬帆千里的快畅……噢，要细细分说，恐非三五万字下不来，不妨引上几句林语堂的评述：他们是"另一种中国人。他们充满了种族的活力，人人都是男子汉，吃饭、工作都是男子汉的风格。他们有事业心，无忧无虑，挥霍浪费，好斗，好冒险，图进取，脾气急躁，在表面的中国文化之下是吃蛇的土著居民的传统……"寥寥几句，活灵活现，不说惟妙惟肖，也八九不离十吧，况且，用文学语言表述，不刻板、不落套，这算是最为精彩的。

其实，这里的人，把凡有水的地方，都称之为"海"。连河堤，也都叫做"海皮"。海，成了他们文化的最深厚的底色，并自豪地认为自身就"有海国超迈之意量"。他们很阳光，个个都称得上"阳光少年"，甚至在世界上，都有这么一句话"太阳在粤人社会上永远不落"（The sun never sets on the Cantonese community）。一代文化大师梁启超也称："海也者，能发人进取之雄心……试一观海，忽觉趋然万累之表，而行思想，皆得无限自由……"这番联想，我是站在广州城头、白鹅潭畔生发出来的。只是，我何以从珠江，联想到了人？莫非，只因眼前风涛滚滚的白鹅潭？！

白鹅潭的得名，当是 500 年前，著名的黄萧养起义在此血战而来的。当年，义军数百、上千号战船，把个广州城围了个密密匝匝、水泄不通，吓得州府大人差点"尽忠"了。过去，人们习惯性地把这支义军称为农民起义部队，可一细究，却不是那么回事，毕竟，为首的黄萧养并非农民，是商轮上的雇工及小头目，而几百、上千条战船上的义军，也大都不是农民。他们是为生存而战，昏庸的帝国一声"禁海"，便断了几千年往返于大洋间商轮上的"讨海者"的活路，因此海商也就被迫起来反抗，于是海商也就成了海盗。"开则为商，禁则为盗"，海上的商业往来，开海则可正名，是堂堂正正的商人；一旦禁海，这便成了"走私"或别的什么罪行，于是商业也就成为盗了。这道理很简单，但那些冬瓜脑袋的朝廷命臣们却怎么也弄不清楚。

白鹅潭血战，黄萧养壮烈战死，却有一只白天鹅自天而降，把这位壮士驮上，直冲云霄，消失在渺渺云烟之中。也许，黄萧养身上，集中体现了这方水土养育出来的人的品格？！所以，我才有开篇那番几近不着边际的联想？

却似乎不尽然。

因为，我想得更多的，是另5个群体。而我，则是作为这样一个群体当中一员的后裔。只不过，年过半百，我方得知自己这样的身世。

历史被尘封，尚有情可原，战乱、灾荒，牒牍荡然无存。可一个人的身世，既然由上辈人一代一代的血脉延续下来，又怎可以被失落、被隐瞒呢？

只是我父亲一直到辞世，都守口如瓶，只字不提这一身世。他带去冥间的，还远不只身世一事，连我的家世，也就是他这一代人的事，也被他瞒得严严实实，密不透风。也只有我回到广州，回到老家顺德，见到宗祠所存、祖居所存的乾隆、嘉庆年间青花瓷——它们倒是真正尘封在祖居阁楼上的一个角落里，恐怕几十年没人打理过——方愕然地问起其之来历……

谁也不曾立马回答我。直到有一回上姑妈家，她才轻轻地、淡然地说了一句："那是我们祖上在十三行经销的景德镇的青瓷。"

十三行?! 十三行的中国行商?!

恐怕，这是中国近古历史上最尴尬的历史群落，以至于父辈们可以隐瞒整整一生一世，而不愿子孙们知晓……或许，这样一个历史群落，作为一个整体，也曾留下类似"达·芬奇密码"这样的训诫，不到时机，切切不可让任何人，包括自己的后人得知。

站立在白鹅潭畔，看白帆片片、波光粼粼、群鸥翩翩，这太祥和、太宁静的水面，仿佛是对今人的一种贿赂，教你不愿去追问昔日的滔天巨浪、血影刀光——无论是屈辱还是荣耀，是振奋还是哀恸……当年，潭面，当不知大过现在多少倍，往来的船只，也不知比现在多多少，一任它们来自遥远的太平洋彼岸，或者是绕道风急浪险的好望角，白鹅潭统统都能接纳，只要看过当年画家留下的一系列组画便一目了然。

只是有谁还知道，明、清两大帝国的"天子南库"，便是指这么一个地方。帝国的外贸，也只有在这么一个地方存在，一旦断绝，紫禁城里的歌舞升平也就不复有了。这两个置中国于落后挨打局面的皇朝，便是靠这样的"气孔"——如同围棋上的气眼一样——苟延残喘的。殊不知，这样的气孔，也同样加速了它们的败灭，颠覆了几千年延续下来的帝制。本来，一个业已腐朽的制度，每每会拼命地蜷缩成一团，害怕八面来风令它风化，于是，闭关锁国也就成了既定的国策，明也罢，清也罢，禁海日复一日，拒绝海风的滋润，也拒绝阳光的照临，一整个的病态：压抑、惊悸、苍白、委靡……然而，却又怎么留下这么个白鹅潭，这白鹅潭畔的十三行？

我想叩问父亲——可他已在冥冥之中永远地放弃了话语权。

我只有叩问白鹅潭，叩问当年十三行曾兴盛一时的旧址：那错落的街区、参差的洋楼……只是，一切皆已面目全非：鸦片战争中一场暧昧的大火，已教昔日的繁荣化作了灰烬。

那么，我还能问什么呢？

作为南方开放的最早的标志之一——由霍英东（就在动笔写这部作品时，传来了他病逝的消息）投资建造的白鹅潭宾馆，高耸入云，仿佛在抚摸着漠漠长天。他何以属意这里？想必也是自小就熟知黄萧养的故事，这白鹅潭的来历。共和国草创之初，他暗度陈仓，为百废待兴的祖国大陆悄悄地运进了一批又一批的"违禁品"，可是在途中想起过曾指挥过数百上千艘战船的那位义军领袖……不过，有一条，却是共同的，他们都是要冲破"禁海"的封锁，为国家、为民族争一口"活气"，黄萧养失败了，霍英东却成功了，虽然也历尽艰辛，身心一般伤痕累累……他们已毋需正名了，民族英雄，爱国志士，当之无愧。

可是，当日十三行的中国行商们呢？

毫无疑义，这是中国历史夹缝中最为尴尬的一个历史群落。淹到他们身上的污水，恐怕不会比白鹅潭少，从而淹没了一代又一代，以至后人们都无脸重新提起。如果不是今天，改革开放已有30多年，包括我本人，也会羞于在人前提起，自己竟是十三行的……后裔。历史如同铁板，一块接一块地重压在十三行上面，以至上百年间都无法吐一口气，什么"奸商"、

"国贼"，甚至于"鸦片贩子"的恶名都予以了坐实，且不说"汉奸"、"假洋鬼子"之类的"高帽"。连自以为公正、客观一点的有识之士，也只能摇摇头，叹上一口气，说上一句"历史的怪胎"，也便算盖棺定论了。除此之外，还能有什么呢?

不会有人追溯，他们来自遥远的岁月。在海上丝绸之路于汉武帝元鼎年间（前111）开通之际，他们的先辈，已在万里海路上扬帆争流，与南海的飓风搏击，与马六甲海峡上的海盗刀枪相见，甚至绕过了好望角的连天巨浪……唐代的通海夷道，每每可见他们骁健的身影；而宋元的巨舶，更显他们风姿绰约，一两千年，他们就这么在大海中踏出一条黄金堆砌的大道，为国家、为民族，也为自己，冒万险而一掷，置生死于度外。于是，云锦般的丝绸、玉石样的陶瓷、清香袭人的茶叶，就这么一船船西去，换来了黄金、白银、璧琉璃、香料……东方大国外贸之命脉，就系在了他们的身上。

诚然，盛唐与富裕的宋朝，都不曾把他们打入"另类"，他们是堂堂正正的海商，统领风骚的外贸统领，为国家创造了难以计数的外汇，对民族的强大起到过无可替代的作用。可曾几何时，他们却成了历史夹缝中的"怪胎"，甚至被侮蔑为"汉奸"、"国贼"?! 还是那个一开一禁：开海与禁海么? 开则为商，为功臣，禁则为盗，为罪人。

明清二朝，禁海无疑是"主旋律"，一个国家由海洋大国萎缩成为内陆的农业弱国，自然视开海为大逆不道，而传统农业社会的"无商不奸"的定见，也就愈加恐怖了。

但似乎不仅仅如此。

毕竟，十三行又是合法的存在，皇上还"恩准"这"一口通商"，放洋人到白鹅潭畔开设商行，并特准一批中国商人与他们打交道——这"禁"中的"开"，又意味着什么呢?

就这样，一批十三行的中国商人，从历史中渐显了出来，虽说没了往昔的威风、潇洒，更没了曾有的豪情壮志。他们小心翼翼，生怕每一步都是一个陷阱，如临深渊，如履薄冰，在一部畸变的中国史的边缘提心吊胆

地探出了头……而最终，还是给大火烧尽，给枪炮粉碎，又沉入了几乎永无出头之日的历史大洪水中。他们注定要在这样一个东方古国大舞台上担任悲剧的角色，决不会享有在"以商立国"的西方列国中的地位与荣耀，在这边，他们是倒三角下承受最沉压迫的那一点，而在那边，他们却是金字塔顶尖上最为辉煌的一角！

远处，戏剧的音乐在白鹅潭水面上飘来，这都是西洋音乐，不是当年十三行商人庭院中的丝竹之音，高亢、激越与柔曼、清纯不会交互在一起。我知道，省里的歌剧院正在上演大型话剧《十三行商人》，试图以正面的宣传洗刷历史的诟病，只是短短的一两个小时，道得尽当日的辛酸苦辣、悲欢离合、七灾八难么？简单的图解，足以抗御住几百年的成见么？且莫再把历史演绎为神话，否则，我们仍将万劫不复。自我的拯救，不能依靠用美丽词语编织的安慰，那只能是自欺欺人。

这是一个太尴尬、太复杂的群体，要抽丝剥茧解决他们身上及名誉上的束缚，再高明的手术专家也无济于事。

这是一段太迷茫、太曲折的历史，要梳理出经经纬纬，找出个来龙去脉，恐非哲学家所能胜任！

我走来了，走近这样一个群体，走进这样的一部历史——只因我是这样一个群体的后裔，是这样一位"历史之子"，我知道我背负着太沉重的过去，也知道我曾有的九死一生与这一度失去的过去息息相关。

落日，将白鹅潭耀映得一片腥红——这是一个《腥红现场》（一位在德国的作家曾用此名写过我的传记），而我自身，也同样是这么一个腥红现场——对的，我就置身于历史的现场之中，在挣扎，在呼号……白鹅潭的水面不再平静，而白色的宾馆之倒影，在水波中摇曳，恍惚间，真要化作一只天鹅，冲天而去！

不，不是水动，也不是楼动，而是……心动，是我的神思在摇曳。

我不自觉地走进了这摇曳的水面。

我在沉没。

冥冥之中，我却分明听到有人在叩问：在中国外贸史上创造了如此辉煌业绩的这样一个商贾群体，为何他们的后人，竟没见一位重操先辈的旧业？我一惊，脚一踹，飞升上了水面。我仓皇四顾，却不见周遭有任何人的踪影。

是谁在提问？难道，是自己的内心？

的确，你自身，不就是这么一个问题么？你父亲不曾从商，他一生都忙忙碌碌地建造海港、码头，还有公路、桥梁，他的遗嘱，就写在了大海与大地上。而你自己呢？一本本的书，还有数不胜数的学生，都渗透了你的心血，你以此为最大的安慰。

为什么，就没想到涉足商界？

再看看你所熟知的十三行的后裔们，无论是当年钟鸣鼎食的潘家的后人——其中一位就与你在同一所大学执教，还有梁家，也都是教授、工程师、公务员……是怎样的一个符咒，加在你及这些后人的身上？果然真有一个"十三行的遗嘱"么？而这样一个有形或无形的遗嘱，竟会在一百多年之间，如此灵验，如此见效？

……

我被自己的提问骇住了。

我该怎么回答自己？

那就走进这部书吧——也许，真要写尽写透这一切，远不是十部百部可以办得到的，但我只是为回答自己内心的追问。没有神话，没有传奇，只有生命的旗帜在空中高高地飘扬。

噢，我知道，历史就是这鲜活的生命。

刚给我很敬重的老作家朱崇山的长篇《鹏回首》写了一篇评论《文学，历史的未尽之言》。《鹏回首》写的是深圳特区创立之际，几位为"杀出一条血路"而倒下的先行者们。这里说的"倒下"，并非那些积劳成疾、呕心沥血而倒下的老黄牛，而是踏响了雷区，被来自背后的暗箭射倒的前锋战士。改革者从来是悲剧的主角，古今中外概莫能外。一部所谓的"正史"，是不会为他们说上几句公道话的，那么，唯有文学，方可说出这历史的"未尽之言"。我是这么写的：

回首便意味着历史，追根溯源抑或重建历史。可"回首"能辨认清晰历史么？如果不能的话，透过重重的迷雾，回首到的又是什么呢？尚不如用自己的良知，洞察秋毫的睿智，去重塑历史好了。其实，无数的历史学家，都试图去逼近历史的真实，这是他们出于职业本能所想要做到的，但他们每每想做的，或者理应完成的这一使命，几乎没有一位曾做到，这正是历史学家的悲剧，他们注定逃不掉的宿命。不说古罗马的历史学家，也不说西方近现代的吉本等大师，只说我们自己，无论是郭沫若、范文澜，还是今天的这位或那位，原谅我不说出他们的名字。历史这个词，于我们这个民族未免太沉重又太迷惘了。

作为一位作家，也许多少也可以算得上一位历史学者，要我在文学与史学之间作出抉择，我恐怕还得首选文学，尽管我的此在身份是教授，是学者。因为后者不仅对我个人来说是力不从心，对众多的史学家来说也是如此。所以，选择也就是无可避免的。一部有力度、有深度的文学作品，其在文学上的发挥，包括天才的想象力，每每可以达到历史学家达不到的目的，换句话说，它更能揭示出历史的本意，更逼近历史的真实。一部《红楼梦》，难道不比汗牛充栋的清史，更让后人认识封建末世的真相么？对于一位杰出的小说家而言，他天才的艺术洞察力，便足以凭借手中的笔，虚构出真实的历史。虚构与真实，就如此完美地得到了结合，超出了一位史学家的视野及职责。

写完这篇评论，我便着手这部关于明清帝国大商行——十三行的构思，其时，亦不觉悚然了：我这写的，不仍是"历史的未尽之言"么？尽管如今十三的研究著作已不鲜见，关于历史上这一尴尬的群体，亦不乏同情、哀婉之词，但"历史佬"（他们的自诩）行文已成一定之规，一点点的思想火花转眼即逝，亦留下不少"未尽之言"。所以，还得由我来做，不管怎的，排除了文学的身份，作为这一群体的后裔，总还有一定的话语权吧。

这也是我最后下了决心，啃这枚历史苦果的唯一原因。毕竟，我的祖辈，处于十三行那种境地中，是那么孤立无援，虽然有人说他们"富可敌国"，说他们是18世纪乃至19世纪上半叶世界上最富有的群体，可他们却在片刻间倾家荡产，要么便被流放、下大狱，要么就只有选择自尽、投缳或吞鸦片，并留下无尽的骂名——在历史上，也同样一般孤立无援。当他们从史册中伸出一只那么孱弱、无助之手，想握住什么之际，你忍心拒绝么？

我想起了互联网上的一幅照片。

那是一个才被怀上4个来月的胎儿，被诊断患有先天性的脊髓病，由于父母的坚持，他没被流产掉，医生决定打开腹腔与子宫，给他做手术治疗。就在打开子宫之际，奇迹出现了，一只手，铅笔般的小手伸了出来，毅然决然地抓住了主刀医生的手，令所在在场医务人员为之惊诧！

那是生命的求援。几个月后，这孩子顺利出生了。

4个月的胎儿，我们无法知道是否已经有了意识，可求援、求助，却是生命的本能，这是谁都无法拒绝的。

而十三行的故人们，他们更是已有过思想有过生命的，当他们从厚厚的历史故纸堆的重压下，艰难地伸出一只手来，你能拒绝么？

历史也是有生命的，历史总是在申述什么，因为毕竟有着太多的未尽之言！

30多年前，当我还是一位知青，在炎帝陵近即流亡之际，由于前途茫茫、风刀霜剑四面相逼，曾写下一首上千行的长诗，诗的末尾是这么写的："我从坟墓里 伸出一只手 不是道别 而是招徕……"极端颓废、悲伤之下的绝望之语。后来，我还把它引用在一部长篇的后记之中。

而现在不是我自己的手，反过来，是我抓住了历史之手，要把这一部历史从坟墓中断然决然地拔出来……当然，我得下很大的力气。而我，最终仍选择文学这一形式，正在于其有可能道出的"未尽之言"，一如我在那篇评论中所说的：

就这样，文学也就重于历史，同样，也真于历史。因为它飞扬起的人类的历史精神，更真切，更无可颠扑。而其中有血有肉的人物，更远比被格式化的历史书中的人物要清晰得多、具体得多；这其间的历史事件，也同样较史书上的陈述要真切得多，可信得多。这究竟是不是历史学家的无奈与悲哀呢？

海國商道

HAIGUO SHANGDAO

——来自十三行后裔的历史报告

上篇

盛不可不忧，

隆不可不惧。

——汉·扬雄《交州箴》

1

两千年骀荡的海风

    追溯这一部历史,不是须往前跋涉几百年——纵然学术界关于十三行的出现仍有明代说与清代说,其诞生的岁月依旧那么疑云重重,一片混沌——而是得重返一千年,乃至两千多年。

    那是十三行的前世,有无法切割的血脉联系。否则,不足以为十三行"正名"。也无以为我们这个曾是"海洋大国"的国家历史正名,因为,十三行本身,当是这个业已逝去的海洋大国的一丝余绪,最后一子"活眼"……

    让我们还是回到两千多年前吧!

    正是 1983 年,在广州市越秀区象岗山,一铲挖下去,挖到了两千一、二百年前!

    这便是惊动中国也震动世界的南越王墓的发现,与当年长沙马王堆汉轪侯墓的发现一样,对中国的历史及其典籍的确认或修正,都具有不比寻常的意义。而就在这古墓里,我们也找到了有关海洋大国的众多物证——众多来自海外的舶来品。诸如银盒、金花泡以及原支大象牙等。

    仅以银盒为例。它通高 12.1 厘米,腹径有 14.8 厘米,盖与身吻合得相当紧,整体呈扁球形,盖面隆起一个圆周,且有两圈凹线弦纹,外周为向外交错的蒜形凸纹,表面有薄薄的鎏金。上有铭文"名曰百州十一"、

"一斤四两右游一私官容三斗大半……"，显然是后来刻上去的。重量为572.6克。

这一银盒在风格、形态上与中国汉代及之前的银器都不一样，却与西亚波斯帝国的金银器相类同。它的造型与纹饰与伊朗古苏撒城出土的刻有波斯薛西斯王名字（前5世纪）的银器几近一致，这可以与《世界考古学大系》第十一卷中刊有的这类银器相比对。

这批舶来品，是广州目前发现的年代最早的海外"来客"。

南越国建立于公元前2世纪前后，而这些银器的相关工艺出现在公元前4世纪的两河流域，而后流行于北非、南亚等地。可见，在公元前2世纪之前，中国与南亚的海上交通业已建立了起来。

如果从历史文献的记载来看，最早的则是公元前111年（元鼎六年），汉武帝平定南越国之际，汉王朝自广东派出了第一支下西洋的船队。人们现在已熟知的《汉书·地理志》（班固著）中就有：

> 自日南障塞，徐闻、合浦船行可五月，有都元国；又船行可四月，有邑卢没国；又船行可二十余日，有谌离国；步行可十余日，有夫甘都卢国。自夫甘都卢国船行可二月余，有黄支国，民俗略与珠崖相类。其州广大，户口多，多异物，自武帝以来皆献见。有译长，属黄门，与应募者俱入海市明珠、璧流离，奇石异物，赍黄金杂缯而往。所至国皆禀食为耦，蛮夷贾船，转送致之。亦利交易，剽杀人。又苦逢风波溺死，不者数年来还。大珠至围二寸以下。平帝元始中，王莽辅政，欲耀威德，厚遣黄支王，令遣使献生犀牛。自黄支船行可八月，到皮奈。船行可二月，到日南、象林界云。黄支之南，有已程不国。汉之译使自始还矣。

可见，在汉武帝船队"开海"之前，南越国便早已从番禺、徐闻、合浦以及日南出发，有了南洋及印度的航线了。所以，南越国才会有波斯王国的银器。

只是汉武帝平南越国之际，其国都番禺被战火焚毁，所以后来的地理志上只载有徐闻、合浦的出航记录，而在这之前，作为南越国的国都，番禺自是与海外交往的一大口岸，在司马迁的《史记·货殖列传》中就有："番禺亦其一都会也，珠玑、犀、玳瑁、果布之凑。"

番禺，是广州的古地名；广州，也便是十三行的所在地。这是后话。可见，这里早已是海上交通的重要枢纽。20世纪70年代，在广州市中心发掘出的秦汉造船工场遗址，更是一个重要物证，其启用时间，上限为秦统一岭南时，下限则是赵陀称帝之后、汉文景年间。

本来，如《淮南子·齐俗训》所云："胡人便於马，越人便於舟。"早在远古，南方舟楫之盛，已是人所共知。那么，凭借大海，他们更早早与南洋，与更远的地方通了航。

据历史记载，在公元前5世纪左右，中国的丝绸便已到达了欧洲，有的记载，甚至有人将时间推到了公元前10世纪，只是物以稀为贵，一般人不得见识。到公元前3世纪，印度孔雀王朝月护王的一位大臣在《政论》一书中，方记载了公元前4世纪中国丝织品运到印度又由印度商人运往欧洲的曲折经历。至于中国育蚕、缫丝、织绸的历史，据考证，则已有7000年之久，早被海外视为"丝绸之国"。

十三行的对外贸易，主要是三大项：陶瓷、丝绸、茶叶，丝绸自是千年不变的主打商品，这已非后话。

可见，在南越国之前，这海涛上铺设的航路，也已早早延伸了出去。当然，也有人认为，恐怕是陆上丝绸之路在先，海上丝绸之路滞后。其实未必如此。陆上丝绸之路，是从中原为起点的，是古代中国的中枢之地，秦、汉、唐的国都皆在此，故为帝王所关注，也为史家所关注。于是演绎出一部部金戈铁马、哀婉感艳的壮剧、悲剧，正史、野史、文赋、诗词，都少不了。而海上丝绸之路，却远离当时的政治、经济、文化中心，关注者也就不多，我们只能在史书上寻出只言片语来。但是，当时的中央政权，也还是念念不忘来自南中国的奇珍异宝，秦始皇之所以派五十万大军下岭南，其中一个目的，便是"利越之犀角、象齿、翡翠、珠玑"（《淮南子·人间训》）。而肇庆松山战国墓中，更有当时中国所不能制造的璧琉璃（玻璃）珠，证明外国传入的货物已早早有之。

凭此，凭着越人善用舟的本领，海上丝绸之路的形成，未必比陆上丝绸之路要晚。毕竟水路用舟，比陆路骑马，还是要快捷、顺畅得多。说风险，惊涛骇浪固然是风险，但大漠戈壁，不一样是风险么？越人的水上智慧，未必比胡人马上的谋略要差，汪洋大海激发出的奋斗精神，更未必比茫茫大漠的挑战所引发的昂扬之气弱……

这当是笔者的第一个"历史的未尽之言"吧。

东方大陆上的冷兵器铿锵之声，未可淹没得了西方地中海上的一场血火刀光的鏖战，其实，海上丝绸之路的一部历史，如果有哪位大家肯用心志去抒写，断不会比《三国》、《水浒》逊色。

可以说，南越国及其之前的海上贸易，当是我们这个东方大帝国作为"海洋大国"的初阳，如金箔般的朝暾洒满在几万里的海路上。而被炫耀为"富可敌国"的十三行，却只能是帝国斜阳的最后残照……从而令这么一个海洋大国最终沉没。

其实，并没有什么可夸饰、可吹嘘的，那样一个十三行的历史群体之所以被从古墓中发掘出来，我们只是为了一个良知。"正名"，说到底，只是良知寻求解脱的方式……

两千多年前的"前世"，在迷蒙的水雾中，只给我们透出一点白色的光影来，一个海洋大帝国远不到如日中天的岁月。当日的银盒，已远远不可与后来的八音盒、自鸣钟相比较了。而越人的木舟，后来的楼船，也无法与郑和的宝船、西方列强的坚船利炮相比……然而，历史是前进还是被逆转，却不可以作出简单的是与非的判断。

却有一条是确凿无疑的，凡是有海上通商的地方，则是富裕、安康的所在：在唐之前，徐闻、合浦为商埠，史载"汉置左右侯官在徐闻南七里，积货物于此，备其所求，与交易有利。故谚曰：'欲拔贫，诣徐闻'"。

汉代扬雄，当过黄门郎，自是了解海路上的繁盛，他在《交州箴》中更有："抗海三万，牵来其犀，盛不可不忧，隆不可不惧。……"黄支国献犀，海路万里之遥，可见当日盛隆之至，只是他深惧过分奢华，物极必反。

在广州，还出土过晋代墓砖，上有铭文："永嘉世，天下荒，余广州，皆平康。"南朝，有颜延之《应诏宴曲水作诗》，其中，有："日完其朔，月不掩望。航琛越水，輦赆逾嶂。"前一句出自《汉书》："天下太平，日不蚀朔，月不掩望。"后一句则讲大舶载着无数珍宝，越洋来到了广州，而运满珠宝的车则越过五岭北上……

古诗中的寥寥几句，写尽了广州在唐宋之前的繁华、兴盛。陈寅恪云"以诗证史"，这些诗，也自是信史，更何况有的是民谚，愈加反映出当时广州及南国的生活实况。在这些古人的眼中，广州当是金山银海，为物欲所填塞，所以才忧其"盛"，惧其"隆"——这却是中国传统文化影响下无法摆脱的阴暗心理。不忧贫而患不均，这在后边的追叙中，我们还会看得更清楚。

周代规定官员不得进入市圩；秦代把商人等同于罪犯；到了西汉则明文规定，商人不得着绸缎，不得携兵器，不得驭车骑马，不得走仕途当官，也不得占有土地；而魏晋南北朝期间，甚至一度禁商……尽管如此，中国的商人仍以自己的顽强与智慧，走向社会的上层，哪怕你重农抑商，视商为末业，以至《汉书》卷二十四上《食货志第四上》不得不承认："法律贱商人，商人已富贵矣；尊农夫，农夫已贫贱矣。"这几乎成了一个悖论，也难怪日本学者认为须从中国商业入手，去破解华夏文明几千年不衰的谜底。

佛教是早已在汉代进入了中国。所以，当时的华南首府广信，才出了牟子的《理惑论》，成了第一部中国化的佛学论著。比牟子更出名的，则是南朝时菩提达摩在广州"舍筏登陆"，于是，在今日广州的下九路，便立有了他登岸的纪念碑，旁边更有"西来初地"的寺庙。并从此开始了中国的禅学历程，六祖慧能，则成了中国南禅宗的一代宗师。

相传达摩东渡，还有一首诗偈：路行跨水复逢羊，独自栖栖暗渡江。日下可怜双象马，二株嫩桂久昌昌。这里的"逢羊"，讲的是到达"羊城”——这正是广州的别名。可见广州在海外是怎么久负盛名的了。重洋之外，连广州的别名乃至传说，也都一清二楚。史载达摩是“寄载商舟，以梁大通元年（527）达南海”。阿弥陀佛，一代佛学大师禅宗初祖的东来，也离不开“商舟“。当然，这只是一个佐证，证明广州作为中国沿海第一大商埠早已吸引了八方来朝。可以说，南朝时广州的海上贸易更是兴盛，“舟舶继路，商使交属”，南洋的国家“泛海三年，陆行千日，畏威怀德，无远不至”。而南朝的商舶，亦远航到了波斯湾北端，幼发拉底河下游的 Hira（今伊拉克的纳贾夫或巴士拉），这是外国典籍所载的，可见航运已经很发达了。

广东很早就有“合浦珠还”的成语，讲的汉代的一个美丽却又不乏沉重的历史故事。五年前，我与洪三泰等合作的长篇报告文学《开海——海上丝绸之路 2000 年》一书中，便用文学的笔调，拟人化地追记了这历史一幕。《后汉书·孟尝传》是这样记载的：

> 孟尝调任合浦郡太守以后，发现这里的很多地方都不种庄稼，不生产稻谷，粮食欠缺。但这里的大海却能生产珍珠。这些珍珠是宝物，十分珍贵。秦始皇时期，即公元前 214 年，秦始皇派尉屠睢率领五十万大军南下平越，并随军发配许多做生意的人到南方来。那时，合浦郡生产的珍珠，又称南珠，被列入向朝廷进贡的重要贡品。南珠的身份越来越高。那些贪官污吏借进贡皇帝的理由，威逼合浦一带的老百姓下海采珠。
>
> 辽阔的蓝海开始叹息了。
>
> 那么多人下海盲目地滥采酷捕，把海糟蹋得死去活来。珍珠蚌无法透过海水（海水浑浊不堪）望见朗朗的月光，也就无法孕育月光般闪亮的珍珠了。珍珠蚌们听到大海里喧嚣而疯狂的捞捕声，十分讨厌和恐惧。
>
> “我们无法在合浦这个地方生存了。我们看不到月光，孕育不了珠子，待在这儿只有死路一条”，珠贝们叹息着，伤心落泪。

"那就走吧!"一个颇有权威的珍贝提议道。

"到很远很远的海上去,听说有个叫交趾的地方。"

珍贝们在一个月黑风高浪急的夜晚,结伴潜行于海底。那是悲壮的队伍,默默无言,缓缓行进。巨浪在上面呼啸着为这些善良勤劳、美丽纯洁的珍贝们送行。真有点"风萧萧兮易水寒,壮士一去兮不复还"的悲壮。只一夜,珍珠贝们全都走了,在那个叫交趾的地方停了下来。

这儿,风平浪静,碧海蓝天相映成趣。夜来,当月亮如银盆挂在天际时,水一般的月光便哗啦啦地向大海流泻。珍珠贝们咧嘴笑了,她们可以孕育闪亮剔透的珍珠了。

珍珠和月亮有关的消息,是清朝学者屈大均在《广东新语》中说的。他说:"海水咸而珠池淡。淡乃生珠。盖月之精华所注焉。"又说:"珠一名神胎。凡珠有胎。盖蚌闻雷则秋瘦。其孕珠如孕子然。故曰珠胎。蚌之病也。珠胎故与月盈朒。望月而胎。中秋蚌始胎珠。中秋无月,则蚌无胎。"屈大均还作诗云:"中秋月满珠同满,吐纳清光一一开。明月本为珠作命,明珠元以月为胎。"

交趾的月亮或许又大又圆又亮,珍珠贝们的确高兴极了。几个月过去了,她们终于孕出了晶亮的珍珠。

而合浦疯狂捞捕珍珠贝的队伍还在海上日夜劳作,搅得大海浑浊,日月无光。下海求珠者,最终是空手而归。

珍珠到哪里去了?失望的捞海者不解其因。那些贪官污吏因得不到一粒珍珠而暴跳如雷,转而望海兴叹。

合浦太守孟尝知道事情蹊跷,便到海边作调查,得知此事情的前因后果后不禁大喊一声:"贪官太黑,日月无光,蚌蛤无珠矣!"他下决心调查惩办那些有眼无珠者,说他们盲目采珠,不但搜刮民脂民膏,以肥自身,且把珍珠的生命也搜刮去了。他又派人整顿珍珠市场,还公道价格于民,大打"进贡"皇帝之假。合浦的海又开始平静了。又一次海蓝天碧月朗风清了。

珍贝们通过海浪得知合浦海上的乌云已经散去，海水也碧清多了，便高兴地相约回娘家去。不久，合浦的珍珠贝全都返还。有些还带来了全家族。"合浦珠还"，让这里的子民高兴极了。他们从中得到一次教训和警悟。

然而，人每每是健忘的，尤其是贪官，"我死后，哪怕洪水滔天"，在任一日，能捞多少便是多少。广州这么一个国际商埠，奇珍异宝早看花了他们的眼睛，能捞就捞，才不管这是什么"南蛮之地"。

于是，长期以来，广州便有流传不绝的民谣，称"广州刺史但经城门一过，便得三千万（文钱）"。只是，"一过"。用不着开口，凭他的权势，便"袋袋平安"了。这里，不妨照录方志钦、蒋祖缘主编的《广东通史》中的一小节。贪腐入史，也当是警示后人吧，不过，也可以感觉到当时人贪污、贿赂已非"一日之寒"了，照录史笔，为的是一个可信度：

> 南朝时期进出广东的中外商船以及使船所载货物，也较以前更为丰富。综合各史所载，进口物（按奉献物综合）有金银宝器、犀象、古贝（棉布）、斑布、金刚石、琉璃、玳瑁、珠玑、槟榔、兜銮、珊瑚、沉香、杂香荔等；出口物除传统的丝绸、金、银、漆器等外，还有陶瓷、铠仗、袍、袄、马等。其中陶瓷一项，已是中国（包括广东）大量出口的产品。"海上丝绸之路"同时又是"海上陶瓷之路"，即自此开始。
>
> 自汉至南朝，海上贸易的进出口货物，都还没有抽税的制度，也没有建立相应的管理制度和管理机构。晋和南朝，一直未把从对外贸易得到的收入看成财政的一项重要来源，而任由驻番禺的广州有关官吏自行处理。显然，南朝广州的对外贸易，尚处于早期阶段，在管理上缺点和弊端很多，而且其兴衰和稳定程度多取决于官吏的廉贪。
>
> 《梁书》记载，番禺"外国贾人，以通货易。旧时州郡以半价就市，又买而即卖，其利数倍，历政以为常"。这种对外国船只装载来

的进口货物，按低于市价很多的价格由当地官府收买，买后按市价出售以取得的办法，约在南朝以前即已实行，一直沿袭到梁朝之后。其"半价就市"，所得的"数倍"之利，可能是由经办官吏和有关的主管官员掌握和支配，只将其中"宝物"的一部分以实物形式奉献给皇帝。其余的便用于地方财政支出及归官吏私人所得。但是，梁朝后期萧劢为广州刺史时，却将外贸收入中很大的一部分解送朝廷，"军国所须，相继不绝"，成为国家财政收入。这仅是个别时期能办得到的，所以梁武帝高兴地说："朝廷便是更有广州。"

由于无法令规章，外贸收入实际支配不在政府而在广州刺史、南海太守等官吏个人，所以有谚语说："广州刺史但经城门一过，便得三千万（文钱）。"刘宋时，广州刺史王琨离任回京，皇帝问他"还资多少？"王琨答："臣买宅百三十万，余物称之。"像王琨这样一任广州刺史得200余万钱，在当时似乎还算是正常现象。

南朝广东有关对外贸的官吏，大多属于贪黩之辈。他们对进口货尽量压价，还勒索和攫取贵重宝物。有获奇珍异宝者，"卷握之资，富兼十世"。外国商船被"侵刻"过度，无利可图或其利甚微，便不愿到中国来贸易，或者在广东沿海偏僻港口与当地商人进行不见于记载的私下贸易。例如，梁武帝时，广州"外国舶至，多为刺史所侵"，因此在很长一段时间内，"每年舶至不过三数"。但到比较清廉的萧励任刺史时，"丝毫不犯"，每年来船便增至十余艘。官吏的廉贪，突显地方左右着对外贸易的升降。陈朝末年，因广州官吏特别贪暴，竟弄得外国使船不至，商船贸易也可能近于绝迹。

这自是大千世界中又一个"合浦珠还"的故事，不过，这故事中的"珠"，却是指来自外邦的商船。官贪，则远舶不至；官廉，人家便不辞万里航程而来。这样的故事，在后来仍发生过很多次——这类历史典故对于这么一个古老的中华帝国，其重复率也许是太多太多了，它也同样会出现在十三行（那已是一千多年之后）的岁月中，也许每个故事细节上不会一样，但一样有异曲同工之"妙"。因此，写外贸，写十三行，无论如何是离不开这一"前史"的。

　　仅从这短短的前史中，我们已不难看到，一个朝代的兴衰，大抵与这海运相关：海旺则王朝鼎盛，且恩信广布外夷；海衰则国势萎靡，令劣迹泛出海疆。而旺与衰，又与为官的廉与贪息息相关。那样的朝代，我们也只能寄望于官员的清廉自守，而无法以制度来制约他们。自然，一个王朝的兴衰，还会有其他原因，但开海贸易的程度，毕竟左右了一大半的经济——这却是王朝的命脉所系。不过制贪腐，再鼎盛的政局，也会瞬息而逝，空留下残垣断瓦长嗟叹：哪怕是被视为古代中国文明的巅峰大唐盛世！于是，晋安帝时任广州刺史的吴隐之，就曾写有一首《酌贪泉诗》：

　　　　古人云此水，
　　　　一歃怀千金。
　　　　试使夷齐饮，
　　　　终当不易心。

　　吴隐之为民廉正，是广州史上难得的一任清官。贪泉水亦动摇不了他清廉的决心。纵然他人"一歃"，即一次，便有了"怀千金"的无穷欲望，可他却以伯夷、叔齐为榜样，坚守清操，决不易心。

　　这"贪泉"出在广州，自是大有讲究。恐是南来的官吏十有八九都是贪黩之徒，妄想捞一把便走，于是便因此有了"贪泉"之名，日后丑行也都可推诿于"贪泉"之祸。

　　怪泉水还是怪人？也许，是怪商业太旺，千金唾手可得？

　　《晋书·良吏传·吴隐之》当是一个解答："广州包带山海，珍异所出，一箧之宝，可资数世，然多瘴疫，人情惮焉。惟贫窭不能自立者，求补长史，故前后刺史皆多黩货。朝廷欲革岭南之弊，隆安中，以隐之为龙骧将军、广州刺史、假节，领平越中郎将。未至州二十里，地名石门，有水曰贪泉，饮者怀无厌之欲。隐之既至，语其亲人曰：'不见可欲，使心不乱，越岭丧清，吾知之矣！'乃至泉所，酌而饮之，因赋诗曰……。及在州，清操逾厉。"吴隐之还有很多佳话，《晋书》中称："吴隐酌水以厉精，晋代良能，此焉为最。"后来他任满离开广州，归途中发现妻子尚带有沉香一斤，无论怎么解释，他都不允，下令将沉香投入水中，从此，后人把他投香的地方，命名为"沉香浦"。

吴隐之之不易，也可从其妻带沉香一事看出，连家人都抗不住诱惑。

蕃坊的兴衰

　　广州是一个商业都会，这也就决定了它的城市格局，不可能是显示赫赫皇权的、具有中轴线的王都，纵然它也成为过"三朝古都"，南越国、南汉国与南明。南越国，当"和集百越"，不可能凸显中原王朝的理念，其时也还无营造中轴线的王都建构；南明，只存在了短短的一个来月，在城市建设上自是无所作为。至于南汉，改广州名为"兴王府"，倒是大兴土木50年，可惜，宋军直下，南汉国的庸臣们竟一把火，把个金碧辉煌、方圆几十里的兴王府烧了个乌焦巴公，后人只能从残存的遗址上，去追寻当日的格局，至今仍不甚了了。纵然也有过中轴线，只怕也不复存在了。

　　直到近现代，号称"南天王"的陈济棠，倒是煞费苦心，要在广州真正营造出一条中轴线来，甚至不惜摧毁大片的民房，终于有了自越秀山、中山纪念堂、广州市政府、中央公园一直至海珠桥一线的景观，只不过，从地图上看，这条线却并不笔直，没到海珠桥便不得不往东偏斜了，有点不尴不尬……

　　说到底，广州自古以来，作为商业城邦的历史，毕竟悠久得多。城市格局，也就自然服从商业贸易的需要，于是，沿珠江一线，才有一个个的商品集散地，直到今天，沙面、上下九路至长堤一线，仍未褪尽当年的铅华，而北京路、高第街一线，如今已是闻名的步行街，且路底下，也已挖出了多个朝代的街衢来。广州这么几个商业中心，也都是历史上形成的，不可刻意去改造为中轴线。迄今，作为一位建筑美学的教授，笔者仍对一届又一届的广州市政府力图再造一条中轴线不以为然，毕竟封建的朝代已成为了历史，再追求这种炫耀权力的皇城格局，实在是匪夷所思。

不过，你如果打开一张广州地图，尤其是旧的广州地图，细心看下去，倒是会发现一条隐形的"中轴线"，或者说，是诸神们的"中轴线"。我们不妨从北向南寻索下去。

先是著名的兰圃西侧，是伊斯兰教的圣迹"响坟"。里面是其先知、随经商的舅父来广州传教的宛葛素。墓园四周为青砖高墙所环绕，里边则为庭院布局，墓室内圆呈穹形，在里边诵经，四声相应，故名"响坟"。陵墓附近都是历代知名的伊斯兰教徒。

往南，经过南越王墓所在的象岗山，则可到达六榕寺，其实，它原来的名字叫净慧寺，更早一点，则叫宝庄严寺，"宝庄严"寓意为"迷津引渡"。该寺内有舍利塔，塔建在寺后，分别为5世纪与6世纪的建筑。舍利塔在11世纪重建，改名为千佛塔。当年苏轼登塔，主持道琮向他介绍，这一塔基很特别，掘基时，发现有九口古井环列基外，中央置一鼎，内藏三剑、一镜和佛舍利。当时塔下便是珠江边，挖地几尺，水便涌出来。苏轼游兴极高，上了千佛塔，又下到庭院，主持道琮趁机向他讨墨宝，以作纪念，苏轼见庭中有古榕六株，便挥笔写下"六榕"二字，从此，人们也就把净慧寺称为六榕寺了。只是时到今日，六株榕树已不见踪影，而苏轼墨宝尚在，故后人在寺门两边题上对联：

一塔有碑留博士　六榕无树记东坡。

六榕寺往南，只隔一条中山路，我们便又可以看到风格迥异的一座古塔，这却是宛葛素亲力亲为的。这古塔位于怀圣寺中，是宛葛素为怀念伊斯兰教创始人穆罕默德所建。古塔本名"呼礼塔"，是典型的阿拉伯风格建筑，轮囷直上，呈圆筒型，伊斯兰教徒又称之为"邦克塔"，广州人则称之为"光塔"。每次礼拜，阿訇登上塔顶，呼唤四方教徒来此礼拜。塔顶上有一风信鸡，晚间可亮灯，是阿拉伯商船的多功能灯塔，一可测气候、风向，二可以导航。阿拉伯商人们每年是按季候风往返于广州与中东，每每开航前，是必上塔祈祷，愿一路上顺风顺水……

光塔往南，则是五仙观，这是道教的古迹。相传周夷王时，有 5 位仙人，骑着口衔谷穗的五只羊降临楚庭（古广州名），把谷穗赠给百姓。这便是广州又名五羊城、穗城的缘由。五仙观便是奉祀这 5 位仙人的地方。

再往南，也便是石室了。石室其实便是圣心大教堂。由于基督教进入广州要晚，所以，它如今最靠近现在的珠江边，也就是说，与十三行比邻相立，而当中则是教会医院了。这一医院在 1835 年正式开张营业，是美国传教士伯驾所开，并取名普爱医院，后易名为博济医院。孙中山先生也曾于 1886 年在这医院附设的南华医学校读过书。

五仙观恐是这一"中轴线"上唯一的中国宗教建筑，始建于明洪武十年（1377）。现仅余山门与后殿了，其他均是外来宗教所立。也就是说，从城北郊外桂花岗的响坟，一直到几度南移的珠江岸边，均是外来宗教所建造，六榕寺、光塔、圣心大教堂等。从响坟到江边的光塔，阿拉伯人自北向南，纵向地分布在广州城内。果然，我们查勘历史，唐代的蕃坊，自珠江岸至如今的中山五路六路，占有好几万公里，范围之大，今人都几乎难以想象，难怪《全唐文》卷 827 中有云："涨海奥区，番禺巨镇，雄藩夷之宝货，冠吴越之繁华。"一时间，商贾云集，外侨骤至，最盛期，竟达 20 万人之多，即便今天也望尘不及，纵然广州已是最开放的城市了。

我们可以说，这蕃坊，便是后来十三行的"前世"了。

何谓蕃坊，不妨慢慢道来。

正如前所引文中讲的，隋唐之前，广州的对外贸易还处于初级阶段，朝廷也没有把它纳入财政收入的重要来源之中，所以，在管理上缺失颇多，这便引发了不少问题，包括官员的贪黩、外商的减少……

唐代，是中国古代文明的顶峰，管理上也趋于成熟，更有一种特殊的官职："使"。这是由中央政权定期或不定期派往地方主持专项事务的专责官员，他们可以代表中央以及地方，后来的"钦差大臣"当是这么发展起来的。"使"的派遣，当因事而设，事毕则职毕，故为临时性而非固定的。对于外贸事务，则有市的舶使。市者，互市交易，乃市圩管理；舶者，当是专指航运了，所以又名为监舶使、押蕃舶使。后面的名称更明确，是监管"蕃舶"，即外国商船的。这是唐高宗年间设置的，约公元 650 年后，大唐立国有 30 来年了。这 30 年间，唐太宗治国有方，尤看重与各国的经济贸易，对外"就申睦好"，对内，则"静乱息民"。他称，"自古皆贵中华贱夷狄，朕独爱如一。"颇有大国之君的气度，他更进一步表示："盖德泽合，则四夷可使如一家⋯⋯"这样一来，陈朝末年外贸凋敝的困境一下子便扭转过来了，史载"海外诸国，日以通商"，天宝初，鉴真和尚到广州，见珠江中"有婆罗门、婆斯、昆仑等舶，不知其数，并载香药、珍宝，积载如山，其舶深六七丈"。

市舶使设置之初，似仍由广府都督兼。开元以后，开始设专官。后期则以监军兼任，权力颇大，可与节度使相抗衡，从而在广州形成最高权力的二元结构。柳宗元在《岭南节度飨军堂记》中称："唐制，岭南为五府，府部州以十数，其大小之戎，号令之用，则听命于节度使焉；其外大海多蛮夷，由流求、诃陵，西抵大夏、康居，环水而国以百数，则统于押蕃舶焉。内外幅员万里，以执秩拱稽，时听教命；外之羁属数万里，以译言赍宝，岁帅贡职。合二使之重，以治于广州。"其时，有市舶使院，在地方上自成一系，独立于当局之外，掌握着东南海外贸易的管理权与市舶之利，直接给中央提供丰厚的财政来源，从而在相当程度上分割了节度使的财权与财源。这种垂直系统，已与后来的海关相近了。

一种制度初立，自带来很多的便利，也有针对性地克服曾有的弊端。在开放、开明、开通的环境下，外贸业也就开创出前所未有的大好局面。先不说贸易，只说造船。当时民间所造的商船，都已能乘风破浪，远涉重洋了。来往于广州与波斯湾、印度洋各国的中国商船，长达 20 余丈，载客可到六七百人。在潮州，更有一种"木兰舟"，其"浮南海而南，舟如巨室，帆若垂天之云，柂长数丈，一舟数百人，中积一年粮，豢豕、酿酒其中，置生死于度外，径入阻碧，非复人世。"而越过大食国至木兰皮国的海船，更是"一舟容千人，舟上有机杼市井"。

那时，西方已陷入被称之为"千年黑暗王国"的中世纪，盛唐的中国，也便成了世界唯一的中心。兼之国家包揽了广东的全部对外贸易，更处于垄断下主导地位。尤其是唐代前期，国家强大富裕，万邦来朝，朝贡贸易更占主导，大唐帝国对来"朝贡"的国家，每每有非常丰厚的回赐。这种"贡"与"赐"，显然不等值的，每每"赐"大于"贡"无数倍，这自然更吸引"藩属国"勤来勤往了。

不过，作为泱泱大国，又处于上升时期，唐朝是不在乎的，明知亏本却乐此不疲，毕竟这种不平等交易中，包含有这个皇朝"怀柔万国"、"申辑睦，敦聘好"、"开怀纳戎，张袖延狄"的政治目的。唐太宗甚至赋诗，称："条风开献节，灰津动初阳。灰蛮奉遐赆，万国朝未央。"诗人亦有云："开元太平时，万国贺丰岁。"

曾任潘州南巴（今广东电白县东）尉的刘长卿，在《送徐大夫赴广州》一诗中有："画角知秋气，楼船逐暮潮。当令输贡赋，不使外夷骄。"他对贡舶制度也很有信心："岁贡随重译，年芳遍四时。番禺静无事，空咏贪泉诗。"王建亦有诗："戍头龙脑铺，关口象牙堆。敕没董炉出，蛮辞咒语开。市喧山贼破，金贱海船来。"大诗人刘禹锡，虽贬至连州，亦有："连天浪静长鲸息，映日帆多宝舶来。"

市舶使（院）的设立，留给后人不少思考的东西。初置时，建制尚简单。市舶使院之附属有"海阳馆"，是以皇帝名义接待外宾的驿馆。立市舶使，当"籍其名物，纳舶脚，禁珍异"，所谓"舶脚"，当是指按商船容量征收的进口货物税，故有"除舶脚、收市、进奉外，任其来往通流，自为交易，不得重加率税"。进奉，其意自明；收市，即"官市物"，沿南朝之例，从进口货物中以低价征买专卖商品，利用专卖价格获高额的财政收入。《中国印度见闻录》中对此说得很明确："海员从海上来到他们的国土（广州），中国人便把商品存入货栈，保管六个月，直到最后一船海商到达为止；他们提取十分之三的货物，把其余的十分之七交还商人。这是政府年需要的物品，用最高的价格现钱购买，这一点是没有差错的。"

唐朝获得了巨大的市舶收入，也就更加鼓励外贸，招徕远舶，于是，制订了对外优惠的一系列政策。蕃坊，也就是这时应运而生的。据考证，至迟在开元二十年（732），广州便已经设置了蕃坊与蕃市了。

唐代，是一个非常开放、雍容大度的朝代，连朝廷的音乐，也十有八九是传自西域乃至外国的，至于广大的百姓中，更"樵歌起处是夷声"，丝毫不以外国文化"入侵"介怀。正是这种"海纳百川"的胸怀，方可令这一时代，无论是经济还是文化，迅速走向鼎盛。对外贸易则更不用说了。

那时，谁从内地来到广州，是必恍惚到了异国，满街都是阿拉伯人，还有黛色的"昆仑奴"——来自非洲的黑人。连南海神庙前，立着打眼棚的外国人，也都是漆黑色的。绝对没有后来的"华夷之大防"，非分出个你我不可。当然，白种人、红种人，也为数不少。10世纪前期的阿拉伯历史学家马素地（？—957）在书中亦写道："广府是一个大城市……人烟稠密，仅仅统计伊斯兰教人、基督教人、犹太教人和火祆教人就有二十万人。"广州城中，"广人与夷人杂处"，"与海中蕃夷、四方商贾杂居"。后人有云："自唐设结好使于广州，自是商人立户，迄宋不绝，诡服殊音、多流寓海滨湾泊之处，筑石联城，以长子孙……"阿拉伯人更称当时的广州，是"阿拉伯商人的荟萃之地"。

除开杂处、杂居外，进而谈婚论嫁，没有人认为这有什么问题。《新唐书·卢钧传》中就有："蕃僚与华人错居，相婚嫁，多占田，营第舍，吏或桡之，则相挺为乱。"这是在广州，而广东沿海港口，如潮州，也大致相同。大唐皇朝，正是为了妥善安置外侨，加强管理，方在广州设置了"蕃坊"。

在《宋高僧传中》，则讲到开元二十九年，岭南道采访使召诚"蕃客大首领"伊习宾，命他"约束船主"，送天竺高僧不空等返天竺。这里的"蕃客大首领"，便是"蕃长"、"蕃酋"，是由朝廷从蕃客中挑选充任的，"管勾蕃坊公事，专切招邀商入贡"，乃是其之职责。

海
國
商
道

HAIGUO SHANGDAO

来自十三行后裔的历史报告

　　当日的蕃坊，恰好就是老广州的中间地带，当以光塔为标志，当时，可谓万商云集、食肆无数，车水马龙，熙熙攘攘，用得上广府人的一句俗语：风生水起，商业之繁华，历唐、宋二朝，算得上空前绝后。其时，欧洲沉沦，阿拉伯人、波斯人占据了海上丝路的主流，所以，蕃长当为穆斯林所担任，光塔方如此巍然独立。其实，就算是蕃坊之外，也还少不了他们的住所。另外，还专设了货栈，供外商存放货物，并专门发放相关证件，名"过所"，上面注明持有者的姓名与父名、宗属、抵达广州日期与随身携带的钱物。当时的阿拉伯人亦记载："如果出现丢失，或（人）在中国去世，人们将知道物品是如何丢失的，并把物品找到交还他，如他去世，便交还给继承人。"当时正逢盛世，夜不闭户，道不拾遗，故才有杜甫的"致君尧舜上，再使风俗淳"。而且，也能倾听外商意见，及时修改不合理的规则。如外商的遗产继承问题，原定"海商死者，官籍其赀，满三月无妻子诣府，则没入"。毕竟三个月领取遗产的有效期太短，得知讯息，往返波斯湾及广州，也得半年甚至一年时间，所以，后来孔戣（这便是邀请韩愈写癸鳄鱼文的那位）为岭南节度使，便取消了三个月的限期，改成"苟有验者，悉推与之，无算远近"。使外商在华遗产的合法继承权得以保障。从善如流，纳谏如流，正是一个强大而有效的政府的表现。

　　法律上也很明确，在无损国家主权的基础上，大唐皇朝赋予外侨以民族自治权力，规定其若犯法，"同类自相犯者，须同本国之制，依其俗法断之，异类相犯者，若高丽之与百济相犯之类，皆以国家法律，论定刑名"。

　　名重一时的进士施肩吾，夜行"鬼市"——《新唐书》有云："西海有市，贸易不相见，置直物旁，名鬼市。"《番禺杂记》亦有："海边时有鬼市，半夜而合，鸡鸣而散，人从之多得异物。"——感慨系之，赋《岛夷行》一首："腥臊海边多鬼市，岛夷居处无乡里。黑皮年少学采珠，手把生犀照咸水。"而另一位进士李群玉，就拜祭南海神庙，也赋有七律一首："龙骧伐鼓下长川，直济云涛古庙前。海客敛威惊火旆，天吴收浪避楼船。阴灵向作南溟主，祀典高齐五岳肩。从此华夷封域静，潜熏玉烛奉尧年。"

　　唐代关于海上交流的诗还很多，凭此亦可看出其盛极一时的情状，正可谓"物阜年丰，货通五洋"。当时，业已形成了闻名中外的"广州通海夷道"。贞元年间，宰相贾耽在《皇华四达记》中具体描绘了多条国际航路，其中便专门写有"广州通海夷道"。

　　这一条夷道，揽括了整个东南亚各国、南亚各国以及波斯湾、阿拉伯半岛，直至东非今日之坦桑尼亚，共90多个国家，航期89天，这是当时世界上最长的远洋航线。故谓"四夷之与中国通者甚众"。毫无疑义，"广州通海夷道"为主导的远洋航线，包揽了唐朝几乎全部的远洋交通，成为了东西方经济文化交流的最大动脉。在当时，中国出口的商品，最多的便是丝绸与陶瓷。所以，英文中中国之名与陶瓷用同一个词，而海上交通则后来被称之为"海上丝绸之路"，也被称之为"陶瓷之路"。当时进口的商品名目繁多，"外国之货日至，珠香象犀玳瑁奇物，溢于中国，不可胜用"，从广州转至长安，"宝货药肆咸丰衍于南方之物"；至扬州，则"多富商大贾，珠翠珍怪之产"；至杭州，"走闽禺瓯越之宾货"——一个中国，皆被广州的进口商品所覆盖矣。这些记录，当可与前引之诗，互为参照。

　　然而，对"不患贫而患不均"的传统中国文化而言，广州商品的滚滚而来，商人的富裕乃至奢侈，却难免异端了。虽然唐代已懂得外贸可以支撑中央财政，更可满足宫廷无限增长的需求，但在知识分子当中，对此却一直是有戒心的。大诗人岑参送友到南海县任职，免不了要告诫几句："此乡多宝玉，慎莫厌清贫。"最为语重心长的，当数白居易，崔二十二只作岭南春游，他都要送上二十韵，末句是："回使先传语，征轩早返轮。须防杯里盅，莫爱囊中珍。北与南殊俗，身将货执亲。尝闻君子戒，忧道不忧贫。"这几句话，分量可不轻。与白居易齐名的元稹（时有"元白"之称），即和了白居易这二十韵，末句是："勾漏沙须买，贪泉货莫亲。能传稚川术，何患隐之贫。"二人都生怕朋友到岭南后迷失了本性，忘了大旨本原，变得忧贫不忧道，走上贪黩的路。虽然前边已有人写诗，"番禺静无事，空咏饮泉诗"，"试使夷齐饮，终当不易心"。元白的忧虑不是没道理的，面对物欲滚滚、珠宝炫目，毕竟不是所有人都能把持得住自己的，"人来皆望珠玑去，谁咏贪泉四句诗"。吴隐之的"终当不易心"，难矣哉。

果然也就出事了。

那是武后光宅元年，即公元684年，大唐帝国正是蒸蒸日上，河宴海清，歌舞升平，广州城更是一片太平盛世的景象。官府里，也因百姓驯良、不见诉讼，一个个都高枕无忧，做着快乐的梦。

谁知道，七月的一天，从江边的外国商轮上，走下了一行昆仑奴，一个个人高马大，且怒气冲天，他们目不旁视，直奔都督府而去。都督府的门卫平时也怠懒惯了，外国人出出进进，历来也多了，没当一回事。只见这一行人，如黑色闪电掠过，直闯入都督府内。其时，都督路元睿正在公案前审阅呈文，迳然见这干人闯入，尚未问上一句什么，说时迟，那时快，对方手起刀落，堂堂都督便身首异处了。这时，卫兵们才恍悟过来，正要抵抗，可又怎是对手？片刻间，都督府已陈尸十几具了。昆仑奴们杀毕，夺门而出，扬长而去。待天朝官兵们追寻而去，他们早已登上海船，拉起了风帆，望汪洋大海驶去。官兵们也只有干瞪眼。人家是有备而来，杀了就下海，你怎么追？这事情闹大了，可追查到后来，人们才明白，昆仑奴是太狠了点，可路元睿也太贪了点，对外商的抽水，实在令人不堪接受，你以为是一方封疆大臣，便可侵渔无度，人家才不是那么好欺负的。

这号事，在肃宗乾元元年（758）十月又再发生，广州的大食人、波斯人联合暴动，一举攻入广州城内，抢劫仓库的商品，火烧豪宅大院，一番掠劫之后，又冲出城去，上了早已备好的大船，"浮海而去"。无疑，这些事件，都是官贪民怨，官逼民反，连外国人也受不了啦！"广州刺史但经城门一过，便得三千万"一语，至唐宋年间恐怕也没多少改变，制度一旦老化，贪官便可以钻空子，防不胜防。

我们在前边引用过一着诗"戌头龙脑铺，关口象牙堆……"这诗，是王建送郑权尚书赴南海到任的。而当时，"文起八代之衰"的大文人韩愈，也同样赠了一首诗给这位尚书，这里不妨全诗照录："番禺军府盛，欲说暂停杯。盖海旌幢出，连天观阁开。衙时龙户集，上日马人来。风静爱居去，官廉蚌蛤回。货通狮子国，乐奏武王台。事事皆殊异，无嫌居大才。"这首诗，称得上是循循善诱，且用了"合浦珠还"的典故，官廉则珠还矣。爱居为鸟名，风大则至陆上避之，也是同一寓意。何焯《义门读书记》上有："爱居去，年谷和熟，得天时也"，"蚌蛤回，商贾流通，得地利也"。

然而，纵使韩愈夸他"居大才"，这位尚书大人，一到广州，也同样见财眼开。岭南节度使，权力之大，可想而知，而他又是从京城下来的，当过刑部尚书兼御史大夫，深谙朝廷的"潜规则"，于是在广州拼命搜刮，一车车的奇珍异宝，接二连三往京城送，故《新唐书·郑权传》中便有了如下的文字："多衰赀珍，使吏输送。凡帝左右助力者，皆有纳焉。"可见，他这些送礼行贿的举止，虽光天化日之下，也不甚掩饰了。

唐代国运之衰，起自安史之乱，极自黄巢起义。前者，是野心所至；后者，当是官逼民反。在广东，官多贪黩，肃而不清，已是积重难返了。山高皇帝远，贪官更是为所欲为，无有节制。9世纪末，黄巢所率的农民起义军只花了一天工夫，便攻陷了广州，把节度使李迢都抓了。一时间，黄巢之军，势如破竹，"遂据交、广"。黄巢到广州，初时只想割据，故命李迢草表，替其求官，李迢不从，被杀。而当时朝廷则意见不一，宰相欲招安"以南海节制縻之"，左仆射于琼则认为"南海以宝产富天下，如与贼，国藏竭矣"，表示反对。黄巢求官不成，遂决定北上，发露布斥责朝廷"官竖柄朝，垢蠹纪纲"，"诸臣与中人赂遗交构状"，号召"禁刺史殖财产，县令犯赃者族"。为此，黄巢据广州，也就几个月时间。

官吏的贪黩、腐败，激起了农军的愤怒，这是在所必然，但黄巢的义军，却走向了极端，产生了仇富心理，并且尤为仇视来广州经商的蕃人，甚至迁怒于商品——丝绸。于是，黄巢在广州，干下了两件为史家所不齿的恶事。一是大规模屠杀外国人，并连带上中国的商人——"无商不奸"，传统中国就这么认定的，所以便在杀灭之列。二是把岭南的桑树及相关的树木砍伐一光，从而令丝绸业一蹶不振。这丝绸，当然只有大富人家方才享受，富贵思淫逸，不仅丝绸不可容忍，就是连用来喂蚕的桑树都不能容忍。蚕只有吃了桑叶方可吐丝，把岭南桑树砍光，使"农桑失业"，这该是多大的仇恨才做得到？桑又何辜？蚕又何辜？恐怕，黄巢的思维模式，迄今也无人能理解。

这样一来，整个的阿拉伯市场上丝绸一时脱销，波斯商舶，本"汛船汉地，直至广州取绫、绢、丝、绵之类"，不仅一无所获，还有生命之虞，阿拉伯商船连广州也不敢来了。但更为残酷的是第一条，对广州外商的无情镇压。这可从两部外国典籍中看到。一部是9世纪阿拉伯的文献《中国印度见闻录》所称，黄巢攻陷广州后，"据熟悉中国情形的人说，不计罹难的中国人在内，仅寄居城中经商的伊斯兰教徒、基督教徒、拜火教徒，就总共有十二万人被杀害了。""死亡人数之所以能知道得这样确凿，那是因为中国人按他们的人（头）课税的缘故"。一位于9世纪到广州的阿拉伯商人苏莱曼曾记述过："有人头税，根据表面的财富，每个男性必须交纳一定数量的税收，在中国的阿拉伯人或其他外国人，要按其动产交纳税收。"而另一部典籍，马斯欧迪的《金草原》则是作了如下描述："谋反者（指黄巢）急忙进犯广州，连连发起猛攻，此市人口系由伊斯兰教徒、基督教徒、犹太人、波斯拜火教徒以及中国人组成。……占领省城，杀戮大批居民。伊斯兰教徒、基督教徒、犹太人以及波斯拜火教徒，在逃避刀兵中死于水火般的劫难者，计有20万之众。"为此，"从尸罗夫港（今伊朗巴斯港）到中国的船运也中断了"。外国商人唯有改在箇罗（今马来半岛吉打）与中国商人贸易。

当然，从整体而言，大唐帝国的外贸，几兴几衰，但兴的时间毕竟大于衰，黄巢之乱（879—880）在广州也不过一年光阴，只是贞元九年至元祐四年（793—907）这一百多年间的外贸兴盛期中的插曲而已。这一百多年间，市舶使一度"草划前弊"，从而使"诸蕃君长远慕望风，宝舶荐臻，倍于恒数"，据当时所见，每日入广州的蕃舶，都有十多艘，"蕃商大至，宝货盈衢"。而当时的"贡舶贸易"，也渐渐转为了"市舶贸易"，并逐渐占据了主导地位。

海國商道
HAIGUO SHANGDAO
——来自十三行后裔的历史报告

3

"笼海商得法"的南汉国

黄巢起义后，唐朝元气大伤，各地形成了藩镇割据的局面，最终形成了五代十国，正可谓"合久必分"。不过，这次分裂，比南北朝时期要短暂得多。

其时，在岭南，则出现了继南越国之后的又一个割据政权——南汉国，本书前边业已提及过。这个南汉国，曾盛极一时，颇有大唐气象，后来宋神宗在评价南汉国时，认为其"笼海商得法"，"内足自富，外足抗中国"。可见这个地方政权是何等的珠光宝气、威风八面。

然而，这么个富得令天下人都得红眼病的国家，却其兴也忽，其亡也速。一下子鼎盛至极，一下子忽喇喇便垮了个一塌糊涂。假如它立国时，你还是个青年人，那么在它亡国之际，你也不过只是花甲之年，亲眼见它建起大厦装金饰银，亦亲眼见它楼倒台塌稀里哗啦……令人感叹，一个国家，何以会这么大起大落，荣华富贵只是过眼云烟……

人道，南汉国正是"以商立国"，所以方可暴富，保境安民，辑睦四邻，关注民瘼，振兴经济，从而仓廪充实，国力日强，当可傲视中朝。然而，也正是这个南汉国，到最后竟自毁长城，去抢掠往来的中外商舶，从而落个一败涂地。兴也商，亡也商，这其中又有怎样的历史教训？而"以商立国"的南汉，又怎么成为后来十三行的一面镜子呢？

史家们一直有争论，认为南汉国主刘氏，未必是中县人，很可能是大食人，或者是俚僚人。总而言之，高祖刘隐，尤其是其弟刘岩，都有异相。其父刘知谦，本就是商人，由于黄巢入粤，刘知谦"击贼屡有功"，授封州刺史兼贺水镇遏使，从而迅速在封州发迹。刘知谦卒，子承父业，刘隐继任，几经征战，独霸岭南，成一方强藩。由于他励精图治，颇注重延揽人才，"收拾衣冠之胄以为用"，笼络了不少避乱至岭南的中朝士人。到刘岩继任，更是一方霸主，于是建国称帝，南汉国就此而立。

祖上本就是经商出身，掌权后又主管广州市舶使之权利，几代人都深知发展海外贸易、令市舶之利为己所得，于是乎，这个南方地方割据政权，便迅速飞黄腾达起来，令中外商舶齐至，令唐末萧条下来的广州商业迅速复兴。高祖刘隐礼遇内地客商，"岭北商贾至南海者，多召之，使升宫殿，示以珠玉之富"，从而使商人们"广聚南海珠玑，西通黔蜀，得其珍玩，穷奢极娱，僭一方，与岭北诸藩岁时交聘"。

刘隐在位时掌控了广州外贸，刘岩嗣位，则兼任广州市舶使，更是大权在握。为安抚中朝（时为朱温所建的梁朝），月月进贡，不妨开一个表列，看看下了多大本钱：

开平元年五月，"进奇宝名药，品类甚多"；

十月，"又进龙脑腰带，珍珠枕、玳瑁、香药"等；

十一月，"进龙形通犀腰带、金托里裹含陵玳瑁百余副，香药珍巧甚多"；

开平四年七月，"贡犀、玉；献舶上蔷薇水"；

朝化元年十二月，"贡犀象奇珍及金银等，其估数千万"；

……

刘岩称帝后，更鼓励海外贸易，"结连淮海，阻塞梯航"，联吴抗梁，坐收海上商利。

在南汉国的王宫里，海商均可以当座上宾，"许群寮士庶、四海蕃商俱入内庭,各得瞻礼"。在南汉国内,中国人与外侨均可以通婚,连后主也纳了一位波斯女子入宫,赐号"媚猪"。大宝七年,后主封南海神为"昭明帝",庙曰"聪正宫",衣饰以龙凤——以帝王之尊待之。

也就是南汉国中,作为商业交易的中介人——牙人,比唐代更为活跃。这已经与后来十三行的行商,有了更多的相似。

刘岩把广州改名为"兴王府",也就是把整座城市作为他的王府来建设,没有巨大的财力支持,他又怎来如此之气魄。当日兴王府的规模,实则远远超出了广州城的范围,在这个世界上,恐怕只有海上丝绸之路西端的亚历山大港可以媲美,人家可是有几千个浴场、几百座剧院。如今,人们所发掘的十三行行商的经典园林,虽说富丽堂皇,为数众多,可与兴王府城内外的宫殿、庭院、园林相比,恐怕也只能算是小巫见大巫。

兴王府的城市规划、园林建设,堪称世界一流,可惜当年的规划师、建筑师并未留下片言只语。末了,连城市、园林本身,都毁于一旦,如今只能从其他文献中大致揣测出一点。兴王府的江北片是连在一起的,北部子城,是宫殿园林区,是南汉国皇宫所在;南部是商业区;西部是城外商业游览区,供外国侨民居住。南汉国的宫殿,史载"凡数百,不可悉数",大半在北部子城内;而到了中宗时,更"作离宫千余间,以便游猎",这一下子便把亚历山大港比下去了。如今,尚有数十座宫殿可以考证出来,这里就不一一列数了。仅引用一下古史的记载,看其奢华的程度:玉堂珠殿,"饰以金碧翠羽";昭阳殿,"以金为仰阳,银为地面,栀楹槟榔亦皆饰之以银,殿下设水渠,浸以珍珠,又璩水晶琥珀为日月,列于东西二楼之上";南薰殿"柱皆通透刻缕,础石各置炉燃香,故有气无形"。乃至后主时,"所居宫殿以珠、玳瑁饰之……宫城左右离宫数十,游幸常至月余或旬日,以豪民为课户,供宴犒之费"。

至于园林,更数不胜数,人称将自然景观通过人工改造,从而成为大型的园林,广东此为一最。如南宫药洲,为今日西湖路至海珠广场一带,面积之大,可见一端,其利用天然河段,开500余丈,潴水成湖,湖中奇石兀立,千姿百态……花、石、湖、洲、桥并胜。

这里不想过多渲染兴王府的宏大、辉煌与豪华，我以为，刘岩等三代国主，是必也吸收了海外诸如阿拉伯、南亚的建筑风格，使之更美仑美奂。

然而，正是后主刘𬬮为了娱乐，居然"益得志、遣巨舰指挥使暨彦赟以兵和掠商人金帛，作离宫游猎"，不知先祖正是靠海上贸易发达起来的，自毁国纲，加上苛政酷刑，人心丧尽。于是，宋兵南下，人心思变，广州的百姓，把每家必备用以盛水的防火桶称为"宋一统"，表示民心向宋，这一来，南汉国的王气也就收尽了。

南汉国，在诸多史学家的笔下，似乎不值一谈。一部通史，每每都几笔带过，甚至编年史上，有时都找不到，"五代十国"，只见五代，而不见十国。可见南汉国处于一个何等微不足道的位置。

也许它的命太短了，才短短50年，凭此，就够给史学家诟病的了，这么短命，如同秦、隋，只有贬的份，哪还有什么值得研究的呢？就算是教训，也都不足挂齿。没有谁会对一个短命的王朝产生多大的兴趣——史学家们历来也躲不过"趋炎附势"的习性。

但这只是表层的原因。那么，深层又是什么？

无论南越国还是南汉国，都远离中国的政治中心，也左右不了中国的历史命运，它们对一个泱泱大国的影响，再大也是有限的，无非梁启超所言，鸡肋一根罢了，嚼之无味，弃之可惜。史家的视线，远远到不了这南蛮之地，无论你再自以为是也没用。地缘政治，也就决定了它们在一部中国史中卑微的地位。这是无可否认的。再者，南汉国以商立国，本身就背离了中央帝国的立国之本。的确，虽说唐代儒释道均为国教，但贯穿2000多年的治国思想，还是道德至上，仁义至上，这是农耕文明所产生亦所依赖的文化传统，几千年定位不移。一个偏安一隅的蕞尔小国另搞一套，本身已大逆不道了。公正严明的史笔，岂可为它多著一字？

长期以来，我一直呼吁对南北朝时期的广东，对五代十国时期的广东，多加力气予以研究，是痛感这两段时期里，对南方历史的发掘实在是少之又少。南越国因有一个南越王墓被发现，到底还出了不少有真知灼见的文章，有相当分量的著作，可南汉国呢？迄今尚未见有什么研究专著出现，甚至连几篇像样的论文也找不着。最多，是对当年的兴王府建筑有点兴趣。可兴王府早已灰飞烟灭了。

时至今日，我仍不时在当年兴王府即整个广州的地面上寻找它的遗迹，可除药洲残址外，当说一无所获。当初偌大一个富贵王朝，留给后人的莫非只有一个幻影么？人们只能从片言只语的记载中，去重构这样的幻影么？

然而，有谁会认为，正是这个短命的王朝，给后来的大宋帝国以非常巨大的影响，甚至影响了其经济政策及立国思想，宋神宗这位著名的皇帝，都迫不及待地要总结南汉国的经济建筑的经验，颇为惊人地归结为"笼海商得法"、"内足自富，外足抗中国"，令臣子们好好反省。

宋代的大规模经济活动，包括大兴水利、大开海道，无疑都是得益于南汉国的启示，从而让整个中国人口首次突破一亿，整个国家的生产总值超过盛唐的几倍，使这么一个军事上颇为懦弱的王朝，无论怎么赔款也照旧富得流油……

而中国文化重心的南移，也应是从此开始。

一个近代的中国，似乎已在孕育之中，而毋需以明代屯门之役，由冷武器转换为热武器交锋为界限。很遗憾，时至今日，尚无人好好去研究——南汉国如何"笼海商得法"，从里"内足自富"的呢？进而言之，从哪里切入，去研究南汉国的富国之路？而这富国之路，得益于怎样的经济政策？海洋政策？……

这是一个国家的悲剧，但其意义当超出国家。"以商立国"，这是不少发达国家的国策，连前美国总统柯立芝也宣称过："American Business is Business."（美国的国务就是商务）我们今天也认为：无商不富。

的确，南汉国是富得流油了，金山银山，挥霍不尽。可正因为富，国君们却又可胡作非为，皇家林苑中狩猎尚不过瘾，还要跑到海上狩猎，把外贸商船当成猎物，把好好的外贸市场，搅了个乌烟瘴气……本来，当日的岭南，大象、老虎、麋鹿并不少，山林茂密，百兽繁衍，够这些皇帝们追逐、玩耍的，何至于疯到海上，实在教人费解。

更令人费解的是，兵临城下，为相者竟称人家是冲着金银财宝而来的，如果我们把这些金银财富全毁了，他们不就不会来了。昏君竟以为理，于是，一把火，这一可称为世界经典的王府、园林，无辜地化作了灰烬，不说价值如何，工匠们的心血又该是多可惜呀！就这样，一个人便足以看尽一个王朝的兴亡，短短半个世纪，灰灭烟飞！

这又是怎样一种思维模式？珍宝毁弃殆尽，可宋军照旧进入了广州，照旧要统一中国。

富可以立国，亦同样可以亡国。如果没有诚信，没有对百万苍生的哀悯之情，再富，也逃脱不了覆灭的命运。从事商业活动，诚信第一，这是国际上所公认的，因商而富，当是为诚信而来，是诚信致富。

然而，在东方，在我们这个中华帝国，自古以来，就认为"无商不奸"，马无夜草不肥，人无横财不富，认为财富是依靠巧取豪夺而来的，这不仅左右了周边人们的看法，同时也令商人自身自卑自贱，自己作践自己，不奸便是没本事。

临到19世纪，十三行的首富潘家，在与西方交易时，看到对方对契约的恪守，万分感慨，夸奖不已，并令其同行们"公精西语，广兼真诚，极为钦重"。

读毕，却透出几分悲凉来。

宋代的市舶亭

唐强宋富，这在历史上已是有定论的了。我一篇关于宋代建筑转型的文章，在网上转载了不知多少次，不过，标题却改成了《富裕的宋朝为何强大不起来》，已不是讲建筑的文章了。的确，宋朝的富裕程度不知超过唐代多少倍，宋代的科学技术也达到了前所未有的巅峰，中国古代的四大发明，其中三大发明便是在宋代。宋代大兴水利，不仅粮食倍增，人口也倍增。文化方面，宋代的州县学纷纷设立，书院是历代王朝中最多的……不过，我们每每忽略了最重要的一条，宋，几乎也可称得上是以商立国，重商兴学是其最重要的国策。

其实，我们从宋神宗对南汉国的评价"笼海商得法"中，便可以看出宋朝对海上贸易的重视。无疑，宋代也是从南汉国的富足中获得启发，从而更大规模地推进商品生产与商品交换，使整个国家的市场活跃起来。我们仅从一幅《清明上河图》上，便可以看到宋代市民社会是如何发达的了：市肆林立、商衢通达、歌舞升平、河晏海清。据研究确认，当日的杭州，三分之一为官员，包括南逃的官员，三分之一的商贾，堪称为市民社会了。当然，也许是太富有了，打不了仗，也打不起仗，每每以为赔上些银子、绸缎，便可以安享太平，殊不知财富是贿赂不来安定的，所以，宋朝才被视为历史上最为懦弱的王朝。耽于享乐，最后也只有亡国一条路了。"商女不知亡国恨,隔江犹唱后庭花",这正是过分的富足、奢华,连亡国也不当回事的缩影。穷可亡国,富也一样亡国!

也许,写到宋代,终于与笔者的祖先挂上钩了。一是,如今珠三角广府人,大都是南宋当年珠玑巷南下移民的后裔,谭家自是其中之一。二是,宋代大兴水利,珠江三角洲是最为受惠的地方。著名者,莫过于南顺(南海与顺德,其时顺德尚未立县)的桑园围。据《南海县志》称,桑园围是在1121—1125年间兴建的,当时宋朝的官府,发动了西樵、九江、沙头、龙江、龙山数以万计的人口进行全面修筑,"延袤数千丈",也就是超过十公里,后来更是"上自丰滘,下至狐狸,以迄甘竹,东绕龙江,上至三水,周数十里",可见规模之大,执政者有何等气魄!正因为修建了大规模的水利工程,使得珠江三角洲的农业生产成倍增长,尤其是桑蚕业的长足发展,商品经济走在了全国的前列。

而抗日战争后,修复龙江段及周边的桑园围,则是作为十三行的后裔、往返于南洋的我的祖父谭绍桐所主持的,他不仅捐出了巨资,而且亲力亲为,自始至终督阵于第一线。其实,我父亲谭文德,本就是水利工程的专家……至今,老家仍留下不少他们的佳话,称祖父是中华人民共和国成立之前龙江数一数二的"猛人"。

我以为,宋代对水利之重视,恐怕与农作物商品性生产很有关系。珠江三角洲受惠于宋代的水利,为明清的丝绸商品生产,打下了坚实的基础。

曾任广州知府的余靖,是有名的谏官,其曾犯颜直谏重修佛塔,宋仁宗入内宫后直叫唤:"被一汗臭汉熏杀,喷唾在吾面上"。余靖官至工部尚书。他曾于嘉祐五年(1060)至交趾平叛,第二年则以尚书左丞知广州,兼管内劝农市舶使,提点铜银场公事。在任期间,以清廉节俭闻名,人称他"为帅十年,不载南海一物"。这位北宋名臣,更是著名文学家、诗人,担任广州知府时,有《寄题田待制广州西园》:"善政偏修举,增完城馆清。地含春气早,月映暮潮生。石有群星象,花多外国名。与民同雉兔,邀客醉蓬瀛。瀚墨资吟兴,云泉适野情。镇应持左蟹,快欲脍长鲸。积霭藏楼阁，驯鸡识旆旌。甘棠留美荫，高倚越王城。"末句出自《诗·召南·甘棠》："蔽市甘棠，勿翦勿伐，召伯所茇。"召公决狱政事于棠树下，去后，民怀其政，不敢伐甘棠。

此诗更表现了余靖治下，修复广州、推动外贸的盛况。"石有群星象，花多外国名"，这里说的石为九鼎石，原立于南汉国最负盛名的皇家园林药州，好在因为是石，一把火烧不掉，所以今天还能让人凭借它想象出当日的清幽或华丽。外国花多更不须说了。"与民同雉兔，邀客醉蓬瀛"。前句出自周文王与百姓同猎野鸡野兔，寓与民同乐之意；后句，更是与海内外客商共饮于蓬莱、瀛洲——这与南汉国把外商请进宫殿大醉当一回事。

北宋诗文中，把广州对外贸易搞得虎虎有生气的官员，当是程师孟。他是广州知州，正是他，专门为"搞活外贸"，兴建广州西城，并命其东南为"航海"，有三个南门，一个叫"朝宗"，其义自明，另两个叫"善利"、"阜财"，由此看得出他对外贸的重视，并视外贸为积聚财富的重要渠道。那次建西城，已是北宋第二次扩建了。这与前边提到的宋神宗有很大的关系，可见皇帝很在意"笼海"。他亲自特派张节爱负责筑城，还考虑到南方"版筑"技术不精，又命令随带京城的施工队助役。这次扩城共用了300余天时间，在熙宁五年（1072）八月"他筑广州西城及修完旧城毕"，用钱20万贯，耗工158万。西城周围长13里余，高2丈4尺，共9门，环城都修筑了水濠，水均流入珠江。通过第二次扩建，广州也就有了东城、子城、西城三城，有城门16座，城墙逶迤连绵20里。城中，又同唐代一样，"蕃汉杂居"，各色人种触目皆是，中外奇珍异宝琳琅满目，中外商品的交易天天不绝。作为知州的程师孟自然诗兴大发，写下了不少好诗，流传颇广。其中有一首，则是不少选本皆有，即《共乐亭》："谁共吾民乐此亭，使君时复引双旌。千门日照珍珠市，万户烟生碧玉城。山海是为中国藏，梯航尤见外夷情。往来须到栏边住，为眷春风不肯停。"珍珠市、碧玉城，当与方信孺的《南海百咏·越楼》互相参照着看："真珠市拥碧扶阑，十万人家着眼看。"

遥想两宋年间，从兴王府的废墟，回复到百业兴旺、商舶万艘的广州，几乎是片刻间的事。历史上广州的火焚，可谓数不胜数，大的便有汉军火攻番禺、南汉自焚兴王府、鸦片战争火烧十三行……等等。然而，一座城市，却也如南中国的植物一样，只要一阵微风细雨，瞬时便又有无数的绿芽从焦土中冒出，眨眨眼，就是万木葱茏，碧草连天，你想再找到几寸火烧过的焦土都不容易。南中国城市的生命力，就如南方的植物一般，朝代一更替，不出几年光阴，别说树木复起，楼宇也一般飞也似的从焦土上升起，商舶更是不召而来，挤满了珠江的水面；连被黄巢砍伐一空桑树，到了南汉，不，未到南汉，仅几年间，便又郁郁葱葱，丝绸产量更超过了以往。所以，到了宋代，广州商城的格局，也迅速发展了起来，自然，宫殿是不宜再恢复了，哪位州官都不敢，但这正有利于商埠的发展。所以，所谓"三朝古都"，都无法改变得了广州作为商业城市的历史步伐。沿珠江的码头、货栈、商铺，鳞次栉比，市墟更是空前繁华，而且比唐代的蕃坊、海阳楼更让人惊叹。

　　自然，其管理制度上，也比唐代愈加合理、完善，可谓"与时俱进"。唐代中后期的市舶使，演进为市舶亭。关于这市舶亭，朱彧的《萍洲可谈》记载有：

　　　　广州自小海至溻洲七百里。溻洲有望舶巡检司，谓之一望，稍北又有第二第三望。过溻洲则沧溟矣。商船去时至溻洲，少需以诀，然后解去，谓之放洋。还至溻洲，则相庆贺。寨兵有酒肉之馈，并防护赴广州。既至，泊船市舶亭监官莅阅其货而征之，谓之抽解。以十分为率。真珠、龙脑凡细色抽一分，玳瑁、苏木凡粗色抽三分。

　　这市舶亭，位于广州对外贸易著名的胜地海山楼下，《羊城古钞》中有："海山楼在镇南门外，下即市舶亭。宋嘉祐（仁宗年号，1056—1063年间）经略魏炎建。"如今此楼已不在了，但通过当时诗人的描绘，可知其不仅壮观，而且一度辉煌已极。

　　洪适专门有《海山楼》一诗："高楼百尺迄严城，披拂雄风襟袂清。

云气笼山朝雨争，海涛侵岸暮潮生。楼前箫鼓声相和，戢戢归樯排几柂。须信官廉蚌蛤回，望中山积皆奇货。奇货，归帆过，击鼓吹箫相应和。楼前高浪风掀簸，渔唱一声山左。胡床邀月轻云破，玉麈飞谈惊座。"及至明代，其市舶提举司，亦设在同一地方。

北宋徽宗政和四年（1114），朝廷进一步制定了"蕃商五世遗产法,"制定这一法，便可见蕃商在广州人数之多，居住时间之长了。当时，蕃人在广州是可以置产业、通婚姻的，官府不禁，百姓不奇，而且可以改为汉姓，甚至三代之内有为官的，还可以与宋宗室通姓，这都在法律允许的范围之内。他们的日常生活习惯如何，要造什么形状的房子，举行怎样的宗教仪式，均无人干涉或限制，社会亦没什么禁忌。《萍洲可谈》亦介绍过"蕃坊"的社会形态：

> 广州蕃坊，海外诸国人聚居。置蕃长一人，管勾蕃坊公事，专切招邀蕃商入贡，用蕃官为之。巾袍履笏，如华人。蕃人有罪，诣广州鞫实，送蕃坊行遣，缚之木梯上，以藤杖挞之。自踵至顶，每藤杖三下，折大杖一下。盖蕃人不衣裈袴，喜地坐，以杖臀为苦，反不畏杖脊。太宗徒以上罪，则广州决断。蕃人衣装与华异，饮食与华同。或云其先波巡尝事瞿昙氏，受戒勿食猪肉。至今蕃人但不食猪肉而已。又曰汝必欲食，当自杀自食，意谓使其割己肉自啖。至今蕃人非手刃六畜则不食，若鱼鳖则不问生死皆食。其人手指皆戴宝石，嵌以金锡，视其贫富，谓之指环子。交趾人尤重之，一环直百金。最上者号猫儿眼睛，乃玉石也，光焰动灼，正如活者。

至于蕃长，当还有招徕蕃舶的任务，太宗淳化年间，就有大食的舶主收到过蕃长寄去的"招谕"，从而"届五羊之城"，来中国做生意。甚至发生内乱时，如侬智高起兵反宋，围困广州城，蕃人亦与军民一同守城，蕃官蒲亚讷还用"猛火油"（即石油）去焚烧围城叛军的攻城器具。叛军败退，他们更协助程师孟扩城，并提供了资助。

那次动乱，广州城外"蕃汉数万家悉委于贼，席卷而去"，城外扶胥镇被毁后，十多年尚未恢复元气。这里用的"蕃汉数万家"，仅仅是城外扶胥镇（今东郊黄浦一带），并非蕃人聚居的西城，由此可见，宋代在广州的蕃人，至少是十万以上。因为，并无宋代富裕的唐代，仅黄巢之乱，就在广州杀了有纳税记录的十二万（一说为二十万）番人，那么，到宋代，没有太大的骚乱，这蕃人的人数，只能是有增无减，也就该为十万以上。

不少人来到广州，总对笔者说起，一过岭南，便感到有"异国情调"，与中土殊异，甚至见到了不少外国人。自然，这是改革开放之后才有的情景。当他们惊叹"怎么会有这么多外国人"之际，我却告诉他们，比起唐、宋二朝可以说是少之又少了。这里谨引笔者写下这一章时读到的当天的《羊城晚报》，第二版有一条红黑相间的大标题："1.8万外籍人士在穗纳税"，副标题为：今年1—11月纳税27亿元，地税局建立"一人一档"的管理模式。这与唐宋时期纳税的"蕃人"人口比较，当是小巫见大巫了。

从内文中看，"资料显示，已建立了个税档案的外籍人员分别来自93个国家和地区，其中人数占比最多的是港台地区和日本外籍人员。"也就是说，1.8万中，还有相当大比例为港台地区的中国人。这一打折扣，今日之"蕃人"不足一万了。

当然，这可能是不完全统计，没纳税或没自觉纳税的外国人可能还有一些，不过，只怕有也不多，因为国外的商务人员，不，所有人，均以"纳税人"为荣，视不纳税为犯罪行为，一般都很自觉，笔者在北美生活过，深谙这一切，他们的自觉纳税，当成为中国人的榜样。广州这1.8万人纳税27个亿，也就是人平为1.5万元的税，远远超过广州工薪阶层平均所纳的税。

可以说，唐、宋的"对外开放"，要比今天不知强多少倍！

按照马克思、恩格斯的研究，在欧洲，公民权利是与财产成正比的，《家庭、私有制和国家的起源》中就说过："在历史上的多数国家中，公民的权利是按照财产状况分级规定的。"但是，在漫长的中国古代社会中，中国的商人之权利与财产恰恰处于不对称的状态，你再有钱，也未必有权，哪怕花钱买一个红顶子，可在真正的官员面前仍得矮三分。这样，商人政治上受压迫，经济上被盘剥，事业上被摧残，也就成了顺理成章的事情，遑说人格上百般受辱，几千年"无商不奸"四个字，就把他们压得透不过气来——而这，在另一个意义上来说，则强化了他们的革命性。也如《资本论》所云："商人对于以前一切都停滞不变，可以说由于世袭而停滞不变的社会来说，是一个革命的因素。"

当然，这是针对欧洲当年的资产阶级革命而言，但对于整个世界而言，也应有普遍意义。正由于其"革命性"，所以，"无商不奸"的帽子在中国始终就摘不下来。西方封建社会较短，而中国则很漫长，所以传统的势力愈加强大，在史书上，商人当是"万恶之源"，无视社会上的一切秩序、道德与法律。不妨一读岳珂《桯史》中的"富翁五贼"：

> 南宋名士陈亮，"常与客言：昔有一士，邻于富家，贫而屡空，每美其邻之乐。旦日，衣冠谒而请焉。富翁告之曰：'致富不易也……大凡致富之道，当先去其五贼。五贼不除，富不可致'。请问其目，曰：'即世之所谓仁、义、礼、智、信是也。'士卢胡而退。同父（陈亮字）每言及此，辄掀髯曰：'吾儒不为五贼所制，当成何等人耶！'"

这一段引文，当如何解读之？显然，"五贼"一说，多少与庄子称的"五音"、"五音"让人耳目闭塞之害相近，对满口仁义道德、一肚子男盗女娼的伪道学者是有力的反讽，何况宋代正是中国商业社会相当兴盛的时刻，这无疑是对正统道学之挑战。也可见当日商人已具有的自信。

只是到了明清，一个个都成了"儒商"——这一称谓，过去却是没有的，里边又隐含怎样的历史玄机？可惜，有关南宋的商业社会，尤其是广东的市民社会结构，迄今仍不见几篇有见地、有分量的文章。

位于中国南方的广州，早在1000多年前，便是独一无二的国际大都市了。珠江口每日开来的蕃舶，一只比一只大，一只比一只吃水深，在海上丝绸之路上，不知留下了多少动人的神话与传说，也不知催生了多少动人的诗篇与哲思，"扶胥沐日"的奇景，当是指千帆驶来的壮观……无数巨舶运来的，不仅仅是香料、犀角、种种奇珍异宝，载去的，也不仅仅是精美绝伦的丝绸、薄如蝉翼的瓷具，而是一个国家繁荣昌盛的运气。这里，骀荡的海风，不时带来一阵豪雨，而后便是雨霁天青，红日杲杲，一洗已有的溽热。于是，沿江的商业区也就骤然间沸腾起来了，满是大食人、阿拉伯人招徕生意的呼唤声，大街上的人流很快便汹涌了起来，有异国衣装打扮的、扎头巾的、蒙面纱的，掺揉在满口广府白话的人群当中。大车小车，轮声吱呀，都满载货物，各有各的去向，各有各的奔头。驶车的，无一不是喜气洋洋，满脸堆着称心的笑容；押车的，也少了几分骄悍之气，和气生财嘛……噼噼啪啪的算盘声，是商街上最悦耳的音乐，此起彼伏，清脆、爽朗、颇有节奏感，这分明在诉说，又一单生意成功了，又一条外船可以出航了……显然，这里的商铺，还有就近的作坊，以及纷纭杂沓、来来去去的商船，分明滋生出一种新经济形态，分明在催生人们对世界无尽的憧憬与幻想——那本来是可以早早产生的，十二、十三世纪，世界上有哪个国家，有如此丰富的海上贸易，又有哪个国家，造得出可承载上千人的巨舶？没有，除开中国之外！而广州，则代表了这几个世纪中国的形象！此时在广州最活跃的、最恣肆的，不是官员，不是士绅，也不是可以梦见高中状元的十年寒窗的学子们，而是商人。他们本来完全可以在继唐、南汉、北宋之后，把这方土地带向一个崭新的世纪，一种新的社会建构。

美国历史学家斯塔夫里阿诺斯，在他的《全球通史》中，关于"1500年以前的世界"的上卷本中"宋朝的黄金时代"中说：

除文化上的成就外，宋朝时期值得注意的是，发生了一场名副其实的商业革命，对整个欧亚大陆有重大的意义。商业革命的根源在于中国经济的生产率显著提高。技术的稳步发展提高了传统工业的产量。同样，水稻早熟品种的引进，使作物在过去只能一季一熟的地方达到一季两熟，从而促进了农业。此外，宋朝兴修的新的水利工程，大大扩大了水田灌溉面积。据估计，11 至 12 世纪，水稻产量增加了一倍。

生产率提高使人口的相应增长成为可能，而人口增长反过来又进一步推动生产。经济活动的迅速发展还增加了贸易量。中国首次出现了主要以商业，而不是以行政为中心的大城市。

对外贸易突飞猛进是，这一点比国内贸易更为显著。自汉代起，中国对外贸易的规模已相当大。到了唐朝，尤其是宋朝，对外贸易量远远超过以往任何时候。这一贸易迅速发展的基础，当然是中国前所未有的经济生产率。航海技术的改进——其中包括指南针、带有可调中心垂直升降板的平底船，以及代替竹帆的布帆的使用——也很重要。最后，穆斯林商人和水手从事贸易的积极性，也加快了对外贸易的发展；当时，他们是亚洲诸海的伟大创业者。

结果，海港而不是古老的陆路，首次成为中国同外界联系的主要媒介。当时，中国的经济居主导地位，这可以由以下事实看出来：中国的出口品大多是制造品，如丝绸、瓷器、书画等；而进口品多半是原材料，如香料、矿石和马匹等。最后应该指出，宋朝时期，中国人首次大规模从事对外贸易，不再主要依靠外国中间商。因而，宋朝时的中国正朝成为一个海上强国的方向发展。但对中国历史和世界历史而言，最重要的事实是，这一潜在的可能从未实现。此外，同样重要的是，宋朝时的名副其实的商业革命，丝毫未对中国社会生产爆炸性的影响，而西方与此相应的商业革命却对西方社会产生了爆炸性的影响。

印证这位历史学家的话，不仅仅有我们自己的历史文献，而且还有当年来到中国的不少外国人留下的记录，最著名的，莫过于马可·波罗写下的游记了，还有阿拉伯旅行家伊本·拔图塔。

然而，这么一个在世界经济中占中心主导地位的泱泱大国，那样一个进出口贸易在众多世纪让所有国家望尘莫及的商业巨港，为何在后来的世纪中失却了领军的优势呢？

也许，仍得去问一下最后的十三行！

5

大明王朝："怀远驿"

现在，我们来到了十三行诞生的朝代——明王朝了。

当中，还隔了个元朝，只有不到一百年光景，但是也不可不提。元朝对陆路上的贸易有着巨大的促进，可以说，中国的四大发明中的三大发明——印刷术、火药与指南针，均是由蒙古的铁骑，从中国带到了欧洲，17世纪西方哲学家弗朗西斯·培根，高度评价了这三大发明，他认为：

> 这三大发明首先在文学方面，其次在战争方面，第三在航海方面，改变了整个世界许多事物的面貌和状态，并由此产生无数变化，以致似乎没有任何帝国、任何派别、任何星球，能比这些技术发明对人类事务产生更大的动力和影响。

然而，由于陆路，即陆上丝绸之路自然条件的严酷，元代的兴旺，只是昙花一现，随着元朝不足百年统治的结束，陆上贸易也几乎戛然而止了。当西方高度评价元朝为他们送去催生文艺复兴的物质武器之际，东方的商业都会却几乎毁于一旦。但影响更深刻的，却是海上贸易。

元朝的铁骑，擅长在陆地上纵横驰骋，然而，一遇到大海，就黯然失色了。纵然元朝的船队打败了宋朝几千艘战舰，可它船队的核心力量却大都是宋人的降将。他们试图在海上扩张，却败绩不断，往东，日本海上大败；往南，南中国海上大败；往西，也过不了红海……元朝的统治者，顿时对波涛汹涌的大海恼怒了起来，的确，与一望无际的绿色草原相比，大海太不驯服，太狂傲了，没把这些马背上的大可汗放在眼里，一怒之下，便宣布禁海。

元朝先后颁布了4次禁海令，这是前所未有的！为何要连续颁布4次禁海令呢？本来，这海就不是那么好禁的，那么长的海岸线，禁得了这一处，禁不了那一块，况且海上贸易那么兴旺，有那么悠久的历史，哪能一下就禁得住呢？所以，一次不行，才有第二次、第三次……

元世祖至元二十二年（1285），禁"商贾航海者"；次年，即至元二十三（1286），再禁；元成宗大德七年（1303），再"禁商下海"；元仁宗延祐元年（1314），"仍禁人下蕃，官自发船贸易"……一度又一度的禁海，故元代海上贸易可谓乏善可陈，尤其是民间商船赴外洋贸易的情况，没有任何文献记载。其长期禁止民间商船出洋，前期与后期官船贸易也都停废，可见元代对广州的外贸有多大摧残。

元代几禁几弛，可从当日的广东宣慰使郭昂的诗中，读出几许感慨。下面是《客广州有怀》四首中的第三首：

椰叶飘香集瘴烟，
满城寒雨着绵天。
标幡未挂禺山上，
石鼓犹鸣莞县边。
蛮草任肥嘶代马，
朔风偏喜过番船。
越楼东畔珍珠市，
惆怅当时一惘然。

这应写在广州已遭浩劫、稍有复员之际，故"惆怅当时一惘然"。不说了罢。我们还是来到明朝吧。

十三行产生于明朝还是清朝，学术界一直有争论。有的人固执己见，甚至把十三行的出现推迟到了康熙二十五年（1686）之后，这显然是谬之又谬了。这里，我不想过多涉及学术上的争论，只是跟着历史，一一道来好了。

我们说大明王朝，似乎已有几分揶揄的味道了。因为，明王朝实在是中国古代社会走上下坡路的朝代。唐强宋富，各占一个优势，可明王朝说强，说不上，说富，更说不上。它的确一度威名赫赫，尤其是郑和七下西洋，宣示中国国威，巨大的皇船，几乎就是一座城市，令四海为之瞠目结舌。可片刻间，这个似乎是海洋大国的明朝，竟在大海上消失得无影无踪。巨舶不再是东来，而转换成了西来，从古木变成铁壳（开始也还不是）。历史的镜头就此转换。

从南京迁都到了北京的王朝，自然也就不会去经营海洋，不是如宋神宗所说去"笼海得法"，相反，却动员劳工修筑万里长城，好抵御来自大漠的铁骑。一个以海为重的国家，也就开始了最后的萎缩，试图用长城封闭、包裹起自己，于是，闭关锁国也就成了国策。修长城是为了锁国，那么，禁海，则是要闭关了。就这样，八面来风，统统都给挡了回去，新鲜的空气不再，健康也就不在，病态的王朝几乎没有过如汉代的"文景之治"、唐代的"贞观之治"，勉强说得上的"仁宣之治"，仁帝在位不过 10个月，他想让老百姓休养生息，可没几天，他一死，汉王便闹叛乱。宣宗在位也就 10 年，"仁宣之治"，连 11 年都不到，便被风吹雨打去矣，怎可与文景、贞观相比。而后，便有土木之变、王振乱政、北京苦守，曹石又生乱；而后，更有刘瑾专权、钱江争宠，一个大明王朝，就没几天安稳的日子。帝王不是残暴无道便是靡废无能，一代边关名将袁崇焕，也就那么让变态加病态的皇帝碎尸万段，末了，连国家也断送了……

且不去列数这个王朝的种种不是，只将禁海道来。

以诛杀功臣出名的朱元璋，在与陈友谅的百万水军对阵之际，就产生了惧水、恐水的毛病，一立国，便宣布了"禁海"，紧随元朝的相关国策之后，尤为禁止私人出海贸易。而后制定的《大明律》更是规定：凡将牛、马、军需、铁货、铜钱、缎匹、绸绢、丝绵私出外境，货直属单位及下海者，杖一百；将人口、军器出境下海者，处绞刑。中国禁海的名言："片板不得下海"，当是这个朝代开始的。

可是，广州这边，上千年的海上丝路，又怎么禁绝得了？明的不行，暗的来；大港不行，小码头来……私自下海者，欲禁不绝。

洪武三十一年（1398），朱元璋见一禁再禁不灵，又再旨："严禁广东通番"。这一禁，可得落到实处，不准造双桅以上的大船前往国外做买卖，更不准造大船卖与外国人。甚至沿海采捕鱼虾，广东商人贩卖米谷，也都一律"不准"。

中国的造船业一落千丈。及至几百年后，十三行的巨商潘家，竟对西方来的三桅船惊叹不已，说中国造不出也见不到这样的大船，却不知，几百年前，中国造的大船要比这大十倍八倍。在郑和下西洋之际，一条船可乘一两千人之多，而西方则望此船兴叹，他们怎么也解决不了稍大一点的船下水时，船体发生断裂的问题。

元明之前，中国科技发明的比重占世界的百分之八十以上。元明之后，这比重颠倒了过去，只占百分之十几，甚至为零……一个封闭、压抑的王朝，自然在人文与科技上，也一般乏善可陈。

十三行，也就成了紧闭大门的一线缝隙。

毕竟，禁也好，不禁也好，广东的老百姓都得活，要活，就要下海。于是，禁则为海盗，开则成海商——这成了广东海洋贸易的一条铁律。禁，往日的商舶也就成了盗舶，反正不合法了。时人有谓，"寇与商人是一人。市通则寇转为商，市禁则商转为寇"。于是，在王朝变化不定的海贸易政策中，所有船只均"亦商亦盗"，视政策的变化而转换身份，这是颇有戏剧性的，然而，这绝非喜剧，而只能是悲剧。为此，连地方上的官员与总兵，也"私造大舶，以通番商"。而商人冒险出洋，照旧"讨海"，"每得十倍之利"。兵商"勾结"，不仅"多挟大舸入海与夷市"，还每每组织武装船队，武装"走私"，对抗官署的禁令。

　　凭良心说，商人哪想去为寇呢？谁不愿意规规矩矩、合理合法地从事商品交易呢？这禁海，自是逼商为寇，逼良为娼了。于是，沿海一下子涌现出了一批令地方官吏为之胆寒的"海盗"来，如林道乾、林凤等。正是这些"海盗"，迫使明王朝不得不正视"禁愈严，则寇愈盛"的严峻事实，使其在剿抚两无效之下，不得不重新考虑开海的问题。纵然这样，他们的"开海"与真正的对外开放仍有天壤之别。毕竟，他们自诩为"天朝上国"，认为世界当以明王朝为中心，殊不知正是这几十一百年间，世界已经发生了巨大的变化，尤其是西方，业已走出了"千年黑暗王国"的中世纪——其实正是蒙古铁骑带去的东方三大发明使欧洲重新寻回了当年古希腊罗马的人文与科技，更走向了一场又场的革命，资本的原始积累也同时开始了，并把触角伸向了海洋——这恰好是明王朝腾空出来的好地方！

　　哥伦布发现新大陆，仅在郑和下西洋之后不到百年。其实，英国人孟菲斯早几年证明，郑和比哥伦布理应早到达过那个新大陆，只是没有宣布这是"发现"罢了。而郑和七下西洋回来后，那帮后儒们，更把他的所有航海日志及相关文件，来了个"斩草除根"，统统烧了个一干二净，为的是根绝后人步郑和后尘，产生称雄海上、闯荡世界的"妄想"。思想上的倒退与自虐，就这么扼绝了中国在海洋上的一息生机。今日当视为荒诞，可当时却是义正词严，是至高无上的爱国壮举与民族气节！

　　哥伦布后不久，1497年7月8日，葡萄牙人达·迦马又率领四条帆船出发了，此行，第一次绕过了好望角，从而完成了历史性的远征，"发现"了印度……

　　郑和下西洋，于1433年骤然终结，明王朝的藩属国满刺加，则是1511年遭到葡萄牙殖民者血洗的——笔者在另一部长篇报告文学《宝安千》中较为详细地写到了这一历史事件。一个撤出，一个侵入，前后连80年都不到，东西方的历史，也就来了个逆转。

　　早在郑和下西洋的第一次，就是1405年，广州便设立了"怀远驿"，这是明成祖三年，设立的用意，旨在沿袭宋代的体制，虽然宋代广州商城几重的格局，已很难再现了，但南洋来的蕃商们，如占城、暹罗，还有西洋各国的贡使、市舶，似乎还一如既往希图在这里捞到庇护（贡使）与生意（蕃商）。毕竟，历史的"惯性"还在。《明史·食货志》中，记录下了"怀远驿"的诞生：

> 海外诸国入贡，许附载方物，与中国贸易。因设市舶司，置提举官以领之。所以通夷情抑奸商，俾法禁有所施，因以消其衅隙也。洪武初设于太仓、黄渡。寻罢。复设于宁波、泉州、广州。宁波通日本，泉州通琉球，广州通占城、暹罗、西洋诸国。琉球、占城诸国皆恭顺，任其时至入贡。唯日本叛服不常，故独限其期为十年，人数为二百，舟为二艘。以金叶勘合表文为验，以防诈伪侵轶。后市舶司暂罢，辄复严禁。濒海居民及守备将卒，私通海外诸国。永乐初，西洋剌泥国回回哈只、马哈没奇等来朝，附载胡椒与民互市，有怀请征其税，帝曰："商税者国家抑逐末之民，岂以为利？今夷人慕义远来，伯侵其利，所得几何，而亏辱大体多矣。"不听。三年，以诸番贡使益多，乃置驿于福建、浙江、广东三市舶司以馆之。福建曰来远。浙江曰安远。广东曰怀远。

怀远驿，设置在广州何处？

我们还是从另一条线索讲起。可以说，宋代设市舶司，是包含贡舶与市舶两重内容的。贡舶，是朝贡的物品，不计什么价值，无等价交换的原则，对外来朝贡者而言，每每是贡少馈多，因为中国是大国，以示宽柔大量，所以馈赠的礼品，从价值上而言，要大大超过进贡的物价。而市舶，则完全服从市场的规则，互通有无，等价交换，双方均能从中获得。海利，历来是大利，所以，这一方，官府仅抽税都抽得笑裂了嘴，这也便是官方获利的大源头。

然而，一执行"海禁"，事情就麻烦了，因为严禁民间与外番接触，别说做贸易了。这便引发了一个非常严重的问题，贡舶来的商品中的非贡品，该怎么办？总不能让人家运回去或全做贡品吧？同样，外商要的商品又怎么办？因为赏赐的礼品并不一定是人家想要的，这个问题不解决，连贡舶也来不了啦。

好在这么大个国家，还不难找到若干先例，如指定或批准某些人为官府代劳，出面与外舶打交道。这便是中国历史上所称的"牙人"——凭牙尖嘴利说和生意双方的中介人，这是"俗解"，正式的解释当是：

牙人，官府想到的是这些人。

牙人，或称牙商，是交易买卖的中间人，也即经纪人。他们是社会经济的产物，也是换一种方式获取财富的精明者，在中国存在了2000年，各个时期的名称不同，战国秦汉便称作为"驵侩"。明朝官府当然还会想到宋代市舶和元代市舶中的经纪人，从国内经济贸易进入到对外经济贸易之中。距明朝不太长时间的元朝在一部《延佑市舶法则》，明确规定设置"保舶牙人"，为外商在中国贸易的经纪人。明朝承袭元朝，设置牙行，由牙商居中，沟涌外商与中国民间的贸易。

珠江，水势浩大，满面宽阔，海船可以直接抵达广州码头。

十八甫，广州著名商业区，在珠江广州白鹅潭之侧，可停泊各种大型船舰。广州市舶司对此地情有独钟，选定为牙商活动地点。这有两个原因，一是明初外蕃商船不可直接进入羊城，要先停泊于沿海港湾，其后贸易量增加，政府抽税广增收入，外商纷纷进入广州，势必要有一个交易处所；二是明朝人王圻说："贡舶与市舶一事也。凡外夷贡者，皆设市舶司领之，许带他物，官设牙行与其民贸易，谓之互市，非入贡即不许其互市矣。"设牙行，必要选商品货物装卸方便之所，就近交易，并安置外来蕃商和牙商，十八甫正是理想之地。

十八甫设置了怀远驿，建有120间房屋，归属于市舶司，供外来蕃商居住。怀远驿，带有深刻烙印的典型"天朝上国"名称。以天威和胸怀招徕远方蕃人，将之安排于驿站（招待所）中，以示恩惠。这一年是1405年，是广州十三行前身诞生之时。偏偏怀远驿所在的十八甫是一块风水福地，建有海山楼，称为"极目千里，百越之伟观"，宋代诗人陈去非为之盛赞："百尽栏干横海立，一生襟袍与天开。岸边天影随潮入，楼上春容带雨来。"而且更妙者是：

> 广州有二事可怪：盐步头水，客人所买盐萝，必以此水洒之，经久不析不化；市舶亭水，为番船必取，经年不臭不坏，他水不数日必败，物理不可晓如此。

这一记载乃清末民初广东香山人黄佛颐所编撰的《广州城坊志》所言，并言明市舶亭即在海山楼下，怀远驿旁。无疑，取水番船便停泊于十八甫江岸，通过牙行牙商做交易。

市舶司认可的牙人，代官行事，职责虽繁，权限则大，从中获得自必丰厚。凡外洋商船航至，先泊港口，由牙人上船检验各种文件手续和货物，然后报上市舶司，得到批准，方称之为贡船和贡物，许以贸易买卖。牙人得官批准，即行对货物评估价格，报官抽取份额，通常抽取十分之二，高时达十分之三。检验外商的牙人随之摇身一变而成牙商，既代官府，又代番商，还代华商和民间。介绍撮合各种交易，择日开市，买卖舶货和中国土特产，全由牙人监督管理。

炫目耀眼的金银珠宝的诱惑是难以抵挡的，聚敛巨额财富的贪心促使蛇去吞象。牙商是否喝过贪泉的水，并不重要，重要的是他们绝不会对财富无动于衷，从未想过要去学颜回的品性德行以便博得圣人孔子的赞誉。牙商采取内外勾结、欺上瞒下、瞒天过海的方式，从中获利。外洋商船一到，便通知人前往接引，将行俏货物先行交易，往往转移一半，甚至大部分；然后报官。开市时又从中吃取差价。外商欲购中国货物，牙人自行包揽，用小艇送至洋船，并勾结官吏军士，共同分肥，袋袋平安。

牙商侵吞官府外贸收入，引起了一名官员的不满。1556年担任广东海道副使的汪柏，制订了一套新的牙行制度以代替市舶司管辖下的官府牙行，利用财力雄厚的广帮、徽帮、泉帮商人，担任客纲、客纪，接手中西商品贸易。初时有十三家，俗称十三行，之后有36家，仍沿称十三行。

世界经济在发展，按理，市舶贸易当更为重要。但一禁海，虽朝贡贸易在中国被确认并受重视，但市舶贸易反而在宋之后被严格控制乃至禁止了。过去是"贡使来，市易起，贡使去，市易止。贡与市，不可分"，唐宋两朝，市渐渐盛于贡，但到明、清，又倒退回去了，而且更为严厉。印光任、张汝霖在《澳门纪略》中，这么追述了最后为何只余下"怀远驿"独此一家的来龙去脉……

> 广州自小海至濠洲七百里。濠洲有望舶巡检司，谓之一望，稍北又有第二第三望。过濠洲则沧溟矣。商船去时至濠洲，少需以诀，然后解去，谓之放洋。还至濠洲，则相庆贺。寨兵有酒肉之馈，并防护赴广州。既至，泊船市舶亭下。五洲巡检司差兵监视，谓之编栏。凡舶至，帅漕与市舶监官莅阅其货而征之，谓之抽解。以十分为率。真珠、龙脑凡细色抽一分，玳瑁、苏木凡粗色抽三分。

周玄暐《泾林续记》（约 1602）则有：

> 广东香山为海舶出入噤喉，每一舶至，常持万金，并海外珍异诸物，多有至数万者。先报本县，申达藩司，令舶提举同县官盘验，各有长例。……继而三十六行领银，提举悉十而取一，盖安坐而得，无薄书刑杖之劳。

体制上的严苛，还是对付不了外商的生意经。当海洋贸易只定位为"贡舶"后，民间私人出海贸易，在中方可说是被压下去了，可外方却不好办。于是，一种"朝贡—勘合体制"在海禁政策里出现了，这无疑是一种有限的松动。本来，市舶司的职责，在明代只余为维持明朝以中央大国的居高临下姿态接受"万邦来朝"的"朝贡"，而后，作为回报，明朝的礼部，则给外国的贡使以相当的"回赐"。而"松动"之处，则是允许随贡舶而来的外商，可在市舶司所在地，即"怀远驿"、海山楼下，或者在京师会同馆，进行一种变相的贸易——这便被叫做"朝贡—勘合体制"。

为此，外国贡舶来华，除开朝贡外，还应持有明朝礼部所颁发的、被称之为"勘合"的通行证，才可以捎带进行变相的贸易，而这，则被称之为"勘合贸易"。

《大明会典》上很明白地记有："凡勘合号簿，洪武十六年始给暹罗国，以后渐及诸国。每国勘合二百道号簿四扇。"这里所说的"渐及诸国"是指：日本、占城、爪哇、满剌加、真腊、苏禄、柯支、渤泥、锡兰山、古里、苏门答剌、古麻剌等。这种勘合贸易除了由市舶司机构安排在市舶司港口（宁波、泉州、广州）小范围进行之外，主要安排在京师会同馆（接待各国贡使的宾馆）进行。《大明会典》记载："各处夷人朝贡领赏之后，许于会同馆开市三日或五日，惟朝鲜、琉球不拘期限。俱有客司出给告示，于馆门首张挂，禁戢收买史书及玄黄、紫皂、大花、西番莲段匹，并一应违禁器物。各铺行人等将物入馆，两平交易，染作布绢等项立限交还。如赊买及故意拖延，骗勒夷人久候不得起程者，问罪，仍于馆前枷另一个月。若各夷故违，潜入人家交易者，私货入官，未给赏者量为递减。通行守边官员，不许曾经违犯夷人起送赴京。凡会同馆内外四邻军民人等代替夷人收买违禁货物者，问罪，枷号一个月，发边卫充军。"

纵然如此严厉，但这种勘合贸易仍阻止不住各种问题的发生。如在宁波，日本贡舶的两支人马便发生"争贡"打斗，"两夷仇杀，毒流廛市"，以至把市舶司的嘉宾堂都烧了。朝中遂起"请罢市舶司"之议，向皇帝上疏，认为"祸起市舶"，以至早在嘉靖八年（1529）浙江市舶司就被撤了。在"海禁"的大前提下，禁市舶司自顺理成章矣。

这种"勘合"贸易，在明朝政府的控制下，是无法适应海外贸易日益增长的需求的，"问题"也就会越来越多，正如台湾学者陈文石所言：

> 在贡舶贸易（按勘合贸易——引者）制度有虽然有勘合的国家可享有贸易上的种种特殊权益，但究为贡约所限，不能随其所欲自由往还。同时此仅为贡舶国家王室或官方支持下的贸易，一般番商因不能取得勘合，便无法进口。而贡舶输入货物，又为政府垄断。虽然市舶司

或会同馆（会同馆开市仅限三天或五天）开市时，中国商人可承令买卖，但仅为官方所不肯收买的残余物品，货色粗劣，数量亦微，品类价格又都有限制，而且往往供求两不相投，双方俱不能满足所欲，于是贡使、中外商人，遂互相勾结，窝藏接引，进行秘密私贩活动。尤其中国海商，在政府禁海垄断，外舶特权独占的双重刺激下，既不能取得公平合法的贸易，便只有越关冒禁，挑战下海，从事非法贸易了。"

可以说，正是贡舶、市舶，一直到勘合体制的演变，泱泱中华，从一个海洋大国，退后为农业弱国。闭关锁国的曲折过程，反映了从迎外、笼外到恐外、排外的帝国心理的变化。

于是，西方殖民者来挑战了。

6

热兵器与十三行

当年宝安的屯门，响起了中国的"第一枪"

屯门之役，是古老的东方土地上，第一次热兵器的交火。在科学家的眼中，冷兵器＝古代，而热兵器＝近代。因此，当中国也用上热兵器之际，也就标志着中国近代史的曙光已经出现。

尽管对中国而言，近代的历史进程是如此的艰涩，但不管怎样，首先使用热兵器的屯门之役，也就成了中古与近代的"节点"。

徜徉在宝安的土地上——自然，这是指的老宝安，早在晋咸和六年所治的宝安县，明万历元年又曾一度改名为新安的这块地方——看南海碧波万顷，南天云舒云卷，海天一色，群鸥翔集，白帆片片，巨舻络绎不绝，谁不顿生思古之幽情?!

忆当年，金戈铁马，箭簇如雨，冷兵器碰击的铿锵声中，血肉横飞，战场上的腥味，就是几个世纪的风雨也冲洗不去——宝安，位于珠江的出海口，也更注定了它的残酷、它的悲壮，以及它的辉煌，这不仅仅只为了战争，还有很多，包括今天港深如林的摩天大楼，往来如鲫的商船油轮，栉次鳞比的现代厂房，当然，还有返璞归真的田园风光……

佛学西来，于中国而言，南线自然是走的珠江口，牟子的《理惑论》，这部中国第一部佛学典籍就出在珠江的中下游，即主干流西江的古广信上；而西方的近代文明，也毫不犹豫地选择了珠江口，不过，这回却不是达摩舍筏登陆传播和平，而是用热兵器，试图打开尚为冷兵器统治的古老的中国。毕竟，西方人绕过好望角，沿阿拉伯商人指引的海上丝路，过印度，穿越马六甲海峡，进入南中国海，最早到达的，自是珠江口。

在历史的里程中，空间每每造成不同的时差，就如深圳特区已开放到相当程度之际，只走出不足 100 公里，你还可以看到衣不裹体的农家，再远一点，我还采访到只因欠了一百元，被人拆去屋梁而无险见人，一根绳子吊在树上的年轻人——这是 1984 年我发在北京一家刊物的长篇报告文学所写的。所以，这边已疯狂地在追逐利润，那边却仍以古训逼一位寡妇坚守"贞节"；这边大耍空手道，把几亿乃至几十亿金钱玩个尽兴，那边却仍在义正词严地大讲义重如山；这边成建制地开出了一批又一批的联合收割机，那边却仍在"面朝黄土背朝天"；这边挥金如土，那边饥肠辘辘；这边已是每秒钟运算上亿次的计算机，那边仍慢条斯理地拨动着算盘上的珠子；这边……，那边……；还可以列举很多很多。不同的地域空间，就这么演绎出历史的时差，让旁观者瞠目结舌。

作家可以这么写，这么对比，从而表现出历史的激情，这自是无可厚非。理论家们呢？

他们自是得给"近代"加上定义，诸如，古代与现代的分界线，当是由封建的生产方式及相应的生产关系和交换关系，转换为资本主义的生产方式及相关的生产关系与交换关系，亦即由地主与农民，变成资本家与工人；由小作坊变成大大小小的工厂；由原始的以物易物，变成商品交换……还有种种标准。

科学家，则以科学技术的近代化为衡量标准，于是，也就有了英国学者李约瑟的一说，他所著的《中国科学技术史》，便以宋代发达的科学技术，也包括活跃的商品经济、民营经济为证，认为中国那时便有了资本主义萌芽，也就是说，已经开始走进了"近代"。

但是，统治中国理论界几十年的经典理论，则是以鸦片战争为界限的。西夷用洋枪洋炮，轰开了中国的大门，满清王朝被迫实行"五口通商"，终于让中国人睁大了眼睛，发现了另一个比自己要强大与进步的世界。这才——用时兴的话来说——与世界开始接轨。换句话说，是英国的一声炮响（这可是响在中国的）把中国送进了近代。昏庸蒙昧与落后，才开始让位于清醒、文明与进步。

这一经典理论，表明了中国人只是被动地接受了"近代"，对此，大多数学者不仅接受了这个"近代"及这个中国近代理论，并且也表示，这实在是无可奈何，不得不接受。

然而，这一理论，在近10多年间，终于受到了挑战。当今，影响最大的"划线"，则放在了16世纪初，即1509年至1511年间。1509年，葡萄牙殖民者的6艘海盗船来到了马六甲海峡，强行上岸，以"文明人"自居胡作非为，被满剌加人赶走。两年后，18艘战舰气势汹汹开来，血洗了满剌加，控制了马六甲海峡，占领了通往中国的桥头堡。

满剌加当时是中国的藩属国。占领满剌加，实际上便是对当时的明王朝的挑战，用热兵器向冷兵器的封建王朝挑战。然而，自从郑和七下西洋后，中国完全从大海上退守回了内陆，对这一挑战呈示出麻木状态。但不管怎样，这毕竟属于西方的近代文明最早与中国的接触，所以，不少学者以此为据，视之为"近代中国"的开端。

然而，满剌加的陷落，满剌加的王宫成为了殖民者花天酒地的淫窟，明王朝对此可否被触动，或者说，多多少少感到了威胁？

满剌加，扼住马六甲海峡的咽喉，今日的战略意义，世人共知，可当日自视为世界中心、为万邦来朝的中华大帝国的明王朝，会意识到这一条么？

中国近代史的开端，会以此"定点"么？

也许是机缘，就在构思这部作品之际，我正有机会参与东南亚各国的华人社团的活动——就这样，我来到了马来西亚的南部，来到马六甲海峡的东北沿岸，也就是当年满剌加藩属国的所在地。

马六甲海峡已临近赤道，阳光充沛，粼粼波光在海面上闪烁，当日，这里被殖民者视为黄金之路——香料与丝绸之路，这粼粼的波光，于他们是几近乎黄金的色彩。

我到达海岸之际，看辽阔的海峡，却是异常的宁馨，与其说有黄金铺路，毋宁说海面恰似舒展的丝绸，平滑、柔媚，海鸥们不是在上面飞翔，而是在翩翩起舞。地图上那么狭小的一个海峡，可站在此岸却看不到彼岸，再努力都无法找到海平线上有任何陆地的痕迹，蓝蓝的大海，蓝蓝的天空，竟教海平线都若有若无，正所谓海天相连。

相传海峡上常有海盗出没——这已有了上千年的历史，自隋唐五代一直到今天，且有愈演愈烈之势。可此刻，海面上风平浪静，惟余群群海鸟，别说海盗船了，就连一般的商船，也未能看到。也许，它们自在海平线那边，毕竟，真实的海峡太宽了，不是地图上那么窄，航道未必在我的视野之内。

很难想象中古时代，唐宋二朝，与穆斯林商船那种频繁的往来，但历史上的记录却毋庸置疑。巨大的海上贸易，正是双方历史的鼎盛时期的证明。

来到这里，作为一位马来亚华人的后裔，我则是别有一番感慨。当年，满剌加与马来亚东海岸的彭亨州，均是中国对外贸易在东南亚的重要口岸，明清二朝，在十三行时开时闭之际，它们每每承担了时重时轻的外贸职能。自然祖上是早已晓知了的。所以，嘉庆年间，由于西方不再大批量购进中国瓷器（他们已掌握了烧瓷技术），十三行中的陶瓷贸易从此衰落，大都成为行外商人，及至道光初年即1822年一场大火，我家也"一夜冇清光"，几经努力，最后只有出走南洋，来到了彭亨，干起了实业：开锡矿，建橡胶园，也算再度中兴，一直到20世纪第二次世界大战……终于最后"清光"。

情何以堪。

就在当日满剌加的领地上，我们拜会了当地的华裔学者，目的正在于寻找"近代"这么一个起点。出生在柔佛哥打丁宜的安焕然告诉我们："早期东西海上的交通，主要以今马泰交界的克拉地峡为中转站，商品需经由地峡的陆路转输，间接辗转沟通。但至 5 世纪后，东西海上交通的枢纽渐由原本的克拉地峡南移到马六甲海峡来，促使直接性的东西海上通航渐趋形成。由是，马六甲海峡的地位及价值，随即跃升。马六甲海峡两岸及爪哇沿海一带，遂崛起了诸多的港市中心，并争相欲夺取马六甲海峡的制控权。"他告诉我们，首先是宝利佛逝（Srwijaya，即中国译的"三佛齐"）有近 5 个世纪对海峡的控制权，故《岭外代答》卷二中有："在南海之中，诸蕃水道之要冲也，东自婆者，西自大食，故临诸国，无不由其境而入中国者。"他这一说，正证明了汉代《地理志》上所说的元鼎六年（前 111）自徐闻、合浦至南亚的通商线路中，为何有一段是陆路，这陆路具体怎么走？答案便在这"克拉地峡"。

马六甲海峡开通后，被三佛齐垄断了好几个世纪，三佛齐衰落之际，海盗也就兴起了，但也无法阻挡 12 至 14 世纪中国与阿拉伯间兴旺的海上贸易，尤其是宋代，中国民间海商更是盛极一时，以至于不少中外史家将这一阶段视为中国近代史的开始：市民阶层形成、商业社会兴盛、海上贸易达到顶峰……正是这一期间，满剌加王国出现了。其建国时间大致在1400 年。

举世闻名的郑和七下西洋，第一次就在 1405 年，正值满剌加立国不久。而早在 1403 年，即永乐元年中官尹庆就为赍诏往满剌加。所以，趁郑和下西洋返回中国之际，满剌加即遣使随船队向明朝入贡，成为藩属国。永乐一朝，满剌加前三任国王，都曾亲自率团到中国朝贡，其人数是历来藩属国国王到中国朝贡人数最多的一国。所以，明王朝在告谕中，一再明确称满剌加已"内属"天朝，已为明"朝廷之臣"，并制止别的藩属国"无相侵越"。

其实，认真考证，满剌加一直是以继承三佛齐自居，其王室均追溯其先人乃三佛齐王族的后裔。理清晰这一来龙去脉，对这么一个藩属国的兴亡，当有更深的认识。

然而，明永乐年间倚重满剌加，自是与郑和下西洋以及其朝贡体制密切相关。及至郑和下西洋戛然而止，明王朝闭关锁国成了定局，满剌加作为藩属国的命运便岌岌可危了。

站在当年满刺加的土地上，只见万木葱茏，百花盛开，老天爷给了这里诸多的优待：地理环境、气候条件，种种。本来，它是可以早早发展起来，早早走进现代社会的。

在骀荡的海风、和煦的阳光下，我的思维却变得艰涩了起来……

如前所述，1511 年——这已是郑和下西洋的 100 年之后，明王朝都已经忘却了大海是什么颜色的了，葡萄牙殖民者血洗了满刺加。满刺加的国王，只好逃到了一个小岛上面。由于这 100 年间，仍没少给明王朝进贡，作为藩属国的身份也没变化过，所以，国王立即派遣出使者，向作为宗主国的明王朝求救。然而，大明皇帝对这么个孤悬海外的藩属国，竟置之不理，公然称："葡总督态度和善，遇中国商人甚优。"

认敌为友，放任其烧杀掳抢。殊不知，人家占了这个桥头堡，目的在于打到中国来。他们买通中国商人，掌握中国的情报，至于麻痹大明皇帝，则是意外的副产品。

满刺加王朝的残余势力，退守到了柔佛，即乌丁礁林（Ujong Tanah）。此名之意为"亚洲大陆南端地极"，如今，是新加坡的腹地。他们在柔佛河沿岸（沙翁槟榔、旧柔佛、哥打丁宜）一带，以及廖内群岛（宾丹岛）先后建都，作为其复国基地，继续与葡萄牙殖民军对抗。漫长的战争经过了好几个世纪，其间，来自中国的潮商、客商，参与了这片土地的开发。但中国政府则一直置之度外。毕竟，闭关锁国的政策，令满刺加的地位变得可有可无。

可以说，这一态度证明了，满刺加的失陷，并没有让明王朝有所觉悟，中国的"近代"也不可能由此发端。

如果说，满刺加只是藩属国，与本土并没直接关系的话，那么，当侵略者进入本土，并且肆无忌惮地立下刻有其国徽的石碑以宣示主权之际，大明皇帝当不会无动于衷吧？

就在 1514 年，殖民者血洗满刺加之后仅 3 年，满刺加的殖民总督便已派出了舰队，东进北上，到达珠江口。

本来，打通马六甲海峡，目的便在于扫平通往中国的障碍，对于中国的富庶，尤其是陶瓷、丝绸，他们垂涎已久，岂有在满剌加皇宫中不思进取之理？

来到珠江口的葡萄牙船队，其首领叫阿尔瓦雷斯。凭着铳炮，他们在新安的屯门（现属香港新界）强行登陆，而那里的军民却未有所防范。

1511 年占满剌加，1514 年则到了屯门，他们可真是急性子。

而更急性子的，则是在屯门竖立起了一座刻有葡萄牙国徽的大石柱，以纪念他们这次航海的又一"发现"。哥伦布发现了新大陆，却没能找到中国，达·伽马则"发现"了印度，这位阿尔瓦雷斯，自然更迫不及待要"发现"中国了——这可是 100 多年前马可·波罗笔下所描写的黄金帝国呀！

这位阿尔瓦雷斯，当时被译为"欧维士"，后来在澳门，还专门立了他的石像，叫做"欧维士石像"。

他们急急忙忙来，到底要干什么？原来，早在 1508 年，葡萄牙殖民者塞克拉第一次到达满剌加进行掠夺时，葡王就给塞克拉下了一道训令，内中有一项，便是指向中国的——因为在满剌加遇到了不少中国商人。

训令中称：

> 你要询问中国人从什么地方来？有多远？什么时候来满剌加或他们做买卖的地方？载运的是什么货物？每年有多少船来？并注意船的形状大小，是不是同一年返国？他们在满剌加或其他国家有没有代理商或房子？他们是不是富商？是懦夫还是勇士？有的是利器还是铳炮？穿的是什么衣服？是不是躯干雄伟？将要注意关于他们的一切其他消息。

问得如此之细致，其用心何在？似乎不必挑明了。一度称雄海上的葡萄牙，此时自是野心勃勃，睥睨一切：

> 又，他们是基督教徒还是异端？他们的国家是不是一个大国？国

王是不是不止一个？在他们之中有没有摩尔人（Moors）或其他不遵奉他们的法律或信仰的人？如果他们不是基督徒，究竟信仰什么？崇拜什么？遵守什么惯例？他们的国家扩张到什么地方？与谁为邻……

不用再引述下去了，只需弄清楚内中的思路就行了。

这道训令表明了什么？明眼人一看，便可以看出其狼子野心。

然而，在中国的领土上，立下的这一侵略者以示占领的标志，居然没有引起任何反应，国家没有抗议，甚至没有人寻究这一石柱究竟具备怎样的意义。

显然，石柱是投石问路。

没有反应，更激起了殖民者漫无边际的幻想，这个黄金帝国的土财主们，显然可以欺负，"建功立业拓疆"的日子到了！

于是，又过了两年——这两年当是有讲究的，因为在当时的交通条件下，一条信息的往返，即本国收到情报再批复下来，就得这么多的时间，可见其反应的速度有多快——也就是1516年，以安特拉特为首的葡萄牙殖民者，又率远征的舰队，来到了两年前已树有葡国国徽的石柱的屯门，堂而皇之宣称自己是占领者。

这回，不由得当局不重视了。时任广东巡海道副使的汪鋐，指挥大鹏所城、东莞所城的官兵，在广大民众的配合下，对占领军发动了猛烈的进攻。志得意满的侵略者，虽说有热兵器的优势，却还是太过于轻敌，不得不狼狈鼠窜，回到了舰只上，仓皇跑到海上，逃回满剌加。

然而，到了第二年，即1517年，这支船队竟又公然闯进了珠江口，绕过了东莞、新安的舟师，直接开到了广州。

只不过船上的葡萄牙人，统统都"变脸"了，一色的白布缠头、长袍裹身，纯然伊斯兰教徒，并声称为"满剌加的贡使"。在满剌加被占之前，该国已宣称归叛伊斯兰教了，而且与中国通商的、自唐宋以来，也大抵是信奉伊斯兰教的阿拉伯人。亏他们想得出来，尽管欧洲人，无论是肤色、脸型都同满剌加人不一样，可头、身一蒙，一下子是看不出来的。

　　此番长驱直入，理由是再正当不过了：作为明王朝的藩属国满刺加前来朝贡，要与中国建立正式的贡舶贸易关系，况且这一回，船舰 8 艘，其中 4 艘为葡国船，4 艘为马来船，一名叫皮来资，一名叫安特拉德，均自称为"朝贡"而来，一副傲慢的样子。

　　一路上，除开蒙面假冒之外，还以重金贿赂开路，并声称船上有葡萄牙国王的使臣佩雷斯，正儿八经、有头有脸的"贡使"！这回可是冠冕堂皇的：前来朝贡，与中国建立正式的贸易关系。这一招还真灵，除开以假充真掩人耳目外还以重金贿赂开路，令广州的官吏为其开路，当然，这都是满刺加人或在满刺加的中国商人提供的信息。

　　这是 1516 年葡国殖民者败北后的第二年，即 1517 年。

　　这一回，安特拉特的海盗船上，倒是多了一位有头有脸的人物，作为葡萄牙国王的使者臣佩雷斯。这一来，既然是"贡使"，也就把他们安排进了广州的"怀远驿"——广州的官吏昏庸也罢，受贿了也罢，反正，他们行骗有术，得了头功。

　　但是，深目高鼻，又如何冒充得了东方人，很快便被识破，时任广东佥事、署海道事的顾应祥，曾追述过这件事：

　　　　正德丁丑（1517）……蓦有大海船二只，直至广州怀远驿，称系佛郎机国进贡。其船主加必丹（葡文 Capitao 译音，舰长之意）。其人皆高鼻深目，以白布缠头，如回回打扮。即报总督，陈西轩公奎临广城，以其人不知礼，令于光孝寺习仪三日而后引见。查《大明会典》，无此国人贡，具本参奏朝廷许之，起送赴部。

　　这恐怕是世界历史上空前绝后的大笑剧，且上演达三日之久。双方该都是"乌龙对乌龙"，全糊涂得可以。光孝寺是有名的佛教寺庙，光孝寺的仪式当是佛教的，当局却让回回打扮的人进佛教寺庙行礼仪，岂不见笑大方。而葡人冒充伊斯兰教，却也不懂该进的是怀圣寺——伊斯兰教的庙宇，竟稀里糊涂被驱进佛教寺庙去行大礼，当也是天方夜谭。

可不管怎样，只要能蒙混过关，入错了庙也无妨。于是，假扮正经做了三天斋戒，饥肠辘辘的船员们，终于等到了"引见"。

识破也罢，反正装进贡也无妨，佩雷斯终于打通了一个又一个的关节，一直等到1520年，经梅岭北上，到了南京，又于1521年1月，到达了北京……

一路买通了官吏，皇帝跟前的弄臣火者亚三，还有宠宦江彬，竟让正德皇帝"学葡语以为戏"，对这次违规直上，睁一只眼闭一只眼，也把佩雷斯当成正式的贡使。只可惜好戏不长，同年，正德皇帝驾崩了，明世宗继位，第二年改元为嘉靖。

并不是所有官员都会如此姑息这些阴谋家，还在佩雷斯住在广州花钱打通关节之际，便有御史上疏："满刺加乃敕封之国，而佛郎机敢并之，且瞰我以利，邀求封贡，绝不可许。宜却其使臣，明示顺逆，令还满刺加疆土，方许入贡……"可谓义正词严，有理有据。可惜，并不是人人都这么清醒。

而这边，葡萄牙殖民者自以为已买通了明廷的官员，便可以肆意妄为了。于是，1518年，安特拉特这位败军之将的胞弟西蒙，又率其远征舰队，再度来到了屯门，强行登陆后不久，猖狂地从事走私以妄想一朝暴发。他的继任者卡尔乌公然宣称，他"不愿遵守中国国王的命令，而要和中国开战，杀戮和洗劫那个地方"。

占领了屯门后，他们还想侵占南头城，守军不干了，坚决把他们打退。无奈之际，他们"退泊东莞南头，盖屋树栅，恃火铳以自固"，"每发铳，声如雷"，试图吓住中国的军民。

中国军民被吓倒了么？

固然他们买通了上面的官吏，甚至正德皇帝也"学葡语以为戏"，致使朝廷对其之烧杀掳抢持一种暧昧的态度，但是，以汪鋐为代表的爱国军民，却一直在摩拳擦掌，准备与之决一死战。尽管对方的热兵器杀伤力那么大，一时三刻不易对付……

机会终于来了。

　　正德十六年，即 1521 年，明武宗驾崩，明世宗继位，第二年改元为嘉靖。曾在正德皇帝跟前当弄臣的火者亚三与宠宦江彬，被皇太后抹了脖子。于是，没人再替这帮殖民者进谗言了，这一来，"礼部已议绝佛郎机，还其贡使"，已是刑部尚书的顾应祥更称"其人押回广东，驱之出境去讫"。碰了一鼻子灰，殖民者却仍不甘心。

　　广东地方官员与朝廷官员，立即送上了奏折：

　　　　佛郎机非朝贡之国，又侵夺邻封，犷悍违法，挟货通市，假以接济为名，且夷情叵测，屯驻日久，疑有窥伺，宜敕镇巡等官驱逐之……

　　于是，上上下下，同仇敌忾，要将入侵者赶出国门……

　　这边，礼部已议决，与佛郎机断绝关系并把"贡使"押回广州以驱逐出境，驻扎在南头的侵略者立即感到大事不妙，只好紧缩兵力，赶紧退守回屯门。屯门的防卫，于他们视为固若金汤，企图赶在中国军民驱逐之前撤守，乃万全之策。那边，汪鋐的水师已按捺不住了，迅速发兵到了屯门海澳，下令葡萄牙殖民者退出中国大陆。

　　侵略者自恃有先进的热兵器，竟公然向汪鋐的水师发炮，进行轰击。闻名中外的"屯门战役"，就这么爆发了，成为中国历史的一个节点。屯门，这几乎名不见经传的一个小小的地名，终于在中国古代史与近代史的交互中，屹立起来了。

　　漫步屯门，如今最醒目的古建筑，当是陶氏宗祠，相传是晋代陶潜之后人所建，自然是望族，如今虽说业已残破，却仍能看出当日建筑的华美气派。屋顶上有飞檐与瑞兽，为之增添了几分灵动之气。门前的对联"八州世译，五柳家声"，追说的是作为"五柳先生"的陶潜及其家族的历史。他们是几时来到屯门的，众说不一，有说已有上千年，亦有说是几百年。不过，屯门中一个个的"围"，如屯子围，青砖围、麒麟围……这样的地名，多少可以证实是一个怎样的族群，以怎样的文化传统，在经营这个地方。至于陶氏宗祠，则是康熙年间所建，三进式，有石刻、木刻及陶瓷浮雕，里边还有乾隆年间维修宗祠时留下的碑记。

就近还有一座583米高的山，唐代称屯门山，宋代称杯度山，明清之间，则以圣山名之。为何命名"圣山"，自大有奥妙，不知与汪鋐抗击外侮有没有关系。

有一条是可以肯定的，在中国古代，屯门一直是中外海上交通的要道，凡入珠江口进入南粤腹地，必在此停泊，故战略位置非常重要，所以，当日葡萄牙殖民者才赖着不走。

中国近代史第一战役，也就在此打响。

汪鋐率明朝军队，包括水师，向占据在屯门并有寨子的侵略者发起了进攻，要把他们赶走。然而，当猎猎战旗逼近敌寨，群情激愤之际，侵略军却使出了杀手锏，放起了铳——中国人视之为铳，因为，火药本是中国发明的，喜庆之日，放铳以显热闹，以表祝贺。

平日，侵略军放铳，其声如雷，大家只以为是虚张声势，干打雷罢了，铳本就这么回事。可没想到，对方铳一响，满天的铁籽飞来，有百余丈之远，连树木都给打折、摧倒，岩石亦被打碎。人一中弹，不死则伤，浑身是血……冲在前边的，只好赶紧退回到百丈之外。

至于海上，汪鋐的水师一到，对方的"蜈蚣船"一下子探出200条桨，飞也似的驶开，躲避了明朝水师的弓矢。而后，又如法炮制，用铳还击，一条船，三四十条铳，飞弹如雨，防不胜防……明军首战败绩，不得不撤出战斗。

史书上对那次初战败北亦有记录。《天下郡国利病书》载："海道汪鋐以兵逐之，不肯去，反用铳击败我军，由是人望而畏之，不敢近……"《殊域周咨录》上则有："海道宪师汪鋐率兵至，犹据险逆战，以铳击败我军……"

军队，是从失败中学习方才走向胜利的。作为统帅的汪鋐，敏锐地察觉到，冷兵器是无法与热兵器相抗衡的。他看到：

佛郎机番船用兵挟板，长十丈，阔三丈，两旁架橹四十余枝，周围置铳三十四个，船底尖，两面平，不畏风浪，人立之处用，用板捍蔽，不畏矢口。每船二百人撑驾，橹多人众，虽无风可疾走……号"蜈蚣船"。

显然，敌方舰只，比我方优胜得多，而武器，就更厉害了：

其铳管用铜铸造，大者一千余斤，中者五百余斤。……铳弹内用铁，外用铅，大者八斤。其火药制法与中国异，其铳一举放，远可去百余丈，木石犯之皆碎。

更何况人是肉身呢。

侵略者正是恃船坚铳利，才有胆量从几万里外跑来，占据中国的领土，甚至公然以"国王"自称。

败则败矣，再战，务必有胜券在握，怎么办？

群策群力，宝安的父老乡亲，也纷纷为之谋划："水攻——派人，当然，一定要水性极佳者，夜间潜入，凿穿其船底，令其战舰一艘艘沉没，没法打仗……""火攻——当年诸葛亮，就是在江面上用火烧曹操的船只，大败其号80万之众的大军……""对，我们多派些小船，装上柴火，浇上油脂，冲入敌人的舰阵，来个火烧连营……"

……

然而，这些方法，不是不可用，但能否奏效，则很难说，毕竟，敌军守卫严密，要潜入并非易事。

临到汪鋐发话了。他说："东莞县白沙巡检何儒，倒是上过佛郎机的船上。他发现，船上倒是有黑头发、黑眼睛的船工，一问，果然是中国人，名字叫杨三、戴明，等等。详谈间，还了解到，这几位中国人住在葡萄牙的时间已经很久了，对他们如何造船，如何铸铳，如何用火药的法子，非常了解……如果我们把他们找来，说服他们为我们所用，那我们不一样也有了铸铣的法子，用同样威力的火器，不愁打不败这帮佛郎机的强盗。"大家齐声叫好。"当然，也得附之水攻，方可稳操胜券。"汪鋐称。

于是，没几天，就有人挑着酒坛，吆喝着向屯门水边走去。那里正是侵略军战舰停泊处。

酒坛子一开，酒的香气便弥漫开了，一下子吸引来了不少军士。久在异国他乡，水土不服，能不馋酒么？

卖酒的汉子装着不懂他们的鬼话，于是，船上的几位中国人便被叫来了当翻译。

"你就是杨三？"

"你怎么知道的？"

"巡检何大人不是上过你们的船，问过你的话么？"

"正是。"

"还有戴明呢？"

"那位便是。"

"酒卖了，何大人有话捎给你们。"

"什么话？"

"待会再说，等人散了吧。"

鬼佬们一个个捧着酒碗上舱内去了，这边，卖酒的人在船上找了个僻静的角落。同杨三、戴明几位说起话来。

自然是晓之以理，动之以情，同是中国人，岂可让他人染足祖国的领土？民族大义为重，国家利益至上……不由得杨三、戴明等人不动容。都是龙的传人，同为炎黄子孙，岂容外敌欺侮到国人头上来呢？

于是，卖酒人约好，是夜，何大人亲自驾上小艇，把他们接引到岸上。

"何大人亲自来？"

"是呀，事关国家生死存亡大事，他岂不亲力亲为？"

杨三等人立即应承下来。

正是月黑风高，屯门海岸，风涛阵阵，一条小艇，借浪涌之机，悄悄地靠近了夷舰，并发出了暗号。

舰上几条人影一闪，便落在了小艇上。神不知，鬼不觉，小艇又悄然地消失在海岸边的风涛之中。

这一来，铸造炮铳的技师就有了。

汪鋐亲自款待了这几位幡然悔悟的技师，敬上一杯酒："拜托了，如何铸铳，全由你们监制，如何用铳，瞄准敌酋，也全由你们指挥。当然，调配火药，构制炮弹，也全仰仗你们了，以其人之道，还治其人之身，让番鬼佬也知道，中国人是不好惹的！"

杨三等人连声道："我们当尽心竭力。"

一下子，铸造厂忙碌起来，炸药坊也紧张了起来……所有人，都一丝不苟地拜师学艺，争取早日把这"红夷大炮"造出来。

"既以其人之道，还治其人之身"，这却是中国古代之格言，其时，汪鋐虽还没说出 300 年后那句名言"师夷之长技以治夷"，可他却早已付诸实践了。本来，就是先有实践才后有理论的总结嘛，这 300 年总结出这么一句话，不是那么简单的。终于，第一支"铳"造出来了。第一艘舰船也造出来了。

……

中国第一次有了热兵器，这是具有标志性意义的。军事家们，亦力主近代当从热兵器算起，当不无道理。

其时，世宗嗣位，改元嘉靖，下令广州总督驱逐入境外商。葡萄牙人以货物未卖掉为由，抗拒不从，广州当局则抓到了葡萄牙舰队首脑多哥·卡尔文的弟弟瓦斯科·卡尔文及数名商人。多哥欲举兵问罪，却被汪鋐的水师，团团围在了屯门近海，使其七八艘战舰困守屯门。后来，即 1522 年 6 月，从满刺加又开来好几艘葡舰，准备增兵屯门。

汪鋐闻讯，决计将入侵者早早打败，以绝其后援。

水师也早已演习有素，待命开战。

汪鋐亲临前线，先是指挥小艇，冒着敌人的炮火，逼近番舶。敌舰虽有"蜈蚣船"之称，速度快，可要转弯，却没那么容易，一旦升起风帆，更中了我方之计，只见小艇蜂拥而至，敌军顾此失彼，火器命中率极低，正值盛夏，南风劲吹，风急物燥，正是火攻的最佳时刻，一下子，左冲右突的小艇，点火燃烧，一下子便把敌舰引着了火……

小艇奏捷，大舰又上，新造出来的铳炮，向敌舰猛烈开火了……

侵略者被炸得狼奔犬突，嗷嗷乱叫。

……

这第二战，一洗前战败北之辱，大获全胜，不仅攻上了敌舰，而且缴获了大大小小敌军的铳炮二十余管，阵势更浩大了。侵略者被打痛了，呼吁休战议和。

休战议和可以，但前提条件是：你们一个人也不准留在中国的土地上。

葡萄牙人不干了。

他们困守在屯门岛上，仗着还有几门火炮，不让中国军民靠近。满以为还可以等到后援，以此为据点，再度卷土重来。

天下绝无这号一厢情愿的如意美事。

为减少牺牲，汪鋐决计改变战术，变强攻为围困，不时用远炮轰之，逼使其最后投降。

就这么又对峙了2个月左右。

葡萄牙毕竟就那么几百人，哪怕船坚炮利，也经不起轮番消耗。中国人的铳炮一落，少不了有死有伤，日子久了，死伤就多了，再捱也捱不下去了。

这天，又有几位军士上了西天。卡尔文坐不住了。9月7日，他不得不决定放弃屯门，趁天黑，领着几条主要的舰只逃跑，扔下了那些被烧、被炸得伤残不堪"蜈蚣船"。

汪鋐率水师乘胜追击，一直追打出了珠江口，打得卡尔文胆战心惊，加快航速，最后逃之夭夭。

从1516年打响驱逐殖民者的第一枪，到1522年最终将葡萄牙战舰赶出了屯门，7年3役，胜利当来之不易。

庆功会召开了，四方乡亲来贺，汪鋐感慨万端，不由得挥毫作诗，写下了《驻节南头，喜乡耆吴湲、郑志锐画攻屯门彝之策，赋之》七律，为乡人的作画题诗：

> 辚辚车马出城东，
> 揽辔欣逢二老同。
> 万里奔驰筋力在，
> 一生精洁鬼神通。
> 灶出拔卤当秋日，
> 渔艇牵篷向晚风。
> 回首长歌无尽兴，
> 天高海阔月明中。

人道诗如画，我想，这诗也把画的情境一一写出来了：车马出城，渔艇牵篷，天高海阔，月明长歌——虽说今日已无缘见二老的画了，但汪鋐的诗却多少展现出了当年的豪情壮志。诗中，也体现出了汪鋐的胸襟，把克敌制胜的奇功，归于宝安的父老乡亲，而不是突出他这位指挥官。

关于这次战役，不少史书或文章，都有不俗的描写。如前边提到的《殊域周咨录》中就有："（此役）举兵驱逐，亦用此铳（为杨三等人监制的）取捷，夺获伊铳大小二十余管。"

宝安南头古城，有一关口村，其玄武庙旁边有"汪刘二公祠"，其中之"都宪汪公遗爱祠"建于明万历年间。时人陈文辅在祠记中，较详尽地记下了1521年至1522年汪鋐驱逐葡萄牙殖民者的战绩，文采斐然，颇见功力，其中一段是这么写的：

> ……正德改元，忽有不隶贡数号为佛郎机者，与诸狡猾凑杂屯门、葵涌等处海澳，设立营寨，大造火铳，为攻战具，占据海岛，杀人抢船，势甚猖獗，虎视海隅，志在吞并，图形立石管辖……公赫然

震怒，命将出师，亲临敌所，冒犯矢石，劬劳万状，至于运筹帷幄，决胜千里，召募海舟，指授方略，皆有成算。诸番舶大而难动，欲举必赖风帆，时南风争甚，公命刷贼敝舟多载枯柴燥荻，灌以脂膏，因风纵火，舶及火舟，通被焚溺，合众鼓噪而登，遂大胜之，无孑遗。是役也，于正德辛巳出师，至嘉靖壬午凯……

可惜，这篇碑记，只写了火攻，却没有写到汪鋐让杨三等人造船铸铳一事，是何原因？恐怕还是撰文者头脑中的问题，似乎不喜"用其人之道还治其人之身"的法子，仍想发扬光大传统的冷兵器威力。要知道，"因风纵火"以却敌，在中国古代战役中都屡试不爽，此刻则不淡然处之也。

屯门惨败之后，葡萄牙人并未善罢甘休，仍试图卷土重来。这边，6月27日在鏖战，那边，仅7月间，其舰队长末儿丁·多灭儿及其二位兄弟，又奉国王之命，来到珠江口，伺机寻仇报复。

于是，葡人败走屯门仅仅一年，1523年9月（嘉靖二年八月），他们又来到香港（当日仍为东莞辖内）大屿山茜草湾，向中国军民寻衅。

当地驻军指挥柯荣、百户王应思即率部抵抗。据史载，此役亦相当激烈，百户王应思英勇献身，血溅南海，中方将士同仇敌忾，奋起杀敌，终于生擒别者卢等42人，歼敌35人，解救了被掠卖的中国百姓10人，还缴获了海盗船2艘。最终将入侵者再度驱逐出境。

葡人仍心有不甘，珠江口未能得逞，竟又到东海上，勾结日本倭寇，到处杀人越货，还与海盗勾结占有浙江双屿岛。但不久，也被中国军民扫荡了出去。

他们在东南沿海得到了教训，用武力是叩不开中国大门的，于是转为行贿，试图用黄金来实现其在中国占据土地的野心。

当年，大航海时代开始，业已从海洋上退缩的大明王朝，见识也一般萎缩，故对海上变幻大王旗"之际"，亦一般麻木不仁。

明万历三年（1575），两位西班牙传教士从马尼拉来到广州，以"使节"的名义，要求通商。而4年前，西班牙已经把菲律宾"征服"，使其成为殖民地。这次二人来，据史料记载，"曾被送往水兴谒见总督"。不过，得到获准的，只是"朝贡"，而非互市，而且是因为西班牙在菲律宾的占领者，曾协助明朝政府围剿过以林凤为首的中国海盗。只是西班牙人亦未能涉足广东，因为葡萄牙人不想让他们分一杯羹，所以，他们只能在福建漳州一带"朝贡"。这样一来，西班牙人比葡萄牙人晚了60年，才与中国通商，用从墨西哥掠夺来的大量白银，换取中国的陶瓷、丝绸等。由于大量白银"流到中国商人手里，流到中国广东、福建一带"，以至中国人日后认西班牙银元，其他国家也只能靠换来的西班牙银元来互市，从而形成了与中国交易的"银本位"。

继葡萄牙、西班牙之后，明万历二十九年（1601），荷兰商船也第一次驶来广州。但葡萄牙不愿有人分享其通商之利，与清廷"共拒之"，荷兰人也只好上福建了，没能在当时中国最大商埠广州实现通商的目的。

此后，荷兰人又分别于1604年（明万历三十二年）和1622年（明天启二年）两次诉诸武力，强占澎湖，劫夺海船；又掠俘华人，令其修筑堡垒，甚至送往瓜哇为奴；"后又侵占夺台湾地，筑室耕田，久留不去"。荷兰人在侵占台湾期间，曾于1653年（清顺治十年）再次遣使至广州，请求通商。但复为葡人所阻，故不得不以台、澎为其经济侵略中国的根据地。直到1661年（清顺治十八年），才被中国的民族英雄郑成功驱逐出去。1688年（清康熙二十七年），清政府因荷兰人曾协助清军攻取台湾，故一度允许其在闽、粤海口通商。1793年（清乾隆五十八年），荷兰人始在广州设立商馆，成为"十三夷行"中的一员。

而英国商船亦不甘落后，它们早在明万历四年（1576），便设法打通了到中国的航路。这一年及其后的两年，一支由伦敦商人装备，由一位著名的海盗亦即航海家马丁·弗洛比谢尔所率的探险队，一连三次试图找到通往中国的航道，由于当时仍在海上称雄的葡、荷的封锁与阻挠，均遭遇失败。直到明万历十六年（1588）英国海军在英吉利海峡一举击溃了西班牙的"无敌舰队"，一跃而成为海上霸主，这才使打通中国航道的梦想付诸实现。

据史料记载：1600 年（明万历二十八年），英国东印度公司成立。1635 年（明崇祯八年），该公司被葡萄牙人雇用的商船"伦敦"号，装载货物，首次抵达中国，并在澳门停留了 3 个月。同年 12 月，在英王查理一世的特许下，葛廷联会（一译科腾商团）组织了一支装备齐全、武器精良的远征舰队，以威代尔为舰队司令，蒙太尼为总商，到东方进行冒险活动。这支舰队由四艘军舰（"龙"号、"森尼"号、"凯瑟琳"号及"殖民者"号）和两艘轻帆船（"安娜"号和"发现"号）组成。1936 年 4 月，从英国启航，取道卧亚、拔奇尔、阿郢及满拉加等地，向中国进发。1637 年（崇祯十年）6 月，这支舰队中的三艘军舰（"龙"号、"森尼"号、"凯瑟琳"号）及轻帆船"安娜"号抵达澳门附近的横琴岛。澳门的葡萄牙人惊恐万状，多方刁难。但威代尔一边佯将舰队泊定横琴岛，以迷惑葡人；一边却暗使"安娜"号轻帆船探寻进入广州的珠江水道，并偷偷溜过虎门，深入到离广州城约 15 海里的头道滩。沿途探暗礁，测水位，作标记，绘海图。同年 8 月 12 日，威代尔引领整个舰队，强行驶入珠江，进犯广州。当英舰驶到虎门附近的亚娘鞋时，与中国军队发生冲突。

于是，继明正德年间中葡第一次热武器交火之后，又一次热武器的交锋再度在珠江发生了。

对于中国而言，这是一次空前的炮战。然而，由于防备上欠周到，指挥又失措，加上武器不及英方，炮台终于失陷，35 门大、小炮全被英军掳走。尽管这样，由于中国军民的顽强抵抗，英国的舰只也被重创。只是它们仍恃火力的优势，继续横行珠江口上，大肆掳夺民船，试图以此要挟明朝政府与其通商。

中国政府提出，除非归还掠走的船只、火炮，则无以谈判。这时，威代尔才不得不归还船与炮，并派出三位代表，到广州谈判通商事宜。但明朝政府却不买账，什么也没谈成，后来还是由葡萄牙人从中斡旋，这才在澳门装上一些货物，回国交差。

中英的第一次商贸接触即以此告终。

显然，双方的思维方式大不一样，明政府是让"夷人进贡"，而英国人则要互市通商，这又怎么谈得到一起呢？一个刚从海洋退缩到内陆，丢了满剌加也不吭一声，另一个恰恰在走向海洋，正志得意满——可以说，从一开始，中英间的冲突便埋下了伏笔。

《明史》卷325，"和兰传"有这样一段记载：崇祯十年（1637），"驾四舶，由虎跳门薄广州，声言求市。其酋招摇市上，奸民视之若金穴，盖大姓有为之主者。当道鉴壕镜事，议驱斥，或从中挠之。会总督张镜心初至，力持不可，乃遁去。已为奸民李叶荣所诱，交通总兵陈谦为居停出入。事露，叶荣下吏，谦自请调用以避祸。"和国内外资料印证，表明，这里所指的"驾四舶"，显然即为威代尔所率领的最后抵达广州河面的三艘军舰及一艘轻帆船。而"奸民李叶荣"可能是精通葡萄牙语的中国翻译。奇怪的是，明明是英人威代尔一伙所干的，而明朝的史官却将它载入"和兰传"内。《明史》为什么把英国人的所为，写进荷兰传中呢？

这自然是当朝人耳目闭塞，自以为是"中央之国"，其他为何国，则不甚了了，分不清荷兰与英国，统统为"佛郎机"（葡萄牙）或"和兰"（荷兰），一概是"红毛番"。而一部《明史》中，连"英吉利"这一国名都不存在。直到60多年后，英国人才正式启动对华商贸。

据马士《东印度公司对华贸易编年史》第一卷有关资料统计，1635 – 1700年的60余年之间，到广东的英国船只仅12艘，且绝大多数仅至澳门。英国船只第二次进广州港是在1699年（清康熙三十八年），船名"马克来斯菲尔德"号，单层船，仅250吨。经多方张罗后，它从广州装载上等茶叶160担（价值银4109两）、生丝69.5担（价值9536.8两）、一批丝织品（价值13075.9两），然后离穗前往舟山、宁波等地。是年，英国东印度公司在广州设立了商馆。即成为"十三夷行"中的一员，这是后话。

尽管宋亡之崖门一役，被称为中国的"滑铁卢"，鼎盛的华夏文明开始走了下坡路。宋代发展起来的市舶司制度也出现逆转，朝贡贸易再度定位不移，一个朝气蓬勃的商业社会或市民社会又重回到了农耕社会，但历史仍依照自身的规律潜行。到明中末叶，即十三行诞生之初，东南沿海的市民社会又重新复苏，资本主义萌芽亦已出现，虽说明清易朝，一场浩劫又使南方生灵涂炭，可一旦稍有安定，南方的商业贸易又如这里的植被一样，迅速疯长了起来：转眼间回黄转绿，转眼间绿叶扶疏，转眼间万木葱茏，掩去已有的枯黄、创痕……康熙年间，人口开始迅速增长，到乾隆逊位之际，百年间，人口增至三亿之众，是包括俄国在内的整个欧洲的两倍，而国内的贸易总额也远在欧洲之上，这期间，不独以十三行为代表的粤商称雄于国内，徽商、晋商亦一般声势煊赫。专业化的名镇竞相出现，规模渐显的集市亦处处可见，成为诸商帮转动的落脚地与商品的集散地。在广东，我们就可以一口气数出诸如佛山、江门、石龙、新塘、梅菉等名镇，市场形成的专业分工已现端倪。人称广闽一带"商贾如云，货物如雨"，绝非夸饰之词。

可以说，正是商品流通的加快，促进市民社会再度形成，对传统社会的变革产生了重大的推动作用。然而，几千年中国封建王朝"重农抑商"乃至"强本抑末"的政策，对这一变革的抗拒，却又是世界罕有的。不说周朝严禁官员进入圩市，那位以"罢黜百家，独尊儒术"出名，以强权构建封建大一统社会的汉武帝，就明确作出规定，工商不得入仕——虽说当时的商业已相当兴盛。看过电视剧《汉武大帝》的观众，不会忘记为汉王朝安边立了大功的商人，当有怎样悲剧性的命运。自古以来，商人集团就从未在中国争取到过任何独立的社会地位。柏拉图视贵族政体发展到财阀政体，乃为民主政体的前奏，可中国却始终在贵族政体前止步不前，无论有没有一个皇帝皆是如此。封建帝王及其代表的利益集团，为了防止农民大量逃亡、离开土地，为了巩固其封建统治，不仅不鼓励商品流通，而且实施打击商人与商业资本的政策，所以，商人身居末位，当是天经地义的。这当是中国2000年来最为深刻、也最为稳固的一部"思想史"——之所以打上引号，是因为只允许一个思想而无他焉，无论任何哲人怎样把自己的思想演绎得天花乱坠，可到最后，还得落在这一个"点"上。思想的停滞不前，何史之有？

因此，十三行商人的命运，从一开始就已经是注定了的。他们不会不明白这一点。也许，于他们当中不少人而言，这只是一个无奈的选择。所以，一旦有点资本，首选还是去置地，去当土地主。在中国，唯有土地才是最实在的，也是最风光的；或者，去买个红顶戴戴，也算是个护身符，至于有没有作用，那就另作他论了。

总而言之，经商每每如履薄冰，说什么也不如土地靠得住，不如官帽靠得住。土地就躺在那里，水火无忧，抢不走，搬不了；官帽意味着权力与威风，自古以来就是凭此可光宗耀祖，腰缠万贯怎当得了个小小的乌纱帽呢？人道学而优则仕，从未有学而从商的。

当然，十三行当中，也不乏有眼光的商人。他们喝过咸水（闯过海洋），到过欧美，知道人家"以商立国"是怎么回事，更知道商人在西方的声望与地位……他们也不是没寄望中国有朝一日能挣脱闭关锁国的思维定势，更带来西方先进的文化观念及经济思想，只是，在黑夜如磐的旧中国，又能有何作为？然而，他们的存在，毕竟传递着历史进步的信息！

因此，唐、宋无有垄断外贸、一口通商之举，故无十三行；而清朝被轰开国门，被迫"五口通商"之际，十三行也烟消云散——这明、清方才发生的十三行，说其是"历史的怪胎"，固然是刻薄了点，却也不无道理。

万里海风，当吹醒我们了！

如果我们用现成的历史发展理论去套中国近代史的发展，就如同用西方经济学去解释这30年改革开放的经济起飞一样，只会削足适履，最后只能是大跌眼镜。

我们不妨来个假设，即倘若没有十三行，明朝坚持绝对的禁海（梁启超语），闭关锁国下去，而西方正走向文艺复兴、大航海时代，那么，中国将会怎样？宋朝的商业社会被扼绝，科技文化走下坡路，围攻郑和的腐儒们占了上风，萎缩的国土加上羸弱的国力……实不堪设想。

当我们把冷兵器与热兵器的替换视为近代史的开始，屯门之役的历史地位则显而易见。那么，十三行呢？可以说，十三行正是大航海时代催生的、对封建社会禁海一个冲击，也就成了紧闭国门的一道缝隙，而在这道缝隙中，吹进来的，当然是一个正在进步的世界的新鲜气息！正是在这个意义上，十三行同样成为中国走进近代的一个标志，一个重要的标志。它的意义与作用，并不亚于屯门之役以热兵器取代冷兵器的近代史标志！

也正是十三行，把明代的广、闽海商聚集到一起，从而不再为封建制度下的贡舶贸易所严格限制及支配，只能作消极的、极为被动的商业运作，而是积极地、相当主动地、直接地参与了当日世界上正在掀起的大航海时代，进行巨额的海上贸易活动，从而具有了相对的自由商人的性质，他们熟悉国际市场运作，极大地拓展了商贸活动的范围。而与此同时，启蒙思想、人文主义、平等观念等具有近代意识的无形财富，也正是这么渗入了中国——我们当可以从后文看到。同样，中国的东西，也对西方产生了影响，有的甚至成为西方走出中世纪的推动力——彼此，也并非简单的进步与倒退。《闽书》云："湖海大姓私造舰，岁出诸番市易，因相剽杀。"明人张燮的话，很能道出实情，他说："市舶之设，始于唐宋，大率夷人入市中国，中国而商于夷，未有如今日之伙也。"

在明代嘉靖年间的历史文献中，我们常可以读到如下记载：

> 方物之珍，家贮户峙。而东连日本，西接暹罗，南通佛郎、彭亨诸国。其民无不曳绣躡珠者。
>
> 男不耕作，而食必梁肉；女不蚕织，而衣皆绣绮……
>
> 南澳在漳、潮二州海岛中，四面阻水，可三百里。潮则通柘林，漳则通玄钟，历代居民率致巨富。
>
> ……

上边提到"彭亨"，正是谭家在遭遇十三行大火之后，最后下了南洋，在彭亨重新创业，开锡矿、割橡胶，办实业，一直维持到日本法西斯入侵东南亚之际。

长期以来，我一直纳闷，以"耕山"著称、稻作文化兴盛的客家人为何在远离滨海的山区梅州，却出了一个海外有 300 万华人华侨的侨乡，可与珠江三角洲上的五邑媲美。在主编《客商》一书之际，黄启臣教授专门为这部书写了"明清梅州客商"一章，其中提到，早在明朝嘉靖年间，程乡（今梅州）就有商人林朝曦、大埔肖雪峰、罗袍等人，与饶平的张琏结盟，自号"飞龙主人"，先后在粤闽交界经商，万历年初，林、张二人更到三佛齐贸易，列肆为番舶长。而这仅仅是个案。这回，却在光绪《漳州府志》中读到：

> 中丞阮鹗帅兵讨倭，倭走南澳，乱民从倭者，集梅岭，且万家。众议往屠之……中丞曰：其在浙、直为贼，还梅岭则民也。奈何毕歼之。

不由得大吃一惊，"集梅岭，从万家"，是何等规模。这终于消释了我心中的疑团。因为凭此，已不难解释梅州今日为何会成为著名侨乡的历史原因了。原来，我还认为十三行行商只是广、潮（闽）人，后来又听说有骆姓的客家人，但始终将信将疑，现在看来，应该不存疑义了。

假若没有改朝换代的大劫，十三行仅在明朝就不知有多辉煌。尽管明代十三行的资料大部分散佚，我们或能从西方的文献中找出片鳞只爪，但是，我们完全可以得出结论，明代十三行，其形制上已带有较强烈的自由商人的色彩，尤其是明代后期，由于私人海商贸易的强劲推动，毗临十三行的澳门口岸更是"聚海杂番、广通贸易，至万余人"（《明史》卷三二五《外国六》）。其时，令明后期的市舶司，就难以继持明前期因禁海"呈现变态"的市舶司身兼海关及外贸双重职能的状况，仅保留对进出口商品进行检验及征收关税的职能。这样一来，自由贸易色彩的"平交易"便占了上风。

所谓"平交易"，是指对外商与中国商人的贸易活动的管理。过去由官方的市舶司来主持，而此刻，则由外贸市场居中间贸易的牙人代替，于是，市舶贸易，不得不"官设牙行，与民贸易"，从官商走向民商，从官控走向市场操控，这样一来，明代的十三行（亦有称三十六行）出而代替市舶司提举主持海贸与代理税收，所以，在周玄暐《泾林续记》

中则记有：

> 粤中惟广州各县悉富庶，次则潮州，又次则肇。……广属香山
> （澳门），为海舶出入喉喉，每一船至，常持万金，并海外珍异诸物，
> 多有至数万者。先报本县，申达藩司，令市舶提举同县官盘验，各有
> 长例。而额外隐漏，所得不赀，其报官纳税者，不过十之二、三而
> 已。……继三十六行领银，提举悉十而取一，盖安坐而得，无薄书刑
> 杖之劳……

牙行成了中外商人互市贸易的中介，且脱离了依附市舶司的地位，并
取代了其管理职能。嘉靖三十四年（1555），葡商来广州交易，已发现
"商业的利源，是被原属于广州、徽州（安徽）、泉州（福建）三处的十
三家商号垄断着"（《天主教十六世纪在华传教志》）。

梅林克的一部专著中称：

> 当（外夷）帆船到达后，通知于广东的地方官。广东的评价者就
> 来估价货物。然而他们（评价者）是和中国批发商人一起评价货物价
> 格的。他们征收的税很高：胡椒20%，染木不少于50%，其他商品
> 10%。整船还要交纳一种固定的吨位税。然而，皮雷斯并不认为过高
> 的生税率与马六甲商人的货物在中国赚取大量利润有关。按照他的意
> 思，并不存在勒索。评价者或本身就是商人，或为商人的联手。显
> 然，他们是为自身利益以及政府利益而活动。他们是税的接受者，然
> 而他们自己也买胡椒，那是属于能自由贸易的货物。这种起着半官方
> 作用的评价者带来那些马来人必须购回的一定数量的合适货物。同时
> 他们供给马六甲舰队粮食。据皮雷斯的记载，商有诳骗。然而，商人
> 从大陆运输商品和粮食到船舶停泊处的利润，不是微不足道的，而是
> 徘徊在30%至50%之间。在这中国评价商人与马六甲半官方商人固定
> 价格委员会之间，一定存在着某种协定。

从中，可以看出"中国评价商人"与"中国批发商人"的各自作用。平心而论，一如马克思在《资本论》中说的：

> 商业，是资本所由发生的历史前提。世界商业和世界市场是在十六世纪开始资本的近代生活史。

中国近代史的开端，以屯门之役及十三行出现为标志，并不晚于整个世界。事实上，当时西方来的科学技术亦已为朝廷及社会所重视，生产力新的革命因素也有了萌芽、广商、徽商、闽商更有了自由经济发展的可能方向。假如没有一个更落后的民族入主中原，中国也会如宋代末期可能渐渐进入资本主义，而海商（不仅仅是十三行）的资本则是资本的原始积累，大有可为。然而，历史并不如人愿，一如马克思在《中国和欧洲革命》中所说：

> 欧洲各国在十七世纪之末，为着与中国通商而互相竞争，它们中间的剧烈纠纷，大大地促进了满洲人所采用的锁国政策，这是毫无疑义的。可是推动这种政策的更主要的原因，就是清朝害怕外国人会扶助很大部分中国人在十七世纪前半期或大约在这时期内所有过的那种不满意满洲人奴役他们的情绪。因为这个原因，当时便禁止外国人经由其他一切交通道路与中国人发生来往，只让他们经过与北京及与产茶区域相隔很远的一个城市——广州，而外国人的商业只限于与公行商人发生来往，政府给公行商人以专门与外国人通商的特权，以便用这种方法来使其余的人民不与可恨的外国人发生任何来往。

这样一来，清代重建的十三行，便只为这种发展余下一个"气孔"。

海国商道
HAIGUO SHANGDAO
——来自十三行后裔的历史报告

中篇

潘卢伍叶

谭左徐杨

虎豹龙凤

江淮河汉

——清·乾嘉十三行谣谚

佛郎机催生十三行

平心而论，真正催生十三行的，不是别人，而是前边提到的葡萄牙殖民者。

达·伽马"发现"印度后，1509 年，葡萄牙人，作为海上称雄的第一霸主，便到了马来半岛，到了明王朝的藩属国满剌加，2 年后，便血洗了这个地方，这个国家的王宫，也就成了入侵者花天酒地的夜总会……纵然明王朝已称满剌加"内属"天朝，作为明"朝廷之臣"，禁止别国"无相侵越"，可这回，却置之不理，因为皇帝得到禀报，称："葡总督态度和善，遇中国商人甚优。"从而一任殖民者蹂躏了这个国家。

满剌加，扼马六甲海峡的咽喉，任何要进入南中国海、进入东亚及太平洋的船只，都不能不通过这个地方，其战略意义，在科技高度发达的今天，也同样不可低估，然而，当日自视为天朝上国、世界中心的明王朝，志得意满地守候"万邦来潮"之际，可曾意识到了这一点么？没有。

因为，郑和七下西洋后，这个萎缩的王朝，便没有海洋的意识了。所以，满剌加的陷落，他们才无动于衷。更不会感到受了威胁。殖民者也就更胆大妄为了！他们可是迫不及待了！

博克瑟著有《佛郎机之东来》一书，对此有如下说法：

对于葡萄牙人来说，与中国的贸易是非常宝贵的，不经过一场斗争就让他们放弃这一新兴的、前途无量的市场是绝对办不到的。故而在随后三十年内，佛郎机继续游弋于中国沿海，他们有时在地方官员的默许下进行贸易，有时完全不把地方官员放在眼里。由于最初是在广东相当严厉地执行那道明王朝禁止其贸易的诏令，葡萄牙人便将自己的注意力转移向北面的沿海省份——福建与浙江，他们在那是隐蔽、无名的诸岛屿及港湾内越冬。在那里暂时的居留地中，最繁盛的要数宁波附近的双屿港，以及位于庞大的厦门湾南端的浯屿和月港……从中国载籍中可以清楚地看到，1521—1551 年间频繁出没于中国沿海的那些葡萄牙走私商人得到了急于要与其交易的中国各阶层人士的广泛同情和支持。

自然，会有人认为这是西方的观点，但不妨客观一点，其所陈述的事实，基本上是可信的。不过，这次上京要求发给贡舶贸易勘合，却最终失败了。

由于佛郎机过于狂妄自大、目空一切，在被驱返后不久，嘉靖八年，即 1529 年，两广巡抚林富，考虑到广东千年商埠的历史，禁海导致民生艰难，特奉请皇上，要求除佛郎机（即葡萄牙）之外，正式恢复贡舶贸易。

葡萄牙殖民者到东海转了一圈，与海盗共占浙江双屿岛，进行海上贸易，由于屡屡犯规，最后也被驱赶出来了。他们转了一大圈，感到珠江口仍是最理想的"锚地"，于是又转回来了，窥伺良机。嘉靖三十五年，即1556 年，海道副使汪柏在"官设牙行，与民贸易"的基础上，又设立了"客纲"（官设牙行）、"客纪"（牙行买办），由广东商人及徽州、泉州的商人担任，好承担外国商人与中国商人之间议定商品价格及代替广东地方官收取入口税的事务。这一"客纲"、"客纪"，当是十三行洋商的前身，其承担的职责已相当接近了。

先不讲这个。倒是葡萄牙人敏感，认为这是有机可乘了。这蜀犬吠日，他们不敢再硬碰硬了，况且他们海上霸主的身份，已逐渐受到西班牙、荷兰等国的挑战。于是，硬的不行，便来软的，他们很快便与汪柏勾搭上了，左一轮右一轮地花银子，汪柏终于"徇贿许之"，允许他们混入屯门对面的澳门，以晾鱼网、卸货物为由，赖在那里不走了。

不管美国人的《世界通史》上有何夸饰之处，下边的文字亦不无参考意义：

> 1577 年（应是 1557）年，他们（葡萄牙）又在澳门设立了永久的商业根据地；这时，中国开始直接感受到生气勃勃的新兴欧洲的影响。这些葡萄牙人收购中国的丝织品、木刻品、瓷器、漆器和黄金；同时，作为回报他们又推销东印度群岛的肉豆蔻、丁香和肉豆蔻干皮，帝汶岛的檀香，爪哇岛的药材和染料，以及印度的肉桂、胡椒和生姜。欧洲货物一样也没卷入；原因很简单，它们在中国没有市场。这些葡萄牙人充当着纯粹是亚洲内部的贸易的运货人和中间人。

1557 年，是经不少历史学家考证所确认下来的，不少文献曾以 1553 年为界限，是基于《广东通志》（万历版）以下的文字："嘉靖三十二（1553）舶夷趋濠镜者，托言舟触风涛缝裂，水湿贡物，愿借地晾晒，海道副使汪柏循贿许之。时仅蓬垒数十间，后工商牟奸利者，始渐运砖瓦木石为屋，若聚落然。"而葡萄牙宾陀却说："在葡人经中国官兵数度屠逐后，只余浪白一日尚可互市，但至 1557 年葡以惯用之贿赂方法，遂博得中国政府允许其筑庐壕镜地以曝晒及存贮货物云。"显然，后者是准确的，一如《广东十三行考》的作者梁嘉彬在《明史稿佛郎机传考主证》一文中指出的：

> 葡人入居澳门，外籍多主 1557 年说，揆之口哭叫情理，当亦无误。大抵嘉靖三十二年汪柏任副使时，葡人已有借地曝物之请，然汪柏未即允之；至三十二年中国官吏封闭大门（Tamao）一港，而集中外国贸易于浪白澳；至三十五年汪柏乃立"客纲"（官设牙行）"客

纪"（牙行买办），准备与葡人交易；至三十六年朝廷因采香使王健言，责广东抚按设法收采龙涎香并酌定海舶入澳抽分事宜，其时汪柏已任按察使，而葡人又纳贿赂，汪柏允葡人之请也。近年来研究早期中葡关系史的万明对此也有详细考证，她说："嘉靖三十二年葡人入居澳门之说，虽然流传至今，具有相当大的影响，但却是站不住脚的"；"国外近年研究澳门史的专著多已采用 1557 年之说"。

自 1557 年始，近千葡人、几千名黑奴加以四千华商，便定居在澳门了，一位牧师于 1570 年在信中说：

> 当时岛上已有一座茅草屋顶的教堂，不到 12 年，葡萄牙人就在该大陆的一个名为澳门的岬角上建起了一个非常大的居留地，内有三座教堂，一所为穷人治病的医院，以及一座圣·米塞里科迪亚的善堂。现在，它已成了一个拥有 5000 余名基督教徒的居留地。

1902 年香港出版的《历史上的澳门》说，起初葡萄牙人并不向中国官府交纳地租，而是每年给汪柏贿银 500 两，1572 年（隆庆六年）或 1573 年（万历元年），出于一个偶然的事件，葡萄牙人开始向明朝地方政府交纳濠镜（澳门）居留地的地租。原来葡萄牙商船在抽税的同时，向海道副使私相授受 500 两银子的"地租"——其实是以地租为名的贿赂，由于事情暴露，海道副使只得宣称把这笔地租银送交国库，从此贿赂变成地租。万历年间的《广东赋役全书》把这笔地租记录在案，表明中国政府已正式允准葡萄牙人在濠镜（澳门）租地居留。

1580 年，澳门人口逾 2 万，并且很快成为了"东方第一商埠"。这一期间的澳门，几乎独占了中国外贸转口的市场。《早期澳门史》中，作者龙思泰认为：

> 葡萄牙人在印度殖民，策划将整个贸易掌握在自己手中，他们达

到了目的，在近一个多世纪的时期中，独自享有许多亚洲港口与里斯本之间的通商利益。他们在澳门的不毛之地定居下来，在七八十年的时期中，独占着中国市场。

面对澳门的旺市，加上沿海"（海）禁愈严，则寇愈盛"，隆庆元年，即1567年，明朝政府开始取消海禁，准许与东、西二洋易市，贩卖商品。及至万历年初（约1573前后）又作出规定，可以发给商人出洋"引票"，并征收"引税"。这回，还特地宣布，外国商舶来到广东，可以进入广州了。这一开禁，通海者"十倍于昔"。

沿海的民间贸易，在海上有了飞速的发展，商人们集资造船，有财力者更独资造船，身兼商人与船主二任，出航南洋，甚至定居他国。

而明代中兴之臣张居正的"一条鞭法"，也相对促进了这一海上贸易。一条鞭法把赋税与徭役全部折纳为银两，即赋税的货币化、银纳化，如无大量流通的白银则不可。海上贸易，恰好把欧美大量白银吸纳入中国，据研究此间海贸易史的专家们认定，自1572—1821年的250年间，约有2亿比索（西班牙银元）流入了中国，"一去而不复返"。

现在，我们当写到十三行了。

十三行的诞生，当在明朝嘉靖、隆庆年间。著名史学家吴晗曾力排众议，认为十三行当为前明所留下的名称，他在为梁嘉彬的《广东十三行考》的评论中称：

在粤海关未设之前，外商到粤贸易，地方政府不能不特别组织一个团体来对付，这个团体也许恰好是前明所留三十六行中之十三个行，因称之曾"十三行"。这一点琐细的考证，替著者的发见加以强化，也许是著者所愿意接受的吧。

吴晗这一论断实为不妄。因为，正是明代中、晚期开放海禁，允许商人出洋，也允许外商入广州，贡舶与市舶互动，在市舶司下"官设牙行，与民贸易"；又已有"客纪"、"客纲"，使十三行的发生有了基础。《广东新语》的作者屈大均，曾参与反清复明，清军破广州，遂遁入空门，又弃禅归儒，几度参与郑成功、吴三桂反清活动。后隐居著书，他的《广东新语·货语》中，第一次出现"十三行"之名，不可轻判为清时所有，毕竟他是明、清两朝之人，况且成书时，这一名称已是顺口而出，分明该名称使用已久。其"黩货"条云："东粤之华，其出于九郡者，曰'广货'；出于琼州者曰'琼货'，亦曰'十三行货'；出于西南诸者曰'洋货'。""货物之所以分输入地区管理，乃行会组织的原因"。

至于梁廷楠《粤海关志》中更为明确："国朝（指清）设关之初，蕃舶入市者，仅二十余柁。至则劳以牛酒，令牙行主之，沿明之习，命曰十三行。船长曰大班，次曰二班，得居停十三行，余悉守舶，仍明代怀远驿旁建屋居蕃人制也"。

这里，关于名称、地址都很明了，均为"沿明之习"。可见十三行于明早已有之。至于史料上有称明为"三十六行"，那也是数字变化、行商或多或寡之故。

屈大均的《广东新语》成书较晚，但他的《广州竹枝词》中出现的"银钱堆满十三行"，当更早一些。而梁嘉彬则根据 16 世纪葡萄牙的记载，1555 年（嘉靖三十四年）广州的商利，被广州、泉州、徽州三处的十三家商号（行）垄断，这，当是十三行之初始。

笔者在写本书前，参阅了大量史料，又找到了一个颇有意味的旁证，因为十三行的洋商，都被叫做 X 官（亦有转译为观，外文为 qua 或 quan），如潘启官、卢茂官、叶仁官等。无独有偶，在明代，郑芝龙作为闽粤沿海海上行商的首领，在西方史籍上被称为尼古拉·一官（nicolas I quan），而他的叔叔则被称之为二（粤音）官（niquan）。郑芝龙之子郑成功则是从荷兰人手中收复台湾的民族英雄。可见，十三行里洋商的称谓，也是"沿明之习"。而这相传是闽商的习惯。

之所以作如此繁琐的论证，因为十三行的诞生，当是此书之关键，亦不妨给争讼纷纭的学术界投一发炮弹。

此际，我们不应忘记的还有在中西文化交流史上一位赫赫有名的历史人物——经澳门到了当时两广总督府所在的肇庆，而后再一路北上，到了京城，把西方的科学技术输入中国——这个人，便是意大利的传教士利玛窦。

那是万历年间。

不少历史学家对万历年情有独钟，认为那是中国历史上一个相当重要的时期。黄仁宇的《万历十五年》曾倾倒了新时期多少学者及大学生。而当时的国师徐光启，则与利玛窦一道，译过不少科学技术的著作，如《几何原本》、《泰西水法》、《测量要义》、《圆容通义》、《同文算法》等，同时代还有个李之藻，亦与利玛窦译有《浑盖通宪图说》，以及亚里士多德的《逻辑学》（《名理探》）。值得关注的是，徐光启对西方要政教亦有所研究，他甚至向利玛窦请教过西方的政教，甚至想上欧洲去认真考察一番，他希望能会通中西，以求超胜，不曾小窥科学技术，要虚心接受人家的各项成果。

明末的启蒙思想，也应是作为"进入近代"的一个证明，这包括黄宗羲、李贽、顾炎武、颜元、戴震、章学诚等一批大学者、大思想家及历史学家，他们的"天子庶人，通为一身"论，他们的"为天下之大害者，君而已矣"的观点，还有"道器合一"的思想……都与西学东渐有着密切的关系。可惜，一个更落后的游牧民族入主中原，竟几乎断裂了这一启蒙思想的延续，且延缓了近代化的历史进程……因此，这里不得不再强调另一个"物证"。那便是明末出现的"十三行"。著名学者曾昭璇是这么认为的：

> 明清以来，自欧洲资本主义国家兴起，我国传统的"朝贡贸易制度"向"商业行馆贸易形式"转变，明末出现了"十三"行，即贸易已转向商业资本经营阶段。

毫无疑义，这已是一个显著的近代之证明。

录下这段话，自有百般感慨，倒不全因自己本是十三行的后人，要为十三行正名，只是刚刚辞世的曾老，所揭示的意义迄今仍未有多少人认识到。

开禁以后，要展开描写广州外贸的盛况，也许不是笔者的笔力所逮。不过，当年却有不少著名的诗人、文学家，以其生花妙笔，记录下了当年的历史场景。

这里分别选取明朝初、中、晚三个时期诗人的作品，以及清初一位文学家对嘉靖年间十三行商业生活的长篇小说为例，"以诗证史"也罢，让读者阅读起来轻松一点、转换兴奋点也罢，这些引用，不无裨益。

第一位是明初诗人孙蕡（1338—1394）的《广州歌》，他是洪武三年应试得中，曾任虹县主簿，后选入翰林典籍。作为广东顺德人，他被列入"南国五子"名诗人之列。《广州歌》当写在洪武三十一年（1398）"严禁广东通番"令之前。

广南富庶天下闻，四时风气长如春。

长城百雉白云里，城下一带春江水。

少年行乐随处佳，城南南畔更繁华。

朱帘十里映杨柳，帘栊上下开户牖。

闽姬越女颜如花，蛮歌野曲声咿哑。

峛峩大舶映云日，贾客千家万家室。

春风列屋艳神仙，夜月满江闻管弦。

良辰吉日天气好，翡翠明珠照烟岛。

乱鸣鼍鼓竞龙舟，争赌金钗斗百草。

游冶留连望所归，千门灯火烂相辉。

游人过处锦成阵，公子醉时花满堤。

扶留叶青蚬灰白，盆钉槟榔邀上客。

丹荔枇杷火齐山，素馨茉莉天香国。

别来风物不堪论，寥落秋花对酒尊。

回首旧游歌舞地，西风斜日淡黄昏。

第二位是韩上桂，举人，天启初任过国子监博士。我们选他的《广州行呈方伯胡公》诗一首：

逾岭以南多高山，形势大类函谷关。

天生列嶂真奇绝，苍梧大庾如连环。

连环翠削芙蓉片，千山万水开乡县。

析木津通牛女躔，牂牁道绕南溟甸。

广州地势沃且平，石羊永奠桑麻成。

春风早到尉佗郭，旭日朝看陆贾城。

陆贾城中十万家，尉佗郭里七香车。

闾阎扑地流清吹，观阁连天带彩霞。

彩霞下湛胥江浒，紫气远薄东南土。

当年左蠡竞繁华，至今越秀盘歌舞。

烟市繁华宛洛同，如花越女何丰茸。

扶留嚼后唇如血，茉莉妆残髻转慵。

二月斗春草，惜芳人美好。

五月竞龙舟，靓服盼中流。

东连浴日观，西上弄珠楼。

看花问虞苑，沉钓引金牛。

丹荔黄橙珍果错，蔗浆蜜饵银盘络。

西樵茗煮碧云泉，罗浮春动红螺杓。

江边鼓吹何喧阗，商航贾舶相往旋。

珊瑚玳瑁倾都市，象齿文犀错绮筵。

合浦明珠连乘照，日南火布经宵然。

别有声名照寰宇，人物中州堪比数。

张崔玮节耀星辰，丘梁瑰业雄终古。

悲歌慷慨眇燕齐，委佩从容袭邹鲁。

郁水神洲岂偶然，乡里衣冠不乏贤。

　　投笔岂无定远志，清缨还似终军年。

　　愚生僻处东南隅，因攀八桂滞番禺。

　　勿言泽国无奇士，原附鹏飞达汉衢。

　　这正是 1573 年进一步开禁后的写照，极尽广州的繁华。

　　另两位是晚明人黎遂球（1602—1646）与王邦畿（1618—1668），前者为天启年间的举人，后者为明崇祯副贡生，均为番禺人，均经历了明亡之惨痛。黎遂球的《春望篇》：

　　天南多淑气，海国四时花。

　　芳草侵朝雾，香云变晚霞。

　　鳌光摇雄蝶，蚌影互渔家。

　　况复当春望，遥晴到碧纱。

　　晴风散叶杨垂线，晴日落花泥掠燕。

　　翡翠梁间栖复飞，蝴蝶帘前去还恋。

　　佳人粉气热朝眠，公子炉烟阑夜宴。

　　珊瑚宝树挂罗衣，鹦鹉金龙传漏箭。

　　木棉红映晓山开，百万人家旭翠堆。

　　花田雨过昌华苑，锦石云依朝汉台。

　　赵尉巳尘迹，刘王馀艳灰。

　　楚水啼湘竹，秦关折岭梅。

　　当时豪雄递骑虎，削壁悬流割疆土。

　　阁气沉香布雨云，桥光彩烛迎歌舞。

　　宝髻穿珠仙凤妆，玉腕烹龙岛夷脯。

　　宫阙遥连五岭高，烟花尚识三城古。

　　三城隐隐接三山，五岭迢迢云水间。

　　娇娥匀脸蔷薇露，贾客归心黄木湾。

　　鲛绡斗帐裸寒玉，龙须片席袅憨鬟。

槟榔甘送合欢舌，茉莉结作同心环。

同心复同里，白晰少年子。

荔枝花并蒂，榕木根连理。

箫吹沸龙涎，画桡移蜃市。

金屏列雀开，彩树千星蕊。

雀屏兰舫酣丝竹，彩夺化工生簇簇。

回营柳院出秋千，仙观花街群鞠蹴。

百兽鱼龙迎锦陈，万户绮罗结霞麓。

油壁通宵秉烛游，青骢绕郭挥鞭逐。

青骢油壁过参差，玉册珠守遍相嬉。

不饥愿化仙羊石，鹜利齐祝海神旗。

任是中原苦争战，从来此地无疮痍。

犀通象贿等闲视，薏苡明珠谁复知。

量珠应军牒，货贿迁农业。

秧针刺垄塍，布谷催锄扦。

波斯碧眼胡，昆仑紫髯使。

奇珍运橐驮，异宝挂席拾。

陶公八翼折无能，陆子千金良足称。

争雄据险昔所叹，海藏山衔容易凭。

铜柱长铭汉贼灭，金鉴还扶唐祚兴。

曲江风度诛胡得，昌黎文章徙鳄曾。

伤时莫洒三忠泪，庙食南园五贤地。

石衔精卫向厓门，血湿杜鹃留鬶鬶。

杀气满浮云，讹言惑边燧。

乘桴圣人勇，蹈海节士志。

我所思兮在罗浮，菖蒲朱草蒙丹丘。

安期驾鹤朝金阙，玉女攀花待石楼。

采药长生都且少，好色不死醉无忧。

为问神仙东海树，何似使君南陌头。

云霞彩鸾腹，日月烛龙目。

卢师与三笑，蓬莱堪几宿。

更坐金台莲，还裁水田服。

祥乳嗣曹溪，劫火留阿育。

谁将浩劫三生判，且论九十三春半。

南迁唐相授楞严，北去梁僧徒壁观。

问天倘信炼石功，对酒肯作表亭叹。

已见游丝佛地回，复看流水飞英乱。

春草芳，春望长。

山眉宛映相如璧，牡蛎遥连宋玉墙。

王侯将相名有分，鸦蛮鹅管随飞觞。

缀幕悬明月，倾尊典鹔鹴。

二十四番任狼藉，三万六千犹可偿。

黎遂球为卫国死志已定，崇祯十八年（1645）征拜参军，监督广东兵赴赣，城破战死，"春望亦不复矣"。同时亦有王邦畿的《海市歌》：

虹霓驾海海市开，海人骑马海市来。

白玉楼阁黄金台，以宝易宝不易财。

骊龙之珠大于斗，透彻光芒悬马首。

若将海宝掷人间，小者亦能亡桀纣。

海市市人非世人，东风皎洁梨花春。

海市人服非世服，龙文象眼鲛绡幅。

海市人事非世事，至宝不妨轻相示。

市翁之老不知年，提篮直立海市前。

篮中鸡子如日紫，要换市姑真龙子。

龙子入海云雨兴，九州之大无炎蒸。

黎诗以史胜文，而王诗以文胜史，似为幻景，实为明末广东海上贸易之最后繁荣。

在中国文学史上，于茅盾《子夜》之前，只有一部古典小说刻画过工商业主的形象，毕竟，在中国，商人归于末流，不为文学家所关注，就算写及，也只白居易诗中的"商人重利轻离别"，无情无义。可是，就是这部小说，第一次正面描写了洋商——是了，这里该对洋商加注了，它指的是与外国商人打交道的行商，而非"洋人商贾"，是中国人——的长篇文学作品，一共有二十四回，其书名为《蜃楼志》。作者姓甚名谁、生卒何年，均无所考，料是在洋商中沉浮的广东人，序言中有："劳人生长粤东，熟悉琐事，所撰《蜃楼志》一书，不过本地风光，绝非空中楼阁。"笔者以为，"蜃楼"可作二解，一是指海贸之兴旺，当如前此《海市歌》，直似海市蜃楼，却是一实百虚；二是指洋商强国富国之志愿，到头来仍归于海市蜃楼，南柯一梦。

该书讲的是明朝嘉靖年间，由于开禁，广州海关外贸日益兴旺，粤海关的权力也随之膨胀，于是，十三行行商苏万魁与粤海关关差赫广大之间的矛盾，也就由此激化了。苏万魁是一位精明的商人，靠当"牙人"即洋场经纪人创的业，从而执十三行进出口贸易牛耳。这一身份，决定了他不同于地主老财式的"新人"，当是中国近代最早的买办资本家，但在传统中国，虽说他富可敌国，是广州的"绝顶富翁"，花边金银堆满了屋，运载起来须用箩筐装，可他仍不得不捐个"从五品"的空头官衔，照旧为官吏欺负。而赫广大是京城派来的，本为京官，老婆乃工部侍郎之女，家中姬妾成群，只因贪财，晓知广州有粤海关监督一大肥缺，即花钱打通关节，南下上任。一来，便借口十三行洋商们"蠹国肥家，瞒官舞弊"，义正词严地斥责他们"欺鬼子之言语不通，货物则混行评价；度内商之客居不久，买卖则任意刁难"，旋即出一告示，一次便敲掉苏万魁三十万两银子，收入自己的腰包。紧接着，他又加二抽税，多索规例，逼死口岸榷税书办，逼迫署盈库大使垫赔，还到处搜求民间美女，穷奢极欲，无恶不作。十三行洋商被迫纷纷辞职，苏万魁也只好辞去"商总"职务，把金钱转移到买官衔、置田产、造别墅上，从资本家退回到土地主，没能在工商业上大展宏图。其儿子对经商与读书均无兴趣，成为贾宝玉式的"混世魔王"。末了，书中一人物预言："天下的事，剥复否泰，那里预定得来？"

郑振铎夸此书"无意于讽刺，而官场之鬼蜮毕现；无心于谩骂，而世人之情伪皆显。"当为不刊之论。

此书约完成于乾嘉年间，所以也有人认为它是假托前朝嘉靖年间，以避文字狱。不过，说十三行，当是明、清二朝沿袭下来的，对于一个沉滞的帝国来说，相隔一两百年说有什么不同，却并没什么意义。书中称"海关贸易内商涌集，外舶纷来"，"一切货物，都是鬼子船载来，听凭行家报税发卖。三江四湖及各省客商，是粤中绝大的生意"，说是写嘉靖年间还是乾嘉年间，也都大致不差。不过，书中苏万魁这个人物，这个艺术形象，对研究历史，研究十三行，却是不无启迪意义。作为行商，一个新兴阶级的代表人物，无疑可以算得上是封建体制的掘墓人，而他的悲剧，则证明在封建势力的重重压迫下，却又不得不倒退回去，"服从"了这个社会的"大道理"。他的软弱，他的不幸，皆证明这个新兴阶级在这个历史阶段的孱弱无援，也是中国社会的无奈。仿佛全书成了籤语，苏万魁的结局，也成了后来很多十三行商人的最后选择——弃商从政，弃商从文。连他们的后代，到最后，竟无半点的商品意识。历史一次又一次地走回头路，兜圈子。

《蜃楼志》是小说，自然不可以当信史，但它至少可以说明，作者之所以假托明代嘉靖年间，是因为那时的确已经有了十三行，不为读者所疑。不过，下面这则《五山志林》的记述当为不虚。

却洋舶馈

黎元柱，槎涌人，举正德丙子贤书，知祁阳县，分校得士六人。后休老于家，日给不足，六人中有巡按粤东者，悉其艰苦。洋舶有例金百余，巡按谕以得公书准开舶，商人具礼求公，公与书而却其馈。巡按闻益重之。后子民雍亦举隆庆丁卯贤书，廉吏报也。

这里边透露的历史信息却是不少。如洋舶的例金相当丰厚，而且须

"具礼求"之，且为洋舶拟公书，也无被"汉奸"之忧虑，等等。可见正德年间广东口岸开放的程度。

有明一代，留下十三行的资料甚少，这是令人扼腕的，这与明清之交的浩劫当是分不开的。不过，诗词方面，还是有不少可读的，尤其是著名戏曲家汤显祖于万历年间被贬至广东，任徐闻典史，更留下不少脍炙人口的诗篇，不妨录下几首，让大家欣赏：

《广州城二首》

临江喧万井，
立地涌千艘。
气脉雄如此，
由来是广州。

《看番禺人入真腊》

槟榔舶上问郎行，
笑指贞蒲十日程。
不用他乡起离思，
总无莺燕杜鹃声。

《端州逢西域两生破佛立义偶成》（选一）

二子西来迹已奇，
黄金作使更何疑。
自言天竺原无佛，
说与莲花教主知。

当时，商人（利民）金多，故疑为炼金术来的。凭此，亦可解释，明清二朝，为何只收外国人的银子而不要黄金了。

一笑！

2

贡狮"晋京"

从 1644 年明崇祯皇帝吊死在煤山，到 1684 年清康熙皇帝平定台湾，废除"迁界令"、"惟海禁如旧"，前后总共 40 年，加上后来延续的海禁，南中国的海上贸易，可以说有半个多世纪几乎完全中断了。所以，对明朝十三行的记录，很难找到。

这半个多世纪，是南方血腥的世纪。虽说没有"嘉定十日"、"扬州屠城"那么出名，可清兵在广东的杀戮，仍有过之而无不及。毕竟，同江南一样，这里也出现过两个南明政权，而且永历朝支撑有上十年之久。"南明三忠"陈邦彦、张家玉与陈子壮，在珠三角奋起抵抗清军，新安（今宝安）西乡被攻破后，"男女数万人，无一降者"，俱被屠杀。1650 年，即顺治七年，又有"广州屠城"，南兵官兵阵亡 6000 人，城内数万人丧生。……这里就不一一列数了。

由于郑成功的海上武装，一度在东南沿海扩展抗清势力，清廷认为"若无奸民交通商贩，潜为资助，则逆贼坐困可待"，于是在顺治十三年（1656）7 月，颁布了"禁海令"：严禁江南、浙江、福建、广东、山东、天津等地的"商民船只"出海贸易；禁止外国商船来华贸易，"不许片帆入口"。这么厉行"禁海"，还是觉得禁不住，于是，5 年后，即顺治十八年（1661），又发布了更为严酷的"迁界令"，命令由山东至广东的沿海老百姓，统统内迁50里。一下子，广东便出了数百万难民，几近全省一半，他们被迫背井离乡，生计无着，或捐妻鬻子，"或合家饮毒，或尽帑投河"，一时间，尸横遍野、田园尽毁，凡是不愿走的（规定只有三日，"尽夷其地，空其人"）更被残酷杀害，杀头破胸，无所不用其极。广东经历了历史上一场空前的大灾难。一如时人上书痛诉："伐南山之竹，写恨无穷；绘监门之图，形容难尽。"不难想象，其时的海上贸易，还能剩下什么？

待定稿前夕，笔者始终在犹豫，写不写下清初"禁海"的历史惨状。最终还是下了决心，不写不行。毕竟明代有过禁海，可十三行建立之后，也不曾只允许"一口通商"，故明中后叶，类似宋代的商品社会复又出现，资本主义也冒出了尖尖角。可清兵横扫东南沿海后，已有的历史进步又扫荡殆尽，这便埋下了"一口通商"的伏笔，更让十三行的作用凸显出来。要深究其间的意义，不可跳过这段历史。

而笔者也曾在几年前写的《百年宝安》一书时，深入到了这一段惨绝人寰的血史当中：十三行，不仅仅是"银钱堆满"。

清朝政府，从一立国，便立下了禁海的宗旨，如此一来，历史的反复在所难免，更何况一次又一次血腥的屠城，把东南沿海的市集、工商业，几乎摧毁殆尽，自然不需要海上贸易了，海商也就被视为海盗，私商也更是成了逆贼。于是，一个个"禁海令"下达了：

沿海省份，应立严禁，无许片帆入海，违者立置重典。

顺治皇帝更于1656年6月正式敕谕：

自今以后，各该督抚镇，若饬沿海一带文武各官，严禁商民船只私自出海，有将一切粮食货物与逆贼者，或地方官察出，或被人告发，即将贸易之人，不论官民，俱行奏闻正法，货物入官。

处处严防，不许片帆入口，一贼登岸。

……

其一号"禁海令"中，包括了严禁外国商船来华贸易。

然而，"禁海令"尽管杀气腾腾，却仍没吓倒边海的百姓，尤其是当时仍活跃在南方的反清复明势力。郑成功还于顺治十六年（1659）团团围住了江宁（南京），令清廷惊恐万状。第二年，郑成功则成功收复了台湾，逼使当时的海上霸主荷兰殖民者投降。

顺治十八年（1661年），已经奄奄一息的顺治皇帝，又签署了"迁界令"，进一步推动了"禁海令"的执行。海边的百姓不服禁海，船只照旧外出，那好，索性不让你们住在海边了，统统内迁50里，与大海隔绝开来。

顺治一命呜呼后，康熙切实实施了"迁界令"。康熙元年（1662）2月，清王朝下令广东沿海二十多个州县，包括新安（宝安）在内，钦州、合浦、石城、遂溪、海康、徐闻、吴川、茂名、电白、阳江、恩平、开平、新宁、新会、香山、东莞、新安、归善、海丰、惠州、惠来、潮阳、揭阳、澄海、饶平，自西至东这些县的居民，一律内迁50里。这50里界外，不准居住，民房拆了个一干二净，不准下田种地，更不准出海捕鱼，违者，一律格杀勿论。禁海、迁界，不仅摧毁了明代建立的近代海上贸易以及商品经济，更让百姓没了活路，一时间，哀鸿遍野、尸横道路，不妨录一段明末清初大学者屈大均的记载：

> 岁壬寅（1662，即康熙元年）二月，忽有迁民之令。满洲科尔坤、介山二大人者，亲行边徼，令滨海民悉徙地五十里，以绝接济台湾之患。于是魔兵析界，期三日尽夷其地，空其人民。弃赀携累，仓猝奔逃，野处露栖，死亡载道者，以数十万计。

这是何等悲惨的场面，教人不忍卒读！统治者的残酷，无以比拟。后边还有：

> 其丁壮者去为兵，老弱者辗转沟壑，或合家饮毒，或尽帑投河。有司视如蝼蚁，无安插之思；亲戚视如泥沙，无周全之遗。……民既

尽迁，于是毁屋以作长城，掘坟墓而为深堑，五里一墩，十里一台，东起大虎门，西迄防城，地方三千余里，以为大界。民有阑出咫尺者，执而诛戮，而民之以误出墙外死者，又不知几何矣！自有粤东以来，生灵之祸，莫惨于此！

不敢再录下去了，人间惨剧，恐此为空前绝后。

现居香港新界的旺族代表之一邓氏，在其族谱中亦有当年"迁界"的记录：

> 插旗定界，拆房屋，驱民迁归界内。设墩台、凿界堭，置兵禁守，杜民出入，越界者解官处死，归界者粮空绝生。祖孙相承之世业，一旦摈之而猿啼；死生世守之墓宅，一朝舍之而鹤唳。家家宿露，在在鸠形，初移一次尚有余粟，再移之后曾几晏然……

沿海人民面临了历史上最大的灾难——不是天灾，而是人祸！

在神州大地上，中古与近代，蒙受最多的历史灾难，却又每每奋起抗争，并较早吸取西方及世界先进文化与科学技术的，南方人当是其中最为突出的。正如前边所写到的袁崇焕，他及时引进了"红夷大炮"，阻挡住了努尔哈赤狂傲的骑兵，却也是他，被明朝的亡国之君处以磔刑，碎尸万段。

来到海边的南方人，又注定要比留在山里的同胞们承受更多的磨难，他们好不容易在沿海地区扎下了根，建立了自己的家，屋后的风水林也已枝繁叶茂了，可清朝政府却不顾他们的死活，说迁就迁，于是，辛辛苦苦上百年种好的树、建好的屋、辟出的田园，也就毁于一旦。那时节，当是叫天天不应，叫地地不灵。

然而，哪怕十口余一，哪怕大树的主干被狂风吹倒，只要根还在那里，却还会要长出新枝。尽管瘢痕累累，尽管血泪斑斑，但生命却是永远剥夺不了的奇迹，更何况客家人呢？！

当年一度被叫做新安的宝安区域内，被迁的地界居然将近70%，包括作为县治所在的南头也被迁走了。为此，康熙五年至八年，即1666年至1669年，新安都不可能作为一个县而存在，最终因人口太少，以至再度并入了东莞。于是，香港东北自沙头角至西北的新田、米埔以南地区，全部迁界一空，只丁不留，包括邻近的岛屿，也全都空无一人，长满了蒿草，一片荒芜。

"越界者解官处死，归界者粮空绝生"，老百姓没了活路，唯有奋起反抗。1664年9月，新安县抚目袁四都率众多士卒、百姓，发起了抗迁起义。难民们追随他到了已迁移一空的官富、沥源等地，建立了义军的主寨，他们不断向四方进击，打得清兵鬼哭狼嚎。最后，广东提督不得不派重兵镇压。袁四都喋血战阵，义军也全军覆没了。

由于反抗不断，加上迁移的百姓"死丧频闻"，统治者为稳固政权，不得不面对现实，提出"展界复乡"。《新安县志》（靳文谟）载有：

> 康熙七年正月，巡抚王（王来任）疏奏乞展界。奉旨特差大人勘展边界，设兵守海。会同平南王（尚可喜），总督周（周有德）行边，士民欢呼载道，皆远迎之。十月，总督周上疏，请先展界，而后设防。是时，迁民归志甚急，闻疏盖喜。康熙八年正月，展界许民归禁，不愿听民踊而归，如获再生。

展界后，新安县也就撤而复置了。有一篇《复界记》这么写道：

> 村之移也，拆房屋、荒田地、好流亡八载，饿死过半。界之复也，复田也不复海，无片瓦，无寸木盖茅屋。……新安邑抵大洋，无渡海通济，载运货物，麦粟百物皆贵，惟谷特贱，以其无通济也。

如此之困厄、艰苦，白手起家，谁可担当？

在历经23年的迁界暴政后，复业丁口31300人（当是最后存活的人丁数）之外，究竟有多少人不复归——死亡，或者失踪。

明清几度"禁海"，无疑是对中国近代进程的一个冷酷的挑战，而沿海百姓却直面了这一挑战，最终再度来到了海边。这也是近代文明对蒙昧野蛮的一个全面的应战，为中国的近代、现代化的历史未雨绸缪，包括为今日深圳特区的开放早早"预留"了历史。

在这个意义上，应战——文明的发生，每每在面临严酷的自然、环境以及各种蛮荒、各种愚昧之际而出现。沿海这么一支族群队伍，当是近代文明的生力军。而千年漂泊的命运，使这支生力军能从容应付了各种不测、灾难乃至打击。

我们不妨看看在"禁海"以降，宝安竟然"冒出"的众多铭刻了历史的建筑。

最早的，仍是大鹏所城。《新安县志》中有：

> 大鹏所城，在县东一百二十里大鹏岭之麓……与东莞所城同年（洪武二十七年）奏设，广州左卫千户张斌开筑，内外砌以砖石。沿海所城，大鹏为最。

另有文字记载，该所城："周围三百二十七丈六尺，高一丈八尺，广六尺，下广一丈四尺，门楼敌楼各四，警铺十六，雉堞六百五十四，东西南三面环水濠，周三百九十八丈，阔一丈五尺，深一丈……"这里不去重复倭寇攻打、围困的历史了。

而到了清代，城堡式的围楼作为建筑的一朵奇葩，则纷纷涌现在南方的大地上，信手拈来，便可以列出十几座。每一座，都会向你诉说其诞生的历史，建筑者的意愿，以及那个时代的审美观念，一任你去触摸、感受与品味。

建筑是一部写在大地上的历史画卷。不妨依年代列出几例：香港锦田的泰康围，是明代中叶所建，年代约在1465—1487年间。永隆围，则是康熙年间所建，1662—1735年，最后一年当是雍正元年了。吉庆围，几乎同年始建，但早 14 年落成。勤龙围，则是乾隆九年，即 1744 年建成。这些，以及后边提及的现位于香港特别行政区范围内的建筑，均很早被列入了"古迹"保护。

我们再继续寻找下去。现深圳的新乔世居，碉堡式围楼，建成于乾隆十八年，即 1753 年。鹤湖新居，建成于嘉庆二十二年，即 1817 年。香港荃湾三栋屋，建成于乾隆五十一年，即 1786 年。现在赫赫有名，正在修葺为客家博物馆的深圳大万世居，建成于乾隆五十六年，即 1791 年。正埔岭围龙屋，建成于嘉庆年间，即 1800 年前后。丰田世居，建成于嘉庆四年，即 1799 年。吉坑世居，建成于道光四年，即 1824 年。大田世居，建成于道光五年，即 1825 年。龙田世居，建成于道光十七年，即 1837 年。香港曾氏山厦围，建成于道光二十七年，即 1847 年。深圳盘龙世居、梅冈世居等，也都建成于同治年间……以上列举的围屋，大都是建成于鸦片战争之前。可以说，这种聚族而居并具有防卫功能的碉堡式围楼，正是沿海人民在面对当时的情势而奋起自卫的举措。

上边，只是简单地写到这些建筑的名称与建成的年代。然而，我们一旦踏入这些历史建筑之中，便会感受到巨大的震撼力，感佩这么一种文化，感受到当时的历史压力。较早建成的大万世居，其规模与体量，都是令人吃惊的。这是一座三堂、二横二枕杠、内外二围楼、八碉堡、一望楼的大型客家碉堡式民居，如果将屋前的围坪、半月池算进去，占地面积达 22680 平方米，其中建筑面积达到 15000 平方米。坪山镇大万村的曾家先祖是在康熙年间，也就是复界之后，仅仅两代人，便有了这么大的一份家业。

笔者多次到过大万世居，在沿海的大屋里，它的规模也算得上数一数二的了，与之并列的，还有鹤湖新居，只是年代稍晚了一点。正面的围墙有上百米，颇有气势。内中单元房有约 200 来间或更多，相传的 199 间恐是取的吉祥数。位于中轴线上的三堂端义公祠，其封檐板、梁架木构件雕刻与彩绘，为形态各异的动物、花鸟图案，刀工细腻、栩栩如生，是相当有价值的木雕艺术精品。

审视大万世居上的雕刻、彩绘，尤其是品赏端义公祠中的十多幅堂联，你可以感受到这户自称为孔子传人曾参的后裔，是如何珍重自身的历史，又如何渴待后人怎么为祖上增光的。慎终思远，追根溯源，自为的是光宗耀祖、忠恕为本、仁爱处世、崇文重教的文化传统。乍一看，汉人是那么以古训为然，但是，没有鉴古，又怎可铸今呢？曾氏的一代代传人，在这样的文化氛围中成长起来，民族意识、爱国思想，就这么形成并滋长的。因此，让人吃惊的，不仅仅是这可容纳千人的围屋，更是这一个民族无处不在的文化氛围，聚族而居不仅仅是自卫，更在于凝聚更大的面对历史挑战的力量！也许，再坚固的建筑也会化为尘土，可它留下的，却是永远不可摧毁的精神力量，试想一下，如此巨大体量的建筑，集聚的岂止是人力、财力！

我们不妨把目光投向这个时期的世界。看看在这十三行时兴时衰、此起彼落的几个世纪里，中国之外究竟发生了什么？

1520 年，马丁·路德发起的宗教改革在有力推进中。1524 年，德国农民战争。1534 年，英国通过"至尊法案"，摆脱了罗马教皇的控制。1566 年，尼德兰资产阶级革命。1580 年，西班牙吞并葡萄牙，成为海上霸主。1588 年，西班牙"无敌舰队"远征英国失败。1600 年，英国东印度公司成立。1602 年，荷兰东印度公司成立。1604 年，法国东印度公司成立。1620 年，"五月花"号开往北美。1624 年，荷兰侵占中国台湾。1640 年，葡萄牙恢复独立。1640 年，英国资产阶级革命开始。1641 年，荷兰占领马六甲。1649 年，英国查理一世上断头台。1651 年，英国颁发《航海条例》。1661 年，英国夺取孟买。1664 年，法国成立新东印度公司。1679 年，英国通过《人身保护法》。1669—1701 年，牛顿经典力学、万有引力定律。1688 年，英国光荣革命。1646—1716 年，莱布尼兹创立微积分、二进位法。1688 年，英国"光荣革命"。1689 年，英国通过《权利法案》。1706—1790 年，富兰克林、电学。1760 年—英国产业革命。1765 年，珍妮纺纱机。1775 年，美国独立战争开始。1776 年，美国《独立宣言》。1782 年，瓦特蒸汽机。1789 年，法国革命，攻占巴士底狱。1789 年，美国《人权法案》。1792 年，法国《人权宣言》。1793 年，法国路易十六被处死。1794 年，法国《1793 年宪法》。1804 年，法国《拿破仑法典》颁布。1808—1814 年，西班牙资产阶级革命。1817—1831 年，意大利烧炭党人起义。1832 年，英国第一次国会改革。1836 年，葡萄牙革命。1836 年，英国宪章运动。

这只是粗粗引摘下来，而且偏重于政治变革方面。但我们亦可以看到，革命此起彼伏，封建王朝亦几度复辟；海上霸主几度易位，西班牙、荷兰都先后称雄，英、法则后来居上。可惜，技术革命，只引录了几大项，未有那么细致，只提及珍妮纺纱机与瓦特蒸汽机，至于科学家、思想家，则罕有涉及。

但这毕竟是一个参照系。同样，在这三百年间，中国的近代化进程则缓慢得多、艰涩得多。也许，不必列表以对比了。

人家把封建帝王送上断头台，我们这边崇祯帝也吊死在煤山，但却换了个清王朝，虽然明末的思想家早已喊了摧毁君主统治的口号；人家把望远镜、地图引进到中国，却只被当做"小慧"，连红夷大炮也几乎是三百年间一成未变……当然，明末总算有了个"十三行"，给封关锁国的东方帝国留下一个可怜的"气眼"，而郑成功收复台湾，赶走荷兰殖民者，却还是红夷大炮之功，亦"以其人之道还治其人之身"……这才有鸦片战争之际，魏源变"以夷制夷"的传统规则，为"师夷之长技以制夷"，把汪鋐三百年前的实践上升为理论并成为一个号召，从而开始加速了中国的近代发展。

这三百年较之鸦片战争之后的一百年，其历史的推进固然差强人意，但是，我们却无权责备这三百年间作出努力的思想者与实践家，毕竟他们所面对的封建势力太强大了，这种强大，我们迄今仍不难感受到，何况那时呢？我们所走的历史，不可能"从头做起"，延续而未可断裂的文明，既是荣耀却也是负重，简单的对比，总归触及不到真正的问题之实质，当思考的，还很多、很多……历史的演变，并非一往无前，好比一条大江，不仅要穿过峡谷，越过浅滩，甚至还会有回流、有曲折，要一泻千里，那也是要突破重重山隘、险关才行。我们有什么理由去奢望中国近代史的进程不会有反复、有逆转呢？如果没有这些，历史也就不成为历史了。

中国近代史的复杂性，也同样表现在南方这片土地上。明朝固然腐朽，但是，东南沿海的近代化依旧坚定不移地往前推进，社会经济的长足发展，尤其是手工业生产的高度发展，推动了商品贸易，尤其是外贸的发展。丝织业、麻织业、陶瓷业以及其他，都对市镇的兴起产生了极大的推动作用。珠三角不少城镇，均是"客商聚集，交易数以百万计"，或者"商贾辐辏，廛市星罗"。朝贡体制也被猛烈冲击，1529 年，也就是屯门之役后 7 年，即嘉靖八年，两广巡抚林富奏准除葡萄牙外，恢复贡舶贸易。1556 年，又设立"客纲"、"客纪"，由粤商、徽商、泉州商人充任，承担在外商与中国商人之间议定价格并代替地方官收取入口税的事务。明代"十三行"就是这么形成的。前文提及"十三行"，只是个大背景，现已明晰。所以，有人以为"十三行"是清代才立，显然是错误的。

1567 年，即隆庆元年，明朝政府被迫开始取消海禁——这主要是广东私商乃至"海盗"（所谓"开则商，禁则盗"）斗争的结果，并没有外寇的武力压迫。万历初，又规定向商人发给出洋"引票"，并征收"引税"。

开禁之后，通海的船只迅速发展到"十倍于昔"。广东民间海上贸易有了极大的增长。中小商人集资造船出海，有的更独资造船，成为舶主，与各国互通有无，他们甚至定居到东南亚各国如暹罗，"国人礼华人甚挚，倍于他夷"。此外，三佛齐、爪哇、吕宋、淳呢（今加里曼丹）亦有不少华商。

凭此，不难解释，清兵南下，为何在东南沿海遭到了最猛烈的反抗，这不仅仅是汉族给军事压迫到了南方，更在于，他们捍卫的是东南沿海各省走向近代化的丰富的成果，捍卫的是历史的进步！

清兵过后，东南沿海满目疮痍，3000 万亡魂日夜哀歌，要重回当年的盛景，又得要个七八代人……

上面只是简单地把这段历史中人所共知的大事件列举了一下，而且只是列举了与海贸相关的内容。人们不难发现，葡萄牙海上称雄的日子已经过去，相继而起的则是西班牙、荷兰、英国、瑞典等。中国自外于世界外贸史这半个世纪中，人家已经重排过了"座次"，大海上，同样在"变幻大王旗"。而清初的浩劫，摧残了明代业已恢复并有所成长的市民社会，或者流行术语称的资本主义萌芽。这是显而易见的，无论在江浙即江南一带，市民社会一度复兴，就是在广州，商人也渐渐有了自己的地位，千年商埠，能不滋养出新经济力量与阶级么？与此同时，清初严酷的"文字狱"，更大大地扼杀了明末业已兴起的启蒙主义思潮——这一断裂，比经济的停滞，倒退更久，从黄宗羲"为天下之大害，帝王也"，到清中后期龚自珍"我劝天公重抖擞"之间，对思想来说，已有两百年的黑暗。这期间，则是所谓的"康乾盛世"。而关于这一"盛世"的阐释，倒是可以参见龚自珍《乙丙之际箸议》："戮其能忧心，能愤心，能思虑心，能作为心，能有廉耻心，能无渣滓心。又非一日而戮之，乃以渐，或三岁而戮之，十年而戮之，百年而戮之。"这便是盛世的真相，一人戮心的盛世。

在地理大发现亦经济全球化之际，这么一个大清帝国，尽管财力仍高踞世界各国之上，但其"天朝上国"的威风，究竟还能保住多久呢？

万历五年（1577）葡萄牙买通了澳门守将王绰，代为向明王朝请求，终被允许以每年515两银子租住下了澳门，有了"合法"的居住权；明、清易朝之际葡萄牙人审时度势，乖巧地向清政府表示，愿意"投诚"，归顺清王朝，广东巡抚李栖凤即向朝廷奏报：

> 西洋彝人托处粤元香山濠镜澳，来往贸易，轮饷养兵，考之故籍，实百余年于此矣。迄今省会既平，诸郡归附，洋彝相率投诚，此固诸人之恭顺，实由我皇上德教覃敷、遐迩咸服，以故洋人莫不畏威怀德，愿为太平之民。

其实，"考之故籍，实百余年于此"一语，未必真实，报告是1651年打的，葡萄牙人上澳门晾鱼网，是 1557 年，一百年也未有。不过，凭此，澳门却在"禁海"、"迁界"中，继续进行它的转口贸易。1663 年，因为海禁，市舶司每年损失税银 2.2 万两，兵部坐不住了，兵部尚书明安达等奏报，请求朝廷批准外国商人在澳门贸易，以税充军饷。不过，批是批准了，却强调一句"只限澳门"。到 1664 年，清廷以"迁民窃出鱼盐，恐惧仍通海舶"为由，又令沿海内迁 50 里后，再内迁 30 里，这一来，连人口稠密、工商业发达的南（海）、番（禺）、顺（德）等各县都得内迁，一下子近百万难民无家可归，流离失所。澳门纵然因是"化外之区"得以幸免，但也没有明末的繁荣气象了，至于沿海众多口岸，更化作一片废墟。

到了 1678 年，清王朝终于恢复了广东与澳门的陆路贸易，澳门的港市也有所复原。不过，水路贸易仍在禁止之列，但不少有官府要人为后台的商人，公开走水路直接贸易。于是，澳门旁边的十字门水道，成了走私船只云集的海面，与外来的葡萄牙、西班牙、荷兰等商人私下里交易，一时间颇为兴旺。官府自然也睁一只眼闭一只眼。

尽管早在顺治八年（1651 年），赖在澳门的葡萄牙人认为明王朝大势已去，赶紧向清王朝表示归顺，并得到顺治皇帝的首肯，但其后广东的局势，仍波诡云谲，变化多端。顺治九年，广州屠城，南明六千官兵阵亡，城内数以万计的市民被杀戮，顺治十年、十一年，南明李定国，几度从广西进军广东，直下广州南翼新会，可惜遭遇瘟疫，未及与郑成功援粤大军会合，功败垂成……及至康熙年间，"三藩"拥兵自重，镇守广东的平南王尚可喜及他的儿子尚可信，又形成割据之势，不仅"广东督、抚、提、镇，俱听可喜节制"，而且遴补将史，调遣兵马，均得便宜从事"。尚之信更气势汹汹，怒骂盐驿道金事李毓栋："尔甫来此，事事与我违拗，我一刀砍尔，上亦无奈我休何。"他这一段话表示，清廷的"禁海令"，在广东未必能贯彻到底。事实上，为了割据一方，他仍沿袭历朝广东"笼海之法"，专门组织了一批商人，号曰"王商"，即"藩王之商"（广东的王府商人），刻意从事对外贸易走私，从而为地方政府谋取巨利。

其时，海禁搞得非常邪乎，沿海田园荒芜，农居焚毁，至于商人，也不得与"效忠"了的澳门通航。但是，王商有尚家父子为后台，却能一手遮天，频频与澳门的外商做生意，这几等于垄断。"海禁"了，他人不能做，他们却可以做，这样一来，商业资本成几何级数飙升，更何况他们精通与外商打交道的业务，赚得更不清不楚了。

那时，广东王府的贸易总管沈上达，更胆大包天，组织庞大的船队，直接开出了十字门，到南洋各地进行贸易。这与全国沿海地带形成极大的反差——"只板不得下海"，也就是连渔船都无影无踪，独有澳门一口，却有巨舶出没。后来，李士桢在《抚粤政略》中感叹：

> 自康熙元年奉文禁海，外番船只不至，即有沈上达等勾结党棍，打造船舡，私通外洋，一次可得四五万两，一年之中，千舡往回，可得利银四五十万两，其获利甚大也。

至于澳门的葡萄牙人，自是"有奶便是娘"，只要有利可图，"三藩"割据，他们当然与尚可喜、尚之信及其王商相交甚洽，并不以清王朝为然。

自然，康熙皇帝对尚氏所称的"上亦无奈我何"之狂妄不会无动于衷。而且，"三藩"与清王朝的中央政权之间的冲突日益凸显，康熙皇帝亲政后，下决心要"削藩"。正好尚可喜假惺惺上疏要求归老辽东，请以其子尚之信袭爵留镇广东，康熙以此契机，允许他退休，但不准尚之信袭爵，还"令其尽撤藩兵回籍"。这下子，弄得另外"二藩"，即吴三桂、耿精忠不安了。康熙十二年（1673），吴三桂发动叛乱，第二年，耿精忠也在福建发动了叛乱。

康熙试图稳住尚可喜，令其留守广东。然而，这也只拖了一年多，康熙十五年（1676）2月，尚之信也归附了吴三桂，宣布叛乱，"易帜改服"。

随着吴三桂被消灭，陕西提督王辅臣、福建耿精忠相继投降，尚之信感到不妙，迫于形势，于康熙十六年（1677）6月，也不得不"归降"清廷了。

由于平叛战争尚未结束，最后撤藩的时机还没有成熟，康熙皇帝没有立时处置这位反复无常的藩王尚之信，仍旧令他"袭封平南亲王"，照旧理事。

不过，这时澳门的葡萄牙人却坐不住了，因为这位"藩王"已经是靠不住了，当初已向清廷"效忠"，后来却又同"藩王"的王商打得火热，万一怪罪下来，日后的贸易只怕也就办不成了。自1511年至1678年的一个多世纪中，中国海上贸易的几起几落，他们是看在眼里的，感到这一回若处理不当，是必后患无穷。必须有大动作才行。他们绞尽脑汁，终于出了一招！

他们对中国文化，还是有所了解的，知道中国人历来对狻猊，即狮子是颇为敬畏的，于是，康熙十七年（1678），他们把在非洲莫桑比克捕捉到的一头狮子，送到了印度的果阿，而后用船载抵澳门，再由本比·白垒拉率团，从广州出发北上，向年轻的大帝康熙进贡。要讨得年轻帝王的欢心，那他们在澳门的利益便可以得到保证了。

于是，狮子一路北上，出大庾岭，直奔京城。是年八月，这头"贡狮"终于顺利抵达了北京，至于一路的颠簸，也都不在话下了。

一个王朝，得到了狻猊，在中国自是吉祥的征兆，也是国家强盛的表现，此时，"三藩"既平，河宴海清，来了一头祥兽，自是大大满足了这位年轻的康熙皇帝的好奇心与虚荣心。于是，他召集了群臣与文人学士，一道来观赏这头贡狮。

这应算是"十三行"又一次起死回生中发生的盛事。

皇帝开了口，要求在场的臣子们，都得作赋吟诗，以记录下这一辉煌的历史时刻，表明万邦来朝，这天朝上国可谓威风赫赫，蒸蒸日上，盛世已不远矣。与此同时，他也亲口答应了使团的要求，允许澳门商人"在旱路界口贸易"，从而恢复了澳门与广州的陆路贸易，十三行也就再度兴旺了起来。

金碧辉煌的宫殿中，群臣毕至，一片喜气洋洋的景象。那解运贡狮来的使者，长发披肩，长髯飘拂，蛮衣裹身，似披的氍毹，恭恭敬敬地立在殿前，身上的征尘仿佛还不曾褪尽。狮子在笼中，仍不失其威风凛凛的气势，不时吼叫一两声，令观赏者为之惊呼。

在场的大臣，一个个捻着胡须，或仰视，或俯首，口中念念有词。皇帝下了御旨，不写出一首好诗，那可是逃不了"欺君之罪"。于是，陈廷敬、叶方蔼、张英、高士奇、陈梦雷、王鸿绪、严我斯、刘德新、许贺来、顾景星、李澄中、毛奇龄、尤侗、宋祖昱、田雯等人，一一都拿出了歌吟之作，大赞皇恩浩荡，无所不该。自然，均得皇帝欢心，全部刻录了下来，传至后世。

这里，且录下一首，是曾任内阁中书，历官刑部、户部侍郎的进士田雯所写的，诗题名为《贡狮子应制》，从中不难看到贡狮进殿之际的盛况：

南轴狻猊贡，雕题瘴海来。

金刚夸异质，乌弋岂凡胎。

宛足腾傜洞，斑文映斗魁。

枭阳真挺拔，岭表郁崔嵬。

尾掉风生箐，山鸣昼起雷。

熊罴须早避，兕象莫相猜。

月照槃匏馆，秋离戏马台。

岂同甘玃狢，未肯学驽骀。

北望遵王会，南荒历劫灰。

楼艎浮万斛，飓浪簸千堆。

使者须髯古，蛮衣毲罽裁。

绮钱盘翡翠，椎结胃氍毹。

俯首蟂蚏下，呼嵩鹤禁隈。

表须重译上，宴许膳夫陪。

甲帐传银瓮，仙茎赐露杯。

乐浪偕馆舍，日浴共徘徊。

报谒鸡人唱，辞朝驿骑催。

天连溟渤阔，客泛斗牛回。
紫舌车书集，洪炉雨露该。
驺虞游上苑，牺象镂云罍。
喘问三春犊，祥征八尺騋。
虞人勤护惜，爱此不群材。

不过，贡狮晋京之日，尚之信的死期也就不远了，一年半之后，康熙皇帝下令逮捕尚之信，不久，即赐死于广州。康熙二十年（1681）平定"三藩之乱"的战争，终告胜利结束。

又一年，康熙下令撤除藩府，将尚之信的兵归广东将军统辖，与此同时，沈上达家亦被抄没，其财产近百万两银，仅次于藩王。不过，"将军商人"也由此而起，与未受牵连的"王商"相抗衡，由此演绎了清初十三行诸多类商人角逐的一出出闹剧。

几年后，康熙二十三年，即在台湾收复之后一年的一月份，浙江秀水人，顺治十五年的进士杜臻，由京城派往广东，以钦差的身份，宣布开豁迁海之禁，还民以地，使民复兴。他还特地与另一些大员吴兴祚等去巡视了一番澳门，对澳门兴旺的贸易艳羡，为此，特写下一首七言诗《香山澳》：

香山之南路险巇，层峦叠嶂号熊黑。
濠镜直临大海岸，蟠根一茎如仙芝。
西洋道士识风水，梯航万里居于斯。
火烧水运经营惨，雕墙竣宇开通衢。
堂高百尺尤突兀，丹青神像俨须眉。
金碧荧煌五采合，珠帘绣柱围蛟螭。
风琴自鸣天籁发，歌声呜呜弹朱丝。
白头老人发垂耳，娇童彩袖拂冰肌。
红花满座延上客，青鸟衔桃杯玻璃。

扶杖穿屐迎道左，稽首厥角语温咿。

自言慕义来中夏，天朝雨露真无私。

世世沐浴圣人化，坚守臣节誓不移。

我闻此言甚欣喜，揽辔停骖重慰之。

如今宇内歌清晏，男耕妇织相熙熙。

薄海内外无远迩，同仁一视恩膏施。

还归寄语西洋国，百千万祀作藩篱。

后边十行，与其说是用以慰藉澳门的"白头老人"，不如说是让北京朝廷的"圣人"看，以证明葡萄牙人"归顺"后，如何"坚守臣节"的，故圣上毋需为此忧虑。

诗中对海上贸易盛况的描写，当为不虚，因为从外国的典籍上，也同样可看出澳门葡人是如何赚得盆满钵满的。

在广州十三行于清初被萎于泥炭之际，澳门也就发挥了它独特的作用。因此，在清朝沿明之习，重建十三行之际，澳门不可不被重视。现在，该言归正传了。

3

十三行起死回生

　　康熙二十三、二十四年（1684、1685），对自山东至广东漫长的海岸线上内迁了80里的老百姓们，无疑是一段悲喜交集的日子，这两年，他们在离乡背井20余年后，终于能重返家园了。这在他们而言，当是望眼欲穿，终于盼到的喜事；可又悲从中来，一是今日能重返故园的，恐怕为数不多了，十之六七，在流离失所之际，已死的死，散的散，不复得见了。不少沿海村落，后来统计，真正返迁回来的，也就只有一、两成人。重新登上返乡的路途之际，携老将雏，每人眼里，都是一片凄怆与茫然。

　　而回到故乡，哪还有当日的田园？哪还有记忆中的家居？田园早已荒芜，20多年不曾耕种，已满目蓬蒿，家居也茫然无存，当日为强迫迁出，能拆则拆，不能拆，则一把火烧了个精光，不由你不走……那时节，烧屋不算小事，稍有反抗，便格杀勿论，沿途的河涌里，都漂浮着断残的尸首，有的地方，连河道都堵塞了，哭声冲天，哀鸿遍野，沿海数千里，都成了人间地狱。如今，家已不家，园亦不园……于是，也有人至死不愿归去，在外谋生好了。谁知道，哪天又一道突然御旨，还得迁出，这清朝300年间，反反复复的事情还少么？人们信不过。

　　只是，在广州城里，却是另一番景象。曾经在明朝被叫做"十三行"的地方，已经在大兴土木了。场面当是十分红火，挖地基的挖地基，夯土夯土，砌墙的砌墙，运木的运木，上梁的上梁……平日少见的商人，也纷纷乘轿前来，视看这片热土，指手画脚，高谈阔论，急切却有条理，而且一个个喜笑颜开，仿佛又有大笔银元进账。他们在干什么？

　　好事者很快便打听出个究竟来了。原来，自从杜臻来宣布开豁迁海之禁、还民之地后，康熙皇帝又派内阁大学士石柱等人到粤闽沿海考察，为开海贸易，设立海关筹划。明代留下来的"怀远驿"，因为是专门接待外国贡使的，所以用来迎候外国商人则师出无名。更何况按清代礼部贡典，欧洲的商人典上无名，又没有金叶文书，所以，绝对不可以用官方规格来接待，正所谓中夷有别，上下有限，祖宗确认留下来的伦理秩序是万万改变不得的。所以，当政者称，只能让他们到洋行商人的行栈中住，或者将行栈出租给他们，方可解决这礼制上的问题。大人一发话，行商立即心领神会，无论如何，这当是一大商机，既可以收租金，又可以与外国商人做好买卖，何乐而不为呢？这一来，过去的十三行，便成了首选之地。

　　也许是官方所允，自然官方少不了干预，所以，这赶建起的房屋，几乎都是一个模式，不会有什么讲究了，诸如高度、阶梯、进深等，少不了有个说法的。这让老外丈二和尚摸不着头脑，怎么不同的主人，建的却是同样的房子，不是内中有诈吧？云里雾里也罢，心怀疑窦也罢，可还是得住进去。于是，凡来广州经商的外国人，也就归服归法住进了这分不清彼此的房子，并把这些房子统称为"商馆"。可中国人却不能这么叫，只能叫"夷馆"，以显示自身正统。

　　商馆很快便建成了，这里坐北朝南，正面朝向珠江，由东至西，沿江排列，倒是一道不俗的风景线。至于风水好不好，就难说了。反正它们的命运是早已注定的。

　　当时，即这一年的四月，广东巡抚发布了《分别住行货税》的文告。文告的内容，自是针对开设粤海关之后形势的变化而作出的新规定：

　　　　第一，内地各省商人"如来广东省本地兴贩，一切落地货物分为住税……赴税课司纳税；其外洋贩来货物，及出海贸易货物，分为行税……赴（海）关部纳税"。这就是说，进一步明确地把国内商业税收和海关税收分开，即是把常关贸易和海关贸易分开。在此以前，清廷依明制"设关所多处"，但统称为关，常关与海关之名乃自此时起。

第二，把经营国内商业的商人和从事国外贸易的商人严格划分开来，分别"设立金丝行、洋化行两项货店"。在这里，也是第一次真正地把广东洋货行商人从一般商人队伍中分离出来，并使洋货行商成为专门的行业。

第三，鼓励"身家殷实之人"承充洋货行商。

这一文告，可以说制约也可以说推动了广东洋行商人成为一个相当特殊的行商，并成为一个新兴的商业资本集团，有别于明代广商的发展。研究者梁方仲认为，这一制度在初建时有以下几个主要的内容和特点：第一，充当经营对外贸易的洋行商人要身家殷富，而又以自愿承充为条件。第二，洋货行承商的办法，是经商人自愿呈明广东地方官府批准，并领取官府发给的行贴，然后才能开业。第三，在广州和佛山原来经营商业的"商民牙行人等"，有愿转业承充洋商的，在当时招商时可自由选择，或换牌呈明官府承充亦可。第四，洋货行商人对粤海关承担的义务，是负责在洋船出口时亲自赴海关缴纳外洋进出口货税。禁止税收人员从中勒索。可见，当时的洋货行是向官府登记承充的商人，和封建官府保持有极密切的联系，是具有一种特殊的社会身份的商人，一般也叫他们为"官商"。

是否"官商"，笔者以为，未可完全定论，日后演变的轨迹，多少可以另作别论。所以，无须先入为主，不妨看完全书再说。总之，搅动了中国18、19世纪的一个巨大的商人集团，就在这样的政治、经济大背景下，走上了历史舞台。

对于中国这样一个皇权至上的国家，最大的背景，莫过于"圣上英明"了，所以，这里务必追记一下康熙皇帝的若干圣谕。

当沿海居民陆续重返故园时，偌大一片家园，尤其是南方，历40年的战乱，正是百废待举之际，国家要办大事，没有税收是不行的。广东素有

"天子南库"的美誉，但财源却来自海上，所以，杜臻考察一番之后，内阁大学士石柱一行又来了，且明确地为开海贸易、设立海关作准备的。康熙为此于农历六月初五（1684年7月6日）发出谕令："海洋贸易有益于生民，但创收税课若不定例恐为商贾累。当照关差例，差部院贤能怀噤前往酌定则例，此事著杜与大学士商酌。"一个月后，农历七月十一，康熙皇帝主持召开了内阁大臣会议，正式作出开海贸易、设立海关的决定。

考察归来的石柱，自然在会上表明自己的立场。谁知他下去后，却为地方官吏所包围，耳边满灌了不可开海、不可设立海关的种种议论。更何况在下边，大宴小宴，喝了个天昏地暗，哪会把国家利益放在心上？其实，地方官吏并不反对开海，他们早就开海了，且私下控制了出海走私，赚得脑满肠肥，可国家的税收却大量流失，所以，名义上的禁海，实际上的开海，于他们正好暗度陈仓，中饱私囊，而一旦正式开海，一收税，他们的利益也就遭到了重大损失……这一来，石柱回到北京，自然站到了他们一边，殊不知目光敏锐的康熙大帝，却洞察秋毫，把他的一条条不得开海的理由，驳得体无完肤。于是，就有了下面一篇《内阁起居注》的奇文：

康熙皇帝问大学士石柱："尔曾到广东几府？"

石柱回答："臣曾到肇庆、高州、廉州、雷州、琼州、广州、惠州、潮州，自潮州入福建境。臣奉命往开海界，闽、粤两省沿海居民纷纷群集，焚香跪迎，皆云：'我等离去旧土二十余年，毫无归故乡之望矣，幸皇上神灵威德，削平寇盗，海不扬波，我等众民得还故土，保有室家，各安耕获，乐其生业。不特此生仰戴皇仁，我等子孙亦世世沐皇上洪恩无尽矣。'皆拥聚马前稽首欢呼，沿途陆续不绝。"

康熙皇帝接着问："百姓乐于沿海居住者，原因可以海上贸易捕鱼之故，尔等明知其故，海上贸易何以不议准行？"

石柱回答："海上贸易自明季以来原未曾开，故议不准行。"

康熙皇帝非常不满石柱的回答，对石柱讲："先因海寇，故海禁未开为是。今海寇既已投诚，更何所待?"

石柱辩解道："据彼处总督、巡抚、提督云，台湾、金门、厦门等处虽设官兵防守，但系新得之地，应俟一二年后相其机宜，然后再开。"

对石柱的辩解，康熙皇帝一针见血地指出："边疆大臣当以国计民生为念，今虽禁海，其私自贸易者何当断绝? 今议海上贸易不行者，皆由总督、巡抚自图便利故也!"

最后一段话，当一针见血，指出了问题的关键，令石柱无言以对。于是，第二年，清政府正式宣布：设粤、闽、浙、江四海关。

粤海关设专职监督一人。粤海关建关初年，关务由两广总督吴兴祚兼管，后改为吏部郎中宜尔格图出任首任监督。之后此职多为满人担任，其地位与行省的督抚大员相等，不用听督抚节制，直接向皇帝和户部负责。粤海关下辖省城大关、澳门总口、乌坝总口、庵埠总口、梅菉总口、海安总口、海口总口等7个总关口，其中以省城大关和澳门总口最为重要。各大总口下辖的小关口共70个。其中虎门口和黄埔口则隶属省城大关口，是最重要的关口。在每一关口中，又设税官、夷务所、买办馆、永靖营等机构。税官的职能是征收外商的船钞、规礼及其他有关税款；夷务所主要职能是办理外商船只进出手续，以及其他贸易事项；买办馆主要职能是为外商提供后勤服务；永靖营是清政府派驻港口的兵营，执行防卫任务。粤海关当时设在广州城外的次固镇，地点约在今天起义路与泰康路交界处。

自始，中国终于算是有了海关。循名责实，海关设立后把对外贸易的管理——海关，与对外贸易的机构——洋货行（后统称洋行）分离开来，这样，传统的贡市不分的贡舶贸易，向近代模式发生了转换。而前文提到的广东巡抚李士祯发布的《分别住行货税》，则把这更具体化了，把国内商人与从事外贸的商人、国内税收与海关税收更明确地划分开来了。

海禁初开，广州立刻便如南方的树木，一有飘风细雨，便立即破土、拔节劲抽，迅速生长为茂盛的大树。因反清复明而隐居的大学者屈大均，也按捺不住，写下了《广州竹枝词》七首，其中有几首便写到了这一变化：

> 洋船争出是官商，十字门开向二洋。
> 五丝八丝广缎好，银钱堆满十三行。

另外还有一首，题《现海神祠作》：

> 波罗花落蛮娘拾，狮子洋开估舶能。
> 汉代楼船零落尽，何时重见伏波功。

这些诗，真实记录了开海后的情状及诗人的无限感慨。而另一位同是反清复明的志士陈恭尹，隐居后亦留下诗作，第一次写到了粤海关。诗名为《铙歌》，其七为：

> 粤海关开海舶过，渔人生计只渔蓑。
> 从今不用愁饥馁，鱼课承恩减已多。

诗可证史，一点不假。后人在《澳门纪略》中，也将海关写得颇明晰：

> 国朝康熙二十四年，设粤海关监督，以内务府员外郎中出领其事。其后或以侵墨败，敕巡抚监之。逐年改归总督，所至有贺兰、英吉利、瑞国、琏国，皆红毛也。若弗郎西、若吕宋，皆佛郎机也。岁

以二十余舵为率，至则劳以牛酒，牙行主之，曰十三行，皆为重楼崇台，舶长曰大班，次曰二班，将居停十三行。余悉守舶，即明于驿旁建屋一百二十间以居蓄人之遗制也。

蔚为奇观的夷馆，在这些年间也渐渐完善了起来。外国人在《航海日志》中甚至写到，所有夷馆的格局，都大致一模一样。他们猜想，当年广州城外，是必专门有一家建筑行，统一设计了这种模式，又统一加以营造，所以，无论何时所建，都一个标准：它拥有一个独立的庭院，进门便有一大照壁，挡住从外边投入的视线，这自是中国传统格局。大门的一侧，建有一个门房，在门房的门口，挂上一个大灯笼，当然是竹篾编的。绕过照壁，可以看到，夷馆里边，左右为两栋平行的两层建筑，两楼之间，则为长条石板铺出来的方形院落，有自己的排水系统。走过院子，正面当是主楼，造得很是讲究，外墙用的是青砖、龙骨砖，后者是砖中有木棍做的芯子，当为岭南俗称的空心龙骨砖；屋顶上的瓦片，与西洋的相差无几。室内，是一色的木板地。令外商叹为观止的是，楼上，每每面向江面伸出一个不小的阳台，阳台下方的石柱，更直接打入了水面……要知道，在西方，这种"有风景"的楼宇，当是价格不菲的。他们工余之际，享乐则是至高无上的，难为中国人也想到了。

不过，设立粤海关之际，来广州的外国商舶，也没有几艘，大都在澳门互市，所以，康熙所期待的税饷也收的不多，设在十三行的行户，也没有几家。

当时，海上称雄的，已不是佛郎机（葡萄牙）了，荷兰，随后更是英国取而代之。荷兰人因被郑成功打败，失去了台湾，所以清政府攻台时出了一臂之力，并以此居功，要加入来中国的贡舶贸易了，可澳门的葡萄牙人不买账，不曾力荐，清廷也以历来贡使名单中无荷兰之名，作"八年一贡"的规定，让荷兰人很没面子。不过，在开海禁之前，他们已与平南王尚可喜搭上了关系，与活跃于广东的"王商"有贸易往来。

所谓"王商"，是平南王尚可喜主政岭南之际，让其部人私充盐商，据要冲设立商铺。直至康熙二十年（1681），尚可喜之乱平复，这一设施方被革除。但"王商"之名却沿袭下来了，凡原为平南王任命的，仍继续被叫做"王商"；而为总督任命的，为"总督商人"，其在广东商人中的势力，渐超过"王商"；而为将军所任命者，为"将军商人"；为巡抚所任命的，则称"抚院商人"。可见，各大势力集团，也都要在商贸上分一杯羹。而商人们，则各有各的背景，包括失势的王商，也找到了北京方面的靠山。除这四大商人外，其他私家商人都不敢擅自与外商交易。利益上的划分，当是一目了然的，当时，还有粮道一方，也想染指其间。正是在这种争夺中，可与后来著名行商相提并论的行商洪顺官浮出了水面，当然，他的沉浮，亦可视为十三行商们的"前奏曲"，颇有启迪作用。

这里，先说明一下"官"这个字眼。在外文资料中，它被写作 qua/quan/quin……等等，梁嘉彬在《广州十三行考》说，"缘明、清两代称人以郎、官、秀为等第。十三行商人在外人记录中亦咸称某'官'（quan/qua/quin）或某'秀'（Shaw，例如 Cunshaw、Kewshan 等），乾隆以前行商尚多如此称呼，及后则概以'官'（qua）称之矣"。不过，他未曾得知，郑芝龙也被称之为"尼古拉·一官"，当沿袭明代，早已称呼开了。十三行最早出名的，也就是一位"官"，从外文转来，当为洪顺官。莫尔斯在《东印度公司与中国贸易编年史》中，便有对这位洪顺官的记录：

> 康熙三十八的年与英船贸易之中国商人名 Hunshunquin 者，不止为中国当时最有魄力之商人，且以前曾膺 The King of Canton's Merchant（"王商"）之任。其后，王之势力虽渐凌替，而 Hunshunquin 犹有北京之势力为后盾，凡荷兰来华贸易，类彼一人主之。彼能制胜与其竞争之一切商人，左右广东之高级官吏。其惊人之商业组织，其明敏，其信用之卓绝，咸使外人啧啧称美，认彼为可与异日公行行商并驾齐驱之惟一人物。

康熙三十三年（1694），有一艘 400 吨的英船，从印度摩尔人船中而来，可驶入规定范围之后，却因海关税过于苛刻，另外，还要被强征船的丈量费、进贡礼物……弄得苦不堪言，结果，没做成多少生意，几乎是无功而去。直到 5 年后，即康熙三十八年（1699）英船"麦士里菲尔德"号驶来，由于有洪顺官从中协调，才终于打开了中英贸易的路子。可洪顺官却在这次贸易中，弄得灰头土脸，赔了夫人又折兵。

这位洪顺官，应是清代十三行中被写进历史的第一位行商，虽说当时尚还没有行商之名，而他正式的"职名"则为"王商"，即平南王尚可喜在位时所倚重的商人。

洪姓在广东不那么简单，这之后的洪秀全则不用说了。在前，宋代，则有一位洪适，绍兴十二年（1142）与弟遵同举博学宏词科，累官至同中书门下平章事，兼枢密使，罢为观文殿大学士。他在广东的名山大川留下不少题壁，如英德南山等；留有《盘洲集》。如果不是巧合的话，他专门有《海山楼》一诗，写的正是宋代的"准海关"情景，诗中有"楼胶箫鼓声相和，戢戢归樯排几柁。须信官廉蚌蛤回，望中山积皆奇货"。另一首《沉香浦》更有"炎区万国侈奇香，困载归来有巨航"。不知后来这位洪顺官是否他的后人，但对海贸的执著，恐二洪同出一辙。

倒是清史上无此人资料。二十四史中，很少给商贾留下什么篇幅。哪怕近代的地方志，要发掘商人的史料，几乎找不到多少痕迹。士农工商，商乃末流，有谁在意记上几笔？反而在外国人的日志中，我们还可以寻到片鳞只爪，譬如关于这位洪顺官。

英国商船"麦士里菲尔德"号的大班道格拉斯，是这么称道洪顺官的："其他商人都很尊重他，而他不仅有力量反击其他官吏作后台的商人诡计，甚至高级官吏的诡计他也敢反对，在当时与英国贸易的所有中国人中，只有洪顺官一人可以和后来的行商相比，很多外国观察者对于他兼有惊人的商才和信誉表示赞美。"

本来，康熙削藩，于 1580 年收拾了尚可喜并"赐死"，作为尚可喜当年倚仗的王商应该是失势的，然而，在尚可喜当政年间，其父子一手组织的王商——即广东王府商人，由于朝廷禁海，一般商人不得出航，垄断了外贸，他们可谓得天独厚，利用贡舶贸易，大行走私之道——平心而论，在禁海之际，走私则是不得已而为之，不可一律否定。这样一来，他们积蓄财富的速度也就急剧加大，与外商打交道的本领也同样"看涨"。如前引史录，称某位王商"打造船舡，私通外洋，一次可得四五万两。一年之中，千舡往回，可得利银四五十万两，其获得甚大也"。所以，这位洪顺官，在尚可喜被赐死后，当善于权变，也是不得已而为之。他找到京城里的权贵，在政局变化中仍站稳了脚跟，没被抄没。这样一来，他既有巨额的财富，又有丰富的外贸经验，连总督商人、将军商人、抚院商人，有时也还是不得不让他几分，毕竟人家"手眼通天"，就算较量几番，还是得退让下来。这洪顺官是什么模样，恐怕无法考究，然而，他斡旋于几类商人当中，又在官府与外商中拥有较高的信誉，显然绝非平庸之辈。财富是一回事，信用又是一回事，在以农耕文化为主调的华夏大地，商人被视为巧取豪夺、重利轻义的一个最为等而下之的阶层，无法与信义挂上钩。但洪顺官"惊人的商才与信用"，分明是受西方文化重契约、重然诺的影响，是正在蜕变中的一类新人——这么说，并非溢美之词。

　　"麦士里菲尔德"号先期到达广州的外港，也就是澳门，大班道格拉斯立即便去拜会了洪顺官。洪顺官是专程从广州赶来的，他消息灵通得很，两人洽谈了有关业务，洪顺官让道格拉斯晓知当时广州贸易的有关规则。而这时，还有另一位商人施美亚，他是依附于总督的，被视为总督商人，总督自是地方上一言九鼎的人物，道格拉斯当然也不敢怠慢，也专程作了拜访。反正，做生意，免不了要多谈几家，再作出选择。过了近20天，即9月14日，海关官员丈量完船货之后，终于允许道格拉斯驶船进入广州了。与道格拉斯接洽的中国官员已满口承诺，为英国商人贸易减低关税，并且尽力提供诸多方便，道格拉斯自是踌躇满志。

　　只是，到了广州，情况就复杂起来了。在澳门，只来了王商与总督商人各一位，在这里，各类商人则闻讯而来。当然，小小的私商是不敢来的，他们也无法挨上边，连分一杯羹都莫想。来的都是有背景、有权势的，诸如将军商人、抚院商人。在外贸场上，也是各领风骚三五年，此起彼消，此涨彼落。

道格拉斯先是以喜，毕竟，洽谈的商人多了，讨价还价的余地也就大了，商人嘛，利润是重中之重，一船的布匹，换回更高价值的丝绸、陶瓷，回去就大发了。可是，往后谈，却发现，愈有权势的，却愈是漫天要价。在中国，价格竟是权势相挂钩，你不买有权势的高价，只怕会付出更高的代价。但这位大班只按他在国际贸易中的规则办事，首选的便是可靠、适中与公平。最后，还是觉得，最早洽谈的洪顺官，价格算是比较公道的。于是，洪顺官与道格拉斯的贸易合同终于正式签订了。然而，两人没想到，彼此的厄运也便就从签订之时开始了。

一听说合同签下了，将军商人与其他有背景的商人于心不甘，陆续来到洪顺官处，先是说上几句好话，诸如利益均沾，你一人不可以独专占尽了好处，让大家都有一份，皆大欢喜，也就相安无事了。可洪顺官偏听不出弦外之音，这合同是我一家签下的，当然由一家执行，岂容他人置喙，有本事，你们去把合同拿下来！"你不要敬酒不吃吃罚酒。"来人一个个悻悻而去。

10 月 27 日，一群如狼似虎的衙吏，冲进了洪顺官的商行，镣铐声银铛直响，不由分说，便将洪顺官带到了当时的两广总督府所在地肇庆，去面见总督大人。总督大人自是怒斥洪顺官这号"过气王商"，居然仍敢霸占外贸生意，你比得上当年王商沈上达么？尚元（可）喜被赐死，他近百万两银家产不全被抄没了？沈上达的船队有多大，自己还开到南洋做生意，赚得昏了头……你小心点！一声令下，洪顺官被押下了大狱。没办法，洪顺官只好让家人打点各处，"有钱能使鬼推磨"，总督大人终于称"不管了"，洪顺官总算被放出来，回到广州。

合同是废不了的，洪顺官也就如约去"麦士里菲尔德号"上去验货。这一验，却发现，随船运来的布匹，有的已被损坏了，有的质量差劣，并不如合同上所称的，有的尺码不足，有的色泽不好……洪顺官当即提出：合同必须修改。道格拉斯无话可说，同意对有问题的布匹做折价处理。

双方重新达成协议：原定由洪顺官缴交的税款，先由道格拉斯代为缴付，由洪顺官担保偿还。

交易似乎可以顺利进行了，虽然各类有背景的商人仍通过不同的渠道施加压力，要求参与这一桩大买卖之中，好都赚上一笔，但洪顺官只是虚与委蛇。可他万万没想到，交易未完成时，12月16日，从马尼拉开来的一条商船，载满了西班牙银元——当时，清朝政府只认银元为交易用货币，而这些银元，则是用来投资生丝、熟丝的。这一来，丝的价格立即就涨上去了。也就是说，原来道格拉斯所签下购丝的价格，相比之下则低了，洪顺官自然要亏。

祸不单行。紧接着，又有一艘从厦门转来的船，运来了大批的英国布匹，这批布匹，比广州的价格竟低了三成。这样一来，洪顺官原定购下的布匹，所付的价又高了多了……付出的高了，收入的低了，洪顺官两下里都是一个"赔"，这样一来，他只有破产这条路可走了。这时，洪顺官思考再三，为了避免最终破产的后果，他终于答应，与将军商人、总督商人、抚院商人合作，几家一同与"麦士里菲尔德"号开展交易。洪顺官提出，务必向道格拉斯索回2万两白银，将货先退回。道格拉斯考虑后，答应了下来。可将军商人、总督商人、抚院商人经一番琢磨，却又不干了，硬是强迫道格拉斯修改合同，把价格降下来。

这一折腾，便已过年了。直到第二年的三月，总督，再加上巡抚，均参与审理这一贸易案，经过两个多月的审理，终于作出决定，花6500两纹银，将道格拉斯的半数绒布买下。道格拉斯也同意了，双方签了字。然而，洪顺官，加上将军商人、总督商人、抚院商人一道，总共才拿出了5000两纹银。道格拉斯坚决不干：做贸易，讲的是信用，6500就是6500，分文不能少。

欠外国人的钱，对天朝上国实在是太没面子的事情了。于是，海关监督下令，将道格拉斯的通事，还有洪顺官二人，投进监狱——看上去是各打五十大板，只是不敢惹道格拉斯，把罪过加在通事头上，谁知道你是怎么翻译的？而洪顺官则叫苦不迭，本当分摊到其他几位商人头上的纹银，怎么叫我一个人来承担……

可海关监督是不敢去惹将军商人、总督商人、抚院商人的，况且这些人一开口，就把自己撇清楚了：从头到尾，都是洪顺官揽的事，与我们何干？

这洪顺官虽为"王商"，可"王"已不在，怎么也硬不起来了，唯有任人宰割了。他也深知，与外商打交道，不可不讲信用，所欠的1500两纹银，赖是赖不了的。其他几位商人可赖，可他却是赖不了。更何况又再度被投进了大狱。没办法，只好让家人找找生意场上可以帮得上忙的朋友，变卖加借贷，七拼八凑，好不容易，总算凑够了1500两。这边，道格拉斯收足了银子，也就于7月18日离开了广州，上别的商港去了。道格拉斯走了，当官的面子有了，这才把洪顺官从牢里放了出来。

尽管同"麦士里菲尔德"号做成了一笔生意，可洪顺官却把家底都掏空了。"王商"的历史也从此不再了。而洪顺官在后来的通商历史记载中，也已经找不到了。他的归宿如何，无人过问。然而，他以他的家底赔空，以他的一败涂地，为十三行贸易的复兴，写下了不可磨灭的一笔。

可以说，十三行的兴盛，当从此开始。梁嘉彬在《广东十三行考》中公正地指出："自英船Macelefield（即"麦士里菲尔德"号）至粤，广东海洋贸易日盛，而牙行商人之权势亦随之日长。"毕竟，康熙二十三、二十四年宣布开海贸易，每年来的外舶，也就几条，直到洪顺官与英船做成这一生意的康熙三十八年，外舶才增至十几、几十条，成倍上扬。

也就是"麦士里菲尔德"号离开广州的同一年，法国第一艘商船"安诽得里底"号初航亦来到了广州。这意味着，随着葡萄牙人海上称雄时代成为过去，西方列强中最有实力的英、法二国均在同一年间在十三行正式开始了贸易。为了欢迎法国商船，以及随商船而来的路易十四的使者洛克，粤海关对法船应缴的关税给以豁免，以示优待，而且允许法国人在广州设立夷（商）馆。其实，早在1666年，即约40多年前，法国就曾组织东印度公司开展对华贸易，可惜的是，所派出的商船在中途遇到暴风雨沉没了。

总而言之，康熙三十八年，即 1699 年，17 世纪的最后一年，是清代十三行贸易一个重大的转折点，广东海上贸易由此兴盛，而十三行商人亦由此形成与壮大。这自然与海上贸易主角的更换、清朝政府管理上的灵活相关。

　　后者在莫里斯的书上可以看出来，书中称，通商之初，某商人包揽法舶，某商人包揽荷兰商舶，某商人为总督、巡抚或粮道所任命，各有其背景，各有其熟客。开始，来者无多，所以行口亦少，到康熙末年，一年有 20 余艘，行口也增到 20 家左右，后来，一家不可专揽某一船全部货物，当平均分配，有一舶对数行，亦有一行对数舶，不再一律了。

　　这里边，也有与英船"麦士里菲尔德号"交易中，洪顺官虽备受折磨，但自始至终很讲诚信，与其他有背景的真正官商周旋，最后一人独出 1500 两纹银的过程相关。从道格拉斯的评价中可以看到，他是很看重这位过气"王商"在当中发挥的积极作用的，也许，这正符合他们的商业原则，所以将洪顺官与后来的行商相媲美，是一位有独立人格、独立意志的真正的商人。

　　不久，又发生了"皇商"事件，更让人领会道格拉斯称赞洪顺官的因由。那是康熙四十三年，即 1704 年，也就是"麦士里菲尔德号"离开广州仅 5 年之后发生的事件。

　　由于英船在这 5 年间从对华贸易中尝到了不少甜头，因此，英国东印度公司"斯特雷特姆号"一共有四艘货船到了南中国海面，泊至广州之外港澳门，准备到广州交易。可澳门的当地官商李安官告诉英船上的大班，说两年前，广州、厦门两个口岸都出现了一大"怪物"，这怪物号称"皇商"，垄断了所有欧洲对华的全部贸易。

　　李安官晓知这位"皇商"的底细。原来，此人原为盐商，在中国，自古以来，盐均为专卖，禁止私营，所以，盐商不仅是专商，而且是官商。盐官，由于有垄断利益，他们都富得流油，穷奢极欲，挥霍无度，欺行霸市，横行无忌。这一来，什么坏事都干。来广州的这位盐商，曾是因为欺瞒朝廷，中饱盐税，被赶出过广东。可这家伙能够上下行贿，买通了权贵要人，拿出了四万二千两银子拉拢皇太子，从而取得了对欧洲人贸易的包揽特权。其实，朝廷上并不知道这些，而他自己也没有任何存货，更没什么订购合同，还是用他做盐商的那一套，纯粹仗势欺人。由于自以为有皇太子作后台，有恃无恐，连海关监督都没放在眼里。这一来，由于他只交关税，不让海关进行额征赋，所以，海关监督也一肚子怨气，只是还一时找不到机会发泄。

英国商人习惯了自己的交易原则，自不愿与这位"皇商"打交道，于是，私下里秘密与5位广州商人李安官、亨秀、安官、喜官与平官签订了贸易协议。由于这5位商人深知海关监督与"皇商"的矛盾，所以早早疏通了监督，做好了准备。

"皇商"得知，当然不干了，他本已垄断了的权力，岂可他人染指，于是，一纸诉状，告到了总督那里。

这边，广州商人予以了反诉，称"皇商"本身资金不足，信用不好，根本没资格与外商交易。而英国商人则坚持他们的贸易原则，认为不可以让"皇商"一人专揽了贸易权，并且坚持不与这位"皇商"交易。

总督受理了这一案子。经总督派人调查，广州商人的反诉，有理有据，件件属实，而皇商则理屈词穷，虚作声势。这一查下来，皇商很是不妙。但总督也不敢太得罪这位有来头的人物。皇商感到再僵下去对自己不利，于是不得不作出让步。最后达成妥协。

总督允许广州商人付给"皇商"一定的补偿，从而进行正当的与英商的贸易。于是，在得到了5000两"补偿金"后，"皇商"放弃了他企图独霸的与"斯特雷特姆"号的贸易。

由于广州商人的努力，经过两年的反复角力，"皇商"寡不敌众，终于铩羽而去，不复出现在外贸的场所了。

这是一次不寻常的胜利。据英船大班洛克耶的航海日记所写："我所见的李安官是一位非常诚实的商人，安官、平官二位，也同样是中国商人实诚者。"这说明，诸如"皇商"之类，倚仗权势，多为不诚实之徒，在商业上难以打交道。

　　然而，在中国对外商贸易中，权力的干预、掺揉，乃至权钱交易，仍是屡见不鲜，这在一个皇权至上的专制主义国家是无法改变或根治得了的。尽管早期的行商，凭借自己的实力、智慧，争取到了贸易的机会，并且发展起来，可付出的代价却是非常沉重的，洪顺官便是一例。

　　而官场上的权力再分配，仍在不断进行，总督商人、巡抚商人、将军商人、粮道商人的势力与威焰，在粤海关此起彼落、迭为兴替，这有阮元《广东通志》卷一八〇"经政略"为证：

　　　康熙二十四年，开禁南洋，始设粤关监督。雍正二年，改归巡抚。七年，复设监督。八年八月，归总督。九月，归广州城守；并设副监督。十三年，专归副监督。乾隆七年，归督军粮道。八年，又放监督。是年四月，归将军。十年，归巡抚。十二年，归总督。嗣后专设监督，仍归督抚稽查。

　　如此走马灯式的更换，可见各方想争夺海关这块肥肉的欲望有多强。而以各方为靠山的总督商人、巡抚商人等，他们之间又会是怎样一番缠斗。官商也罢，半官商也罢，对商业发展的影响，其负面不可低估。

　　但不管怎样，十三行是旺起来了。僧人成鹫有诗：

　　　　　江上大郎连二郎，
　　　　　江干蕃舶并官航。
　　　　　远人不用夸奇货，
　　　　　馆伴明珠在锦囊。

写的当是康熙开海后的事。稍后，更有王时宪的《广州竹枝》：

　　　　　珠江南口出南洋，
　　　　　洋里常多白底艒

远在澳门装货到，

最繁华是十三行。

　　也不知洪顺官后来看到这片繁华景象没有？然而，他的出现，他的所作所为，他的最后命运，对于日后十三行的行商（后来统称洋商）们来说，不仅仅是一个警示，一个偈语，一个……诅咒——如果仅仅是这样，那么，何以还有那么多十三行商人"前仆后继"，破产、坐牢、流放，乃至自杀？显然，他们是商人，商人"无利不起早"，可他们又不仅仅是商人，压在他们肩上的历史，不知有多沉重……

　　十三行的悲剧，从洪顺官始就注定了。

4

顺德人出现在十三行

珠江三角洲，农民"洗脚上田"、官员"弃仕从商"是早有传统的。宋代桑园围的修建，早使南海、顺德的农业，特别是蚕桑业走上了商品化的道路。当然，整个南方，由于海上丝绸之路上千年的影响，人们的市场意识也早早发育了起来。

清初，有《嵩园诗集》的谭湘，便已出入在"市廛"之中，从事了工商业，主要还是陶瓷业。谭湘，顺德里海东头人，谭氏入粤的先祖。是他最早移居顺德里海。谭家，入粤四世祖谭朝贵，宋末便已迁到了顺德——其时尚分属南海、新会，直到明景泰三年，才立县。

由于元、清二朝，中原游牧民族入主中原，把原居中原、江南的汉人，压迫到了沿海一带，于是，在广东，在明代亦有了"中原诗风"的复兴，其中最引人注目的，有元末明初的"南国五子"，其为首的诗人孙蕡（1337—1393）亦为顺德人，被誉为"岭南明诗之首"《明史》称他"书元所不窥，诗人援笔立就，词采灿然"。孙蕡的学生秫坡，亦为大学者陈白沙所称道："吾邑以文行海后进，百余年来，秫坡一人而已。"可惜，孙蕡终难逃文学狱而夭。

其后约200年，又有"南国后五子"，为首的仍是顺德诗人欧大任（1516—1595），其咏史诗沉郁深厚，如《镇海楼》：

一望河山感慨中，苍苍平楚入长空。

石门北去通秦塞，淝水南来绕汉宫。

虚槛松声沉瞑壑，极天秋色送征鸿。

朔南尽是尧封地，愁听樵苏说霸功。

后五子中的黎民表，对明代在海上掠夺行商甚为义愤：

沉香浦前恶气起，玄甲朱裳附如蚁。

红旗五丈画蚩尤，海艚掠尽行商死。

……

而欧大任死后仅半个世纪，明亡清兴，南方又是一场浩劫。正可谓国家不幸诗家幸，谭家，也就在清初出了位诗人谭湘，在他的诗中，更有"南园风雅久凋零"一语，其时，当离明中后叶"南园后五子"不远……只是诗人，未必如状元风光，如他不留下《蒿园诗集》，只怕史志上也无名，更何况他从事商业呢？

顺德的文武状元，历史上有4位，其中文状元3位，占全省9位的三分之一。这里且别笑话，广东位于边陲，不如内地那么好报考，且大都是明清年间才榜上有名的。顺德4位文武状元，却有3位在甘竹滩左、右滩，也就是我的老家，可见顺德的文化底蕴并不薄。

谭家没有中状元的，进士却还是有的。族谱中，有"谭师孔，字所愿，明万历元年癸酉举人，二年甲戌乙榜进士，龙安府丞，十四年归善教谕"。仅寥寥几句。

自然，商贾是不得入谱的，故有科名录、名贤录，乃至烈女录——龙江古籍亦有"贞女桥"，却不会有商贾录，哪怕你富可敌国。却还有艺文录。谭氏入粤的先人为谭宏帙，所以，在广州越华路建有宏帙书舍，如今史志上尚可考，而谭湘，则迁入了顺德（龙江）里海东头。顺德在广东是很出名的，状元居全省首位，占三分之一。不过，艺文录中的记载，加上谭湘的诗文，可证当时是朝代更迭的动乱年间。一方隐含对前朝的怀念，一方则是对新朝的无奈；一方是"不堪回首问江东"，一方是"江山有命归真主"；一方是"南园风雅久凋零"，一方是"今古不殊文酒地"。南园五子，本是明代广东的著名诗人……

不妨先引几段时人的评述：

> 王日永云：澄秋（谭湘字澄秋）身隐市廛，性耽风雅，虽日与百工交处，而其品格岸然，所谓珠不埋于歧路，兰不异于当门也。

> 梁崇简云：澄秋诗豪壮清丽，滔滔如松风洒落千岩万壑。读之扑去面尘三半，虽天分过人，要必有傲然于名利，涉而不流，以自取快于胸中者，于其诗信之矣。

谭湘留下的诗不少，有《蒿园诗集》，但简介仅"甘竹东头人"5个字。"蒿园"者，当可品味出当年战乱的田园荒芜之意。不妨录下几首：

待 雁

独立重翘首。

天高风更哀。

叶从今日落。

书已昨宵裁。

南北几时到。

关山万里开。

苏卿倍惆怅。

头白未归来。

暮春雅集义修社事

南园风雅久凋零。

落落朋侪散晓星。

户闭十年春梦破。

莺传三月柳条青。

韶光似客看流水。

山色宜人列翠屏。

今古不殊文酒地。

坐花吟醉拟兰亭。

项　羽

彭城人去霸图空。

汗血徒劳百战功。

三尺定谁分楚汉。

八千怜尔负英雄。

关中夕照连秋草。

垓下悲歌起暮风。

豪气自知能盖世。

不堪回首问江东。

读项羽本纪

成败英雄定论难。

剑光灯影一边寒。

江山有命归真主。

文字何心罪史官。

计失自贻酬璧日。

夜行翻怪沐猴冠。

深怜逐鹿徒称霸。

垓下悲歌夕照残。

方正学先生

不屈当时事可嗟。

孝陵宫树暝归鸦,

千秋十族生泉壤。

一代孤忠死国家。

去影河山余木末,

劫灰今古冷尘沙。

成仁此日真无愧。

血溅荒台散雨花。

　　不忍再引录下去了。这些诗,与"南国后五子"的风格,多少有些接近。其时,离南园前后五子,当恍如隔世。从诗文中可知,谭家在广州期间,已于"市廛"中,"与百工交处"从事工商业了。

　　在明代隆庆元年,亦开始取消海禁,允许与东、西二洋通商了。到万历年初,又规定向商人发放出洋的"引票",且征收"引税"以合法化,这虽然与宋代通海不好比,但外国商船,则不仅仅只停在澳门,而且可以进入广州了。那么,在谭湘之前,谭家的瓷器业亦已相当兴旺。开禁之后,通海的更"十倍于昔"。据赵立人考证,其时身份相当于行商者,被称之为"揽头"。他在《明清之际的广州外贸经营者——十三行与揽头》中说:

　　从明代至清初海禁解除之前,十三行商人亦被称为"揽头"。揽头来往于广州澳门之间,不但直接与外商交易,而且跟随政府官员参与对外交涉,并对外商的行为负责。当外商有违法行为时,揽头即使没有过错,仍要负上连带责任而被治罪。可见这一时期揽头在中外贸易和中外交涉中的作用,与清代设立海关后的十三行商人完全相同。唯一的不同,是贸易口岸的改革。开放海禁前,揽头与外商的交易地点是澳门,开放海禁后,"揽头"之称不复见于文献,而十三行商人与外商的交易地点转移到了广州黄埔。

而出现在马士所著《东印度公司对华贸易编年史》第一卷中30多次的谭康官（Ton Hungqua），应是在是雍正、乾隆年间；而Young hungqua即年青的康官，则当是乾隆及其后的年代。而早期，的黎安官、秀官等，大都是从事瓷器与茶叶贸易。最早出现在编年史中则有这样一段：

大班与葵官（Quiqua）订约购茶叶1000担，另外又和谭官[Tonqua（秀官的合伙人）]订约500担茶叶及他们其余的全部投资。他们的全部投资如下：

	两
茶叶，武夷，1500担，每担23	34500
水银，152担，每担42	6384
银硃，150担，每担42	6300
白铜，2000担，每担6	12000
糖，1500担，每担2.80	4200
冰糖，1500担，每担5.80	8700
干姜，500担，每担2	1000
明矾，300担，每担1.40	420
生丝，60担，每担142	8520
丝织品，2850匹	17552
黄金，30个元宝，每个元宝重十两，价银100两银元。	300
	102576

这艘490吨的船，实载重舱货360吨及另有毛重100吨的茶叶约750箱。

这是1723年5月"沃波尔号"的记录。

5

广州口岸的盛衰

年轻时，走近夜色下的南海，每每会产生玄妙的幻觉。

正是"海上生明月"的时刻，从海平线上的月魄，到你脚下湿湿的沙滩，其间，竟会出现一条似乎由金箔铺出的闪光大道，自然，这是月光铺就的，是月影让微浪摇动、荡漾开来、化成这么一条金光大道。这时，你会觉得，水面是凝固了的，尤其是金色的大道是那么厚实、凝重，你就是一步一步走上去，也不会陷下去沉没掉。这是一个不沉的海，生命的海，更是一个通向金碧辉煌之未来的海。

是什么时候，噢，当是做学术研究之际，我曾经打过一个比喻，称南中国海将是 21 世纪的地中海。海洋文化、商业文明，最早是在地中海上兴起的，那里哺育了古埃及文明、两河文明，当然，还有古希腊、罗马文明。雅典、罗马、亚历山大港、佛罗伦萨……无一不是地中海的杰作。我之所以打这么个比喻，是希望 21 世纪，环南中国海的东南亚各国加上中国，是必会如当年环地中海国家那么兴盛发达，为人类文明捧出更绚丽的诗章。

可后来，我却发现这个比喻已不大恰当了。

阳江水域，"南海一号"沉船的发现，令我欣喜万分，又陷入了苦思。那是一条北宋年间的沉船，据估计，船中仅瓷器就有近十万件，当然还有别的珍品。从仅打捞上来的几百件来看，薄如蝉翼，透若青玉，美轮美奂，几乎难以用形容词比拟，即便今天的瓷器，也绝少有这号精品，柔和的光泽，玲珑剔透，真是"此物只应天上有"矣。所以，把阳江的海上丝绸之路博物馆，定名为"海上敦煌"，当是实至名归。

一条船，陶瓷器皿就如此之多，况且这还算不上大船，那么，自唐代的通海夷道形成之后，不再沿北部湾的海岸线驾船，而直接走南海辽阔的水面，该有怎样巨大的贸易量？自唐至宋，南海航线上的船只，只怕不会亚于当年的地中海……所以，我企盼21世纪南中国海能与地中海媲美，不仅没有夸奖了她，相反，却是"侮蔑"了她。南海上的这条"通海夷道"，不正是那条由金箔铺就的闪光大道么？它经有了上千年的历史，还会继续延伸下去。南中国海本就有过无与伦比的美丽的过去，那些精美绝伦的瓷具，更是古代灿烂文明的缩影！

不记得是几时看过的报道了，称有那么几位水手，常年在南中国海寻索沉船，打捞古玩，现在已经发得不清不楚了。整个南海就一个聚宝盆，几千年的沉船，当不可计数。大海与沉沙掩埋的，当是一部经济史、工艺史，而今天，我们又该怎么打捞出这样一部几近为人遗忘的历史呢？当然，我们打捞的不仅仅是文物，还有已失却的精神文明，非物质的文化遗产——这也包括十三行兴衰留下的历史遗训：迄今仍未有人好好总结过！尽管这一切都太扑朔迷离，甚至匪夷所思。

康熙五十五年，即1716年——这已经进入18世纪了，离"麦士里菲尔德号"第一次成功地在十三行实现中英贸易有近20年了。那是一个开端，但仅仅是开端，更重要的"节点"则出现在近20年后，这一年，英国商人根据东印度公司的指令，在广州十三行租用下了"夷馆"，正式开设了英国的商馆，使之作为对华活动的重要基地。

商馆机构，从一开始就已齐备，设有主席、司库、出口货物与入口货物的主管，而且由这4个职位组成了特别委员会。

这一英国广州商馆的成立，是中英贸易进入一个新阶段的标志。也就是说，从1716年开始，一直到第二次鸦片战争中火烧夷馆的1856年为止，其间约 140 年间，于广州十三行的中英贸易，始终占据了主要地位。这与英国在这些年间，成为海上霸主、殖民帝国是密切相关的。

英国商馆设立的其契机是，曾在 80 年前来过广州的英国商船"马尔巴勒号"、"苏珊珊号"、"长裕号"第二度重来了。而此度重来，与 80 年前的遭遇，则是截然不同了。

80 年前，正是葡萄牙海上霸权衰落，荷兰、英国取而代之之际。衰落中的葡国，为了与荷兰抗衡，其葡印总督主动授予英国东印度公司在葡萄牙远东殖民地贸易的权利。可英国商人并不服从这位"过气"的海上霸主的摆布，令新任的葡萄牙驻印度总督比洛大·西里瓦十分恼怒，于是，一纸令下，不许所有的葡萄牙远东殖民地与英商作贸易。

也就是 1636 年，英国舰队包括上述三艘商船，首次来到了澳门，而澳门的葡萄牙当局则奉命拒绝英船上的人员登陆，这样一来，财大气粗的英国商人则迫不及待地下令让船队直开广州，不再通过葡萄牙人了。而当时中国官方只认佛郎机（葡萄牙），于是便下令开炮拦截，英船立即开炮还击——因为一路上要提防海盗，所以商船上的炮火配置相当完备，三下两下，便把装备相当落后的中国炮台攻陷了。

紧接着，他们抓了一位中国渔民做俘虏，让他带队，领了 3 名谈判代表到了广州，与中国官员交涉，要求通商。这 3 名代表悄悄地行贿了广东总兵陈谦，请求陈谦庇护英国商人在广州十三行贸易，却没料到，这行贿的丑事很快便败露了，被明朝的官员一弹劾，陈谦锒铛下狱，三位行贿的谈判代表以及带去的货物均一并被扣留了下来。

迷信武力的新海上霸主，决定再度用炮火发话，迅速攻下了虎门市镇与虎门炮台，气焰甚为嚣张。

时任两广总督的张镜心不愿屈服于武力之下，调集部队，准备与英国人决一雌雄。这时，葡萄牙觉得，大打起来，对澳门不利，这才出面调解。

于是，中方放了三位谈判代表，并发还了全部货物，英方也撤出了占领地。但中方发出声明：英国人永远不得在中国海面上出现。

直到中国改朝换代，英国商船才试探地与沿海口岸接触。康熙皇帝于1685 年宣布开放 4 个口岸之际，英商才正式启动对华贸易，尽管 1699 年"麦士里菲尔德"号到过广州，但怯于当日的教训，英商大都只到厦门口岸贸易。广东关税高，加上当中又有葡人作梗，尽管"麦士里菲尔德"号有一次成功的经验，但其后十多年，英船也未再来广州了。但厦门于 1715年爆发了武装冲突，令英商再度把目光投向了广州。

起因是中国商人欠了英商的 2600 两货款不愿还，反而勾结当地官员一道设法赖账，要将英船"安尼"号赶出厦门港。英商自然不干了，他们把一艘要开往巴达维亚载货的中国帆船扣了下来当做人质，以此逼中方发还欠款。这边，中国水师受命，派船去夺回被扣下的中国货船，从而与"安尼"号发生炮战，打了个昏天黑地。

这一事件发生后，东印度公司下令，所有驶往中国的船只，全部转向广东口岸进行贸易。

于是，第二年，也就是 1716 年，三艘英国商船，在 80 年后重抵广州。这回，他们得到了新王朝所设的粤海关总督的热情欢迎。前朝事犯不了后朝计较，另一个口岸出了事，又正好有利于广东的进出口，何乐而不为呢？

于是，"苏珊娜"号的大班出面，正式与粤海关监督签订了 6 项协议：1. 英船大班可以与海关监督相见；2. 英馆前张贴自由交易布告，不得骚扰；3. 英船可以随意任免通事、买办及其他类似之仆役；4. 英大班进入海关时不得被阻；5. 英船可储存海军军需品，而不需任何课税；6. 海关不得延误船需要出口关单。

以上 6 条，对开放贸易，无疑是非常有利的。尽管当时在广州，十三行中的凌官与安官，实际上独揽了整个外贸，可"苏珊娜"号仍可以与另一苏官（Suqua，亦称 Cumshaw）签订了一个瓷器贸易的合同。

这 6 项协议传出去，外商奔走相告，广州口岸即时兴盛起来，这一年，便有 20 艘外船停泊在广州黄埔、澳门，内中还有 6 艘法国船，海关自是笑逐颜开。由于当时中国银两缺乏，英商甚至放债给行商。

不过，他们对凌官与安官垄断外贸是不满的，因为这不符合自由贸易的法则，一直期望这二官取消独揽外国贸易的做法。4年后，即1720年的八月，凌官突然去世，未等英国商人提出，这一垄断便似乎给打破了。似乎人亡则事废，往后的交易就好办多了。

中国商人也欣喜这一垄断的打破，但是他们的思路却没有英国人那么简单。的确，自康熙皇帝宣布开海贸易以来，广州的外贸经几起几落，总归在发展中，但是，由于不同背景下的各类官商争夺对外贸易，独揽专权，于是乎，招数使尽、尔虞我诈，争斗未已，反而让外国商人浑水摸鱼，从中得益，中国一方的利益反而遭到了严重的损害。炙手可热的凌官一死，广州十三行的商人便决定联合起来，建立公行组织，以改变这种状况。

据莫里斯日志所载，康熙五十九年十一月二十六日（1720年12月25日），由最著名的各位行商，在祖坛前杀鸡啜血，共同盟誓，举行隆重的仪典，缔结公行行规十三条：

（一）华夷商民，同属食毛践土，应一体仰戴皇仁，誓图报称。

（二）为使公私利益界划清楚起见，爰立行规，共相遵守。

（三）华夷商民一视同仁，倘夷商得买贱卖贵，则行商必致亏折，且恐发生鱼目混珠之弊，故各行商应与夷商聚一堂，共同议价，其有单独行为者应受处罚。

（四）他处或他省商人来省与夷商交易时，本行应与之协订货价，俾卖价公道；有自行订定货价或暗中购入货物者罚。

（五）货价既经协议妥帖之后，货物应力求道地，有以劣货欺瞒夷商者应受处罚。

（六）为防止私贩起见，凡落货夷船时均须填册；有故意规避或手续不清者应受罚。

（七）手工业品如扇、漆器、刺绣、图画之类，得由普通家任意经营贩卖之。

（八）瓷器有待特别鉴定者（指古瓷），任何人得自行贩卖，但卖者无论赢亏，均须以卖价百分之三十纳交本行。

（九）绿茶净量应从实呈报，违者处罚。

（十）自夷船卸货及缔订货合同时，均须先期交款，以后并须余款交清，违者处罚。

（十一）夷船欲专择某商交易时，该商得承受此船货物之一半，但其他一半归本行同仁摊分之；有独揽全船货物者处罚。

（十二）行商对于公行负责最重及担任经费最大者，许其在外洋贸易占一全股，次者占半股，其余则占一股之四分之一。

（十三）头等行，即占一全股者，凡五，二等者五，三等六；新入公行者，应纳银1000两作为公共开支经费，并列入三等行内。

从字面上可以看出，在这之前，由于价格失控，行商每每任定高下，彼此间相互排挤，争夺贸易权利，甚至货物以假乱真，外货出入口则不填册及不交现款，外来甚至外省商人到广东，竟以贵买贱卖来争揽生意；而当时行商已有十六家，分头二三共三等，缔约后，有了一个公平严密的组织，彼此间则不可蚌蚌相争，令渔翁得利，亦不会让行商欺行霸市令外人独受其害。这无疑是考虑周到的。

而从深层次上看，中国行商所依据的仍是集体原则，共进退，从而均价格，免竞争，一致对外，与传统的平均主义观相一致。固然一般强调诚信，抵制垄断，一视同仁，公开公平，但只是圈子内如此，对圈外则非一视同仁。果然，海关方面，即下令凡在公行之外的"闲散商人"都不得涉足外贸，凡有作瓷器贸易的须纳百分之二十货价给公行，茶叶更高至百分之四十——表面的公平带来更大的不公平。这显然是不合乎自由贸易之原则的。

于是，这一行规，立即受到了严重的挑战。几乎是胎死腹中。挑战者，却是20年前第一艘来到中国广州的英船"麦士里菲尔德"号。

在十三条行规刚制定出来没几个月，英国这条船便抵达了黄埔。这时，粤海关向英国商人发出了通知，不得与非公行的其他商人交易。与此同时，大班亦得知非公行内其他商人的情况：他们纷纷向大班诉苦。大班很清楚，这样一来，瓷器、茶叶的价格是必上扬，买方更深受其实。于是，当海关人员要上船丈量以确定税额时，大班立即予以阻止，声称，如果不停止公行这一制度的话，生意就不做了。

英船大班之所以敢这么做，是得到了消息，说皇帝的钦差大臣已经到了广州，而海关监督更打算请这位钦差大臣到船上一趟，挑一些欧洲才有的奇珍异宝呈送给皇帝。而大班一称停止贸易，他这如意算盘就打不成了，讨好皇帝的好事也就泡了汤。况且，牛皮已吹出去了，钦差大臣天天催问何时上船选贡品，这又如何应对是好？何况这么大一艘船跑掉了，更是白白丢了一大笔税收，划不来。

权衡利弊，海关监督只好于 7 月 30 日召集公行的头头脑脑开会，商讨变通的办法。最后，公行不得不作出决定，退一步，让其他商人（非公行商人）一同参加瓷器与茶叶生意，当然，得有条件限制。

"麦士里菲尔德"号终于达到了目的，推行其自由贸易的原则了。而公行制定的行规，也就成了一纸空文。甚至连公行，也都无形中停止了。

对于公行，英国东印度公司一直存有戒心，几年之后，即 1725 年 12 月 24 日，"汤姆森"号开往广州时，东印度公司还给大班写信，称："我们希望他们不再试图恢复（公行），假如他们已经恢复或一定这样做，而你们又正好在该地，你们则务必尽力以最有效的办法抵制之。"

"麦士里菲尔德"号 20 年前打开了中英贸易的局面，这次，又无形中摧毁了刚设立的公行制度，功耶，过耶，非三言两语可以评说。这毕竟不仅仅是商业原则的碰撞，更是两种制度与文化的碰撞，很难以功过是非来评说。

无疑，在当时的历史背景下，中英之间的贸易代表了东西方的沟通、交流，英国业已取代葡萄牙、西班牙、荷兰成为海洋贸易的霸主，这也是没法回避的历史现实，平心而论，当日中国的贸易制度，是相当滞后，甚至比宋明对外贸易还要落后，贡舶贸易与市舶贸易毕竟不是一回事。这样一来，我们更需要向人家多学一点东西，未可以天朝上国倨傲。正是这一背景下，十三行的聚散、起落、盛衰，始终处于一种未可自我把握的境地，同时受到内、外两方的挤压，它的生存，是一个奇迹，也同样是历史的"怪胎"，所以，不可以一定之规来度量、评估。

但不管怎样，英商主导了当时的东西贸易，当是历史中极为关键的一个"节点"。

短短几年，广州口岸的盛衰，便起落了几回。1716年，英国商馆设立，海关监督与"苏珊娜"号大班签约，令广州口岸盛极一时，当年到达的外船就有20艘。可1721年，"麦士里菲尔德"号挑战公行后，广州海关需索的"规礼"节节上升，每船，通事索费250两，买办150两，船只丈量费3250两（后减到2962两）税费则由最初的3%上升到4%，再增至6%，虽说税费相对国际的不算高，可索取的"规礼"却是个无底洞，令外商叫苦不迭，于是，来的船只锐减。到1723年，行商经济已大多陷入困窘的境地，能够支撑下来的，也就那么几家了。

巡抚兼海关监督乃至其家人的诛求无已，海关旗员的额外加派，各关另设的私簿征收，令商民苦不堪言……加上种种限制，再冒出一位布官，于雍正二年（1724）依仗抚院，纳上二万四千两于巡抚，包揽了全年的对西洋贸易，使英大班与其他商人均难以对付，于是，行商纷纷遣回厦门，在那里另组行馆，广州的贸易，也更一落千丈。莫里斯日志中记录了一段："（1723年）苏官、郭洛及另外几位商人从厦门到达此地（广州），我按例去迎候，他们告之，二人已在厦门建了一座大行馆，以便去那里居住，因为他们再也不能忍受此地官员的勒索，希望英国人也到那里，他们说，那里不仅商人，也包括所有官员都很希望这样，并保证我们会得到极好的待遇。"

雍正五年，即1727年的春天，三月，正好又开闽省海禁。这已是康熙年间开禁之后40多年了。纵然台湾平定，清廷仍对福建不放心，开放的口岸虽说有闽海关，但对全省约束甚严。福建总督高其倬上疏道：

> 福、兴、漳、泉、汀五府地狭人稠，自平定台湾以来，生齿日繁，山林斥卤，悉成村落，无田可耕，流为盗贼，势所不免。臣再三思维，惟广开其谋生之路，如开洋一途，前经严禁，但察富者为船

主、商人，贫者为头舵、水手，一船几及百人，其本身既不食地米粮，又得沾余利，归养家属。若虑盗米出洋，则外洋皆产米地；虑透消息，则今广东船许出外国，岂福建独虑泄漏？虑利贩船料，则中国船小，不足资彼之用，以臣愚见，开洋似于地方有益，请弛其禁。寻下廷议行。

此起彼消，广州的对外贸易，一时间，也就冷火秋烟，了无生气了。雍正为此，终于解除了约十年前康熙下的"南洋禁航令"：

兵部议覆。福建总督高其倬疏言、闽省福兴漳泉汀五府、地狭人稠。自平定台湾以来。生齿日增。本地所产、不敷食用。惟开洋一途。藉贸易之赢余。佐耕耘之不足。贫富均有裨益。从前暂议禁止。或虑盗米出洋。查外国皆产米之地。不藉资于中国。且洋盗多在沿海直洋。而商船皆在横洋。道路并不相同。又虑有逗漏消息之处。现今外国之船、许至中国。广东之船、许至外国。彼来此往。历年守法安静。又虑有私贩船料之事。外国船大。中国船小。所有板片桅柁。不足资彼处之用。应请复开洋禁。以惠商民。并令出洋之船。酌量带米回闽。实为便益。应如所请。令该督详立规条、严加防范。从之

第二年，经历几年的萧条，加上雍正一再的整顿，广州、宁波分别设立了洋商总。商总最早是由浙江总督奏请的，他在奏折中称：

各洋商贸易，不宜遽行禁绝，且从前止颁夷人倭照，我天朝并未有定到彼作何管束稽查之法。今拟会同江南督抚诸臣，于各商中择身家最殷实者数人，立为商总，凡由内地往贩之船，责令伊等保结，方许给以关牌县照，置货验放。各船人货，即着商总不时稽查，如有夹带违禁货物，及到彼通同作奸者，令商总首报，于出入口岸处所密拿，倘商总徇隐，一体连坐，庶几事有责成，可杜前弊。

也就是这一年的八月六日（农历），两广总督到肇庆后，外船的大班先行提出要求，要确认他们的各种权利。十八日，总督发出了告示，表示答应他们的请求，"但附带若干不情语句。而彼等所得任与各商贸易之自由尤加限制，由各行行商中选任一殷实可信之人作为总商，此因中国政府防贫小商家欺骗外人之故云"。外商日志如是说。

这一"商总"，是由各行商所举荐的，由粤海关监督正式批准，负责管理对外贸易、评订货价的殷实商人——没有相应的财力，是担当不了的。此外，商总还得负责对外的管理，对外商违反中国法律的人与事，须及时向官府通报。如果外商违禁、犯规，商总就要负连带责任。

这一商总制度，较之8年前的公行制度，各有侧重，其可行性要更大一些，也更实际一些，可以说，是广州十三行对外贸易制度的又一次趋求完善的努力。于是，行商们推举出了秀官、谭康官、廷官与启官，组成了十三行的商总。

有例可循，有规可循，无论是行商还是外商，也都避免了一些制度不健全状况下的困扰，于是，广州的外洋贸易，又一次重新走向繁盛了。而雍正皇帝早一年更严令广东将"缴官公费需索商人陋规银一万余两情由查出革除"，并将"规礼"额定为1950两——这比过去的3250两与2962两，是大大下降了。

不过，这"规礼"一降，地方收入便少了，地方官员也就不干了。于是，又出了新的名目，曰"缴送"。这是广州巡抚杨文乾所为。

这杨文乾可非等之辈。他是名臣杨宗仁之子，汉军正白族人。当年巡抚岳拜疏荐杨宗仁，称他：老成练达，有守有才，边俗番情，素所熟习。康熙五十七年十一月，杨宗仁出任广东巡抚，六十一年十一月，任湖广总督。他于雍正元年四月上疏，雍谕："览尔所奏，朕深嘉悦！在他人犹听其言而观其行，至于尔则信而不疑，斯乃全楚地方否报而泰之机也。"可见雍正对他的高度信任，他死后，旨"敬慎持躬，廉能供职，效力年久，懋著勤劳。自简任总督以来，沽己奉公，孤介端方，始终一节"。后人"准袭二次"。

有老父的荫庇，杨文乾有恃无恐，一上任就告上了总督，说牢里关人太多，又不结案，不如放人。于是，有如下与雍正的辩白：

> 杨文乾：上任既告，孔毓珣亏帑三万余。
>
> 雍驳：孔曾奏过，尔等封疆大吏，惟宜一心一德，以和为主，切毋听信属员离间之言，以致好恶参差。
>
> 杨又奏：查盗案定积。
>
> 雍驳：孔毓珣缉捕盗贼，甚为尽力。彼擒之，汝纵之，恐汝难当此论。纵虎归山，岂为仁政，非积阴功，乃大坏德，行事也，若不加急斟酌，万万不可。

无端生事，连皇上都不以为然。

他见广州口岸商船云集，十三行贸易日益繁盛，谁都有赚，可地方收入却不见明显增加，于心不甘。于是，为了增加地方收入，他作出决定，要按贸易总额，再增加10％的附加税，这一税项名曰"缴送"。

这一决定一告知外商，立即产生强烈的反应。外商们联合起来奋起抗争，并且声言：如要纳"缴送"，他们立即便停止贸易。杨文乾面对这一威胁，利用商总制度，转嫁到了十三行行商头上。几经调停，外商暂时先不交纳"缴送"，而由商总垫付。虽然平息了事态，但大家心知肚明，长此以往，无论是商总，还是外商，都会落个竭泽而渔，均没有好果子吃。

于是，就在商总设立的同一年，英国商船"哈里森号"索性明确表示，拒绝交纳"缴送"税银，同时，也不交纳"规礼"银两，认为这有失国际贸易的公平。这下子，事情闹大了。杨文乾立即召集十三行商总，声色俱厉，限令三天之内，务必交清此项税银，否则，就要将全体商总革职查办。他这么做，是有理有据的，商总本身就得承担外商的连带责任，谁叫你没管理好外商呢。

事态进一步扩大，很快，便传到了朝廷上。雍正皇帝是以惩治贪赃腐化出名的暴君，当然认为"缴送"的增加不对头，广东巡抚此举十分可疑，于是，立即派出钦差大臣调查。圣谕旋即便至。

　　雍正谕：从来操守一事，实难得其人。在杨文乾自以为不关国计民生，设法巧取，名实兼收。不知人之耳目，如何能欺，所谓弄巧成拙。若不改悔，立见名实俱败耳。

　　寻谕杨曰：洋行一事，确凿可据，汝意以为巧取暗夺，名实兼收，殊不知人之耳目难瞒。但一图利，谁肯甘服汝？既巧获利而居清官之名，属员亦必令有巧利方可禁其婪取，否则虽令不从，此干系属员生效尤之心。至于百姓，汝曾奏联："粤人惟利是视，身命皆视为次。"汝一徇利，则百姓孰肯服汝而从耶？为督抚大吏者，既失属员百姓之心，而欲令地方就理，岂可得乎？汝若不深自愧悔，痛改前非，必至噬脐不及矣。

　　其实，自唐宋以降，能把持海关大权的总督也罢，巡抚也罢、将军也罢，十年有九年没有不贪的，更何况明清二朝，腐败更是登峰造极，不是有没有贪的问题，只是有没有查得出，"广州刺史但得城门一过，便得三千万"，已成沉疴。所以，这杨文乾毕竟心虚，终日价提心吊胆，没几天，便连惊带吓，"畏风心烦"，双腿一蹬，见阎王爷去了。

　　这也可以算是商总、外商与官方的一次抗争，而且正是雍正决心肃贪提供了机会。不过，这类事件，日后也还是少不了，如何巧立名目、瞒天过海，官员们自有变化无穷的招数，不是商人们所能对付得了的。

　　而十三行行商，所谓身兼二任，一被称之为"官商"，须官府批准，才担当得了，自然少不了官的背景；一被称为"洋商"，因为须同洋人打交道，而且全权经营洋货的贸易，而且还得为外商作担保。这两重身份，似乎两头兼利，却又两头受挤……在海上丝绸之路发展的2000年间，哺育了这么一批商业贸易上的弄潮儿，他们是历史的必然产物，但在中国这么个东方大国中，他们的生存状况却又因历史而异，他们艰难的拼搏，足以引发后人绵长的思考。

对于"士农工商"排行末位的商而言，从事这一"末业"，在中国是需要极大的勇气的，即便在盛唐，"忧贫不忧道"，也被大诗人白居易视为异端，可见那时的价值取向，否则，他不会用这样的诗句告诫到广州赴任的朋友。而到了明清，把一个海洋大国萎缩为农耕内陆弱国之际，商人的地位就更微不足道了。唐宋年间，充当国际贸易的商贾们，几乎都名不见经传，后来，到了明清，他们就更难以被关注了。无论他们曾在国际商贸舞台上大显身手，独领风骚，怎么有魄力、有智慧、有建树，一手支撑起了偌大一个"天子南库"，可皇帝获利再巨大，也难得有一句好话。而老百姓呢，在传统观念中，这些人更是"无利不起早"，大都只有鄙视而已。

因此，寻常百姓只会认为他们是"官商"，是朝廷特许的拥有特权的垄断者，所谓"王商"也罢，"总督商人"也罢，"巡抚商人"也罢，统统是特权的标记，所以，他们是必在权钱交易中，在开拓商源中，抓住机会，赚得盆满钵满，获得高额利润。然而，老百姓却难以体察出，他们也同样身受内外双重压力，只是夹缝中求生存，受尽摧残，所以，十三行行商的成员，总是走马灯似地更换，富不过三代，甚至大多熬不过一代。

而在官府看来，他们则是被玩弄在股掌之上的民营商人，根本没瞧得上，所以，经商被严格限制，而且要交纳巨大的苛捐杂税。从本章的若干制度条款中，我们不难看出，这些被视低贱的民商，理所当然要承担上所有经贸活动、涉外事务的全部风险，而且还得赔补其他"连坐"的洋商破产给官方及外商带来的损失……如此尴尬的一个历史群体，我们当怎么认识他们，迄今，只怕也难以定论。

从康熙皇帝宣布开海，到商总制度确立，则有40多年了，由于不少史料的缺失或语焉不详，我们只能记录下清代十三行初期骤来骤去的风与雨，但凭此，也已看得出其间的不易了。英国商馆的设立，当是一大进展。而这一年，商总出现之际，作为第二大贸易伙伴，法国商馆也在广州设立了，这在对外贸易上无疑也是一大进展。紧接着，瑞典人也来了……但伴随的艰辛，却不会因此而消遁。

6 大航海时代的行商们

　　如果我们把历史作为一个整体，尤其是将海上贸易史看做是连贯性的，而不是因朝代更迭而发生间断的话，那么，无论秦汉，还是唐宋，中国的海商们，都已经是国际性的大商人了，因为，商贸史未必与政治史同步，商业利益每每是跨越朝代、跨越国界与海洋的。因此，明末郑芝龙的"金厦基地"，早已是一个国际性的海贸枢纽了。美国杜克大学历史系穆素洁的主张与我们这一认识是基本一致的，其在 2001 年来广东讲演时便称，自 1750—1850 年是全球商业扩张的时代，须站在全球的角度上，以联系的思路来研究中国的海贸史——而这个时期，主要便是十三行的运作。

　　因此，十三行行商，很早便投身于世界这一大航海时代，即全球商业扩张时代，他们不仅在东南亚，而且在印度洋、在欧洲，早就谙熟了国际商贸的规律，对其发展历程了如指掌，一如穆素洁提出的：

　　在东南亚的中国帆船贸易以前聚集于巴达维亚（Batavia），自十八世纪四十年代在对华人的大屠杀后开始转移。荷兰东印度公司开始从荷兰直接派遣船只到广州，有利可图的茶叶贸易所在地自巴达维亚转移到广州。这就使巴达维亚成为一个对招引中国商人意义不大的港口。中国商人转向马来半岛的港口，如雷里（Riau，今新加坡以南的廖内群岛）、

布吉（Bugi）。尔后是英国私人商人以拥有日益活跃的鸦片、西班牙银元和纺织品，来换取中国茶叶、丝和糖的贸易。1754—1766 年将近十年或十二年作为具有特色的政治和贸易相关的标志，在许多场合是显而易见的。……首先是太平洋区域。1757 年，广州的对外贸易额比其在世纪初增长了五倍。也正是 1757 年，乾隆皇帝下敕谕规定大多数的欧洲和美国商人限制在广州贸易，虽然如同我在其他地方所指出的，它并非不利于中国商人的利益，因为这一敕谕没有影响来自东南亚的贸易。

这正是雍正至乾隆年间。而这些年间，潘家是后边才入行的，其间的四大行商（自康熙始）则有黎安官、谭康官等。黎安官非常明白地告诉英国的东印度公司，在外洋的商船是"属于他的商行"的，而谭康官，则主要是与法国的东印度公司打交道，所以，1767 年法国的东印度公司终结后，谭康官的后人谭赤官于 1770 年过世，在马士所著的编年史上就基本不见谭官的记载了，这也说明梁嘉彬的著作中为何缺了这一块。但是，从谭康官与官府及大班们打交道的记载中，我们亦不难发现，他分明非常熟悉国际海贸上的规则，甚至不惜"犯上"，早早抗拒 10% 的缴送及 1950 两的"礼银"，以至两度入狱。最终，在乾隆皇帝登基之际，那些不合理的"送"与"礼"终于被废除了。同时，他也能按照西方的法律，敢于站出来，揭露外商贸易上的舞弊，并最终得到外国监管部门的肯定与奖励。

因此，我们有充足的理由认为，无论黎安官也好，谭康官也好，他们在海外拥有巨大的商业资本，而这未必是清廷能掌控到的。而他们，当是世界大航海时代独领风骚的中国行商！

梁嘉彬的《广东十三行考》，对相当多的行商进行了一一考证，但在行文中，始终有某种遗憾隐含在内。十三行在广州，广东籍的行商应该要多一些，其理由是显而易见的，一是珠三角一带自古为海洋商业文明濡染，比国内任何地方要大得多，最早涉足海洋贸易的，广东商人必占多数；其次，包括外商也认为，在广州做生意，比中国任何地方都好做，广东商人好打交道，讲诚信，官方色彩要淡得多；再次，我们从马士的《东印度公司对华贸易编年史》中亦不难看到，早年，他们在舟山、厦门等地交易，每每受挫，遭到盘剥，最后仍回到广州。末了，自然还有乾隆年间，只余广州"一口通商"，这与清廷决定有关。所以，他在序篇中专门写道：

> Cordier 谓在洋行十三行中，有十二人原籍福建，只易元昌（孚泰行）一人为广东土著；又以行商概名某官（Quan，Qua），为因福建以"官"作普通称呼云云：均属武断。十三行行商原籍多为福建，诚属事实。然据余所知，在彼所举之十三人中，有三人本为广东籍，一人则原为安徽籍：广东籍者，即天宝行商梁经国（经官，Kingqua ir Kinqua，番禺县黄埔乡人），广利行卢文蔚（茂官，Mowqua，新会县人），易元昌（昆官，Kwangqua，鹤山县人）；安徽籍则东生行商人刘家听（章官，Chunqua）也。

这一段文字，清晰地表明了他的想法。其实，有关文献记载，十三行之初，5 家粤商，5 家闽商，3 家徽商，也就是说，粤商的比重不少于闽商。而且在当地，出行入行者众，其中，粤商当更会多一点，因为他们的自主能力强，与地方上的关系更多，要进入行商或退出行商，自然比闽商、徽商要方便一些。至于闽商为什么在十三行中占有同样的比重，是因为明末郑芝龙（被称为郑一官）、郑成功（郑二官）所建立的海上贸易基地，谓"金（门）厦（门）海上帝国"，一度商贸非常发达。郑氏败后，不少人回到粤闽二省隐居起来，一俟有机会，他们的商业才干又充分地显示了出来。还有徽商，胡文中先生论证我国铁路之父詹天佑的先祖，当年正是由于广州的商业环境比徽州好，才举家南迁到了广东南海落籍，日后，才有了这位最早赴美留学的幼童……

梁嘉彬的书，写于 80 年前，当时的信息量与今日相比，要差得多，虽然我们近年编译国外十三行的资料仍相对滞后，发掘当地原十三行行商的历史也做得很不够，但是新的材料仍不少，包括马士的五卷《编年史》，也于约 30 年前译成中文由中山大学出版社出版，诸多研究成果亦已出现，因此，他的某些遗憾，多少也就得到弥补——尤其是广东籍十三行商人的发现，更应是如此。

本文试图从十三行早期的顺德籍行商入手，填补这一空白。

其实，在梁著前边部分，多次出现的 Tonqua，即谭官或谭康官，便是顺德龙江籍人。当年，岑桑编的《顺德风采》一书中关于龙江一节就提到，龙江人早年在十三行，在上海、香港，都有自己的商号、票号。而梁著中强调的早年即雍正元年行商的四大家，即 Snqua、Cowlo、Quiqua、Tonqua，谭官的位置已显而易见了。梁著中提到的第一家"资元行"，是黎光华，在前，作为保商的，则是黎光华的父亲。他是这么写的：

康熙五十九年（1720 年），公行行商有十六家，分头、二、三三等，其新加入者须纳银一千两作为公行经费，并列入第三等行。六十年（1721 年），公行业已解散，行商有 Cumshaw 及 Cudgin 二家。Cumshaw 亦称 The Young Master Kin，当系粤语"金秀"这译。盖粤语音"金"为 cum，"秀"为 shaw；而北语之"少爷"（Young Master）在粤则称为"秀"（俗讹为少），如王秀、大秀、二秀之类。行商或称"官"（Qua）如 Hunshunqua、Linqua；或称"秀"（Shaw）如 Hemshaw、Empshaw、Cumshaw 等是。其后金秀改称 Seuqua（亦作 Suqua），其地位渐形重要。至 Cudgin 之中文行名为何，尚待考。雍正元年（1723 年），有 Suqua、Cuiqua、Tonqua（Seuqua 之合伙人）四家。Suqua 与 Cowlo 因不堪粤关压迫，一度另在厦门组行，后复回广东贸易。二年（1724 年），有 Younqua 者，为居停法商之行商，Bouqua 为抚院商人（The Phuen's Merchanr），五年（1727 年），有 Suqua、Ton Hunqua、Madarin Ququa、Tinqua、Pinkey、Sinqua。六年，有 Suqua、Ton Hunqua、、Tinqua、Coiqua（Khoiqua、Khiqua）、Cudgin，七年有 Chinqua 者，与 Ton Hunquad 在商业上同为 Seuqua 之大敌。十年，有 Young Hunqua（按 young 为"少"之译）、Mandarin Quiqua、Leonqua、Beau Khiqua（按即资元行黎光华 Coiqua，Beau 当为粤音"保"之译，可见 Coiqua 是时为

保商。保商之制自此已萌。嗣后行商为保商者，在英文名目前概有 Beau 一字，以资识别）Tinqua、Pinkey、Chinqua。十二年（1734 年）有名 Tunqua 者，据称为当地豪富云。乾隆初年（1736 年），洋行有二十家：Honqua、Tuchsia、Young Khiqua、Texia & Simon、Amoy Joss、Old Quiqua、Leunqua、Felix、Teunqua & Gowqua、Quiqua、Tinqua、Sinqua、Tuqua、Manuel、Rowqua、Robin、Tequa、Suqua、Pinkey、Ton Tienqua。Suqua 是时已对海关税项发生困难，然仍不失为重要行商。自此至二十二年（1757 年），行数有增无已。《国朝柔远记》所载为二十六家；《粤海关志》所载为二十家，另有八家海南行；《史料旬刊》所载乾隆二十四年新柱奏折内亦称"共有二十余家"。

其中，谭官（康官、天官），出现了有 6 次，即 6 个年度。而谭康官早年为 Suqua 的合伙人，后来又在商业上成了其劲敌，这在马士的《编年史》中可以看得很清楚。黎光华的败灭，梁著中有专节：

据故宫博物院编《史料旬刊》第四期，第一一九页，《乾隆二十四年通商案》，新柱折云："……又据英大班洪任辉（Flint）呈称，'资元行故商黎光华拖欠公班衙货本银五万余两，伊子黎兆魁藉父身故，兜吞捐偿。……'查资元行黎光华在粤开张年久，夷商信服，向与英吉利各商交易往来，彼此交好，货帐未清，拖欠亦非一日，光华生前并不控迫。缘上年佛兰西夷商比任云有胡椒等货寄贮黎光华行内……于黎光华故后，（被人）发卖，明系该故商子弟私行盗卖，非欠项可比，是以批准追给。迨本年三月内英吉利商人六郁、洪任辉藉词禀迫旧欠，臣新柱、朝铨等吊卷查案，黎光华虽经身故，欠银属实，伊子黎兆魁因病已回福建晋江县原籍，传讯黎光华之堂弟黎启及幼子黎捷同志供，在粤房屋俱已变卖完官，无力清偿。臣等恐原籍尚有资产藏匿，现已飞咨福建督抚转饬地方官，查明黎兆魁家产确数，俟移复到日，再照黎光华生前欠各夷商银数，按股匀还，以示平允。……"

余查 Morse："The Chronicles"，初次出版之全书四卷内，在卷一、卷二得 Khiqua 一名；有时亦书作 Khiqua，Coiqua 等字样。Morse 书叙述乾隆二十四年（1759）以前之事，屡有其名，以后即未提及；且据述 Khiqua 与英公司贸易年久，其情形颇与黎光华相似。惟 Morse 书四卷关于乾隆七年至三十九年（1742—1774 年）间之事，俱略而不详。至其续出之第五卷，页七三，有下列记载云："（1759 年）根据帕尔默管理会（Messrs Plamer & Council）之决定。吾侪放弃 Chowqua 交来 Beau Khiqua 的行号及货栈一万零六百两之抵押契据之权利。"页七九又云："（1759 年）7 月 6 日，总督与海关监督联衔发布告示，重申 1754 年及 1755 年之各项规条，7 月 16 日，总督令海关监督于当天下午接见吾侪。在见到彼时，吾侪再次要求取消保商，由吾侪自己缴税，重述已呈总督票帖内之各项理由。海关监督答称，彼不能将钦定旧例取消。……吾侪进一步向彼报告，行商屡次拒绝做吾侪船只之保商，吾侪亦认为无此必要，所以不愿再乞求，保商被迫措办备贡物品，已濒于破产，吾侪亦不再信任彼等，最近 Beau Khiqua 死后，负债累累，无力清偿。可以为证……"此种记载，几与《史料旬刊》新柱折相合。而 Beau Khiqua 之为资元行黎光华，盖无疑义。

　　考证得应是比较清楚的。可惜，关于谭康官他手头上未能有材料，以至于后来谭赤官的隆兴行，也都未能列入他关于行名考的系列中，终是遗憾。

　　如前所述，早在康熙五十九年（1720），总共有十六家洋行商人歃血盟誓，成立"公行"。成立的初衷，是为了稳定商业秩序，在各位行商自感势单力薄之际，自发建立这具有行会性质的组织，当是为了互助。一方面，要独占商务，划一市价，所有洋货须由其承销，所有出口货亦由其代办，不许竞争，平均支配，但也不准销售劣货，拖欠货款；另一方面，只是把同行组织起来，协调好以形成合力，增强抗御风险的能力，如果公行外散商要从事商品出口，那就得向公行交纳相应比例的货价。

　　这自然会遭到要搞自由贸易的外商及其他散商的反对，加上又未得到清廷批准，刚成立便"无疾而终"了。后来，则由官方提议"于各商中择身家最殷实者数人立为商总"，由各行商自行举荐，经粤海关批准设立了"商总"，负责外贸与评定货价，管理外商，及时通报外商违法问题，否则，将负连带责任。这与"公行"制度的立足点不一样，前者是从行商利益出发，后者则是官方利益至上。

直至"一口通商"时，《防范外夷规条》颁布，明文规定行商在中西贸易中拥有唯一的经营权，行商们感到，恢复"公行"制度的机会又来了。于是，乾隆二十五年（1760），当时已相当出众的潘启官联合了其他8家洋行商人，向清政府呈请重新组织"公行"。

马士书中，一开始，就讲到黎安官与外商的关系，尤其是在海外贸易的情状。其中还特别提到，有一艘商船在南洋被劫，是黎安官投资的，损失惨重：

> 商人黎安官也从广州到来，大班对遇见这位曾和公司有过满意关系的人表示高兴；但当他拿出从前"舰队号"大班的期票时，他们表示惊讶，因为（该大班）"借钱用来打发他的船"，但没有将这笔欠债通知他们。黎安官对这件事说得很漂亮，"只暗示按中国利率是每月2%"。他又对他们说，在"柔佛被劫"的帆船是属于他的商号的，而他可以"写具证明，他可将各事解决得使船长汉密尔顿满意"；他的"损失约11000两，假如这件事被官员知道，他们就会抓住这个可乘之机引起争议，以便在本季度的船上勒索一行笔款子"。他又劝他们到广州去；但他们不能希望很快回航，"因为商人们被这位海关监督蛮横对待，非常害怕，他们要等新官上任后才订合约，新官已经到达，他具有做海关监督的好性格。"

可见，在康熙年间，十三行已是瞒着官府经营着大生意了，在大航海时代独领风骚！以至外商都认为：十三行行商黎安官及其合伙人等，都有权有势有靠山，自然，他们并不了解中国当时的体制：

黎安官和他的合伙人势力强大，没有他们就难以做任何买卖，结果，他们就不像从前那样谦卑，但在中国人方面来识，他们是极其信实的人，假如他们愿意，他们可使船只不受海关监督的一切困扰。

这合伙人便是谭康官。很快，编年史上，便提到黎、谭合伙投资茶叶等项目了。这一段时间，当是第一个"公行"无疾而终而另由商总作为官方代理人统管之际。而明末清初的"揽头"或"揽首"的称谓亦不复有了。1723 年，在中国，则为雍正元年，一位最勤政也最严苛的皇帝登基了。

几年后，雍正五年（1727）的贸易季度到了，各国的联合公司派了一艘叫"奥古斯塔斯王子"号的商船来到珠江口，停泊在鸡颈洋面，这是离澳门不远的一个停泊地，既不受葡萄牙管，中国人也管不了。当时接洽的行商秀官，对该船大王提出从陆路或水路上厦门交易并签订运送丝织品到厦门合约的提议断然予以了拒绝。

当时，这位托里阿诺大班认为，除开秀官外，谭康官是最好的一位，因此，不妨与谭康官打交道。他们劝说谭康官同去厦门，因为他们得到"秘密命令"，如在广州受到勒索，这一年就上厦门。但谭康官告诉他们，英国人久已不至厦门了，装运、办手续会有不少困难，还是不去的好。末了，大班找了一位官商、一位满大人，刚刚从厦门调来，谁知这位官商也拒绝了，并说，你们不可能再劝诱任何一位行商同去厦门，因为他们如今已经不再受前任巡抚兼海关监督的敲诈勒索了。

粤海关监督由广东巡抚杨文乾兼任，在处理外事上与大班相处不甚投机，好在此时他回老家"丁忧"了，代理巡抚要温和一些，并提出要见大班们。本来大班借口上厦门不去见他，后来还是去了，受到"很好的礼遇"，大班权衡了上厦门的利弊后，终于决定留在广州。几天后，外轮从鸡颈洋面起航，进入了黄埔。

刚开始，没有行商前来接洽。显然，行商经过协商，仍同意秀官出面了。马士的《编年史》记录道：

他提出的价钱很高；但由于恐怕两艘奥斯坦德船到后，价格会上涨，6月27日和他签订购买茶和丝的合约，120天内交货，"付清关税及所有一切费用"。同时又和谭康官、官商葵官、廷官（Tinqua）、秉记（Pinkey）及先官（Sinqua）等签订茶和丝的合约。在每个合约中，按交易额的大小，售给他们一定数量的毛织品，价格是划一的，"他付还我们缴付海关的毛织品关税款额，除搬运到我们商馆的运费外，不再缴纳其他费用。"大班在这个期间有这个结论，由中国商人去对付中国官吏，比他们自己去对付更为适宜。

最后，则由谭康官出面，让外商支付这笔款项。自然，外商未必了解官府对行商的"最后通牒"。

大班的另一件事便是忙于购买及包装用来垫舱的瓷器，他们购入的货物——经常是由售货人包缴关税及费用的——包扎压舱的白铜，并将西米填塞瓷器空隙等。

我们在这艘船第一次见到明确提出关于"1950两"的问题，它是未来的百年内榷商和讨论的特别事项：我们在这一天内同时交付通事1950两，由谭康官担保，当做我们的船送给道员（Toyen）/总督及其他大官员的规礼；按照现行的惯例，它已被视为和船钞相同的课征。

这是在已缴的法定船钞费1320两后，又再缴纳的。这1950两的"礼银"，被谭康官这么一解释，似乎也"市场化"了，成了与"船钞相同的课征"，所以不得不交付。但"礼银"者，当是天朝上国视为"上贡"的，是维护其体面所必需的，在外商而言，自然难以理解，所以一直心存疑惑，成了日后近百年纷争的内容。可以看出，谭康官的作用已日益突出。

取消10%的"规送"以及"1950两"银元问题，正如马士在书中所说的，是未来百年榷商的特别事项——这是在雍正元年说起的。在清廷禁绝官员与外商接触的规定下，只有行商作为中间人才能涉及此项。而行商中，又务必是总商或有影响力的行商才行。而黎安官或秀官，在后一段时间内经营不善，甚至被流放与籍没，出面的机会愈来愈少。我们从马士的《编年史》中，则愈来愈多，或者说，仅有谭康官或其后人，专门来接洽这一问题，上对官府，即总督与官吏，下对外商，即大班们。这其中的斡旋，当有极多不易。

我们是否可以理解，所谓1950两银元，固然有各层官吏的份额（这是有清单的），但更是一种"贡舶贸易"的恶俗，即向各级官员"进贡"。行商与外商，在这上面当有基本一致的立场——市场交易应该是平等的，所以，致使谭康官一度入狱。早期的抗争未能得到结果。但这也证明行商的市场意识已很强了。

谭康官及其后人频繁因这类事项出现于《编年史》中，证明他们在行商中的地位已很重要，这一时期是否任过总商，待考。显然，他们一方面不得不服从皇权的专制，另一方面，亦对西方带来的平等交易的市场观念不乏了解，并且倾向之。

梁嘉彬在《广东十三行考》中把大背景予以概括，那就是雍正六年（1728）名为"缴送"的10%税，由行商代交。当年，总督又因"哈里森"号不肯丈量并交纳1950两礼银，下令三天内交清，否到，将全体行商革退。而马士的《编年史》则有详尽记载：

> 1728年，法国商船"凯撒"号到来。他们决定将"凯撒"号停泊虎门外，等候大班和巡抚兼海关监督讲妥条件；效法1724年法国的先例，在未和任何商人见面及进入商馆之前，他们亲自去见他，并送给他一份要求他们特权的文件："用这样一种办法，我们就可以避免使通事因和他交谈而受累，他们面对这样一些可怕的大官们，是不敢将我们真实的情绪向他们谈的，因为怕被认为是他们教唆我们，根据同一理由，在我们没有见他之前，我们认为接近任何商人都是不妥当的，否则我们就会使他们因为我们的缘故而陷于困难，其结果一定要付出很大的代价。"

文件内容所要求的特权是和上一年相同的，在 6 月 22 日，"抚院把他的谕帖送交我们，秀官说它很宽容而包括一切"，除了两个不大重要的条款外，大班得到希望的结果，便住进"法国馆"，他们向康官（Honqua）交付租金，按季是 400 两——这个数目现在是通常的；另外他们又租赁相连的行馆一部分，租金 370 两。

由于当时的巡抚兼海关监督（即杨文乾）的去世，总督兼任巡抚后，下了新的告示，要求行商："选出殷实可信之人为总行商，如此，则小商贩即不能再事欺骗外人，而破坏他们的商业。"告示以警告作结："总而言之，尔等外国人慎重选择商人，不能随便听信各色人等，因恐陷于坏人之手，忍受损失，致后悔莫及。"

总督立即行使他的三种职权，他指派一位总爷（Chungya）做海关头目，"是一位约二十八岁的青年，具有很好的性格"。12 日大班接到通知，"秀官和吉荐向总爷提供 10% 或更多些，去和'森德兰'号及'哈里森'号做买卖，他几次派人要康官和廷官付同样数目，去和'麦士里菲尔德'号及'凯撒'号做买卖，但他的要求迄未生效"。

8 月 14 日，"哈里森"号到达黄埔，但"森德兰"号仍未有消息。大班将"哈里森"号的丈量推延，等候有关问题的解决；其中有两项是关系密切的，他们向行外商人购入瓷器，官吏要用他认识的一位商人的名义运送，而大班坚持要用他们自己的名义去运送的权利；以及"10%"的问题。"我们已经提过"3%"继而"4%"，随关税附征，这种缴纳曾被抗议反对；而它增为"6%"，又受到抗议反对；但得不到撤销。现在则要征出入口货物从价附加"10%"。"8 月 13 日，"康官来通知我们，他在今天下午被总督传见，总爷告诉该官员说，超过 6% 的 10%，通常是由欧洲人按他们的总资金额缴付的（两年前曾确实缴给抚院）。所以他坚持说这是皇上课征的权利，如果已经有过这个税，他可以肯定它是不变的，他会把它定为法令，以便全部缴入皇上的财库，而企图取消它，是永远不会成功的"。

康官规避答复总督的问题，但直截了当告诉他，"一定负责缴第一批的两艘船的 10%。"他和其他商人都处于恐慌状态，迫切希望向官吏隐瞒他们和大班交易的数额；这是有理由的，因为，8 月 24 日，"我们不肯丈量'哈里森号'，致使（总督）今天早晨派人通知全体商人说，这件事是他们引起的，并向他们威胁说，如果三天内不完成它，他一定将他们全体鞭笞"。

他们的商人受到这样的压迫，大班不得不答应丈量船只。

总爷借辞要他们把瓷器用一位商人的名义运送，大班决定说什么也不运，而坚持要亲自往见总督。"我们之间的争执很剧烈，致使此处的全部商人非常害怕，并请求我们交运，这不过是少量的，但我们拒绝，告诉他们说，我们必须先往见总督。"

但外商未必想到，这会给行商造成怎么可怕的后果，直接导致与之联系的谭康官银铛入狱。他们起草一份呈总督备忘录，由一位法国神父译成中文；但十六天都找不到送呈的机会。于是，他们采取大胆的办法，9 月 16 日，三艘公司船、一艘法国船及两艘从孟买和马德拉斯来的散商船的大班，全体共十一人前往城门口，既没有带通事，也没有通知商人。他们在城门口受到阻拦；但十一人决定持剑冲过只有一位卫兵的岗哨（翌日，他因失职被严加鞭笞），夺路步行到总督驻广州的衙门，现在该处是罗马天主教堂。他们一直冲入内院都没有收到阻拦，静候总督接见他们。总督办完他的事后，又进早餐。"不久，我们见到总爷及全体通事进来，他们都非常惊慌。总爷问我们到此做什么，我们答称来此要和总督谈话，决定在回去之前要见他。他便到总督处去。……约一个半小时后，通知我们和总爷及我们的通事一起进去，客套几句后，戈弗雷将本月 1 日我们拟就的一份草稿交给通事，通事把它交给总爷，总爷呈给总督。他看了一遍，我们的通事告诉我们，我们一定要和负责的商人交易，而由他们交关税，这样我们就不会被任何小人所累。"

戈弗雷恳求交易自由，有与各种商人交易的自由，及他们自由运送的权利。"他没有做任何答复就遣送我们，但在我们离开之前，我们将他第一次到来时，我们写给他的信件副本交给他；而我们仍然希望他暇时再详细阅读一下，短期内会发布另一个对我们有利的告示，这就是我们权力内可能做到的最后努力；当时我们就决定不再装货或卸货，我们要等候这件事的结局如何。"

当天晚上，通事"看来很烦恼"，告诉他们说，总督要知道是谁替我们把信件译成中文的；但他得不到满意的答复。

三天后，总督传见商人及通事，要将他们和大班交易的账目告诉他，"总数多少，对这个问题，他们只做了一个不确实的回复"。

显然，大班们去见总督，结果适得其反——这一结果，对习惯"中国模式"思维的人而言，却是不言而喻的。因为总督面子尽失，其权力受到了挑战，是必招至加倍的报复。可他们不敢贸然对外国人下手，于是，行商便成了其渲泄愤恨的最好对象——而这么做，在他们又是"有法可依"的。于是，他们并不以"哈里森"号拒绝丈量以及大班拒交 1950 两"礼银"为借口，而另外找别的"正当理由"。这便是 10%税，其名为"缴送"。而这一"缴送"，则须由行商们代交。偏偏谭康官称，与外商尚未完成交易，何来 10%的税呢，这应是交易之后才能提取的，否则，10%的比例怎么算得出来。但是，对本国人，对本国的行商，总督是犯不上去解释什么道理的，况且你谭康官是行商之首，带头抗税，不抓你抓谁？于是，总督让下边的人捏造一个莫须有的罪名，就把谭康官抓了起来。当然，为首的一被抓，下边就得服服帖帖了，而且须拿出更多的钱，把人集体保释出来，12 天后，备受摧残的谭康官总算走出了牢房。总督这一股怨气，才算有所舒缓。10 月 4 日，大班记载：

赤官（Chequa）藉口官员对欧洲商船出口货物征收 10%，或类似这样的税，因而不肯签订合约。我们不知道 10%的结果如何，但我们必须服从命令，只得清理我们的商馆准备堆放茶叶。当天，他们将瓷器 150 箱运送给"麦士里菲尔德"号，100 箱给"凯撒"号，他们又命令将"哈里森"号的铅运来——这样就承认在运送问题上的失败。

从以上这一段记载中，我们不难看到，对于官员的敲诈勒索，行商与外商都深受其害，以至酿成了一个外商冲击衙门的事件，而最终谭康官被总督逮捕，全体商人不得不集体去为他保释。而这次抗争，就此宣布失败。但后来，一如马士书中引用的大班向董事会的报告：

> 此处现在有一个集团，由四位商人自己组成，坚持除了以他们的名义外，任何人不得运送货物；但这主要是对欧洲船只而言；曾经有很长一段时期坚持要我们的金银缴税10%，但由于我们声明决心宁可忍受任何损失，也不会对这种勒索屈服，它被取消了。前面所说的商人是秀官、谭康官、廷官及启官（Coiqua）等，他们是经常和英国人及其他欧洲人有交易来往的，现在他们联合起来，并有海关监督及其他官员支持。

这里说的"启官"，不是后来著名的潘启官，据黎嘉彬《广东十三行考》中称，他当是顺德籍的黎光华之父，为资元行行商。

外商以为自己胜利了，10%的税被取消了，只是他们并未了解，这10%的税银，却已转嫁到了中国行商头上。官员们如愿以偿，焉得不"支持"呢。但是，事情远远没有完结，1950两"礼银"的问题仍在延续。几年后，即1730年，一位大班作出如下评价：

> 秀官是近几年来广州商人中最受重视的人，他能够按时打发任何数目的船只出发。因为他的景况良好，被许为一位有能力和才干的商人。但他做生意经常是苛刻的。
>
> 其次是廷官，现在景况虽然很坏，有人怀疑他负债甚巨，我们担心这是真的。
>
> 谭康官（Ton Hoqua）和启官过去两年里曾完成巨额的合约，所

以……没有理由去怀疑他们的能力和行为。

上面所述的商人，是现时广州商人中仅有的具有相当信用的人，这的确是很大的不幸，这里不会有更多具有良好景况、名望和信用的人。

谭康官为了抵抗"缴送"而入狱，明显地表现出他的立场与外商基本上是一致的，都是为了维护平等的国际经济贸易原则，表现出极强的市场意识。可是清朝封建主义专制统治是不可能为国际性经贸创造环境的。之后由于各种复杂原因，10%"缴送"直到乾隆登基后才取消。1736年乾隆登基，不久便下旨："……至于加增'缴送'税银，尤非朕加惠远人之意。著该督查照旧例按数裁减，并将朕旨宣谕各夷人知之。所为'缴送'，即此'百分十'之税是也。"至此，"缴送"抗争成功。

此时，熟谙清朝封建专制统治的谭康官便向洋商们提议拿出一笔钱赠送给为此事出力的官吏表示答谢，这是为了今后可以更好地进行贸易往来，可是除了法国洋商较为支持外，其他国家的洋商都持反对态度。产生这样迥异的结果是有原因的。法国洋商之所以支持谭康官可从两方面来看，于私，法国商人与谭家早已有瓷器贸易合作关系，并且谭康官曾十分仗义地帮助法国某主管，这自然在法国商人心中留下很好的印象；于公，法国曾与中国有着类似的封建专制国情，曾以"太阳王"自称的路易十四开创了法国君主专制统治，这一封建专制统治一直持续了近百年，直到法国大革命爆发后结束。正因为有着类似的封建专制体制，法国洋商大班对于中国的内情会有较真的了解；再者，早在康熙时期中法两国就有密切的交往，法国的科学传教团时常来华，为中国带来法国很多技艺、文化，两国之间交往更注重精神文化上的交流。在这样的历史背景下，法国商人自然会积极响应谭康官的提议。与法国不同，英国等其他西欧国家正进入资产阶级革命、工业革命时代，物质利益成为他们所关注的焦点，他们与中国往来完全是从自身经济利益的角度出发，对于清廷封建专制统治下的办事风格难以理解。正因为这样，两种不同文化及思维方式的碰撞，自然容易产生"错位"。

7

为开海建立正常的经济秩序的曲折

从早期十三行与洋商大班之间经济活动中可以清楚地看到自由贸易是维系双方经贸活动发展的准绳。但是，在这一时期的中外经贸活动中依然存在很多有悖这种贸易原则的行为。官商勾结、外商追逐更高私自回扣等，这些行为都违反了自由贸易原则，给中外经济贸易活动带来不良的影响。谭康官等早期行商在抵制这些行为上做出了自己的努力。

雍正八年，谭康官和英国东印度公司的外洋船签下了很大一单茶叶合同，当他将茶叶备齐找大班接收时，却遭到拒绝。谭康官后来经过调查发现和他签合同的大班法扎克利私下又与寿官签订了茶叶合同，原因是寿官给予更多的回扣。对于法扎克利为追逐更高私人回扣而背信弃义，谭康官心中十分不满，可是当时谭康官不能向海关监督告状，因为寿官与监督早已官商勾结多年，且谭康官由于没有孝敬海关监督而被撤去总商头衔。于是，谭康官将此事控告到英国东印度公司，由于谭康官是出于维护国际贸易原则，自然得到英国东印度公司的认可与支持。

纵然西方在商业交往中恪守诚信、以商立国的宗旨人所共知，在交往中基本能守规则，但是，也不排除有不法商人在与中方交往时钻空子，实施舞弊，从中谋取非法所得。谭康官就面临过这种不平等的竞争。由于深谙西方的游戏规则，他大胆向东印度公司揭露一位商人的舞弊行为，并承诺可以出庭宣誓作证。对于一位行商而言，这不仅仅是利益问题，也同样承担着风险，因为，在当时清政府眼中这无疑有"通夷"之嫌。所以，当外商一方因他正义的举动给予奖赏时，他也只能请对方用"秘密办法"送来，不能让人知道。而他为这事，已被官府整苦了。

1731年，谭康官又一次被捕。正是因揭露法扎克利交易舞弊一事。起因一如《编年史》中所说：

> 另一不幸事件，是董事部训令管理会调查关于法扎克利在1729年工作时被控告各事。那年值得注意的是付出高价茶叶一事，其中大部分是向秀官购买的。而他的两位敌手谭康官和陈官（Chinqua）则直接写信给董事部，控告法扎克利付出的信用款，比应付给商人的多。董事部发出的训令，按日后所知我们在广州的情况，是特别有趣的。应将有关商人召集起来，并向他们提出一些问题，问他们是否愿意在英伦派来（日后）的誓证委员面前宣誓作证，如失败，他们能否在自己的审判官面前宣誓作证，象在委员面前宣誓一样。管理会内的双方经过一些争论后，召集了商人，但没有见到采取进一步办法的记载；有关此事的材料，只见于日后送给董事部的报告书中："在查询法扎克利及其管理会的事件中，我们遇到很多困难，虽然双方表达意见的方法不一致，而他们对事实作证的态度，更使我们难以理解，但我们已取得相当的进展，我们将尽我们的能力，完成此事。"

> 妨碍取得有效的结果，不知是否由于管理会内部的分裂，抑或证据性质仅依赖作证者更希望对公司、法扎克利、秀官、现任大班或其中某些人予以打击。

> 怀疑法扎克利与秀官签订1729年及1730年的主要合约有串同舞弊的后果，于是董事部命令在1731年时不要与秀官打交道，另找谭康官和陈官。但大班首先要取得贸易自由的谕帖，特别是自运货物及免除10%；在未解决之前，他们的船只碇泊口外。

尼什留在广州过冬期间，证实商人已把售给他的货物税 10% 缴付；7 月 2 日，管理会在广州成立后，他们请十四位商人开会。他们一致承认在戈弗雷的那一年（1728 年）、法扎克利的那一年（1729 年）以及尼什的那一年（1730 年）全体商人已经缴付；至于前两年，即萨维奇的那一年（1726 年）和托里阿诺的那一年（1727 年），他们的说法不一致；有的说是缴付的，有的说没有缴付。有的说萨维奇的那一年是送了礼金的，但数目不是 10%，差不多全体（商人）认为，在托里阿诺的那一年没有缴付。

海关监督的谕帖很不明确，而且没有提及关于大班要求中的两项特别要求；所以他们将船延搁"入口"。但到了 7 月 17 日，他们获悉有荷兰船三艘、法国船两艘、丹麦船一艘已到达澳门；他们立即与谭康官和陈官签订合约，并命令船只开入黄埔，放弃向海关监督施加压力的全部企图。合约包括：生丝，600 担，每担 155 两。白铜，800 担，每担 6.5 两。茶叶，松萝，1400 担，每担 16 两。茶叶，武夷，4000 担，每担 17 两（没有铅条和木箱）。较好茶叶（工夫和白毫），400 担，共计银 14000 两。丝织品，15600 匹，共计银 77000 两。另外还有尼什在春季时已订合约的：茶叶，松萝，4600 担，每担 15 两。茶叶，武夷，1000 担，每担 15 两。较好茶叶，700 担，共计银 21000 两。丝织品，4000 匹，共计银 18550 两。米德尔顿和韦塞尔两人坚持说，给尼什的训令只包括供应绿茶，连续五个月都反对他的各项订购，只承认松萝茶一项。

大班接受的训令要投资黄金 60000 英镑，而他们发觉每 93 成色的 10 两元宝，最低限度价格在 94 成色银 105 两以上。他们用这个价格订约购入 1000 两元宝；但价格继续上涨，他们授权四位船长按照公司执照，准许每人自己选择购买黄金 2500 英镑。四位船长都接受了这个办法。管理会中有一位地位较低的大班，要求同样权利，购入 2000 镑，但管理会投票否决。该年大量需求黄金，可能是由于他们自己的及四艘散商船，另外还有三艘其他国籍船只的需求，共计 7000 两元宝；船长后来购入每个元宝为 110 两，而公司购入为 112 和 115 两——是当时纪录上前所未有的最高价格。

预付货款已成为该时期的定例，这是预付给商人到内地收购茶和丝的货款。10 月 17 日，即他们订约后的三个月，在首批的两艘船启碇两个月之前，最后的两艘船启碇三个月之前，主要订约人谭康官和陈官的账户，仍然是：借方：预付款 257080 两。货方：交来货品，93267 两。差额，163813 两。在同一天又预付给他们 37511 两。

很快，大班便同谭康官，陈官签订了合约，因为这是上面要他们这么做的。

由于秀官与法扎克利有串谋之嫌，所以认为他诚信有问题，没有找他了。

谁知，这却给谭康官惹来了麻烦。

不久，海关方面来人，通过能事（即翻译）问，大班是否已按合约将货物运上了船。大班说，已经运送上去了。

结果，通事称，上司已经下了令，要通知大班们，今年不准谭康官把任何货物运送上船，更不准与他们有贸易往来。

而谭康官也联系不上了，显然出了事。

大班们估计是秀官从中作梗，他们立即命令船只不要开过穿鼻洋，留在公海上，以免被扣。同时，把秀官请来，请他念及过去的交往，帮助解释他们与行商和海关监督之间产生的误会。当然，光说说还不行，还请了有过合约的另外三位商人参与，与秀官签了约，把谭康官的份额出一部分。

10 天之后，谭康官终于再出现在大班面前并告诉他们，他与海关监督见过面了，互相之间的分歧也都解决了。不过，这一段时间内，他被南海县关押了五天，同几年前一样，为同一件事关了十天——这同一件事，无非还是 10% 的缴送问题。

谭康官的两次"出事",说明了什么? 马士的《编年史》上,是这么认为的:

> 这是后来中国商人联合一气,在海关监督的严格控制下紧密合作的一个先兆;但现在的事例,不过是秀官个人与海关监督之间的勾结,目的只是要求答应参与谭康官合约的一份而已。

直到这一年,碇泊黄埔的船只,还常常得到在公开市场购买船上的供应物品及选择买办的自由。但在 8 月 25 日,有个船长写道:"我被剥夺了以往的权利,不准我到处购买船上的伙食,而且把我的买办带走,另派一个给我,他随意给我东西,而价钱却非常贵。"

这种勒索逐渐发展成为有组织的制度,由买办出钱购买供应船上物品的权力,而按照他自己的价钱收费。有一位船长提出抵制这种勒索的唯一办法:"我被逼得用自己腌制的伙食来对付。"这是针对官商勾结、从中渔利一事而发起的抗争。但无效果。

由于长年从事海上贸易,谭康官当是谙熟国际商务的行规,10% 的"缴送"于法无依,大班们自然是不能接受的,哪怕转嫁到了行商头上。而谭康官则力图扭转这一局面,也就不能不蒙受种种打击。面对清廷及海关官吏们种种敲诈勒索,不可能任人宰割,逆来顺受,哪怕反抗招至更大的打击报复,也不能不咬牙挺住。这种抗争,当一直持续下去。这需要的,是一种历史的勇气。

可是,行商们无时不处在如临深渊、如履薄冰的险境之中。一方面,他们务必随时应付官方各种各样的敲诈勒索的借口,另一方面,他们也不能不说服外商遵守中国在专制主义统治下形成的陈规陋习。

大班继续用秘密办法将他们的一部分(或者是第五部分)白银从黄埔运来,但 9 月 28 日,"谭康官和陈官希望那个我们不要再用我们的驳船秘密运银,因为关吏已有几次在这个秘密地方搜出白银"。

以下是英国商人东印度联合贸易公司到广州航运各船"哈特福德"

号、"麦士里菲尔德"号、"凯撒"号和"哈里森"号的总账：

		两
借方：白银，227 箱（908000 元）计		655479
船，117 吨，每担银 3.30 两计		6498
长厄尔绒，992 匹，每匹银 6.30 两计		6248
得胜酒（Palm Wine），未售出的，等		1264
上年剩余资金		106878
收谭康官及陈官金和丝短期放款利息		<u>2052</u>
		778419

	两	两
货方：各船长购买黄金的白银 10 箱		29801
"麦士里菲尔德"号投资	181172	
"凯撒"号投资	172027	
"哈特福德"号投资	183674	
"哈里森"号投资	184252	
		721125
交谭康官存保险箱余款		25842
米德尔顿和韦塞尔账款		<u>1651</u>
		778419

　　米德尔顿和韦塞尔在管理会的最后一个抗议，就是反对将剩余资金25842 两锁在保险箱交存谭康官处，而要将它作为存款存在谭康官处，每月可以收回利息 1%。从这一借贷记录中，我们当获得不少信息。

　　第二年，董事部交商船带来感谢谭康官揭发法扎克利罪恶的忠诚行为的一封信，为了表示他们的敬意，他们送给他英国茶碟及家具，另外还有一些优质绒布等礼物。谭康官又送给董事部第二封信，可能经由阿巴斯诺特之手，同样控告尼什在 1730 年执行公司业务时的行为，董事部亦发出训令调查这个控告，但时间太迟，未能在 1732 年进行。另一控告，是根据他们自己人米德尔顿的报告，就是他将 1731 年航运的剩余资金留下，取不到利息，这是不可饶恕的违反规定的行为。

米德尔顿和韦塞尔留下一封信给他们的继任者，写道：

> 请允许我们推荐谭康官和陈官，一如公司介绍给我们的一样，我们确证他们对于我们尊敬的雇主交托的任务，是用高度负责的态度（去完成）的。
>
> 如果我现在不完全相信米德尔顿和韦塞尔，已经或一定向你报告大量关于我们的事务的话，而你一定会对谭康官的信用盛誉的信赖，更超过他们的实际所应有的。

这两位商人是同一商号的合伙人，董事部曾特别向尼什及现在的管理会推荐。特纳到广州后的第一步工作，就是试图和他们两位来往。但他获悉，由于海关监督的憎恨，谭康官正处于困境，由于害怕已逃到别的地方去了。在三个星期中，每天都找不到他们二人，一再要求取回保险箱的存银，直至 9 月 11 日才成功。陈官在整个季度里没有出现。9 月 26 日，海关监督暂停职务，两天后，谭康官亲自来到商馆。董事部的礼物直至 12 月 18 日才送给谭康官，即使是这样，当时他还要求，"这碟子如果方便的话，请用秘密办法送去。"

这一段，更清清楚楚地揭示出了谭康官等行商的艰难处境，连得到的奖励，也只能秘密地送上。一旦被公开，会是怎样的后果，可想而知。谭康官的日子愈加难过了。

谭康官控告洋商与行商舞弊事件在一定程度上是为了自身利益，但是更大程度上却维护捍卫了自由贸易原则，这对于促进中外正常的经济贸易起到很大的作用。自由贸易并不代表可以为所欲为，这种自由是建立一定的规则约束上的。正如孟德斯鸠所云："贸易的自由并不是说，商人们在从事贸易活动中拥有一种为所欲为的权利；如果这样的话，不如说是贸易上的奴役"可见，西方近代启蒙思想对谭康官影响之深，他已经对自由贸易的精髓掌握于心。在此次事件中，秀官对谭康官百般为难，无非是想获得谭康官与洋商所签合同中的一份而已，正如马士在《东印度公司对话贸易编年史》中写道："这是后来中国商人联合一气，在海关监督的严格控制下紧密合作的一个先兆；但现在的事例，不过是寿官个人与海关监督之间的勾结，目的只是要求答应参与谭康官合约的一份而已。"可见官商勾结表现的是私利的勾结，行商虽然名义上是官商，但是他们并非是百分之百纯粹的官方代言人，在本质上他们就是一般的商人，因此对于商人来说，获取最大的利益是其终极目的，而当时清朝对外贸易设立很多关卡，要想在这种障碍重重的环境下很好地与外洋大班经济往来，自然要与官员处理好关系，因此需要去巴结官员；而官员也希望能和行商有交往，这样方便为其收刮各种好处，可以无偿地获得钱财和珍宝财物，这样不仅丰富了自己的腰包同时可以用来讨好巴结皇上，进而有利于自己的官运。行商和海关监督心中"各怀鬼胎"，互相之间需要对方，便自然地勾结在一起。但是他们这种没有宏观概念的勾当只会阻碍中外经济贸易的正常发展，破坏了自由贸易原则。还是孟德斯鸠所云："处于进出口贸易与海关之间的国家，应该不偏不倚，尽量使二者不发生矛盾和抵触，从而使人们享有贸易的自由。"可见，官商勾结、行商与洋商之间的舞弊行为是全然不可能产生自由贸易市场的。

当海关监督知道谭康官与英国通信后，便以"通夷"为由将其拘留。此事在洋商的日记中有相关记载：

1731 年 7 月 29 日

谭康官已经被海关拘留两天，并且还在南海县拘留了三天，关于他被拘留的原因众说纷纭。我们已经知道海关监督告诉谭康官，说他绝对不是与欧洲大班进行贸易的适合人选，尽管他已经与我们签订了合同。其他人说由谭康官所负责的清廷官员妻子家那边所欠的一笔债款是导致他被南海县拘留的原因，他与英格兰和荷兰通信是一件非常大的罪名，广东督抚和总督为此进行商讨，关于这个的最后结果并没有公布于众。纳什先生后来听闻谭康官从南海县里释放出来，并且现在正在他的商行中，于是便派人前去找他。当谭康官来了之后，说道海关的确曾经努力阻止他与我们进行今年的贸易往来，但这是因为他不愿认同某些官员的任意诉讼行为。

正是这段时期，谭康官的合伙人陈（芳）官为了保住自身安全，曾逃难到惠州，遇上被海关监督衙门革退的书办，通过书办获得了海关监督贪污的账册，这成为谭康官日后逃离苦难的救护伞，也成为海关监督的丧钟。后来严苛的雍正帝对此事进行严查，惩处了海关监督。对于此事洋商的日记中同样有着记载：

> 1732 年 9 月 26 日
>
> 今早，一个行商前来通知我们昨天朝廷派来一位官员直接去找广东总督和督抚，他所带来的指令是替换海关监督并且指派了另一名官员接管这一职务。据说这一指令昨天晚上就已经对海关监督执行，抓住一切他们所能及的事情。寿官以及张族官等人被招来，由于一些与海关监督相关的事件被抓入狱，而对于这些事情的真相我们目前并不了解。我们被告知，海关骗取了大量朝廷的关税，为了填满上报的发现的关税，在他任职海关监督期间利用行商为他缴付了几乎全部的海关关税，而且持续很长一段时期，而在那一时期这些行商都是海关监督当时所器重的。海关发生的事却让他们十分惊愕。海关完全没有想到，本来他有十分把握的官司竟然会出现变故。四天之前他还从朝廷派来的官员那得到命令，以一种十分卑劣的方式，将其驱逐。但是现在命令却与之前相反，而海关却被发现犯法，并有指控他的证据事实，而他的敌人却成为了他的审判官，海关已没什么期盼。广东总督和督抚于是指派郑伍赛担任新一届海关，据说他是一个很好的人。

可见，在谭康官等人的努力下，洋商法扎克利、海关监督祖秉圭、寿官等人都得到了应有的惩罚，谭康官的行为捍卫了国际公平自由贸易原则。尤其值得指出的是，雍正严厉惩处祖秉圭与寿官，也正因为他们违反了清廷的原则。雍正怀疑他们以户部的名义进行贸易，而户部是不得自己参与贸易的，它只有监督与指导的职责——这是中国自古以来防止官商勾结的一项政治举措。进一步而言，雍正更是高度警惕，并不允许有人操控外贸从而影响朝廷收入，事实上，一个口岸发生垄断或操控，是必影响日后的竞争，从而令外贸迅速萎缩。

从揭露法扎克利与寿官的舞弊到揭发首官与祖秉圭的官商勾结，意味着谭康官与寿官之间的"论战"内容，正是在于与当时的国际贸易接轨、接受西方资本主义经商理念与原则，还是顽固坚持封建体制长存意志。对此，谭康官是倾向于与国际贸易接轨，倾向于吸收西方开放的经济贸易思想，这也可从他后来不让洋商在海关监督面前跪拜这件小事中看出来。

经受了多次磨难后的谭康官明显地表现出对清廷封建专制统治的反感，表现出对总督狐假虎威、作威作福的鄙视。他利用洋商大班间接性地惩戒了监督一番。他告诉洋商在海关监督大人面前不需要进行三跪九叩之礼，那仅是见皇上时才需要的。洋商们并不懂得其中的蹊跷，也就相信了谭康官的话，后来洋商大班见到海关监督便不再行跪拜之礼。这也许对洋商来说不是一件什么大不了的事情，可是对于清朝的官员们来说却不只是个礼仪的问题，跪拜"既是一个政治姿态符号，也是一种文化界限"。

洋商大班不跪拜，使得监督颜面无存，政治地位受到侵犯。从这件小事更可以隐约看到两种不同文化体制的冲撞。谭康官虽然是大清帝国国民，但是由于受到西方思想影响而产生出民主思想，一种带有全球性的观念，至少在谭康官让洋商大班不要对海关监督施跪拜礼时，没有"华夷之分"的存在。而这两种文化精神的碰撞在后来英国使者马戛尔尼用单膝跪拜取代磕头拜见乾隆皇帝时所引起的"礼仪风波"表现得更加明显。

同时亦可看出谭康官所坚持的，正是"开海"所必须的。而雍正严办此事的行为无论是从朝廷收入考虑，还是对官员的严格要求，对当时的外贸均是有利的，"河晏海清"也就推动了进一步的开放，也才会有乾隆登基后宣布取消10%"缴送"。

上面这一节，只考证了外商的反应。我们不妨回过头来，看看清朝宫廷档案中的记录。我们知道，当时的总督、巡抚均有奏折，但副将毛克明的奏折当更切中要害：

> 洋行共有壹拾柒家，惟闽人陈汀官、陈寿官、黎关官叁行，任其垄断，霸占生理。内有陆行系陈汀官等亲族。所闻现在共有玖行，其余卖货行尚有数拾余家，倘非钻营汀官等门下，丝毫不能销售。凡卖货物与洋商，必先尽玖行卖完，方准别家交易。若非监督纵容，伊等焉敢强霸？是官渔商利，把持行市，致令商怨沸腾，众口交谪。事关欺昧罔利，理合据情密奏。

毛克明在祖秉奎倒台后曾一度接任海关监督之职，据后人考证，除他之外，所有海关监督，没有一个不贪污的。毛克明没身陷其中，一是他为武将，与文官有别；二是他在任时间短，且没多久便因病身亡，也许还来不及贪点什么。而接任的郑伍赛，大班开始对他似乎评价还不错，且有祖秉圭的前车之鉴，最初似无贪迹；但是，没出两年，亦照贪不误，当是"常在水边站，哪有不湿鞋"了。

不过，也许是毛克明的奏折指出了要害，陈寿官一伙的纵商霸市、欺昧罔利，祖大人的官渔商利、把持行市，引起了雍正皇帝的高度警惕。所以，当他先批了祖秉圭恶人先告状的折子，要把谭康官的合伙人陈芳官驱逐后，立即便省悟过来，说差点上了祖秉圭的当，严令将祖秉圭、陈寿官等人抓起来。于是，本来事态发展对谭康官这一方很是不利，却一下子发生了逆转。

谨引雍正朱批。

雍正十年七月十四日奉

前日祖秉圭具摺奏，有洋行商人陈芳官把持，包揽生事，不法署督臣暗中袒护等语，朕料鄂弥达必无袒护商棍之事，只降谕旨令该署督将陈芳官解回原籍收管。今览鄂弥达杨永斌恭奏祖秉圭欺隐婪赃九款，是祖秉圭前日之折奏乃已身劣绩败露，探知督抚纠恭而为先发制人之计，甚属巧诈可恶，祖秉圭深负朕恩，著革职交与该督抚，将所恭各款严审追。具奏陈芳官暂停遣解，俟审明再定。其关税事务，著该督抚委员暂行署理，该部知道。

我们不难理解，雍正取消南海禁航令后，已认为康熙当年南海禁航所批准的奏折中，是官员欺上罔下，明明是外洋运米（如暹罗）过来，偏偏说成是中国的大米流失到外边；明明中国船小，外国船大，却说中国船料益于外国船只——小船料怎能用上大船呢？这回，差点又被祖秉圭瞒骗了，而且，他怀疑，早年从商的祖秉圭，是否又成了食利者，官商勾结，官渔商利，成了大贪？

广东海关的贪墨，早不是新闻了，但这回雍正采取迅雷不及掩耳的措施，思虑的问题当更远一些。

要维护开海以来的良好局面，就应当在官与商之中有个法度，官府可以通过缴送、纳税取得利益、维持国计，但绝不可以直接插手到商人的贸易之中。这一条，中国自周朝便已很明确，连出现在墟市的官员都有杀身之祸，更何况作为官员，直接去做生意呢？祖秉圭无疑是犯了大忌，就算是皇亲国戚也于法难容。更何况，要吸引外商，让海上贸易兴盛起来，就得充分调动各大行商的积极性，而这就得公平交易，鼓励平等竞争，这才可能做到公道，否则，人家见你官商勾结、欺行霸市，以后谁还敢来？那开海还有什么意义，弄得不好，又要重回禁海的老路，国计不成，民生凋散，大清的江山还保不保？因此，雍正年间，在南海开航之后短短的几年间，杨文乾、祖秉圭的相继倒台，行商，尤其是谭康官的几次入狱，于外商看来似乎是一种"混乱"，因为不知究竟。而事实上，则是如何确保开海，确保为开海建立正常的经济秩序，尤其是如何通过规则的制定，为开海举措保驾护航而发生的一系列相当严峻的、具有原则性及前瞻性的斗争。在这场明争暗斗中，谭康官不仅被剥夺了商总一职，还两度身陷囹圄，差点流亡不归，他的合伙人陈芳官最终送了性命，但最后仍峰回路转，柳暗花明，赢得了可贵的胜利，也奠定了其后几十甚至上百年十三行对外贸易的基本格局。所以，从雍正五年到十年后的乾隆元年，从南海开航到取消加一征收（即 10% 邀送），清中期的开放态势，显然是良好的与积极的。

之所以在乾隆登基后让谭康官代表官方与十三行，通过一直与谭家做贸易的法国主任去宣布乾隆关于取消加一征收的上谕，并希望各国大班为此上谕的获得有所报答，当是不无深意的。而马士书中在括号里写上"他此时又出现"，内中含有怎样辛酸的意味，恐一言难尽了。

同样，乾隆取消加一征收后各国的反应，也就埋下了 20 年后洪仁辉闯天津，导致"一口通商"的伏笔。及至乾隆二年，祖秉圭贪墨被查明，乾隆亦作出了朱批。

> 高宗卷四七，乾隆二年七月下（七月丁亥朔，丙午即二十日）
> 刑部等部奏：原任粤海关监督祖秉圭侵欺各项银共一十四万余两，奉雍正十一年十月谕旨："祖秉圭依拟应斩监候，将应追银两限二年交完。倘逾限不完，著请旨即在广东正法。"今届二年限满，仅追银二万馀两，尚未完银一十二万两有零。祖秉圭应即在广东正法。其未完银果否家产尽绝，仍令该督该旗确查，送部核办。得旨："祖秉圭，改为应斩。著监候秋后处决。馀依议。"（《清实录·高宗》第九册卷四七，812 页）

8

"外事无小事"

　　若干年前，笔者曾在瑞典的首都斯德哥尔摩参加一个国际会议。这个会议是由斯德哥尔摩大学主办的，会址在首都近郊，不过，诸多学术活动则在市区内。我们参观了他们的国家图书馆、有关出版机构，其中最隆重的，莫过于上该城的音乐大厅听音乐会。因为，每年的诺贝尔奖，都是在这个著名的音乐大厅里颁布的。

　　北欧的下午，日光如同夕阳，早早演绎成了金红色，把偌大一个海湾，染得金碧辉煌，音乐大厅也就更巍峨、美轮美奂了。我习惯了亚热带的阳光，到这里就如同进入了一个童话世界，一切，都镀上了金，显得那么高贵、庄严。骀荡的海风，令大厅外的旗帜"呼啦啦"作响，已经有不少老人在室外的观赏座位上或比划什么，或轻声交谈，或凝神远眺……港湾上，数以千百计的船只，或泊在岸边，或游弋在海面上，有好几艘巨大的邮轮经过，却不见怎么喧哗。好一个宁馨而又繁华的海湾。

　　我们一行人，在斯德哥尔摩大学的教授的导引下，步入了音乐大厅。这是典型的欧陆式建筑，巨大的长廊在面前延伸，无形中令人庄重、沉稳起来，一步一步，都那么规整、有序，也许，每年的授奖仪式，都是让所有人这么进入的，怀着一种崇高、敬仰的感觉。窗帘从很高的地方垂下来，微微地拂动着，带着隐约透过来的阳光。

然而，一声声欢呼，突然打破了这一宁静："China！China！"当时在参观的队伍中，仅我与一位台湾的女学者是中国人，我们一时不知所措，不明白他们为何要欢呼，直到那几位欢呼者用手托起那厚重的窗帘，说上"中国绸缎"的单词，我们才恍然大悟过来。

我们也走到窗前，托起了那沉甸甸的绸缎，那丝线在淡淡的阳光下闪烁，看得出，这窗帘已垂挂了很久很久了，边缘已有些发暗与磨损……心中不由得想起，这不会是很久很久以前由"哥德堡"号运来的那批丝绸吧，那可有200年的历史了！心中想，却未说出来，反正，这丝绸是中国来的，已经是确认无疑的了。人们的欢呼，是对古老的中国文明的激赏。

之所以想起了"哥德堡"号，是因为瑞典与中国的渊源实在是太深了。

离进音乐大厅的日子，又过去10年了。

那是21世纪来临没几年，我又一次到了瑞典。离开有几百年校史的隆德大学，北上到挪威的奥斯陆，中途正经过哥德堡。售票员好心告诉我，若要直抵奥斯陆，票价要便宜很多，但要在哥德堡下车呆上一阵，就得多花几十元，我却毫不犹豫地说，哥德堡下。

我如愿以偿来到了这梦中的古城。这城市，在中国来看也许不算大，从车站出来往广场上一站，仅一个坐标，就把全城所有的景观都指出来了。我很快便找到了正在修建中的"哥德堡"III号的位置，穿过城区，来到了海湾。

果然，"哥德堡"III号正泊在岸边。这是再熟悉不过了的三桅海盗船了，且莫以为"海盗"二字有什么贬义，瑞典人并不讳言祖上的海盗"出身"，那是他们作为海上王国的一种荣耀。商店里，大有真人一样尺寸、小则可托在手上的海盗"公仔"，价格可不菲。

当然，桅杆高高竖立，风帆却不曾升起，船头上的字号，却再明确不过了。坚实的木质船体，数不清的绳缆，还有炮孔、船舷、尾舵……可惜，一时无法上去。却还是拍下了好些照片。

又3年过去了。那是2006年的夏天，"哥德堡"III号，终于历一万六千海里的漫漫长途，从北欧出发，出斯卡格拉克海峡，过北海，进入大西洋，沿原来"哥德堡"Ⅰ号、Ⅱ号的航线，到西班牙加的斯，再前往巴西北部的累西腓，然后又一次横跨大西洋，抵达南非开普敦，绕过好望角，开往澳洲的弗里曼特尔，经过雅加达，最后来到Ⅰ号多次到过的广州。

笔者写下此书时，哥德堡Ⅲ号尚在返程中，还没有回到瑞典。它在广州停留了很长的时间，举办了很多活动，包括展览在内。

作为十三行的后人，自然很关心这一切，只可惜的是，所有展品都被严密地保护着，隔了玻璃橱柜，否则，也当印证一下，那些青花瓷器的侧面、底部，可否也与老家尚在的青花瓷一样，烧制有"乾隆ＸＸ年"或"嘉庆ＸＸ年"，"披云堂"、"谭世经"等字样。

也只有瓷器，方可保存这么久，而且色泽丝毫不褪，就似刚出炉时一样……虽说"哥德堡"Ⅰ号船沉后100多年，即1986年3月，还有打捞上来的部分茶叶色味尚在，照旧可以放心饮用——第二次上瑞典时，就有朋友向我展示过，但最完整的仍是瓷器，有上百件。

光鲜如昔，几近透明的青花瓷，自不只是我家祖上一段难忘的历史。透过瓷片，我们当更进一步发掘出十三行已有过的辉煌，以及……屈辱。让我们把镜头，再摇回雍正年间，去询问来自瑞典的"处女航"好了。

第一条来到中国的瑞典商船，并不是"哥德堡"号，而叫做"腓特烈国王"号。那是雍正十年，即公元1732年8月底。那是一次迟来的造访，更是一次迟到了的商业之旅。

本来，在100多年前，欧洲不少国家的东印度公司，已经在亚洲的贸易中挣了个盆满钵满了。而那时，瑞典也已是一个海上强国，波罗的海上几乎所有的重要港口都在它的控制之下，所以，还在1620年，专门从事波罗的海贸易的荷兰商人，便已经向瑞典国王进言，在瑞典的西部海岸，完全可以建成阿姆斯特丹式的海港城市——这里指的是正是哥德堡。这一来，瑞典的船队便能从哥德堡起航，进入北海，打入整个的欧洲市场。凭借当年的实力，瑞典的东印度公司计划当即可拟就，并且迅速成为商航中又一劲旅。然而，当瑞典建立东印度公司的特许状拟就时，一场大战，使这一宏伟计划大大延宕了。

原来，俄罗斯彼得大帝、丹麦国王、波兰国王等，对瑞典的强大感到很不安，更何况瑞典还占有这些国家的部分领土，波罗的海几成瑞典的内湖……他们趁刚继位的瑞典国王卡尔十二世还年轻，刚刚18岁，发动了一场后来被称之为"三十年大战"的战争。

开始，他们都不是卡尔十二世的对手，一万人的瑞典军队，打垮了三四万人的彼得大帝军队，令彼得大帝临阵脱逃；后来，卡尔十二世又攻下了华沙，另立波兰国王，令其退出反瑞典同盟；最后，卡尔十二世率领七万瑞典精兵，开始远征莫斯科。

然而，严冬来临，瑞典军队几乎又如100年后拿破仑大军一样，败于大自然及茫茫荒野。卡尔十二世只领着不到一千人，逃到土耳其。后来，他又用了15天时间，骑马横跨欧洲，从土耳其奇迹般地杀回了瑞典，重整旗鼓，再下战书。可惜，天不假时，1718年，他在挪威一次战斗中中弹身亡，年仅36岁……随后，是一系列不平等条约，瑞典失去大量领土，也失去了作为欧洲强国的地位。

战争当中，瑞典就想开展东印度贸易；及至战败，国家财政十分困难，这事又一次被提到了议事日程之上。

瑞典虽败，财政拮据，但其造船技术却一如既往，非常高超，并不因战败而稍逊一筹，更何况远洋航海的技能不在人下，所以在海上的威风，绝不比英、法、荷兰等国差。于是，1731年，瑞典东印度公司正式成立了。恰逢中国为雍正年间，开海贸易已有了不少起色。虽然从1620年到1731年，瑞典东印度公司的建立被拖延了100年，使该国与他国相比，已失去了整整一个世纪。然而，有失亦有得，他们可以借助于人家成功的经验，吸取人家失败的教训，使贸易往来进入良性循环，少走弯路，避免损失，并且凭借海上贸易获得的丰厚利润，使因战败而遭重创的经济得以复兴，使整个国家的元气尽快恢复。由此可见，"腓特烈国王"号的初航，当负有怎样重大的历史使命。

为此，瑞典选择了曾在英国东印度公司商船上做过大副的坎贝尔，担任腓特烈国王号的大班，也就是船长。坎贝尔曾经到过广州。而按照该国第一次特许状规定，瑞典东印度公司的船员只应以哥德堡为进、出口港，而到达的目的地则是广州。所以，两城之间的贸易来往，正是代表了两个国家的商业联系。

坎贝尔身兼二任，一是"腓特烈国王"号的大班，负责全盘的商业运作；二是被瑞典国王任命为全权代表，负责与清廷的外交联系。也就是说，商贸与外交并重。只是那时的清王朝，自视为天朝上国，把外邦往来视为"朝贡"，根本没有平等观念，也更谈不上建立国与国的外交关系，所以，坎贝尔这一外交使节的身份，也就形同虚设了。

坎贝尔倒是个有心人，毕竟是首航，须向瑞典东印度公司及瑞典国王有个交代，所以，这一路上，他倒是十分勤勉，天天做航海日志，把在海上及广州的所遇、所见、所闻，均作了较为详尽的记录，这一日记，一直被保存下来，并广为人知，是难得的一份史料。

腓特烈国王号开往中国时，也是几遇尴尬。因为欧洲各国之间，或战或和，时敌时友，一不小心，擦枪走火，大海上也就打了起来。为了做生意，"腓特烈国王"号在前往西班牙的加的斯时，悬挂的是英国旗而没挂瑞典旗。好在坎贝尔曾在英国东印度公司做过，人头也熟，冒充英国船倒也不难。此外，它还隐瞒了商船身份，冒充英国战船，这便可以逃税……这一路上，经过不同海域，就挂不同的国旗，在好望角一带，挂的是荷兰旗——这其实也是一个公开的秘密了，几乎所有商船都这么做，所以，船上除开英、法、荷、瑞典国旗外，还有别的什么国旗，也不足为怪。就算是英国船，过英国殖民地的海域时也不挂英国旗，因为这也可以避免本国公司的监管。因为瑞典商船从未到过广州，而坎贝尔又曾是英国船上的人，曾来广州，于是，进入珠江口，索性悬挂上英国旗——这毕竟是中国人所熟悉的，这样一来，也未受什么阻拦，顺顺当当靠岸了。

船停在虎门附近的珠江水面，坎贝尔率8名人高马大、金发碧眼的瑞典军官，向天上鸣枪八响，以示欢迎粤海关虎门口的官吏按例上船检查。坎贝尔在日记中写道：

28日星期天下午，从虎门关口驶来一条官船，船上的海关胥役登上了我们的船进行检查。他们在两天之前，已经从关上见到了我们，并且派人去广州，向大官报告我们的到来，这些人回头就来检查我们的大船，记录了我们船上的船员、大炮、刀剑、火药和火枪的数量。我们用茶和酒招待了他们，并送给他们四瓶酒，为此他很是感谢。

检查毕，又鸣枪八响，欢送官员们下船。

此行来之不易，临近澳门时遇上了台风，好不容易才在惊涛中保住了性命，才泊至澳门。坎贝尔在虎门口交验后，未等大船上黄浦抛锚，便乘舢板连夜出发，赶到广州。这一行责任重大，他务必抢在别的商船之前，找到一位信誉好的商人充当买办，帮外船把商品运上岸入仓库，并为船上的成员提供食品，而这一切，都围绕一个最终目的，能找好买家，用尽量合适的价格，签下购货合同——只要一签，便大功告成。不过，这却是说来容易办起来难的事情。

坎贝尔是首席大班，依另一位第三大班莫德福的意见，当找十三行中的广顺行，行商为陈寿官。因为广顺行实力最雄厚。可坎贝尔立时作出否决，因为英国东印度公司此时一下子来了4条大船，早盯上广顺行作保了，摊不上瑞典这条小船。坎贝尔推介了他6年前来广州时熟悉的两家，一是陈汀官的崇义行，一是张族官的裕源行。尤其是后者，更是他的老朋友，而且诚信度很高。可是，裕源行规模不大，且不靠江边，运货太不便利了，这一提议又被否决。末了，选择了陈汀官的崇义行，其规模不小，又靠江边，行里有很便利的驳口。"一个本性不错的人"，坎贝尔这么评价陈汀官。在陈汀官的崇义行，坎贝尔租下了一个夷馆，这样，就可堂而皇之地接待来客了。他们中午到达，下午便在夷馆里迎客，可见效率之高。来访的，当然大都是坎贝尔的熟人，各条大船的大班们，互通信息，也互相使绊子，都是生意场上的人，说半句留半句，半真半假，姑妄听之好了。

陈汀官办事利索，第二天，便向海关申报，第三天，则领上坎贝尔一干人等，前去觐见海关监督大人，二品大员祖秉圭。尽管坎贝尔对自己的官方身份"特命全权大使"很是得意，可对方却不理他这一套，只谈商务上的事情，承诺对瑞典这一"蓝旗国"的贸易权益一视同仁，并祝其生意兴隆，财源滚滚，还送上几块丝绸作礼。祖秉圭本就对瑞典一无所知，也不愿知道，反正是"外夷"就是了。而坎贝尔对中国这种"朝贡"定位，也所知无几，自是"鸡同鸭讲"，彼此各弹各的调，虚与委蛇罢了。

翌日，便是例行的丈量船只的仪式，这已是沿袭了明代"丈抽"的古法，那是明隆庆年间，即1571年开始实施的。丈量船的宽度与长度后，二者相乘，再除以十，依得出的数值来确定船为几等，并按等次来征收洋船的固定税，税名"船钞"。

"腓特烈国王"号经丈量后，被列为二等，即中等（所有船只分三等）。因此，其"船钞"为纹银880两。陈汀官作为保商，负责监督该条船缴纳这一固定税。丈量完后，中方则按古仪"飨以牛酒"，代表皇上表示慰问。

到此，算是所有手续都办妥了。而后的日子，便正式投入到生意上了：一是寻找买家，把带来的货物卖出；二是购买需要的中国货物，好再满载而归。这中国货物，主货当然是茶叶、瓷器与丝绸，这些货物，在欧洲都很畅销，一本万利，走一趟便发足财了。

而瑞典船上的，则只有呢绒布，在中国并没多大销路。不过，白银却有好几吨，可用来购货，中国人只认它。这白银，均为西班牙银币，有11万枚，价值纹银8万多两。当时在中国流通的，也只有这种银元，所以，船务必在西班牙加的斯港停留上几十天，为的是兑换这种可以同中国人交易的银元。几乎没人要的呢绒布，终于因坎贝尔用尽手段，加上夸口，用搭卖等方式，统统推销出去了，而且利润非常可观。

在交易期间，张族官，还有财大气粗的陈寿官，竟都因犯案下了大牢——可见十三行的行商并不好做。坎贝尔对自己最终选择了陈汀官，到最后"功德圆满"完成了全部交易，很是得意，拼命吹嘘自己很有眼力。在日记中，他写到自己向十多位行商订购过货物，为日后选择可靠的贸易伙伴打下了稳定的基础。

前前后后，"腓特烈国王"号在广州待了4个月，直到第二年的1月16日，才离开广州返航。这时，船上有151箱及180捆瓷器，共计近50万件；红、绿茶2183箱，另外还有100件半箱装、6件小箱装、23件蓝装、46件筒装及422件罐装或盒装茶叶，丝织品有23355件，棉织品633件。除此以外，还有青漆家具、珍珠母、人参、墙纸、朱砂、桌布、纽扣、藤索等。别忘了，尚有用来"压舱"的生锌，即白铜60多吨，回去也能大大产生利润。

这瑞典"腓特烈国王"号在广州待了4个月，自是同十三行行商打交道，漫天要价，落地还钱的事少不了，这且不去说它。倒是这从夏秋至冬日的4个月间，广州外商惹的是非，有一件"大事"不可不提。

这一事件，不仅坎贝尔日记中作了记载，马士的《东印度公司对华贸易编年史》中也有记载，至于清王朝，更以此大作特作文章，以证明"外夷"的不开化。

这一年，是雍正十年，对于中国的科举制度而言，却是至关紧要的一年，即三年一试的秋闱。所谓秋闱，便是在秋季举行的科举考试。考试的地方，叫做试院，又名棘闱。何谓"棘闱"呢？科举考试所在的试院，为了防止传递作弊，围墙上都插满了荆棘，谁想爬墙偷递枪手的文章，是必落个一身刺，所以，棘闱又被叫作棘院。可见当日考试之严格。本来，一生的仕途，或从这里开始，或在这里寂灭，非同小可。

三年一度的秋闱，对于清王朝自然是了不起的大事，不得有任何差错，更不容忍有任何骚扰。可他们万万没料到，这一年的秋闱，竟被洋人们的枪炮声搅了个魂飞魄散……

说来也巧，省城的棘闱，就设在黄埔附近的江边。老老少少的秀才们，早已规规矩矩，赶到了试院，满腹经纶，正待笔下倾泻而出。忽地"砰砰，砰砰砰"的巨响，骤然而起，且连绵不绝，把个秀才们，吓得心惊肉跳，连手上的笔，也给震落到了地上……

出什么事了？反正，文章是写不了啦，这一辈子的前程，只怕也让这乍响的枪声给毁了，仕子们惊魂未定，面如土色，只差没抱头鼠窜了。

其实并没出什么事，只是黄埔港口泊下的外国商轮上，水手们闲极无聊，向天放枪以寻欢作乐，不过是好玩罢了。却不知惹下了大祸，搅得偌大一个帝国的考场狼奔犬突，将这"国之重器"当做了儿戏。

说起来，也不好怪这些水手。本来嘛，他们到世界上任何一个港口，都可以登岸，去逛大街，去酗酒，去狎妓，可到了广州，除开大班能上岸去谈生意外，他们只能在船上船下走动，港口附近的黄埔村，只有一家很小的酒铺，中国酒的供应倒也还没断过，这恐怕也就成了水手唯一的乐趣。这酒一喝多了，麻烦也就来了，整天价朝天放枪，以此找乐子。船上枪、炮俱全，是因为珠江口上海盗出没无常，所以官府也没敢收走他们的这些武器，免得出事，大大丢了清王朝的面子。

枪一响，事情就闹到海关监督那里了。秋闱是国家大事，海关监督不敢懈怠，立即告知十三行的行商，让他们通告洋人大班，不得再在船上放枪作乐。不少商船上的水手倒还听话，可有的商船，大班之间有矛盾，自顾不暇，下边的军官水手，也就十分放肆，照旧放枪不误，哪管为他们作保的行商苦苦哀求也置之不理。边放枪，还要喧闹，吆喝不断，把试院也弄得无法开考了。于是，主持乡试的考官，就把状纸送到了总督衙门。两广总督鄂弥达，自是唯海关监督是问。本来二人就结怨颇深，总督早就具名严参海关监督贪污海关税银，这下子更有辫子可抓，严斥海关监督祖秉圭"对外夷教化不力"。这位接待过坎贝尔、风度翩翩的海关监督，自是气不打一处来，先是找到了陈汀官，好一顿恶骂，紧接着，又下令所有给瑞典夷馆服务的中国人统统撤走，旋即派兵把夷馆团团围住。

对外国人动手，这却是来不得的，气也就撒在了通译身上：谁叫你没翻译好，弄得红毛鬼子不懂规矩，捅出这么大的漏子?! 可怜的通译，被抓到了黄埔港，戴上木枷，跪地示众，而且给狠狠地打了一顿屁股——这当是国粹，只可用在国人身上。

不过，跪在锚地示众，却是给外国军官水手一个警告：下回，你们再放枪作乐，小心也一般对待。杀鸡儆猴呗。至于有效没效，则另当别论。陈汀官也给吓了个半死：没把他照此办理，算是海关给足了面子。

这一事件，成了传扬中外的新闻。然而，并不可就事论事，以为这事处理了，便万事大吉了。也许，正是这一事件，触发了更大的问题，不久之后，海关总督祖秉圭也没能保得住乌纱帽，与他过从甚密的几位总商陈寿官等，也银铛入狱，状纸满天飞，不独飞到朝廷，也飞到了人家的东印度公司。

但清初中期，谭家在十三行中，亦不可等闲视之。至于陈寿官，当年在广州从化就有良田三千万亩。陈寿官生意执笠（即破产，粤语），这土地村庄一并卖给了后来相当出名的行商潘振成。谭家与潘家是世交，关系延续到 20 世纪，这其间自有不少文章。

陈寿官是很识相的，海关总督祖秉圭要什么，他就给什么。祖秉圭上京打点，所有贡品及礼物，大都由他来承办，所以，二人关系很不错。至于崇义行的陈汀官与资元行的黎开观，虽说没这么亲密，但也不敢拂海关监督面子，所以彼此间也没什么过节。

在雍正皇帝尚未批复之际，雍正十年的秋天，阳历 9 月 18 日，便又发生洋人向天鸣枪、寻欢作乐，惊动秋闱的重大政治事件——这件事，更够祖秉圭喝上一壶的了。皇上本有意栽培祖秉圭的，可一连接到总督密折及广东几位封疆大臣的联名奏折，也就吃不住了，顿时雷霆震怒，上谕广东总督鄂弥达将祖秉圭捉拿归案。9 月 25 日，秋闱被惊事件后一周，圣旨到了广州，祖秉圭也只能被一索子拿到大牢里了。

广东总督衙门告示张贴遍了广州城，称原粤海关监督祖秉圭，欺君罔上，贪墨税银，敲诈勒索，鱼肉百姓，种种罪名皆成立，所幸圣上英明，洞察秋毫，已将该犯下狱审理，上谕广东总督会同广东巡抚，就地办理祖秉圭一案，鄂弥达从肇庆移节广州，专门审此。

祖秉圭头天下狱，第二天，广顺行的陈寿官、裕源行的张族官，也都逃不了干系，一道给抓进了大牢。

只是此事不久陈芳官便离开了人世，不复出现了。

对于有数千年文明传统的泱泱大国，当日海纳百川、八面来风，蕃人来华，住在广州，本来就是不成问题的。可到了明清二朝，这不是问题的问题，却成了大问题，甚至连皇帝都伤透了脑筋，得直接作出"朱批"，而且还得反复几次。

明代有怀远驿，一度视外舶为"贡舶"，自是以外交礼仪待之。到了清代，情况又有了变化，怀远驿退避三舍，官方断不可与外国商人直接打交道，否则便有损国体，于是，须让十三行的行商（时称洋商）当中间人，让洋商代表官方与外商接触，于是便有了这亦官亦商、非官非商的"历史怪胎"，使有"华夷之分"的朝廷保住了脸面。愈是走下坡路就愈死要面子，所以，不成问题的事也就派生出诸多大问题了。

唐代，仅广州就住有上十万的藩人，他们来中国经商、传教、成家立业，从响坟到光塔，那时的外国人一度风光无限，有谁会担心他们伤风败俗呢？可此际，才几条船，一班水手，不是呆在澳门，便得住在船上，顶多在黄埔村的尺牍之地偷杯……连放上几枪，都成了了不得的大事。真可谓"外事无小事"。

雍正二年，由于传教士在福建生事，清朝政府便下了一道命令，把全国各城市的外国传教士全部清理到澳门。自然，外国人不干了，有中国名的洋人戴进贤上书雍正皇帝，请求网开一面，容许各国传教士留居在广东省城广州的商馆里。对此，雍正皇帝朱批道：

> 朕自即位以来，诸政悉遵圣祖皇帝宪章旧典，与天下兴利除弊。今令尔等往住澳门一案，皆由福建省住居西洋人在地方生事惑众，朕因封疆大臣之请、廷议之奏施行。政者公事也，朕岂可以恩惠尔等，以废国家之舆论乎。今尔等既哀恳乞求，朕亦只可谕广东督抚暂不催逼，令地方大吏确议再定。

两广总督孔毓珣等地方大吏赶紧商议，同意在广州安置西洋人。孔毓珣奏称：

> 查各省居住西洋人，先经闽浙督臣满保题准，有通晓技艺愿赴京

效力者送京，此外一概送赴澳门安插。嗣经西洋人戴进贤等奏恳宽免逐回澳门，发臣等查议。臣思西洋人在中国，未闻犯法生事，于吏治民生，原无大害。然历法、算法各技，民间俱无所用，别为一教，原非中国圣人之道，愚民轻信误听，究非长久之计。经臣议将各省送到之西洋人，暂令在广州省城天主堂居住，不许出外行教，亦不许百姓入教；遇有各本国洋船到粤，陆续搭回；此外各府州县天主堂尽行改为公所，不许潜往居住；业会同将军、抚、提诸臣具题。其澳门居住之西洋人与行教之西洋人不同，居住二百年，日久人众，无地可驱，守法纳税，亦称良善。惟伊等贩洋船只，每从外国造驾回粤，连前共二十五只，恐将来船只日多，呼引族类来此谋利。臣拟将现有船只编列字号，作为定数，不许添造，并不许再带外国之人容留居住；亦经具疏请旨安插此两种西洋人。再，外来洋船向俱泊于近省黄埔地方，来回输纳关税。臣思外洋远来贸易，宜使其怀德畏威，臣饬令洋船到日，只许正商数人与行客公平交易，其余水手人等，俱在船上等候，不得登岸……

这样一来，十三行也就住下了传教士，但这却限制了他们的传教活动，只能保证其人身安全。至于"低贱"的水手，也仍旧上不了岸，只能留在船上。

可到了雍正十年，又出了反复。时任广东总督的鄂弥达上奏道：自孔毓珣奏准西洋人入住十三行后，他们并不安分，招党聚众，恐生事端，因此，特奏请先将外国传教士驱往澳门，等有该国船到再驱逐回国。同时重申外商不能带货物潜到省城内交易，各关口要严格盘查，禁止传教士及闲杂人到十三行，杜绝蛊惑人心，败坏风俗，潜生事端。雍正皇帝也就批准了这一奏折。

第二年，即雍正十一年，皇帝任命广州左翼副都统毛克明兼任粤海关监督，负责海关税务征收和稽查货物的责任。其时，副都统衙门在广州旧城内，而粤海关衙门在新城里，商行的船只则泊在西城外。毛克明为了便于征税，便将都统衙门移到了粤海关衙门内。

由于发生了"秋闱事件"，鄂弥达认为，外国船只过去是泊在虎门口外的，自康熙二十五年（1686）则移进黄埔，从而"迫近省城，一任夷商揭帆直入，早晚试炮，毫无顾忌，未免骇人听闻"，要求"饬令仍在虎门海口湾泊"。别说外商反对，行商也不干。所以，并没任何一条船停在澳门。

毛克明虽说是一介武官，可收不到税，也不干了。一方面，他严禁外国水手在广州内河放炮，另一方面，亦奏请雍正皇帝，称：澳门已租给了葡萄牙人了，如果其他外国人杂居澳门，引发事端就不好办了；而十字门属外洋外国商船来往怎么监督？他们勾结内地奸商走私漏税，又怎么稽查？而现在黄埔尚有左翼镇标水师营驻防，对外商就近稽查禁约，则更为方便，为了不影响税收，故请奏允许外国商船泊黄埔，作为广州贸易的外港。然而，雍正皇帝义正词严地朱批道：

> 汝所陈不便，皆税务钱粮之不便，未念及地方永远之便与不便也。

显然，雍正皇帝是从大处着眼，从道统着眼，从华夷之分着眼，继承康熙五十九年禁止中国人信外教的严厉作法，进而殆患到了对外贸易上。

出身汉军正蓝旗，历任兵部笔帖式、参领、佐领、查旗御使和城守副将，完全是行伍出身的军人毛克明，见此朱批，只怕内心极为不爽，他本就年迈体衰，很少管理关务，不出两年，也就一命呜呼，更管不了什么了。

于是，外洋商船能不能在黄埔停泊的问题，便一直在争议之中，年复一年。你争你的，我泊我的，外洋商船自顾自地在黄埔停泊，除非你派兵来拦截——却也不见有谁派兵来。

10%的课征，1950两的规礼银，是始终困扰行商与外商的问题。尽管行商，尤其是谭康官不断与官府交涉，可惜非但得不到解决，还要受到官府的责难乃至惩罚，与此同时，外商也不敢与他签约了，贸易本身也受到重大损失。

后来，在埠的全体大班，包括英国的、荷兰的、法国的、奥斯坦德和瑞典的，同意送呈一份联合请愿书，全面陈述所有外商的意愿，其条款如下：

1. 我们希望将皇上税率公布。

2. 我们知道，我们多年来所缴付的6%的附加税，是未经皇上认许的，如果是事实，我们将不再缴付。

3. 近四年来，我们被强迫缴付10%的课征，我们深信是未经皇上认许的，因此，希望将其取消。

4. 我们的买办，被迫缴付巨额款项领取执照，以致我们付出高价购办伙食。因此，希望他今后免费领取执照。

5. 每船缴纳规礼银1950两，为数过巨，我们相信，这是未经皇上认许的，因此，希望免予缴纳。

当时那位布政使兼代理海关监督不无恳切地作出答复，但他无权处理此事。于是，这次抗议亦不了了之。不过，这一努力并未结束，为日后的转机埋下了伏笔。

梁嘉彬在《广东十三行考》中提到，"溯自康熙六十年（1721）Macclesfield再至粤以来，广州海关需索层出不穷：每船，通事索费二百五十两，买办索费一百五十两，皆不能减少；至船只丈量费用则须三千二百五十两，其后亦不过减至二千九百六十二两而止。由是行商困苦之情不觉流露矣。广东贸易，初有所谓"百分三"之税，后又有所谓"百分四"之税附加于正税外，外商俱曾反对。其后再增至"百分六"，而反对愈甚；直至雍正六年（1728），更增设"百分十"之税，遂惹起外商强烈之抗争。是年冬季广东贸易情形，据英大班记载云："此地有号称'四大商'者坚持欧洲商船——除与彼等外——不得与其他商人贸易，并必须纳'百分十'之税。经大班等强硬反对，调停结果，允由行商代垫该项税金。此四大商为 Suqua、Ton Hunqua、Tinqua、Coiqua，皆与英商及他国商人早有交易，且彼此联合，并有粤海监督及其他大吏为之后援"云。

对谭康官，外商的见利忘义也是显而易见的，他们尤为势利。董事部在 1731 年和 1732 年曾热诚地把谭康官推荐给管理会，但他们从其本人处获悉，他的合伙人陈（芳）官最近去世，而他和上一任海关监督的"官司"仍然纠缠未清；而后者是"一位满洲人，他的同乡都高据要津，并时常是皇上的耳目"，他们决定，鉴于谭康官的困境是不能克服的，和他签订合约是不安全的。他的敌手秀官，上年已被新任的海关监督逮捕下狱，现在仍是一个囚犯。因此，大班们认为他们两人已被官员及其属吏敲骨吸髓，早已被榨干了，而且现在两人都被排斥于市场之外。大班等候并希望秀官获释，故直至他们快要离开的几天内，才进行调查尼什在 1730 年交易的行为。他们首先向那些与他们有来往的每个商人请求，并用各种办法劝诱他们，为秀官和尼什订约时的价格作证，但没有一个肯承认知道这个问题。然后他们向提出这个控诉的谭康官查询，但当"我们向他查询时，他说他对此事毫无所知"。后来，他们去找秀官的合伙人谭官及他的账房陈官，但"陈官用英语答复我们说，他们不知道关于尼什和秀官两人之间所订的价格，因为所有账本都在秀官手里，所以甚至谭官本人也不知道，除了秀官以外，没有人能够给我们一个真实和满意的账目"。后来用了惯用的方法，谭官得入监狱探望秀官，并报告说，"从他口里得不到什么，他说由于长期监禁，他很不适，不愿意谈生意"。内中的复杂性，外商自是无法理解，而事态发展的扑朔迷离，连行商也未曾把握得住。

雍正十三年，皇帝龙驭宾天。

到了乾隆皇帝登基，终于有了转机。

9

乾隆登基，取消"番银加一征收"

1736 年，25 岁的乾隆皇帝登基了。

每位皇帝上位，都有新的变化。作为"康乾盛世"的中兴者，乾隆皇帝自是雄心勃勃，要显示其盛世气象。自小对海外奇珍异宝入迷的年轻皇帝，对海上贸易颇为关注，要革除陈规陋习，显示天朝上国的气度，以及帝王励精图治的雄才大略。

外商是这样评价他的：这个新的统治者，当时是 25 岁，"是一位大天才、学者，他的坚强意志，正适合于对付危及中亚细亚大部分地区的困难"。晚年时，曾宽宏大量地接待马戛尔尼勋爵（Lord Macartney），不必采用其他藩属国贡使必须遵奉的卑下礼节。而现在，他正处于精力旺盛的青年期。他既然是君主，当然可以不必等候官僚的谏议，对现存行政制度迅速地执行一种公正的改革决定。

外商却也估计到，当皇帝专制的不可抗拒力碰上根深蒂固的有经验的官僚政治时，不可抗拒力便被阻挡，而终究会归于失败。

总督当时正准备赴京朝贺皇帝，而这项工作所需的款项，要比平常进奉的更多。因为要保住位置或升官，是以他进贡皇帝及朝中大臣的礼物多寡为转移的。英国大班初时似乎不曾预料这次朝贺与金钱的关系，到了后来才认识到。商人们草拟的禀帖内容，主要申诉不合理的 16% 的货物从价税，船钞之外附加的 1950 两规礼银。8 月 11 日，由当日在广州的英、法、荷大班联名签署。这也是早几年向雍正皇帝请愿的内容。到了当年 11 月 30 日，

　　商人从北京的邸报上知道，由于总督奏议，皇上钦准将不再征收 10%（这是几年来欧洲人从广州输出全部商品都要缴付的），亦不用缴 1950 两规礼银。圣旨不日即可颁发云云。

果然，四天后，圣旨正式到了：

　　朕闻外洋红毛夹板船到广时，泊于黄埔地方，起其所带炮位，然后交易，俟交易事竣，再行给还。至输税之法，每船按梁头征银二千两左右，再照则征其货物之税，此向来之例也。乃近来夷人所带之炮，听其安放船中，而于额税之外，将所携置货现银，别征加一之税，名曰"缴送"，亦与旧例不符。朕思从前洋船到广，既有起炮之例，此时仍当遵行，何得改易？至于加增"缴送"税银，尤非朕加惠远人之意。著该督查照旧例按数裁减，并将朕旨宣谕各夷人知之。所为"缴送"，即此"百分十"之税是也。

而经英国人译出，则"白话"化了：

　　英吉利及其他欧洲人等一应船只到广州时，其火药、炮位及各项武器例应交给官员，然后准予交易订约。待交易完毕，船只开行，再将其交还。至征税之法，丈量各船，每船征银二千两左右，再照例征其出入口货税。乃近年以来，不知何故，欧洲人将其火药、炮位及各项武器仍留船上，而别征货税 10%，作为自愿送礼。此事与向例不符。朕思从前欧洲各船到达黄埔，既有交出火药、炮位及各项武器之例，今特谕令，其后欧洲各船到达黄埔，仍应将其交出。至向外国人征收 10% 作为礼物，尤非朕意，为此特谕，著该总督于到达广州时，

与巡抚、监督会商办理。

比较一下亦有点意思。

尽管圣旨说得很明白，可海关监督固执地声称，这个突然的更动，本季不能适用，只能在下年实行。他要大班照常缴付船钞的金额及 1950 两的规礼银。而对商人征收全年贸易额的 10%，翌年将会全部改善；而外国贸易者，必将获得特殊的照顾。

海关监督日后是一个非常重要的职位，总督对他的管辖权极小，但在 1736 年，总督仍保有后来才丧失的财政管理权。他已经将海关监督的利益削减，即将海关监督从进贡北京礼物中所得的份额减少，而他无疑已察觉到面临斗争。大班对此毫无所知。他们把这种逐步增加的勒索，只当做海关监督为了个人钱包的利益而进行的掠夺。他们把上谕当做公正的高贵的行为，认为这是他们有权接受的赏赐。他们认为必须向他谢恩，他们寻找一种比表示尊敬的礼物更加伟大的方式，来对这位全能的皇帝表示感激。他们准备了这样的礼物表示他们的谢意：只指出船只要交出军火不是旧例，因此，他们请求将来可以不需要这样做。就在这段时间，他们感受到一种不愉快的惊讶。法国主任迪韦拉埃召集全体大班开会，并通知各人说：

是谭康官（他此时又出现）设法叫总督获得皇上谕旨废除 10% 的税。因此，谭康官说，我们既然在这个谕旨上得到这样大的好处，就必须对为此事出力的胥吏给予一些答谢，各人对这一点似乎都同意。但问及怎样办时，他说他和胥吏在北京花了一大笔钱，而他已为他们付出了一些钱。他曾经同意给他们 30000 两银，他和商人负责 15000 两，他相信欧洲人一定愿意拿出余下的 15000 两，今年停泊黄埔的欧洲船共 10 艘，每艘只不过摊还 1500 两，但每船明年可以节省 2000 两。他又通知各人，他已另外拟就一封信是关于 6% 的税、规礼及枪炮、军械搬上岸等问题的，送呈总督。由于他明天就去见总督，他希望立即将款付给他。当询问他所要求的款项数额，能否获得他刚刚提及的各项利益时。他说30000两只是已废除10%的费用，至于其他各项，就另外要钱了。他的索费过巨，没有人同意缴付，谭康官对这一点似乎大怒，会议解散。

显然，虽说有圣旨，但各级官员并不愿一下子放弃所有的既得利益，仍在锱铢必较，这本是官场中的惯例或恶习了，不在圣旨实施前狠狠敲上一笔，又怎甘心？

谭康官的"似乎大怒"，则是不得已而为之。其实，从内心而言，他并不愿为总督的敲诈充当这样一个尴尬的角色。

其时，法国尚是君主制，法国人自对中国的政治内情有较真切的了解，所以不反对将钱送缴；但英国人和荷兰人无疑有些天真，只期望获得全部公平，既不谈金钱上的好处，也没有实际缴付。12月8日，英国人在一次会上通过，

无论如何，不能将这样的款项交付或委托谭康官，但写了一封信感谢总督的仁政是适当的，并向他申陈从前欧洲人贸易的情况，请他再施恩惠，利用他在朝廷上的威信，奏请皇上对欧洲人施行德政，废除6%的税和规礼，尤其是废除他们未贸易前就要将船上军械及军火交出的规定。

为了实行此事，他们草拟信件并请迪韦拉埃译成华文。但谭康官干脆拒绝进行此事，

因为他担保给予胥吏15000两，除非我们全体欧洲人付给他这笔款，使他能够履行诺言。

12月27日，法国主任决定交他的份额3000两，但英国人和荷兰人仍

迟疑不决，直至 1 月 7 日，他们才决定交付，英国人 6000 两，荷兰人 3000 两。关于这件事有如下记载：

> 如果下次再有要求东印度公司（英国）船只抵达此地时，将炮及军火交出，则上述的 6000 两由谭康官偿还大班。

而外商给本年管理会的汇报是这么写的：

> 我们乐于通知你们，去年 12 月 1 日，皇上在此公布律令废除 10% 的税，这个成就是由于欧洲人向总督申述的一个备忘录，有谭康官亲自向他及其胥吏请求的，谭康官要求每船交出 1500 两，以酬劳胥吏及其他人在朝廷上为此事所付出的费用和辛苦；但由于律令上包含有命令我们将军火交出这一条，我们答应只有在这种条件下才肯付款，即谭康官或者下一年为我们在律令上取得特准，取消这一条，否则就要将公司船只所交的款偿还……他还说，他自信可以用同样办法，取消 6% 及 1950 两规礼的绝大部分，但必须保证付给办理此事的人的花费及酬劳，他又说，给我们自由进入和合理要求的大门已经敞开，应该用小费就能保持得住，我们不能设想朝廷的大臣会替我们白干的。

所有这样美妙的景象，得以实现的很少。谭康官已收到为废除交出军火一条的款项，但没有上呈要求。10% 已取消；但"哈里森"号的大班记载，它的减免，似乎没有降低货物的价格。"萨斯克斯"号和"温切斯特"号订购的武夷茶每担为 13 两银，但这是其他船只还没有到埠以前签订合约的；而他们的丝织品是老价钱。至于他们其余的奢望：

> 我们要求减免的 6% 及 1950 两的规礼，但他（海关监督）向我们说，由于皇帝上一年已取消 10%，现在再向他有任何请求，都是不合时宜的。

毫无疑义，减免不是皇帝即国家规定的苛捐杂税，对于吸引外商来中国贸易，无疑是一大举措。但是，雍正皇帝在位时就提出来，其风险之大是可想而知的。而刚登基的乾隆皇帝，在显示其怀柔远人的胸怀之际，行商及外商的这一努力，也就水到渠成了。所以，时任两广总督的杨永斌特向乾隆呈报：

> 皇上特旨裁减，仰见圣主怀柔德竟无远，弗（法）国夷商仰休恩波，无不欢欣踊跃，叩首焚香，实出中心之感戴。

我们不难看到，谭康官在其中所发挥的作用，同时，也可以看出他在商行中的名望与地位。

他甚至告诉外商，皇帝宝座前，三跪九叩是改不了的，但对总督之类，则不必如此。外商这么做，弄得总督也改变了主意，上了肇庆而不来广州了，免得遇上外国人不跪而丢面子。那时，两广总督府还设在肇庆，广州仅是一个商业城市。

从谭康官对外商告之这些，亦不难看出他对总督的狐假虎威、作威作福深为鄙视，并借此巧妙地扫了总督的威风，也算是出了一口恶气。此时，不知所谓"华夷之分"的陈腐观念，在谭康官头脑中是否还存在。

可以说，从康熙末年，经雍正至乾隆初年，谭康官在十三行中举足轻重，甚至是这三、四十年间最主要的行商，并不亚于后来先后担任过商总的潘、卢、伍等家。潘家是在乾隆中期渐成气候的，并成为历乾、嘉、道几代的主要行首，而在他之前，则应是谭康官，亦历康、雍、乾三个时期。可惜，由于后期资料好考，潘、卢、伍的作用很是突出，而位于前中期的则疏漏不少，务必尽力补上，否则，这样一部历史，就很难说是完整的。

前面的叙述已为我们展现出雍乾初期行商与洋商之间"贸易混乱"形成的全貌：先是康熙后期准备成立的"公行"，因外商的反对及主张者的失势"无疾而终"；而后是雍正一年放松南海贸易，雍正五年正式宣布废除对南海贸易的禁令，雍正七年，酷吏杨文乾为垄断关税实施了10%缴

送，因外商反对而转嫁到行商头上，而此事最终导致杨文乾的"丁忧"与
猝毙；此后，新来的监督祖秉圭又与寿官勾结，同不法外商再试图垄断十
三行，谭康官被迫向东印度公司告状且因此被通缉，历来痛恨官商勾结的
雍正皇帝及时明察此事，警告祖秉圭"小心脑袋"，并收押了寿官；最后
乾隆登基，立即取消了10%缴送——这些"混乱"，非常明显地表现出一
种开放的态势，对垄断与贪墨一次又一次地抵制与粉碎。如果沿这样的趋
势发展下去，中国开放的格局显然不同。然而，历史却每每有太多的或然
率。每当开放出现突破时，却往往被清廷统治者实行的限制政策而扼制，
正如英国使者马戛尔尼所说："这条中国龙时而安详地展开它的身躯，时
而因不安而缩成一团。治与乱的无休止的循环组成了一部不变的历史。"[8]
也正是由于清廷这种保守的不彻底的开放，注定走上限关锁国的道路。

　　而另一方面，正由于中国表现出来的开放态势使得洋商产生错觉，认为
清廷统治者是开明的君主，因此打算让皇帝下令开放更多的中国贸易港口。
最突出一件事情便是英吉利大班洪仁辉上告皇帝并且在宁波等地进行贸易之
事，但是事情的结果却是皇上"强行规定外洋诸国此后只准在广州一地贸
易，不得再赴宁波等地"。洪仁辉得到的是一个"一口通商"的相反结果。
这样的结果对于不习惯中国思维的西欧人来说是意想不到的，可是对于行商
来说则是意料之中的事。洋商们看到清廷统治者所做的一些开放政策便不加
分析地从他们那重视经济发展的角度出发去揣测清朝统治者的想法，理所当
然地认为清廷统治者是开明的，可是他们怎会知道这仅是皇帝为了表示"怀
柔远人"的政治外交手段，其背后的真正用意在于维护中国封建专制统治。
这在一定程度上间接地反映出封建专制主义在中国是根深蒂固的。

　　雍乾时期，西方国家进入近代资本主义社会，使得他们必须通过不断
扩大商品贸易来生存和发展。"资产阶级，由于一切生产工具的迅速改进，
由于交通的极其便利，把一切民族甚至最野蛮的民族都卷到文明中来
了。……它迫使一切民族——如果它们不想灭亡的话——采用资产阶级的
生产方式；它迫使它们在自己那里推行所谓文明制度，即变成资产者。一
句话，它按照自己的面貌为自己创造出一个世界。"然而西方国家的变革

并没能影响到中国，甚至是法王路易十六之死也没能改变清廷统治者的封建专制思想，反而让乾隆萌生进一步加强对民众专制统治的想法。会形成这样的差别，很大程度上在于欧洲封建社会中教会神权是最高权力，皇帝仅是"世俗之剑"的持有者，而在中国，皇权则是至高无上的。虽然，中国的统治方式曾受到法国启蒙思想家伏尔泰的认可，但是伏尔泰并没有看到中国的实质，其实也是封建的专制体制，只不过是由现实的人来统治，而不是虚拟无形的神。所以在经历了14—16世纪的文艺复兴及宗教改革运动之后，欧洲封建教会退出主导地位，近代资本主义社会顺利地发展起来。可是中国的情况却与之相反，"中国的皇权自秦始皇之后一直在加强"。

总之，以谭康官为代表的雍乾初期十三行行商为坚持国际公平自由贸易原则与洋商之间的"贸易混乱"，及与海关监督之间的矛盾冲突，以及清廷统治者处理这些"混乱"时所作出的一些开明政策，或多或少地反映出清廷的开放姿态，但是当这种开放触及到清廷封建专制统治安全时，就只能牺牲开放来保全封建统治，这也就是为何当英吉利大班洪仁辉希望中国进一步开放通商口岸时，却反而得到皇帝限关锁国的答案。同时那一时期出现的历史逆转现象尽管在现在看来是违背时代发展规律的，是不利于国家发展的，而且由这逆转导致的恶果历史后来也一一证明了，但是，值得注意的是在当时那个封建专制社会历史环境下，它是必然会发生的。此外，还需注意雍乾初期十三行是作为一个进步因素而存在的，那一时期的开放态势在很大程度上是从十三行身上表现出来的，尽管最终没能阻止历史逆转，但是在一定程度上，在一定范围内还是积极地推进了中国的发展。哪怕在"一口通商"的限关锁国政策下，十三行行商的商业行为，乃至他们有意无意地把世界先进的启蒙思想、人文主义带进来，都说明了，对于封建帝制而言，商人无论如何都是"一个革命的要素"。

外商对当时的行商是这么评价的：

听说谭官是富有的，但我们不认为他是最有商业才能的。

廷官对我们很忠实……我们对他有好评，如果他做了什么坏事，我们相信他的罪过是由于不得已，而不是由于他的坏主意。

我们和老衮官（Old Quinqua）交易，他往常对我们都很好。

启官在丝织品方面是超越其他所有商人的……在这种货品上，我们相信他是忠实的。

显然，外商对他们的诚信，是有着不俗评价的。

谭康官不仅恪守商业诚信，对无辜的法国主管也努力加以保护。这一事例，也从旁证明，为何法国人善于接受行商的提议，而英国人等，则每每固执地依他们自己的"原则"办事。也许，当时法国同样还是君主制。及至路易十六上了断头台，乾隆皇帝亦颇有兔死狐悲的感慨。

在族谱上，我们找到了谭康泰、谭康举二位的名字，同是谭氏入粤的十五世。可惜的是，族人始终恪守旧的传统，商不入谱，故他们的商业成就一字未提，仅在民间口头流传的故事中，有不少精彩的细节。

接毛克明任海关监督的郑伍赛，连同广东巡抚杨永斌一同上了奏折，公布严防外船勾结内地商民走私漏税的八项措施：

（一）严令虎门对进出船只一律严查，以杜绝走私途径。（二）禁止黄埔深井村民盖篷寮与外人买卖食物。（三）禁止外商私雇中国仆人，如查出，连行商一并追究。（四）鼓励汛弁查拿走私夹带船只。（五）不准省城商馆区湾泊小艇，以防引诱走私。（六）凡运货到黄埔装货，押船人役在外商落货之前先验明船舱，随后将货箱堆实，不许留舱缚。（七）严令洋商管束各夷船，禁止水手上岸放枪打弹，惊扰居民。（八）地主官员如串通夷商走私，即行严处。

细读这八项，严是严矣，可却以"严令"的方式，默许了"黄埔装货"，也就是外国商船停泊黄埔。

朝廷不知是装糊涂，还是没看出来，却也批准了这一奏折。看上去，停泊黄埔虽说未曾"合法化"，却已是既成事实。但争论还在继续，可那已是纸上谈兵了。

凭此，不难看出，这个"垂直领导"的封建专制政权，从中央到地方，尤其是到广东，也难免有诸多的脱节。上有政策，下有对策，说归说，做归做，各有各的调，也各有各难为之处。

争论持续了又一个 10 年。直到乾隆六年（1741），广东巡抚黄安见这么争下去已毫无意义了，索性向乾隆皇帝奏明，就这么回事了。这回，皇帝算是开通了，最终明确同意让外洋商船继续停泊黄埔。"继续"二字，妙哉。不过，尽管得到了御准，但这一事件并不曾也不会真正了结。"继续"只是承认了沿袭的已有事实，至于后来的变化，那就难说了。

7 年后，即乾隆十一年（1746），由于海上霸权的易手，西班牙一度吞并葡萄牙 60 年，而英国、荷兰更先后称雄于东南亚，葡萄牙国王竟然颁布了不许英、荷、法等国商人入住澳门且在澳门贸易的禁令。

这边，清朝政府不少人尚处心积虑要把这些人赶到澳门，这下子可就来了个针尖对麦芒了，那些从澳门被赶往了广州以及所有来广东贸易并需留下来处理事务的外国商人，在十三行"列屋居住"，这还了得。待当局察觉，住下的外商已经难以计数了。

这让清廷恐慌不安，本来，于他们而言，广州是南方大省的省会，乃政治、军事、经济的中心，而澳门，则已租给了葡萄牙，也就归其管理了。所以，让外国人入住澳门，不仅省心，而且安全得多，如住广州，往后的麻烦可少不了。

广东当局下了一个正式的公函，以天朝上国的威势，通知澳门当局：经中国官府特许的外国商人可以在澳门居住。这不由澳门当局不"奉旨"。

尽管如此，"麻烦"果然还是出了。这"麻烦"却不那么简单。

5 年之后，乾隆十六年（1751）五月十日晚上，一艘外国商船开进了广州，要在十三行进行贸易。广州人一看船上的旗帜，便称"荷兰鬼"来了。

这回，"荷兰鬼"来得不简单。平日，商船西来，历好望角的惊涛骇浪，跨印度洋万里长波，过南中国海明屿暗礁，一般只有男人才消受得了，这当水手的，也都是清一色的汉子。对于"华夷之大防"的清廷而言，自是犯不着再来个"男女之大防"了。却没料到，这条船，竟载来了三位金发碧眼的"鬼妹"。

不知是大班的眷属，还是半途上船的相好，总之，衣着打扮，称得上"花枝招展"，一举手一投足，绝无"话莫高声、笑莫露齿"的禁忌。这让中国人看来，实在是太放肆、太怪诞、太不可思议了。三位女子，在广州同大班们上岸后，竟住进了瑞丰洋行。

来了三位"鬼妹"的消息，立时不胫而走。自有那市井好色之徒，添油加醋，说得绘声绘色，以至引发了饱学之士的义愤：这还了得，"鬼妹"竟踏上我天朝上国的领地，到处招摇，实在有伤风化。尚开此先例，便不可收拾了，国家还会是国家么？

自称皈依了儒学的清廷，对旗人自少约束，可对汉人则处处严加管制，这回，对外夷，更是不能掉以轻心。

于是，当局很快便通知荷兰的商船，务必将三名妇女速遣返回国。而且专门发出通告：

> 为杜绝将来再有此类事件发生，嗣后夷船到澳，先行检查，如有妇女，即令就澳而居。否则，进口之后，夷人船货一并驱回。

好呀，你要带女人进来，我就连人带货，统统给赶回去！

过去，能否带妇女到中国通商口岸居住，并没有作出过任何规定。可这一次之后，外国商人到十三行交易货物，船上的随行妇女，也就只能滞留在澳门，或者留在船上不下来了。

这也算是"禁泊黄埔"主张者的一个小胜吧，船禁不了，男人禁不了，女人可以给禁了！

十三行的西洋景，这也算是一绝。

10

"天子南库"的美名

开海，还是禁海？

即便在所谓的"康乾盛世"，这一争议也始终未停止过。之所以后来留下广州"一口通商"，也仍是这一争议妥协的产物。十三行正是在这历史的夹缝里忽盛忽衰、忽荣忽辱、忽上忽下，显赫者，富可敌国，却立即可以忽喇喇败灭，镣铐加身，流放边陲，或自行解脱，一命归天。政局的无情，甚于大海上倏忽而至的飓风，防不胜防，纵然有好的舵手也无济于事。

18世纪，西方正经历资本的原始积累，在海洋上的扩张亦已告一段落，各自的势力范围及殖民地都已大体确定，就余下一个外表上仍威风凛凛、内囊却早已掏空了的东方大帝国——清王朝。那边，正处于上升时期，向巅峰发展，而这里，却正好走下坡路，从巅峰上急速下滑，哪怕现在的势位比人家还高。据统计，当时大清帝国的财富仍居世界第一，可也逃不了覆灭的命运。此时，列强已虎视眈眈，觊觎这块肥肉了。尽管雍正七年，皇帝已颁布了法令，禁止鸦片买卖，违令者，处以100棍，再戴枷以游街示众。然而，他并未意识到鸦片的危害，不曾对鸦片进口加以限制，更没有惩罚吸鸦片者，他老人家断没料到，就因鸦片，改变了后来对外贸易的形势，顺差变作了逆差，最终导致一场世界上最为龌龊的战争。此是后话。这与开海还是禁海之争已不是一回事了。

清王朝以天朝上国自居,对世界格局的演变所知甚少,对完成了资产阶级革命的欧洲各国的殖民主义野心,更是不甚了了,连印度、南洋各国已为其瓜分的事实,也稀里糊涂。人家早以那里为基地,企图向中国渗透了。

而清政府所关心的,却只是华夷之分、礼仪之争,认为那才是动摇一个正统政权的名分、威胁到国家体制的问题,殊不知道经济是一切的基础,经济上的衰退才是致命根本。于是,后来100年,才有那么多跪拜仪式上的笑话。所以,禁海才是其立足点。

可一禁,清王朝奢侈的费用又从何而来?宫殿中的奇珍异宝又从何而来?海洋贸易是国家税收的重要来源,是少不得的,要全禁了,被誉为"天子南库"的广东也就再没东西可提供了。

也正是出于这一矛盾的心态,当新皇帝登基之际,一方面,力求活跃海上贸易,减免粤海关税费;另一方面,则实施"一口通商",以限代禁,好控制局面。

乾隆元年(1736),新皇帝登极。大学士张廷玉、户部尚书兼内务总管海望、步军统领托时、左侍郎李绂、两位左侍郎申珠浑、赵殿最等大臣,集体上奏乾隆皇帝,要求减免粤海关税费。奏折是这么写的:

> 臣等因前任业已奏报归公,是以遵循照收解部,但既收正税又缴规礼未免重叠,似应敬请邀恩悉予减免。以上各项,每年约共免银八九万两不等。

内阁折腾了近半年,直至十月初四,乾隆皇帝终于作出决定,废除其父雍正时期所增加的全部额外税,而且下令,出入口关税,不得超过其祖父康熙年间所定的税率。

清朝粤海关每年税收上邀情况,历代皇帝都是要亲自阅批的,丝毫马虎不得,谁也不敢漏报,否则,要小心翎带顶子了。所以,地方上的收入,都靠"规礼"、"缴送"来解决,而"规礼"之类,随意性大,则成了地方官吏贪污勒索的借口,为此,除没做几天便死了的毛克明外,粤海关的监督可以说是无官不贪了。

乾隆皇帝削减"缴送"税银，在暂居于十三行夷馆中的外商中很快便传开了，这让他们兴高采烈了一阵子，传回去，也令来中国的商船增加了不少。他们也感激这"皇恩浩荡"，少不了要歌功颂德了。

尽管广东地方官员，尤其是粤海关，为了保证地方上的收入，哪怕是"上谕"，也都阳奉阴违，但上述毕竟是一个利好消息，所以，乾隆初年广州的商船、商品，都年年递增，在乾隆五年之前，"报解之数均不过二十四万两及二十五六万两，至乾隆六年始增至二十九万六千两，乾隆七年又增至三十一万两"，增加幅度约三成，很是可观。"天子南库"的美誉也就由此而来。

只是，这一松动，顽固派也就不舒服了，总要寻点是非。

从康熙二十四年（1685）至乾隆七年（1742）清朝"开海"贸易已半个多世纪了，这一期间，除开外商到中国东南沿海贸易外，不少中国商人，也趁这个机会，驾船出海，乘出洋贸易之风到南洋各国谋生。这本是很自然、很普通的事，有来有往呗。过去，在汉唐，已大有人在外。可到了明清二朝，却被认为"悖逆"，大失国体。尤其是乾隆初年，外国商船来的多了，中国人趁机外出的也就更多了，这下子，朝廷里的非议也就来了。清王朝也就为是否再度禁止海洋贸易展开了争议。

以兵部、后任广州将军的策愣为一方，坚决认为，一定要禁止南洋商贩所进行的贸易，否则后患无穷，大伤朝廷脸面。以御史李清芳为首为另一方，则提出，"暂停各国买卖，南洋各道不宜尽禁，照旧听其贸易"。都是"禁"，只是幅度不尽一致。

乾隆皇帝虽说年轻，却没有听是风就是雨，而是下旨道：

> 将禁止商贩于沿海贸易，商民生计有无关碍，一并交与闽、浙、东、广督抚逐一详查议奏。

身处广东，直接面对开海贸易的两广总督庆复，自是深知这其中的利害关系，一接着圣旨便马上上奏朝廷，具陈道：

> 南洋贸易商贾各挟资本，子母营利，粤东一省，舵水万人，皆食外城米粮，各谋生计。今若遽议禁止南洋贸易，内港之商船固致失业，外来之洋艘亦皆阻绝信。如御史李清芳所称，内地土产杂物多至壅滞，民间每岁少此夷锱流通，必多困乏，游手贫民俱皆待哺，内地生计维艰。虽各省关税缺额，每岁不过数十万金，苟于商民生计有益。我皇上子惠元元，每颁蠲赈，动辄数十百万，该御史所称税额有缺之处，何屑计此盈亏。但损岁额之常兼致商民之困，就粤省而论，于商民衣食生计实有大碍。

广复这一奏折，以"衣食生计实有大碍"震慑住了朝廷中那些饱食终日、无所事事的家伙。当乾隆皇帝要求议政大臣进行商议时，他们谁都怕断了商民"衣食生计"惹出大麻烦，于是，朝议一番，便又再得出结论：还是得继续"开海贸易"。

这一回合"开海"的力主者是胜了，但是，朝廷受了这一次动荡，对"开海"始终摇摆不定，疑虑重重。自命为天朝上国，却又无汉唐豁达大方的胸怀；表面上架子摆得很足，内心里却蛇鼠两端，无半点大国气度……愈是这样，就愈会造成精神上的畸形，虚浮的膨胀与实实在在的萎缩成了巨大的反差——这，当又是"康乾盛世"的历史真相。

也就是"康乾盛世"这100多年，西方因资产阶级革命而勃发的经济、文化乃至军事，迅速地超过了这个东方大帝国。

十三行行商，当以南番顺即广府的中心区域的商人为主，自古以来，这里便是商埠旺地。"忧贫"而非"忧道"，为北人所诟病，但是他们不在乎；而宋元易朝，明清交替，这里的反抗却比内地为烈，可见，"道"亦为其忧，且不惜捐上血肉之躯。故十三行商人，一般有血性，有文理，而非唯利是图者。南，南海也，世界巨富伍秉鉴便是这里人；番，番禺也，十三行排行之首潘启官便是落籍于此。当然，原籍则福建，"出身"当是福建海商。顺，乃顺德也，我家于此，而顺德的十三行商人，则占有相当大的比重，其间，又以龙江的最多，龙江乡志上倒是有过记载，故民谚中有"十三行馆，龙江商号"。除开十三行外，龙江人经营钱庄也是有名的，上海、香港的钱庄少不了他们。当然，除南番顺外，中山、五邑亦有不少行商在十三行，甚至客家人也有，其中骆姓的便是粤东的客家人，后来写十三行长篇《蜃楼志》的"庾岭劳人"亦应是那里的客家人。十三行起落沉浮，进进出出的行商当数以百计，如今的资料尚不全，疏漏的自是不少。

　　顺德，如今是南粤"壮县"，多少年一直雄踞全国百强县之榜首，人们熟知的美的、格兰仕、科龙等电器便出在顺德。顺德制造、中国骄傲——这是当年评选出的顺德形象名句。顺德的制造业，虽说在 20 世纪30 至 70 年代一度沉没，但在 19 世纪末 20 世纪初，却是独占中国制造业鳌头，当时，全国共有大型工矿企业 116 家，广东有 38 家，其中 36 家在顺德。当时上海、天津两地产业工人之和为 50000 多，可一个顺德，就高达 60000 多，超过两市之总和。制造业外，银行业也是独领风骚，顺德金融业乃全国之冠，业务遍及世界各地，非山西票号可比。当时说的"广东银行"，其实便是顺德银行。时到今日，香港操金融业牛耳的，也仍是顺德人。改革开放之初，顺德一跃成为"广东四小龙"之首，当是有其厚积薄发之故。长期形成的商品意识、市场观念，正是顺德人无形的财富，一旦有了机会，便会"猛龙过江"，成一方气候。当然，"四小龙"中另三位，即中山、南海、东莞，亦各有优势。我把顺德厚重的历史，称之为"前世"，并在一部著作中，对这"前世"加了两个"注"：

　　　　一是海洋商业文明。这可以说在珠江三角洲历史悠久，宋代，中国本就是一个海洋大国，而宋代的市民社会，也相当成熟，商品经济十分活跃，可惜由于元、清二朝，游牧民族南下，一次又一次地破坏了这正在发展中的商业文明，但积蓄在民间的海洋意识、商品观念，却无法根除，所以，一有机会，便全顺风勃发了起来。所以，清末民初，顺德也就成为商品经济最为发达的地区之一。

二是民族情怀。且不说在抗元、反清中，顺德涌现了多少民族志士，这里只说顺德的工业，无一不是标志以民族品牌，这与华侨在海外深深为祖国积弱挨打而忧虑有关。他们之所以到国内兴实业，便是要抗衡帝国主义列强对中国的掠夺。"实业救国"的主张，正是为的振兴中华，强国富民。因此，民族工商业在顺德的影响巨大！尽管他们一直都受到来自外面的帝国主义列强，来自国内的官僚资本的双重夹击与盘剥，却仍顽强地生存下来！

　　谭湘有《子陵台》一诗，读毕沉吟良久：

子　陵　台

云移碧树走滩声。

台峙中流独钓名。

五夜星辰疑太史。

一竿烟水老先生。

芦花两岸浮孤月。

锦秀高峰逼太清。

汉代只今成底事。

滔滔千载故人情。

　　千载故人情，在我，却是冥冥之中遂了先人的安排：谭湘名湘，他可知道，他后人的我，却在300年后，成了地地道道的湘人，在湖南读小学、中学、上山下乡，当编剧、当作家，直到43岁，才算回到广东，一口湘语，自比粤语流利得多……自然，文章的风格，大有"楚狂人"之遗风（亦为曾镇南语）。"汉代只今成底事，滔滔千载故人情"，他凭吊的，自是汉民族当日之厄运……今天，重新解读十三行，我又能对他说什么呢？

　　来自瑞典的"哥德堡"号，在十三行的历史上是赫赫有名的，这倒不是因为它大、载货量多，即在瑞典东印度公司所有船员中，它排不上老大，更没法与英国等的商船相比。它的出名有二，一是它的罹难，返回瑞典，历万里波涛安然无恙，却在小河沟里翻了船，沉没在离哥德堡仅1公里的近海，留下了无数的"海底宝藏"让后人发掘；二是260年后，"哥德堡"Ⅲ号，重走海上丝绸之路，再度来到广州原十三行等旧地，再续瑞中海上丝路的佳话，引起了方方面面的关注，广州还举行了盛大的欢庆仪式，十三行的后人们，扶老携幼，重登这艘名船，重睹祖先们给瑞典商人的名贵瓷器、茶叶。

"哥德堡"号，当年曾三次到过广州：第一次是1739年至1740年，即乾隆四年1月至第二年的6月；第二次是1741年至1742年，即乾隆六年2月至第二年的7月；第三次是1743年至1744年，即乾隆八年3月至第二年9月，这是灾难之旅行，所以是最后一次。

而瑞典东印度公司的广州之行，则持续有129次。巧合的是，"哥德堡"号来的这几年，正是乾隆初年，海上贸易节节攀升的黄金时段，而瑞典正值战后复苏中，双方相得益彰。而在1736的乾隆元年之前，该公司用的大都是外国造的船，就从这一年开始，短短25年间，瑞典的造船场数目一下子增加到7个。在这之前，瑞典海运商船不到500艘，到1770年（乾隆三十五年）便猛增到了900艘。船的吨位则从第一艘出航的400吨级，迅速发展到类似"哥德堡"号这种有三层夹板、吨位达1300多吨的，当时称得上世界先进水平的远洋帆船。

"哥德堡"号是瑞典自己制造的，造船的特位诺瓦造船厂就在瑞典的首都斯德哥尔摩。船长42米，总长为58.5米，水面高度47米，排水量833吨，18面帆共计1800平方米。及至260年后重到中国广州的"哥德堡"Ⅲ号，有几个数字与此完全一致。船总长58.5米，桅高47米，船帆面积1960平方米……

1743年3月14日，在莫伦船长指挥下，"哥德堡"号从哥德堡市出发，这是它第三次开往中国广州。没多久便在挪威附近遇上风暴，而且一个接着一个，有的水手顶不住，生了病，有两位最终死掉。直到4月9日，才开出挪威英国水域，天气好了，可以顺利绕过苏格兰和爱尔兰岛，进入大西洋，4月17日，"哥德堡"号抵达了第一个停泊的港口——西班牙加的斯。在那里，他们务必把船上的货物换成西班牙银元，就如前边说过的，中国人只认白银。而西班牙的银价又比欧洲其他市场的价格便宜得多，所以，这一站是至关紧要的。

5月6日，即半个多月后，银元充足了，"哥德堡"号又起锚了，这回，要直奔非洲的好望角，半途中，差点与海盗遭遇，直至升上瑞典旗，海盗门才掉头转向，溜了。6月28日，终于到了闻名的"好望角"。7月2日，从开普敦港边上开了过去。一路上不曾停靠任何港口，横过印度洋，于8月28日抵达爪哇岛。

稍事休整后，9月12日，便向南中国海进发，但一路上淫雨不断，水手又一个接一个病倒了，食物、淡水又不足，只好于10月4日折返，17日重返爪哇，在爪哇北训万丹停泊。

爪哇当时是荷兰殖民地，就在"哥德堡"号到达之前，荷兰殖民者推行排华政策，下令逮捕所谓失业和无证居留的华侨，1740年7月，更下令监禁所谓可疑华侨，10月19日，又借口搜查华侨是否藏有武器，实施种族灭绝的大屠杀，被杀害华侨达一万以上，烧毁房屋600余间，由于杀人太多，鲜血把溪水都染红了，所以，历史上把这次反华事件称之为"红溪事件"。华侨不得不拿起武器，进行自卫，转战中爪哇，且与当地人民联合反抗，一直坚持到1743年。

所以，荷兰殖民者一直如惊弓之鸟，对这艘要去中国的瑞典船戒心重重，更是拒绝任何国家船只进入巴达维亚港（今雅加达，也正是发生"红溪事件"的地方）。"哥德堡"号要求停泊，又是被警告，又是被质问：有什么不轨，是必付诸军事行动……几经反复，直至第二年1月10日，才在巴达维亚港口泊下。

这一停，就停了5个月，直至5月28日，"哥德堡"号才再次出发上广州。南中国海，竟又让他们走了整整3个月，终于在这一年的9月8日，开进了广州的黄埔港。这一路上的艰辛，几乎难以形诸笔墨。

当然，他们不会知道，清朝政府对"红溪事件"中死难的华侨持怎样的态度，清政府不仅不闻不问，甚至斥责到了海外的华侨是叛贼、"天朝弃民"，杀之不惜……竟对这一大屠杀不予追究。

这边，瑞典人陆续与十三行各家商行理顺关系，到11月初，大班塔布图开始将大批的商品押送上码头。瓷器被吊进底舱，是一箱箱珍贵的青花瓷，瓷器重，又不怕海水腐蚀，所以可放在底舱当押舱物。专门经营景德镇瓷器的谭官，少不了有一份。这是除开茶叶之外，最大的一宗货了。瓷器在欧洲市场很受欢迎，除了茶具外，花瓶、花碗、花碟、各式餐具、器皿，都是精美的艺术品。而来自景德镇的青花瓷，在欧洲的销路最广。

到月底，哥德堡号当是满载了。可离港的许可证却迟迟办不下来，中国官员，尤其是海关上，腐败却是出了名的，不得不打点一下，赶紧起航，否则，就赶不上返航的季候风了。万般无奈之下，大班也只好"出出血"，与船长莫伦准备了一大笔计划外的"礼金"送出去，于是，船很快便被放行了。

1745年1月11日，哥德堡号终于离开了广州，扬起了风帆，要回国了。对于十三行商人讲信用，他们很是感佩；而对于中国官吏们的贪墨，他们更加有切身感受。好在一切都结束了，现在，船上装了大约700吨中国货物，其中有茶叶370吨，瓷器约100吨，计50万—70万件，其余200多吨则是中国的丝绸、藤器、珍珠母等，这要到哥德堡市场拍卖的话，可以值西班牙银元200万—250万块。对他们而言，此行当是赚得了摇钱树。

记得，早几年，也就是"坎贝尔"的处女航带回的第一批从中国运返的商品货物，拍卖之后的收入高达瑞典币90万旧克郎，而国家所收的关税才2000克郎，海关税率仅有千分之二点二。有人甚至说，瑞典东印度公司一艘商船赚到的利润，竟相当于当时国家一年的国内生产总值。东印度公司的发展，带动了整个哥德堡乃至整个瑞典的发展。当时的哥德堡人口不到一万，由于对华海上贸易，刺激了工业的发展，不仅造船厂，连带各类采矿厂、加工厂、制造厂也都纷纷建立起来，哥德堡迅速成了那个时代瑞典的商业与运输业最繁荣的城市，也成了北欧的重要口岸。瑞典在外贸带动下，迅速城市化、工业化，在几十年间，又成了欧洲一个经济中等发达国家。

回去的时间比来时短得多，仅仅 8 个月，200 来天，只及来时的尾数——那是整整 18 个月呀。而且，一路上顺风顺水，穿越了南中国海，横渡了印度洋，绕过了好望角，6 月抵达大西洋阿森松岛补给淡水和养料。9 月 6 日，便进入英国多佛港，作了再次补给……

1745 年 9 月 12 日，哥德堡市众多的市民，一大早便来到了港口岸边，等候早已传来满载而归捷报的"哥德堡"号进港。

可又有谁会料到，历经风暴、闯过暗礁、战胜重疾乃至海盗的这艘传奇性的商船，在最后的一刻，离岸仅 900 来米的时候，竟鬼使神差驶入了汉尼巴丹礁石区。待发现已经晚了，"哥德堡"号连同它价值连城的商品，连同无数瑞典人美好的梦想，一同沉没在黑森森的海底中。

虽说所有的船员都被营救了出来，可是，那足以与整个国家财政相当的满船的财富，却不是那个年代的潜水技术所能拯救得了的。在"哥德堡"号沉没之后两年，瑞典人便设法开始打捞，但所捞起的，只是几门火炮以及少量的陶瓷制品。半个世纪后，即 1800 年，他们又再次作出努力，可在冷冰冰的海水中，他们所得的，仍少之又少。又过了一个世纪，至 1906 年，瑞典又第三次发起这条宝船的打捞，可惜的是，那时的技术水平仍受局限，能打捞上来的亦为数不多。

纵然沉船后第二年捞起的少量丝绸与瓷器，就足以让东印度公司的股东们收回本钱，并赚到了利润，盆满钵满矣。那么，如果大规模打捞成功，业已成为古董的货物，又该是何等巨大的一笔财富？！

这悬念留了一个世纪，又一个世纪，两个半世纪也都要过去了——也许，当日沉没的初衷，正是要让 200 多年之后的现代人，面对历史丰厚的遗产瞠目结舌，感慨万千！

那我们就此留下一个悬念，留待 200 多年后"哥德堡"号再度造访广州时再说吧。

无独有偶，在"哥德堡"号后沉没之后没几年，乾隆十六年（1751），一艘名叫"海尔德马尔森"号的荷兰船，也遭遇灭顶之灾，沉入大海之中，连船上的 80 名船员，也都葬身鱼腹，唯 32 人获救。不过，这条船不是开到家门口才沉没的，而是刚驶入珠江口，开过南中国海，在新加坡海峡中触礁沉没的。

这一年，也正是荷兰船带了三位"鬼妹"在广州上岸，引发大清当局一阵恐慌，以至下了驱逐令的一年。这回沉船，自成为清廷良民们议论的热点：女人是祸水，女人上了船，岂有不沉船之理，报应报应。

这次海难，令荷兰东印度公司倾家荡产，损失了价值80万荷兰盾的货物。海牙国家档案馆中，迄今仍保存有这条船的清单：总共有147块金条或元宝，203箱共239000件精美的瓷器，687000磅茶叶，还有不少纺织品、漆器、苏木、沉香木……这回，当是赔上了老本。自然，最后的打捞，也只能是200多年之后，几乎与"哥德堡"号的打捞同时进行。所以，也同时令世界目瞪口呆。

只是，当日清廷那么严厉地严禁"鬼妹"登陆，又是发自何种心态，以至沉船也得算到她们的头上？仅仅是"华夷之大防"被触犯后，更有"男女之大防"被挑战么？

其实，在中国东南沿海，自宋代始，便有一个"妈祖"的传说，在这个传说中，主人公便是一位叫林默娘的女子，人们在大海中遭遇狂风巨浪，面临不测之际，正是这位女子奇迹般地出现，将航船引导出险境。从此，妈祖，即林默娘便成了茫茫大海中救人出难的神仙，东南沿海几乎无处不是妈祖庙，谁出海都要给她烧上三柱香，求她保佑平安。在这里，女子非但不是祸水，反而是救星。而大清皇朝，为何偏又重新祭起了"男女之大防"的腐朽观念？

自从康熙皇帝摧毁了关氏父子的"金厦基地"之后，中国巨大的船队，从此便在世界的大洋中销声匿迹了，虽说还有若干商船出海，但已今非昔比。这一来，妈祖的神话，也只能是民间流传。本来嘛，这一神话，与郑氏父子的航海事业亦息息相关……

女人从神话再回归到"贱人"，也意味着一个国家从神话般的兴盛走下坡路，也一般下贱了。于是，不出几年，五口通商，也就只剩下"一口通商"了！

11

"乾隆朝外洋通商案"

乾隆二十年，发生了一件不仅影响了整个十三行运作，而且影响了清朝整个对外贸易政策制定的一个重大案件。这个案件，被史家称之为"乾隆朝外洋通商案"。

如今，这个案件，无论中外，留下的记录都很多，众说纷纭，各执一端，如何拂去历史云雾，还其本来面目，历史学家已做了不少工作，但这一工作仍将继续下去。

在这之前一年，即乾隆十九年（1754），清朝政府下了令，今后，凡外船的船税、贡银、行商与通事的手续费、出口货税、朝廷搜罗的奇珍异品（即采办官用品物）之类的业务，统一由十三行的行商来负责。这一规定，正式确立了十三行的保商制度。

这一年的 7 月 29 日，两广总督更召集了广州各国商人的大班开会，宣布了十三行的保商制度：由十三行总揽一切对外贸易；向清政府承担洋船进口货税的责任；此外，外商所需的其他用品，由洋行统一负责购买；如果外商违法，洋行要负连带责任。而后，更严令重申凡是不属十三行行商团体之内的生意人，一律不得参与对外贸易。这样一来，行商的地位得到了巩固。而这一保商制度，也就兼带有了商务与外交的双重性质。清廷恪守了不与最低贱的商人打交道的祖训，保住了面子，更守住了"中央大国"的地位，拒绝外国一切外交举措：汝只可进贡，作贡舶贸易，不可与我谈什么外交、平等之类。

这些规定，自然令外商联想到 30 年前的"公行制度"，当时，由于英船大班以停止贸易来要挟，终于使其成了一纸空文，没法贯彻下去，而现在，似乎是"旧事重提"，是必存有戒心。尤其是执行起来，诸多约束与限制，令他们扩大市场的希望化为乌有。其时，十三行的垄断，加上广东府衙中的大小官员，也都利用此机会，不断加大了对外商的盘剥与勒索……矛盾在进一步激化。

这边，英国的产业革命正在启动，急于拓展在中国的市场，加快资本的积累，正在暴发的资产阶级，又怎会在清廷老朽的约束下善罢甘休呢？在 15 世纪末到 16 世纪初地理大发现之后，世界市场在一天天地拓展，西方的工场手工业已远远不能满足市场的需要，于是，技术革命便被推到了前面，机器生产也就开始了。而长期的资本积累，更为机器生产的发展提供了大批劳动力与巨额的货币资本，而业已完成的资产阶级革命更扫除了束缚这一产业革命的一个又一个障碍。就在这"乾隆朝外洋通商案"发生的同时，英国亦发生了一个名叫"威尔克斯案"的事件，但二者的结果大相迥异。威尔克斯是一位激进派的记者，下议员，主张国会改革、宗教宽容与北美独立，遂被捕入狱，由此导致英国发生了一场民主运动——发生了支持他的游行示威。他最终被宣告无罪，并被重新选举进下议院，后更当选为伦敦市长。

而在东方，面对十三行的垄断以及广东各级官吏的敲诈勒索，英国商人想扩大市场的愿望受阻，于是，他们试图越过广东，直接到茶叶与丝绸的产地浙江、福建进行贸易。他们开始"闯关"了。根据史录，当时各地有报：

> "本年四月二十三日，有红毛国商船一只收泊定海县地方。据定海县知县庄纶渭赴船验明粤海关牌照，查点商梢共五十八名，护船炮械十四件，番银二万余两。询据通事禀称，我叫洪任，是红毛国人，商人叫喀利生（按英公司因洪任能通汉语，使其借名通事，另详后），

上年正月在本国出洋，于六月内到广东，卖了货，闻得宁波交易公平，领了粤海关照，要到宁买蚕丝、茶叶等物。随于四月二十九日派拨兵役，护送到宁波府，住歇李元祚洋行，现在招商买卖"等情，前来。臣等伏查红行毛国商船久不到浙贸易，今慕化远来，自应加意体恤，以副我皇上柔远至意。除饬令该道派拨员役小心防护，并严谕商铺人等公平交易，其应征税课照则征收，据实报解外，理合会折奏闻，伏乞皇上睿鉴。谨奏（乾隆二十年五月六日朱批"览"）。

浙江定海总兵陈鸣夏亦有折子：

再定海一隅，收泊东西洋艘，昔年创立红毛馆子定海衞头，嗣聚泊广东礜门、福建厦门，迄今数十年，该番船不至，馆亦圮废。今年四月到有红毛番船一只，船主哈利生，六月又到有一只，船主甲等葛。其货物俱装运郡城贸易，番商就宁凭屋居住，番船仍泊定港，臣派拨官兵日夕小心防护，以仰副国家柔远之至意。

两广总督杨应琚折子称：

伏查广东香山县属之礜门，向有西洋人附居，其人皆循番族之旧，不留发辫，亦不事耕耘，惟在各洋往来贸易，并制造西洋器皿，以资养赡。是以雍正二年（按即 1724 年）间经前督臣孔毓珣题明，准其将现在番船二十五只编列号数，著为定额。迨后因节年损坏，除未经修复外，现在只剩一十二只，俱有字号暨船户姓名。本年前往浙江宁波贸易之番船一只，即系礜门原编二十三号，夷商华猫殊之船。缘有红毛国夷商洪任，往返粤东贸易年久，携带银两，与同国夷商霞里笋等雇搭华猫殊之船出外贸易，于本年正月内具呈粤海关给有印照，于三月二十四日开行……

又有《新柱奏复内地有无奸徒勾引夷商现在查办折》云：

兹据洪任辉（按即洪任）前在途次向朝铨所供，熟识宁波做买卖之郭姓、李姓、辛姓三人，复又供明郭姓名郭四观，李姓名李受观，辛姓名辛文观，其人已故，其弟现在，俱系福建人，在宁波开洋行生理等语。

定海总兵罗英笏折：

……兹于本年（按即乾隆二十四年）六月初一日，据臣标中营游击李雄禀，据随巡外洋汛把总谢恩报称：五月三十日巡至四礁洋面，望见夷人小船一只扬帆前来，当率兵船飞追至双屿岛抛泊，随诣该船查验，系夷人小船，船身长七丈，梁头一丈四尺，夷商、舵水手共十二名，内黑鬼一名，携带防护枪炮。据夷商洪任称，系英吉利国船，五月间，由广东空船出口，货物银钱俱在后面大船上，欲往宁波贸易，现在谕令回棹等情到臣。臣星飞委员前往宜谕皇恩柔远至意，明切化导，令其仍回广东贸易，不得在此停泊，旋据该委员回禀，据夷商洪任口称，回广东生意不好，意欲仍来浙江交易，故坐小船先来探信，其大船在后，今既不准在浙交易，自当开往广东等语。随该夷船即行起碇，于初一日申刻开行回棹。

"闯关"不成，也就只有告状了。闽浙总督杨廷璋奏道：

闽浙总督臣杨廷璋谨奏，为恭折奏明事：窃照虹毛番商洪任驾船到浙，投递呈词，业经臣恭折具奏，并将原呈附呈圣鉴。折内声明先于六月十九日，差弁传调守备陈兆龙到闽查讯，及行镇道等官密访，有无奸牙勾串情事。缘闽浙相距遥远，定海又隔越海洋，风水稽阻，至闰六月二十六日，甫据陈兆龙到闽，臣随亲加细讯，据称：本年

（按即乾隆二十四年）五月三十日申刻，在洋巡哨，瞭见大洋有船前来，随驾兵船迎往，认系番舶，即于双岐港（按即双屿岛）喝令抛碇，施放号炮，各汛千总把兵船陆续俱到，因同上番船查看，内只番商洪任带有黑鬼一名，番人十名，并随身炮械，并无货物，及内地民人。据云：五月内由广东开船，欲赴宁波贸易，银货俱在后船等语。随将该船拦阻，不许往宁，一面差小哨驰报总镇，初一日午刻，总兵罗英笏差委守备娄全，定海县亦委沈罍巡检高云蔚驾船俱至双岐港，谕令开行回广。洪任见势不能留，随称要去不难，但我有呈词一纸，要众位收去，我即开船，否则仍须赴浙投递，即出呈词给看。因询尔系番人，何来汉字呈词。据复系从别处写就带来。众人原不允其接收，而洪任坚欲将呈递交方去，彼时急图番船迅速回棹，见理谕不遵，因随口允其接收。洪任等随即一面起碇，一面将呈留下，扬帆而去。备弁等亦随即开船押护前进，至初三日押至南韭山外，已出浙境，方将兵船收回，于初四到汛，将呈禀缴。此系文武员弁六七人耳闻目击之事，实无别情等语。

东南沿海不成，洪任辉更一直往北驶去，开到大清帝国首都就近的天津。于是，便又有了《直隶总督方观承奏英吉利商人洪任来津投呈折》：

据天津道那亲阿、天津府灵毓禀称："六月二十七日，据大沽营游击赵之瑛移称：六月二十四日，海口炮台以外，有三桅小洋船一只停泊，随即往查。内西洋人十二人，内有稍知官话者一名洪任口称：人船俱是英吉利国的，因有负屈之事，特来呈诉，将我送到文官处就明白了等语。查其船内并无货物，惟船面设有铜炮二位，铁炮一位，除将炮位收贮海口炮台，令该船暂泊海口，派拨弁兵看守外，合将洪任并该船番字执照一张，专差押送查询等语。随同据西洋人洪任，即呈内之洪任辉，供称：我一行十二人，跟役三名，水手八名，我系英吉利国四品官，向在广东礐门做买卖，因行商（按原刊误'市'）黎光华欠我本银五万余两，不还，曾在关差衙门告过状，不准；又在总督衙门告状，也不准；又曾到浙江宁波海口呈诉，也不准；今奉本国公班衙派我来天津，要上京师申冤等语。及再诘问，惟称我只会眼前这几句官话，其余都写在呈子上了。除将洪任辉并其跟役二名暂行安置在津候示，合即禀报"等情。臣查洪任辉乃外洋英吉利国之人，阅其呈词及的开条，疑有关内地需索贻累情事，虽系一面之词，但既据远涉重洋，口称欲赴京师申诉，小国微番，若非实有屈抑，何敢列款渎呈。所有洪任辉原呈并款单一纸，又该国番字执照一纸，理合固封奏闻。应否将洪任辉并其跟役二名，由内部委员伴送赴广，敕下该督抚衙门将呈内各款逐一质讯明确，据实具奏，伏候圣训。

这回，告到了皇帝老儿门下，总算是告准了。清政府最终受理了这位英商的投诉。

这位洪任辉，虽说是"红毛国"人，红发碧眼，却说着一口流利的国语、粤语，乃至其他地方的土话。他此番有这般"壮举"，不屈不挠，其实是东印度公司一手策划的，事关大英帝国的商业利益。他告粤海关贪污，目的是想在中国多开几个口岸，让厦门、浙江甚至于津沽，都能让英国商船开进去做贸易，可他也太不了解中国了。

一个专制极权的帝国，任何"投诉"或者"批判"，只能是适得其反，让其更专制、更极权、更封闭，而不会因此网开一面，显示宽容与大度。于是，洪任辉的"投诉"是允了，可处理起来的结果，则是他及东印度公司料所未及的。

此案一直审理到乾隆二十四年（1759），方宣告结案。被他投诉的粤海关监督李永标不能不被革职。因为，让夷人告到朝廷，已是很丢面子的事情了，所以皇上才雷霆震怒，着即革职查办：

《新柱等奏将李永标革职并查封任所资财折》云："臣新柱，朝铨、李侍尧等奏为请旨事：臣等钦遵谕旨会审英吉利番人洪任辉呈控粤海关监督李永标等一案,臣新柱于七月初三日抵粤,随传旨将李永标解任,一面提集应质要犯,一面提取军簿案卷,逐一跟查。臣朝铨于七月十九日带回洪任辉到粤,即于二十日公同集犯严审,讯据李永标所供,家人、书役得收陋之处,伊毫无知觉。其余各款供吐游移,坚未承认。臣等思勒索外番陋规,国体攸系,非寻常失察犯贼可比,应请旨将李永标革职,按款严行究拟。再李永标任内资财,应否先行查封之处(朱批'自然'),相应一并请旨遵行,伏乞皇上圣鉴。谨奏。乾隆二十四年八月九日,奉朱批,依仪,钦此"。

可洪任辉也不但达不到目的,自己没好果子吃,还让代作呈词的四川人刘亚匾因"为夷商谋咬"之罪而丢掉了脑袋。行刑前还被示众,杀鸡给猴子看。

时任两广总督的李侍尧是这么上奏的:

> 两广总督臣李侍尧谨奏:为敬陈防范外夷规条仰祈睿鉴事。窃惟……英吉利夷商洪任辉等屡次抗违禁令,必欲前往宁波开港,旋因不遂所欲,坐驾洋艘直达天津,名虽呈控海关陋弊,实则假公济私,妄冀邀恩格外,臣细察根源,总由于内地奸民教唆引诱,行商、通事不加管束稽查所致。查夷人远处海外,本与中国语言不通,向之来广留贩,惟借谙晓夷语之行商、通事为之交易,近如夷商洪任辉于内地土音官话无不通晓,甚而汉字文义亦能明晰;此外夷商中,如洪任辉之通晓语言义者,亦尚有数人。设非汉奸潜滋教诱,焉能熟悉?如奸民刘亚匾(按 Morse 书卷五页八三称之为 Loupingchou)始教授夷人读书,图骗财物,继则主谋唆讼,代作控词(按当时外商购买中国书籍如《诗经》)、《字汇》、《说文》等籍者甚多,请参考 Morse 书卷五)。由此类推,将无在不可以勾结教诱,实于地方大有关系,兹蒙圣明洞烛,将刘亚匾即行正法,洪任辉在澳门圈禁三年(按此点可参见《国朝柔远记》及 Morse 书卷五),满日逐回本国,俾奸徒知所惊惧,外

夷共仰德威，此诚我皇上睿谋深远，肃清中外至意。惟臣访查内地民人勾引外夷作奸犯科，事端不一，总缘利其所有，遂尔百般阿谀，惟图诓骗取财，罔顾身蹈法纪，伏思夷人远处化外，前赴内地贸易，除买卖货物之外，原可毋庸与民人往来交接；与其惩创于事后，似不若防范于未萌。臣检查旧案任兼关督抚诸臣所定稽查管束夷人条约非不周密，第因系在外通行文檄，并非定例，愚民畏法之心，不胜其谋利之心，行商人等亦各视为故套，漫不遵守，地方官惟图息事宁人，每多置之膜外，以致饬行未久，旋即废弛，非奏请永定章程，并严查参条例，终难禁遏，兹臣择其简便易行者数条，酌参管见，敬为皇上陈之。

这李侍尧提出的几条，很快便被乾隆皇帝所批准了。条例名为《防范外夷规条》：

（一）禁止外商在广东过冬；（二）外人到广东只能居住行商馆内，并由行商负责管束稽查；（三）禁止内地商人向外商借资本，禁止外商雇请汉人役使；（四）禁止外商雇人传递信息；（五）外船停泊之地，派兵守卫。

不久，清政府又向外商颁布九条禁令：

（一）外洋战舰不得驶进虎门水道；（二）妇女不得带进夷馆，一切凶械火器亦不得携带来省；（三）公行不得欠外商债务；（四）外人不得雇用汉人婢仆；（五）外人不得乘轿；（六）外人不得乘船游河；（七）外人不得直接向大府申诉，有需申诉者，亦必经行商转递；（八）在公行所有夷馆内寓居的外人，须受行商管束，购买货物须经行商之手，此后外人不得随时自由出入，以免与汉奸结交；（九）交易季节过后，外商不得在省过冬，即在通商贸易期间，如货物购齐及已卖清，便须随同原船回国，否则，即使有因洋货一时难于变卖，未能收清原本，不得已留住粤东者，亦须前往澳门居住。

洪任辉的野心非但未能实现，清朝当局还变本加厉，除开制定条例对外商加以防范外，最终，更封了所有的海关，只余广州"一口通商"。

乾隆皇帝的"圣旨"先是称：

> 向来洋船俱由广东收口，经粤海关稽察征税，其浙省之宁波不过偶然一至。近年奸牙勾串渔利，洋船至宁波者甚多，将来番舶云集，留住日久，将又成粤省之澳门矣，于海疆重地，风土民俗均有关系。是以更定章程，视粤稍重，则洋商无所利而不来，以示限制，意并不在增税也。将此明白晓谕知之。

原来，天意并非高深莫测，这里一眼就可以看透，他的目的，是通过增加宁波关税，迫使洋商只在广东贸易，因为广东利多，浙江税多。可是，外商对此并不以为然，只要贸易额大，税虽说多了点。但赢利亦不见得少，更何况粤海关暗中的勒索未必就少。所以，乾隆爷抵制外船用上这一招，并没有收到成效。乾隆二十二年（1757）十一月，乾隆皇帝只好分别给广东、浙江下达谕旨：仅留广东一地对外通商。圣旨云："晓谕番商将来只许在广东收泊交易，不得再赴宁波，如或再来，必押令原舡返棹至广，不准入浙江海口……"乾隆这一圣旨，却是批在时任闽浙总督杨应琚的奏折上的，认为其所言甚是。

这杨应琚是何许人也？在这之前，他本是广东总督。再追寻，他竟是杨文斌之次子，因康熙准其袭三代，所以他又当上了广东总督。不过，此人下场不妙，最后因多次谎报军情而落个身首异处。就这样，大清帝国的海洋贸易，只余下广州一个口岸苟延残喘了！洪任辉的官司，就这么个了结。他先是赢了，到底是把广东海关监督李永标告倒了。而后则是输了，不仅他输了，连他的后台东印度公司也输了，他落了个勾结内地奸民、违反大清通商律的罪名，被清政府圈禁在澳门 3 年，而后，则被驱逐回国，至于那位刘亚匾更倒霉，命都丢了。

东印度公司本想打开北方的一个个口岸，可到最后，连南方的口岸都没保得住，只剩下一个广东。有生意不做，这对于已有发达商业头脑的英国人来说，实在是不可理喻。

洪任辉案，是中国对外贸易一大转折点。这一转折，注定了 80 年后，中英无可避免的一场鸦片战争。而自命通晓中国多种方言的洪任辉，对当时的大清帝国，对中国文化传统，毕竟还是一窍不通，因此，他真正要达到的目的，非但达不到，而且还倒退得更多。这个庞然大物的帝国，自己一套思维模式，别说他，就是半个世纪后来的马尔戛尼，也一样格格不入。一个自命天朝上国的帝王，自高自大、目空一切，以为朕即天下，又如何容得几艘小商船在南方找麻烦呢？也正是这种自大，把当时仍可在世界上称雄的大帝国，引向了最后的崩溃，十三行这一个"气孔"，也不可能救回这从开局便走向输光的结果。富足却病态的王朝是不会有出路的，相反，富足只会加速它的风化。

"一口通商"，对十三行而言，是福是祸，却是一言难尽。没有这"一口通商"，十三行在之后的 80 年间，其之繁荣不是不可以测度的，毕竟，在"一口通商"之前，中国外贸的 80%，也仍是在广州十三行进行。增加 20%，成为 100% 的垄断，富可谓富矣，却是一种畸形的不正常的富足与繁荣，日日夜夜都在火山口上煎熬，最后终于有了 1856 年的一场匝天铺地的大火，把十三行的历史痕迹抹了个一干二净。如今，只余下一条摆小杂货的短街，昔日的繁荣一点也找不出了。至于"十三行路"，也仅是剩下的一个名字罢了。被视为英明睿智的乾隆大帝，是这么认为的：

> 如此办理，则来浙番舡，永远禁绝，不特泊省海防得以肃清，且与粤民生计并赣韶等闽均有裨益。

只是，仅在他身后 40 年，英国的炮舰却是在长江口长驱直入，最终逼使清朝政府签订了最为耻辱的城下之盟——中英《南京条约》，最终不得不答应"五口通商"。

不过，80 年的"一口通商"让十三行出尽了风头也受尽了侮辱，风光一时也倒霉透顶，既是帝国的银库也是帝国的乞儿……十三行，威名赫赫的帝国商行，也是一伙窝囊至极的帝国贱民——士农工商，商为末的排位绝对不可以改变，哪怕你扛出一座金山来赎也还是赎不到。于是，在这 80 年里，十三行出了不仅是中国也是世界的首号富商，也同样在这 80 年里，数以百十计的十三行商人被籍没抄家、充军流放以及投缳自杀，哪怕你是公行的首领，哪怕你富可敌国！金钱，对于这个大帝国而言是愈多愈好，可挣钱的商人却注定要被这个帝国压成齑粉。金钱没有臭味，可挣钱的商人却臭不可闻，帝国输了战争，但赔钱的却是商人……好了，不必如此感慨，还是将历史一一道来。

这次"一口通商"无疑是动了真格的，沿海各地的禁海，措施不可不谓严密，谁叫你洪任辉斗胆"闯关"，这可是提醒了沿海的防卫，以后，一只苍蝇也休想再混进来。

这样一来，中国与西方的所有商业贸易，都集中到了广州一地，集中到了十三行。而从来不与夷人谈什么外交的清政府，也就把文化交流，乃至对外事务及政治，也加在了十三行的行商身上，哪怕是有名无分。

十三行从此独揽中国外贸 80 余年。

时人也许会以"特区"比喻之，不过，它怎么也承受不了"特区"这一美誉。因为，今日的特区，是改革开放的产物，有了特区作为窗口，中国的开放是日益扩大，最后，全中国也自然而然"特区化"了。所以，特区的实质，是开放。而十三行承担"一口通商"，却是清廷闭关锁国政策的必然结局，它不是开放的象征，而只能是封闭的后果。

其实，从今天某些专制极权国家，也可以一窥当日这"一口通商"深藏的秘局。为了防止帝国的"风化"，不得不关紧门户，不让任何外面的空气流入。而另一面，却又为了帝国上层的骄奢淫逸、花天酒地，千方百计保住某一孔道，供帝王们的消费与享受。广东自古以来，一方面被视为

"蛮夷之地"，上不了正册，可另一方面，又被当做"天子南库"，被诛求无已——十三行的这一畸形的帝国商行，就是这么存在下来的。在北京，在故宫，那位于慈宁宫对面的清内务府中，我们不难查出，皇家宫廷的大部分开支乃至玩物、奇珍异宝之类，均来自广东，来自粤海关……没有粤海关年年的巨额税收，皇家内务府的日子就不好过了。为此，历任粤海关的最高官员海关监督，均是由皇家内务府的亲信出任的，一般情况下是扳不倒的，就算出了问题，也都不会轻易被革职，冷处理一阵，没准还官加一级。说到底，他们大都是皇帝的心腹，深知皇帝的好恶，所以，对地方督抚，不怎么会放在眼里。所以，历任的海关监督，除开那位短命的、军人出身的毛克明在任太短而无贪墨之外，可以说，没一位的屁股会是干净的。

无论如何，粤海关的税收及财务收入，与宫廷生活的命脉都是息息相关的。因此，别的口岸可以封，独独粤海关是封不了的，否则谁来给宫廷供应世间见不到的稀奇玩意儿呢？这不是"开放"，而是独专！

所以，乾隆皇帝尤为重视粤海关的利益，广州的"外情"。更何况，广州的洋行制度自明以来已经自成一体，而经商人才更比别处要多要强，较之其他一度开放过的海关，这一优势显而易见。他的上谕中亦有提到，广东地窄人稠，沿海居民大都靠洋船为生，不仅仅只有那十几家行商。要连粤海关也封了，不独宫廷失去财源，广东也会激起民变，这正是他所考虑的。另外，珠江口的地理形势，也较长江口以及钱江口、宁波、定海等有利，所以，他的上谕中也提到：虎门、黄埔设有官兵，相形之下，比宁波之可以扬帆直至者，形势也不同。

可以说，"一口通商"，是自康熙、雍正、乾隆三朝皇帝，几经反复，精心思量，最后才实施的。尽管第一大贸易国的英国，从一开始就坚决反对，但也一时奈何不了这个大帝国愚昧的决策，头两年，船来得少了，但后来，利益所在，也照旧趋之若鹜，尤其是为了扭转贸易逆差，更包藏有祸心……

从康熙二十三年清朝正式解除海禁、开海贸易，到乾隆二十二年乾隆谕令"一口通商",其间历约 70 年,这正是清代十三行初期兴盛的日子,中国外贸的格局也是这个时期确立下来的。人们发现,康熙二十三年开海,却在五十六年又颁发了南洋禁航令;不到十年,雍正五年,又正式废除了这一禁航令,再度开洋;但杨文乾旋即来了个"番银加一征收"、每船收 1950 银两"规送"等,对开洋加以诸多限制,直到乾隆元年,方采纳杨永斌等意见,对此加以取消,"上命除落地税,历请并免渔保、埠税、革粤海关赢余陋例未尽汰者,上悉从之"——至此,开海或开洋方最后完全确定下来。因此,当时的外商,尤其是法国商人,在推崇中国的"开明君主制"观念下,竟"仰沐恩波,无不欢忻,踊跃叩首焚香,实出中心之感戴"。

可以说,在这 70 年间,尤其是雍正五年"开洋",乾隆元年取消"加一征收"的恶税,中国当年对外开放呈现的态势分明是积极的、可喜的,其中,有不少可圈可点的精彩内容。可惜,对十三行的研究,偏偏忽略了这一段历史时期,忽略了这段最为精彩也最为复杂、最为深刻也最为迷惘的政治、经济与文化诸方面的内容,从而对其间态势上、政策上的进一步开放,缺少到位的、真切的探讨与研究。也正因为这一段研究的缺失,对一口通商的逆转以及一口通商之后整个中国对外贸易的曲折,失去了必要的、合乎逻辑的历史依据,对其来龙去脉的梳理,也同样发生了主观认识上的错误,这样一来,对整个十三行历史的把握,也就有了严重的畸误与错位。

首先,对十三行的历史主角——行商的认识,不是以康乾初期为基点,而是以后期嘉道年间作参照,虽然前后不可避免有其一脉相承的地方,但早年的行商,是可以出洋至南洋与西欧的,而且可以有相对公开的商船直航南洋的,不少商船的投资者正是行商,所以,到了后期,潘有度曾感叹,自己不如祖先,能出洋到达瑞国,甚至发出惊叹,中国怎么造不出大船——殊不知早年中国制造的大船比他所见的欧洲大船还大得多。尤其是在雍正十年,广州外贸诸多"混乱",以谭康官为一方坚持的理念,正是与当时大航海时代相接轨的,主张开放的、公平的竞争,反对官渔私利、官商勾结,避免价格垄断、操纵行市……等等,以至被后来的研究者视为其"开放建议远远超出了他所处的朝代",如果他所坚持的没有遇到种种逆转,也就不至于有自18世纪下半叶逐渐拉开的中西方的距离。遗憾的是,反而在中国研究者一方,却来指责他的合伙人陈(芳)官是有违"行商自律"而被抛弃,丝毫不同情他们抗拒"加一征收"而入狱的一系列悲惨遭遇,从而令这位在清代十三代初期有着卓著声望与贡献的重要行商的史迹变得黯淡与模糊。

其二,对当时西方国家与清朝的关系,也不曾有清晰的认识。18世纪,当时的中国之强盛,当在欧洲之上。英国工业革命刚刚起步,法国在"太阳王"路易十四统治下,亦称雄欧洲大陆,由于启蒙主义的潮流,法国的思想文化亦有不俗的表现,伏尔泰、孟德斯鸠等思想家相继涌现,而中国的"开明专制"亦为其称道,为此,并不难解释"己所不欲,勿施于人"为何会写在18世纪末法国大革命的旗帜上。康、雍、乾三帝,与路易十四、路易十六的交往相当紧密,以至路易十六被送上断头台,令乾隆有兔死狐悲之感。美国研究者何伟亚认为,马尔戛尼祝寿来时所看到的皇宫中西方的先进技艺,并不比他带来的少。正由于我们未能较准确地"重建"当年中西关系的历史,方才出现种种误区,只简单认为西方早已比我们先进,包括对行商的真正的历史作用也缺乏全面的认识。

其三,对康、雍、乾三帝的认识亦如此。康熙为何开海后,又发布了"南洋禁航令"?雍正取消了"南洋禁航令"后,在广东海关问题迭出之际,又为何数度出手,惩治了一批舞弊的官员?乾隆分明在政策上完善了"开洋"措施后,为何又来了个逆转,在20年后只余"一口通商"?康熙"开海",出于"国计民生";雍正惩腐,方可"河晏海洋",航路畅通;乾隆为"怀柔远人"放宽政策,取消"番银加一征收"恶税,足以解释康雍乾三代整个的海洋政策的曲折与反复么?包括雍正,当他在取消南海禁航令前,亦游移多年,一直认为"海禁宁严毋宽,余无善策"。而后,却出其不意,雷霆出击海关监督祖秉圭、行商陈寿官与外商法扎拉利相勾结,操控外贸的不法行为——二者之间,又有着怎样的逻辑?至于乾隆,对英商洪仁辉要上京告状的行为反应之激烈,又是出于怎样的考虑?

其四，在这一段时间内，官员们各自的表演，更是值得玩味。高其倬对促成南洋开禁的作用；杨文乾的几起几落，几返几离，被人告得"畏风心烦"而死，却始终坚持贪墨洋银不属公帑，又是何心理？祖秉圭的恶人先告状，令谭康官与陈（芳）官"消失"，为何一下子竟被翻了过来？在这些事件中"你方唱罢我登台"如常赉、鄂弥达、毛克明、官达、阿克敦、杨永斌乃至唐英等众多官员，他们对开洋的态度，对税制的认识，与行商的关系……种种，都耐人寻味，值得深入探讨。

上面，仅是概述了行商、外商、皇帝与沿海省份海关官员与禁、开、限的关系，他们对"开洋"的认识与态度，由于从各自的地位、立场出发，呈示出千差万别，从而不可避免地产生出各种各样的矛盾与冲突。即便在行商内部，主张自由贸易、抗拒官渔商利的谭康官、陈芳官一方，与傍官员、操控贸易的陈寿官、汀官一方，其冲突之尖锐，也非我们所想象的。而外商中，其所维护的平等竞争的原则，与私下贿赂及拿取回扣或佣金之舞弊，亦有相当突出的矛盾。至于皇帝开洋的意念，更与地方官员的想法，亦有很大的差距——正是这些，构成了那个年代最为精彩也最为深刻的历史内容。寻求这方面研究的突破，对今天中国的改革开放，无疑有着借鉴作用与重要的启迪，所谓的"十三行遗嘱"是什么，当不再那么扑朔迷离。

由于我们原来掌握的历史资料不全，加上缺乏关注，所以，那一个历史时期对我们来说，几乎是一个盲区。直到今天，我们方才真正认识到，要把握住十三行，要真切了解清朝禁海到开洋，又从开洋至限关的政策演变的大起大落，无疑须抓那那个历史时期，可以说，那才是整个十三行研究的枢纽，是禁——开——限演变之历史的枢纽之枢纽，解开了它，方可能解开整个清代外贸之谜，掂量出整个清代十三行的存在价值与历史含量。而十三行研究要有一个根本的转变，获得突破性的成果，就得从这里切入，除此，别无他途。一切的一切，都在这里发生。而后发生的一切，也都可以在这里找到。

这是开始，也是终结。这是过去，亦为未来。而我们则处于现在，不能不前瞻后顾，寻找最逼近历史真相的解释，以预知未来。

十三行 VS 十三行

于是，在"一口通商"下，十三行也就红火了起来。

下面的数字当是力证。乾隆元年（1736）粤海关的正税为白银 43564 两。乾隆五十六年（1791），即"一口通商"之后，粤海关正税为 1127562 两。嘉庆十年（1805），粤海关正税为 1641971 两。也就是说，80 年间，正税增加了 40 多倍，这不能说不是一个很惊人的数字。

对于已经坐吃山空的大清帝国，这一收入自可以硬撑起那已空空了的衣架子来。至少，皇帝的花销不用愁了。这正是一个闭关锁国的封建帝国唯一的"外财"，少不得。

那么，对于"半官半商"的十三行而言，这一"外财"倒是正儿八经的。对于外国商人而言，他们是"官"，是代表偌大一个东方帝国来专营对外贸易的。况且，大清帝国"洁身自好"，绝不与外夷打交道，所以，什么事务，都得通过十三行来办，其中亦不少超越贸易，进而涉及外交，所以，外商自把十三行也当做官方机构来对待。

但对于清朝政府而言，他们仍是"末"，是各个行业中最低贱的一行，无论他们花了多大的价钱买了顶戴花翎，"官"至二品、三品、可一样不为小官吏所看得起，他们这种"官"，自是见官矮三分，无论再小的官也是这样。所以，海关监督可随时把他们玩弄于股掌之上，要你死你就得死，一分钟都不得耽误。

在商言商，也许，只有在生意场上，他们才是自己，把自身的才干，发挥得炉火纯青，重然诺，讲诚信，无利不起早，有利盼鸡啼——这未必是贬义，尽可能去实现自身价值，为帝国，也为自己，争取最大的利益。他们大都是儒商，琴棋书画，无一不精；吟诗作对，不让他人。这并不是为附庸风雅，也是一种精神的追求，有着中国仕人那种儒雅之气，甚至抱着"天下兴亡，匹夫有责"的神圣理念，国难当头，亦不惜把百万家财一掷……而后，谭康官不再出现了，潘卢伍叶四大家渐成气候，但谭家直到20世纪，仍与潘家等同住在海珠的龙溪新街等处……后期谭家的衰落，尚须细细梳理，而大火，则是最后的终结。

不过，在马士的书中第五卷，又弥补了上边提到的"缺陷"，因为在北京美国公使馆找到了广州公司的"记录副本"。在这新加的第五卷中，先后找到了谭天官、谭秀官、谭赤官的相关内容，从第一次出现的文字，我们可以发现，这位谭天官（Ton Teinqua）与1736年诺曼顿号的账目中的谭天官当为一人。但这已是1750年的事了。"诺曼顿"号的账单颇有意思，以至马士在《编年史》中亦列出了。"诺曼顿"号的账目很完备，而且清楚。把它撮要提出，可以说明该时期贸易的一般特点。资金的账目如下：

	发票价值	售得
	两	两
银元，139520盎司	115497	115497
铅，2000英担	4708	6255
长厄尔绒，100匹	598	900
外运商品费用	1113	
	121916	122652

大班从商人处购入回程投资如下：

	两
少启官（Young Khlqua）：茶叶、瓷器、南京布、黄金	50348
德少和西蒙（Texia & Simon）：茶叶、黄金、西米	38317
厦门菩萨（Amoy Joss）：茶叶、瓷器	9265
老葵官（Old Quiqua）：茶叶	4653
黎安官：茶叶、瓷器	3513
费利克斯：（Pe lix）：茶叶	254
男官和球官（Teunqua & Gowqua）：茶叶、瓷器	486
葵官：瓷器	653
添官（Timqua）：瓷器	389
先官：瓷器	53
条官（Tuqua）：瓷器、西米	592
万有义（Manuel）：瓷器	416
卢官（Rowqua）：茶叶、瓷器	1422
罗宾（Robim）：瓷器	216
铁籽（Tequa）：瓷器	186
秀官：瓷器、西米	1065
秉记：茶叶、瓷器、西米	1540
唐天官（Ton Tenqua）：茶叶	678

虽曾经与谭康官和秀官签订主要合约，但前者的名字没有在这个表上出现；而从秀官处只购入瓷器和西米，这些货物是不需预付款项的。

构成回程投资的商品账目如下：

	两
黄金，2276 两重，93 成色	25561
瓷器，285 箱	8097
西米，183 担	634

茶叶：武夷，1446 担	21375
工夫，298 担	6869
白毫。50 担	1220
色种，29 担	1434
瓜片，195 担	4773
贡熙，390 担	19163
贡熙，细茶，24 担	1317
贡熙，二级，393 担	10192
松萝，482 担	10646
南京布，2560 匹	896
广州布，2010 匹	2894
各种织物	39
广州商品费用	6042
	121152

加上存放在谭康官处 1500 两，这个结算账目就与售得的款平衡。

这里的账单出现了上 20 位行商的名字，恐怕，这与乾隆皇帝登基后活跃海贸是分不开的。不过，这也是谭康官最后一次出现了。没有外文关于他去世的记录，可关于后来的谭赤官于 1870 年去世留下了文字。

而前面提到的减免规礼银 1950 两的事，却又与 10 多年前谭康官争取减免 10% 的礼银，应是有关联的：

保商谭天官（Ton Teinqua）代我们申请离港执照时，他乘机提醒海关监督，他曾应允减低规礼银 1950 两。为使这次的减免能够成功，我们事先答应馈赠书吏现银 200 两，其他礼物 140 两。因此，保商觉得不难完成他的任务。这个地方，什么都是买卖关系的。

此次的减免是没有先例的，海关监督吩咐要严守秘密，以免其他欧洲人效尤。而当大班要谒见海关监督以表示感谢时，他推说公事忙，避而不见。

几年后，则是谭赤官（Ton Chetqua）充当英船保商的事：

按例，粤省每年向皇帝进贡珍奇物品三次。购买此项物品的价款，由朝廷按年拨付银 50000 两，后来减为 30000 两。此项价款一半用于到北京的长途运输费用，剩下的一半是不足以购办各种珍奇物品的。这件头痛的差事，总督固然不愿负担，而海关监督（他的职责是提供这些珍奇物品）也不愿自己拿钱补上，因此，就把负担转嫁到被承保的商船上。

8 月 7 日，海关监督指定四个行商（谭赤官、潘启官、昭少和昭官）为英船的保商。翌日，

四位行商求见海关监督，要求不做英船的保商。但海关监督拒不接见，四位行商坚持明天早上再往辞掉保商职责。

翌日，他们又提出辞职，但未成功。不过海关监督宣称：关于征集税款的责任，将由全体行商负责，而不要四人单独负责。如此，就算结束了 1754 年贸易季度大班反对保商制度的争端。

1755 年，又有这样的记录：因为 1754 年大班的努力已经失败，保商制度仍然实施，行商不得不勉强承当这项责任。

我们请秀官、廷官和求官为"乔治王子"号的保商。秀官在事前，就先行决定武夷茶每担的价格为 18 两银子，我们告诉他，如果提出这样的条件，我们就不敢打扰他了。

（8 月 9 日）我们请田官为"乔治王子"号的保商，他立即接受。

同一天，帕尔默指定松官（Tsouqua）做通事，并

租谭秀官（Ton Su）qua）的隆兴行（Long - hing Hong）为商馆，租银800两。

这里出现的是谭秀官，不过，租借商馆一事，在谭康官时已发生过，可见谭家早就从事这一租借业务。而马士书中亦有注"秀官即赤官"。从中，我们得知，其时的商行名为"隆兴行"。

也就在"一口通商"的大背景下，"公行"组织又一次重新浮出了水面。

如前所述，早在康熙五十九年（1720），总共有16家洋行商人歃血盟誓，成立"公行"。成立的初衷，是为了稳定商业秩序，在各位行商自感势单力薄之际，自发建立这种具有行会性质的组织，当是为了互助。一方面，要独占商务，划一市价，所有洋货须由其承销，所有出口货亦由其代办，不许竞争，平均支配，但也不准销售劣货，拖欠货款；另一方面，只是把同行组织起来，协调好以形成合力，共同增强抗御风险的能力。如果公行外散商要从事商品出口，那就得向公行交纳相应比例的货价。

这自然会遭到要搞自由贸易的外商及其他散商的反对，加上又未得到清廷批准，刚成立第一年便"无疾而终"了。后来，则由官方提议"于各商中择身家最殷实者数人立为商总"，由各行商自行举荐，经粤海关批准设立了"商总"，负责外贸与评定货价、管理外商、及时通报外商违法问题，否则将负连带责任。这与"公行"制度的立足点不一样，前者是从行商利益出发，后者则是官方利益至上。

因此，直至"一口通商"中，《防范外夷规条》颁布，明文规定行商在中西贸易中拥有唯一的经营权，行商们感到，恢复"公行"制度的机会又来了。于是，乾隆二十五年（1760），当时已相当出众的潘启官，便联合了其他8家洋行商人，向清政府呈请重新组织"公行"。

史籍中是这么记载的：

乾隆二十五年，洋商潘振成等九家呈请设立"公行"，专办夷船，批司议准。嗣后外洋行商始不兼办本港之事。其时查有集议丰晋、达丰、文德等行，专办本港事务，并无禀定设立案据。其海南行八家，改为福潮行七家……

乾隆间，有闽人潘启者，熟于洋商贸易事，条陈官办得失。总督李侍尧请于朝，置户部总商，每岁保税保证，除旧额外，正款可加四十余万，平美银余，可收百万，奏入许之。

从上边的文字中可以看出，清廷首次将与西方的贸易从整个的对外贸易中划分出来，"外洋行"则成为清政府首次正式批准的"公行"组织。行商的初衷一如往昔，试图垄断利润较大的西洋贸易，排挤其他的散商。

可算盘打得再精，也没法斗得过清政府的计算。外舶多了，行商本想只办挣钱多的西洋货税，好落个又轻松又好赚。可清廷却早已意识到，"公行"只能成为其手中工具，通过"公行"，既能在与西洋贸易中获取巨大的利益，又可以进一步控制行商手中的商业资本，令他们终生为王朝的政治与经济卖命，可谓一箭双雕。因此，清廷借机令"公行"制度化，从而完善了帝国对外贸的管理体系。

关于"公行"的性质，过去有不少争议，有人认为这是一种外贸体制，有利于对外贸易，是积数十年外贸经验而制定出来的，对经济上的相对开放不无裨益。其依据是，在这之后，外舶来十三行的只数在不大的起伏中几乎是成倍增长。在这之前，1754 年，洋船到港 27 艘，税银仅 52 万两；在这之后，1790 年，洋船曾至 83 艘，税银达到 110 万两；及至 1840 年前，洋船更多达一年 200 艘，税银达到 180 万两，十三行成了清朝政府滚滚而来的财源。

可仔细辨析，也就不是那么一回事了。大英帝国的海上扩张已是既定方针，虽说"公行"制度带来了不少麻烦，可他们在不断地向这一制度的挑战中，也强化了自身的适应能力，所以，这一制度阻碍不了他们的东方之梦，更何况后期的鸦片贸易占了上风。所以，光看数字是说明不了问题的。

说到底，"公行"制度的实质，还是闭关锁国政策的工具，实际上隔断了中国与外国的政治、经济联系，是清廷"以官制商、以商制夷"的一种策略，因为清廷以天朝上国自居，拒绝与外商打交道，所有官员一旦与夷人有染，则被视为有伤天朝的尊严与体面。可他们又不得不与夷商打交道，为帝国开财源，于是，便利用"公行"来作为中介，让十三行"公行"洋商充当政府与外商的传话者。

这样一来，"公行"商人处于一种非常尴尬的地位，商务上，他们是外商的对手；外交上，又代表政府与外商打交道，既要监管外商，又得成为外商守法的担保者。这种矛盾的身份，也就注定了他们是必会成为一轮又一轮的牺牲品，两头都不讨好。

最早反应的当然是外商。他们猛烈地抨击"公行"，称它是"一个有限制的交易媒介，毫无效率可言"。而十三行商人也发现，自己倡议成立的这个组织，成了一个"紧箍咒"，陷进了清政府的严密控制之中，从而身不由己。"公行"成立前，行商多少还有一点自由空间，此时，则被压迫得一点气也不透了。这种商业的保甲制度，使十三行的经营被严苛的封建体制所统治与限制，要积聚商业资本，更是大不如前。

本来，商业城邦，在西方是天然的反封建的基地，而在中国，十三行反成了封建帝国苟延残喘的输氧管道，这实在是匪夷所思。于是，从一开始，外商便设法予以抵制。在《东印度公司对华贸易编年史》中，人家已经一眼看破了"公行"的作用：

> 现在可以明确地说，公行（后来就正式采用这个名称）已经牢固地确立，并保有全部的特权；但他是在海关监督控制之下，作为从对外贸易抽剥巨额财源的工具，首先为了海关监督的利益，广州的官吏和北京朝廷通过它亦间接地获得利益。

于是，长达近三个月的抵制开始了，这也是《编年史》中所记载下来的：

（1769 年）洛克伍德的管理会于 2 月 7 日开始办公：至 5 月才与人签订合约。3 月 24 日，他们记载："我们仍不能签订任何合约，行商很少到来，我们希望尽量拖延，以便阻止行商在前几个月已打算组织公行的企图。我们认为如果高级官员不给他们以强有力的赞助，他们是不能坚持他们的计划的。……而我们有充分的力量说服瑞典商人和我们采取同样的行动，拖延订约时间。我们有希望能够得到有利的条件。"

大班进行分化行商的工作。一个月之后，他们通知赤官，如果他们中的两人或三人到来，可以和他们分别签订合约，而且"这样就可以阻止公行的成立，我们的绝大部分生意就不会被他们所垄断。他说他没有赞成要这样做，他还愿意破坏这个计划，他答应通知瑞泰同来"。

5 月 1 日，他们记载，行商仍坚持，并拒绝个别签订合约。瑞典商人的情况和我们一样，仍未做任何交易。2 日，行商在价格方面，表示一些小小的让步，"他们知道我们在茶叶方面不肯出高价"。但到了 4 日，"我们和其他行商交谈，发觉不能指望得到比潘启官所提出的价钱更便宜。而贸易季节又快到来，我们请行商（逐个）到来，和他们签订合约"。

5 月 4 日潘启官、廷官和王三爷；5 日与赤官、瑞泰、石康官、田官、杨第爷（Yongtiye）、志官（Geequa）和福泰；6 日与周官等签订合约。正如上面记载所指出的，全部行商的各种茶叶价格都是相同的。7 月 23 日，我们还发觉"有害的公行"仍然存在，我们不惜任何牺牲进行反抗。当其他国家的商船驶到时，他们亦采取联合行动。

这种"碰撞"，赢家未必是行商，因为，黄雀在后，真正"通吃"的却是海关，是清政府。其实，在"公行"定制前，乾隆皇帝就办理了第一件商欠案。那也是因洪任辉告御状而引发的。

乾隆二十三年（1758 年），十三行商人顺德人黎光华去世时欠下了进口税饷五万余两，不能完纳，洪大班一告，乾隆爷则下令查抄变卖黎光华在广州与福建的家产，予以抵债，不足的数额，由其他行商与地方上"按股匀还"，令行商人叫苦不迭。

若干年后，"公行"制度历经反复又再度巩固之际，乾隆四十二年（1777年）英国东印度公司那个管理会又一状告到了海关，称这一年有应收款74542两未到账，涉及6位十三行行商，其中丰进行商倪宏文欠银11762两无法偿还，粤海关代还了11216两，乾隆爷又御笔一批，将倪宏文抄家革职，流放到伊犁。这也是清宫档案又一个"第一"，是第一个由皇帝亲自批准抄家革职流放的十三行商人。

3年后，乾隆四十五年，又发生泰和行颜时瑛欠外商款1383976元（合996463两白银）、裕源行张天球欠外商款452418元（合33574两白银）相继"执笠"（粤语"倒闭"之意）之事。于是，刑部会奏言：

> 广东巡抚李湖等奏称广东行商颜时瑛等借欠夷商银两，分别扣缴给还一折。奉朱批：……查例载：交结外国，诓骗财物例，发远边充军等语。今行商颜时瑛、张天球明知借欠奉有例禁，乃不将每年所得行用余利撙节归还，任夷人加利滚算。显存诓骗之心，应如该抚所奏，颜时瑛、张天球均应……革去职衔，发往伊犁当差……所有泰和、裕源行两商资财、房屋，交地方官悉行查明变估，除扣缴应完饷钞外，俱付夷人收领。其余银两，着落联名具保商人潘文岩等分作十年清还，庶各行商人不能私借夷债，并不敢混保匪人。而放债之夷人，既免追银入官，且原本之外，多得一倍，益感天朝宽大之仁。

潘家也就成了冤大头，一如史料所载：

> 此案联名具保商人共六家，他们共同禀称：他们和颜时瑛、张天球"谊属行友，今伊等负欠夷人银两，力不能偿，商等情愿遵照定限，十年代为完缴，每年应完银六万余两。商等共同酌议，各行与夷人交易，所得行用，原系行中火家（注：古代后制，十人为一伙，引

申为伙计。）口养赡之需，今情愿将各行每年所得行用，尽数归人公
行，存贮公柜，先尽代赔夷欠及公费，所有余剩，再行按股均分，交
回各行，以为行中火足之用。"

　　连潘家自己也欠上了。当然，这也是因为贸易的发展，外商不再在做
完交易、结清账目后即同船只一道离去，而是建立来往存款账户，由英国
东印度公司管理会代理，交易一完，船即可离去，款项便由管理会来收。
因此，欠款也不足为奇，日后大都可以还上，"公行"也就起到了一个调
节缓冲的作用。从史料上看，到了后来，公行却已是不堪重负，公行的头
头，最后也成了冤大头。此是后话。

　　而早年的隆兴行，则有大量的瓷器贸易的记录。在"乔治王子"号与
行商瓷器结算账款中，则有秀官的记录：

	装箱号		两	两	两
秀官 26 箱，内装					
10236 只浅碟，青花瓷	1	单价	0.033	337.788	
200 套餐具，每套盘 3，碟 12	2	单价	1.000	200	
4188 只水盘，青花瓷	3	单价	0.014	58.632	
742 只咖啡杯，青花瓷	4	单价	0.010	7.400	
				603.840	
扣除 2%				12.070	
				591770	

　　而同年粤海关监督关于对欧洲人贸易的命令中，亦提到"行商保商启
官、蔡昭官、谭赤官、蔡康官、瑞泰及潘启官"送呈的禀帖。而总督与海
关监督联合公布禁止来领执照之铺户对外贸易令中，亦同样按顺序提到这
6 位行商。

　　1759 年，谭赤官亦以瓷器交换铅。虽然尽量掩饰物物交换制，但记录

上仍时有出现：

2月9日。赤官通过托里阿诺向我们买铅，每担银3两，条件是以瓷器交换。这个价钱比其他商人出的价钱高。最近的铅价每担不超过2.9两，我们决定接受他提供的办法。

5月2日。我们售给他（赤官）1677担铅，每担价银3两，计共5031两，同意换回瓷器及约150担旧的松萝茶，每担价银8两。这种茶叶先前没敢购入，恐怕它会受西南季候风的潮湿的影响。但现在可以避免而直接运出，所以购入。

在本季度里，铅的正常付现价钱每担银2.6两。
1760年，有如下记录，大班们：

8月9日，租谭赤官的商馆一座，订白银650两。
12月12日，付澳门房屋及赤官的广州商馆租银共794两。

这一年，为了阻止公行的成立，外商通知谭赤官，如行商当中两、三人来，可以分别签订合约。

这样就可以阻止公行的成立，我们的绝大部分生意就不会被他们所垄断。他说他没有赞助要这样做，他还愿意破坏这个计划，他答应通知瑞泰同来。

5月1日，他们记载：

行商仍坚持，并拒绝个别签订合约。瑞典商人的情况和我们一样，仍未做任何交易。2日，行商在价格方面，表示一些小小的让步，他们知道我们在茶叶方面不肯出高价，但到了4日，我们和其他行商交谈，发觉不能指希望得到比潘启官提出的价钱更便宜。而贸易季度又快到来，我们请行商（逐个）到来，和他们签订合约。

5月4日与潘启官、廷官和王三爷，5日与赤官、瑞泰、石康官、田官、杨第爷（Yongtiye）、志官（Geequa）和福泰，6日与周官等签订合约。正如上面记载所指出的，全部行商的各种茶叶价格都是相同的。7月23日，他们还发觉"有害的公行"仍然存在，并表示不惜任何牺牲进行反抗。这是马士《编年史》的陈述。

到1768年，关于谭赤官有如下记录：

> 从伦敦直接来的两艘商船所载货物的种类是令人满意的，但他们对于数量过多表示不满。其理由之一，可能是由于石康官和瑛秀今年拒绝按过去惯例承销货物1/4，他们责备我们没有按照他们的条件同他们签订生丝合约。但潘启官答应承销半数，假如赤官肯承销其余半数的话，幸而他们很快就答应了，承销如此大量的货物，是对我们尊敬的雇主的极大关照。

值得注意的是，出售毛织品所得价款，只能抵补船上交货主要成本，而运费、保险费、利息和利润等是得不到抵补的。上项收入仅敷供应本季所需资金的六分之一，仅等于当年新的白银和货物供应量的三分之一。本季度末，赤官负累过重，因而欠公司债款189500两，无力清偿，要求延期，为了使事情不发生困难，管理会向他购买冬茶，以备下季之用。

价值共	20561两
订购新茶（武夷8000担，绿茶3400担）	
共计银	186600两
上项货物应预付定银	88800
付向他租入商馆的租金	<u>950</u>

余下仍欠　　　　　　　　　　　79189

这笔余下欠款，赤官付还现款 40000 两，其余欠数，签署债券。

物物交换制，虽常将其掩盖，但有时仍不免泄漏。大班记载与这种方式有关的丝织品合约时说：

> 我们故意与赤官订购大部分的丝织品的理由，是因为他曾经大量承销我们的毛织品。

这一问题可与上述关于赤官债务方面联系起来去理解。赤官为了处理他的债务，还同意承销 1769 年运来毛织品的 1/8；其余 5/8，由四位行商分别承销，作为 1769 年 2 月订购武夷茶 9000 担和松萝茶 2600 担价款的一部分。

> 下午我们邀请潘启官，通过他来探听其他行商的意图，他说自从今天上午他和瑛秀离开我们以后，他们有过激烈的争论，他们告诉启官，这是由于我们坚持以前提出的价钱，而不肯减低。假如他仍然中立，他们会使我们接受他们的条件的。不过他们知道谁也不能解决此事。但他很慷慨地提出，假如我们能够说服赤官承销以前已答应过的半数，则他就承销余下的部分。不仅如此，他甚至进一步宣称，如果赤官不能履行诺言，而只承销 1/4，他再一次把全部承担下来，分配给他的集团的人去承销。

> 9 月 4 日。今天早上，我们拜访赤官，问他是否仍决定承销本季度毛织品的半数，他再一次答应，我们到启官处通知赤官的声明，他亦同意承销其余的一半。因此，我们把毛织品卖给潘启官和赤官，每人各一半（按照上一季度的价钱）。

而到了 1771 年，毛织品处理，则按如下比例：

潘启官 1/4　　周　官 1/8　　瑛　秀 1/4
文　官 1/8　　赤　官 1/8

从中可以看出，潘家的实力，已迅速跃升到了第一位，超过了谭、蔡等家。

在《编年史》中，谭赤官与外轮的关系可从其担任保商的表格中看出，其中有"格拉顿"号、"诺福克"号、"诺森伯兰"号，那是1764年。而后，在1768年，则有"格罗夫纳"号、"帕西菲克"号、"霍森唐"号。当然，这只是其中两年的记录。

这仅是从马士的《编年史》中查找到的有关谭家的记录，但从中已可以看到，与家乡流传的故事基本一致，谭家经营瓷器为主，向外商租借商馆，自康乾至道光年间，始终是十三行中重要行商，有"潘卢伍叶、谭左徐杨"的排序，当为不虚。后期，众所周知，瓷器业已不景气，加上1822年一场大火，谭家后来的退出则无可挽回。

在龙江，关于火烧十三行之后谭家的传说还有很多，诸如大火后，仍回到乡下，继续做瓷器，并用了很多的牛去踩瓷泥，但到后来，又被土匪把牛全部抢走了……末了，只好出走南洋，在彭亨州关丹，开锡矿，种橡胶，直至20世纪40年代新加坡沦陷，大部分人饿死在围城之际。

正是在这种起跌、反复、推搡之中，担任"公行"头头的潘启官，凭借他出色的才干，尤其是商业头脑，在十三行中脱颖而出，成为十三行历数百年间一位名重一时的人物。番禺龙溪乡的《潘氏族谱》中，记载了这位百年外贸世家之第一人的家世。

潘启家族的远祖潘节，祖籍为河南省光州固始人。唐凤仪二年（677），随从卫翼府左郎将陈元光任校尉到福建，遂居漳州龙溪乡。其后传人一枝，分迁泉州府同安县积善里明盛乡白尾阳堡栖栅社。从潘节起计算，传至17世，潘振承来粤经商，即为人粤之始祖。其族谱记载："启，又讳振承，字逊贤，号文岩。乃璞斋公长子……生于清圣祖康熙五十三年甲午六月十二日辰时（1714 年 7 月 23 日），终于清高宗乾隆五十二年丁未十二月初三丑时（1788 年 1 月 10 日），享寿七十四岁……按公家贫好义，由闽到粤，往吕宋国贸易，往返三次，夷语深通，遂寄居广东省，在陈姓洋行中经理事务。陈商喜公诚实，委任全权。迨至数年，陈氏获利荣归，公乃请旨开张同文洋行，'同'者，取本县同安之义；'文'者，取本山文圃之意，示不忘本也。公……于清商宗乾隆四十一的丙申（1776 年）在广州府城外对海地名河南乌龙岗下运粮河之西，置余地一段，界至海边，背山面水，建祠开基，坐卯向酉，兼辛已线，书匾额曰能敬堂，建漱珠桥、环珠桥、跃龙桥，定名龙溪乡。在户部注册，报称富户，是为能敬堂入粤始祖。"

至今，龙溪仍尊他为能敬堂的入粤始祖，不过，论今日的潘家，当是广府人了。而论从闽入粤者，则是客家人与潮汕人，其中，河南光州固始，均为这两大民系发祥的重要节点。但话又说回来，广府人主要从广信发祥沿西江进入或经南雄珠玑巷南下，亦不排斥从别的路径入粤者。而粤人经商，则一直为中国商人中的佼佼者。

潘启的少年时代自是从贫困中度过的，从族谱中看，他的前几代，已无人入仕途，也没人参加科举考试。一位美国学者考证，说他仅 14 岁，便当上了雇工，靠卖苦力为生。潘启官的次子，曾赋诗言及父亲童年的艰辛：

有父弱冠称藐孤，
家无宿春升斗贮。
风飡露寝为饥躯，
海腥扑面蜃气粗。

寥寥 28 字，足以看出潘启早年谋生之不易。

十三行的巨商们，"潘卢伍叶，谭左徐杨"，几乎每个人的发迹，都有一个非常动人的故事，甚至是传奇。而这种故事与传奇，每每是其家族精神的展示，方可一代代地往下传。

这位潘启官，当今传下来的头号人物，其传奇有二：一是往返吕宋三次，见过飓风，九死一生，正所谓大难不死，自有后福；二是家贫而好义，在别人的洋行中经理事务，老板一走数年，他打理得非常到位，老板回来了，账目一文不差，获得利益一文不少，老板正好在外也发了财，于是，便让他自己去开洋行——同文行。

潘家祖籍是福建。福建人在海上经商是出了名的。16世纪中叶，由于屯门之役，葡萄牙人开始在广州吃败仗，便跑到就近的福建经商，所以，福建的造船业也很发达。这从郑芝龙"金厦王国"（金门、厦门）可见端倪。闽人自古传下一句格言"爱拼正会赢"，便是在海上获得的，没闯过大海的人，是没法懂得这一格言之分量。

别看大海平日一碧万顷，风和日丽，披有柔和美丽的蔚蓝色的面纱，可一翻脸，却比任何力量更为残酷，那种狂暴，那种无情，没领教过的是无法想象的，怒涛连天，猛扑过来，多大的船艨，都会似蛋壳一样瞬间化作粉碎……

潘启官在南海上，却是领教过多回了，飓风狂浪过后，大海上漂浮的尸体、断桅、折浆……种种，他当是司空见惯。那些年月，一次飓风，扫荡掉几十号商船，溺毙上万的渔民、水手，沉没价值连城的货物……都已是寻常事了。昨天一船货，还价值数千万，今天一场风，则分文无有，与大海的豪赌，无时无刻不在进行。

因此，也有人称，闯海与经商，都须有一样坚强的意志，否则，均无以胜任。其实，凡经大商，在那个时代，无不与闯海相联系，海商之所以成为商人中的俊俊者，正是大海赋予他们良好的素质、敢于搏击的勇气与豪情，以及在灾难面前百折不挠的坚强意志。在大海上，你没有任何退路，只有以死相拼，没准还能拼出一条血路来，否则，你将万劫不复！很难设想潘启官在南海中曾有过的九死一生，但他最后是胜利者，则是确定无疑的。正是凭着这一"前史"，他走向了风云诡谲的十三行。

他到了十三行，先是在陈姓洋行经理事务，由于工作勤勉，业务精通——毕竟"由闽到粤，往吕宋国三次"——很得行主的信任，把商行的全部业务交给他打理，"委任全权"。正是在这种打理中，他积累了从事外贸的丰富经验，同时，也筹到了足够的资金，从而自立门户，正式开设了自己的商行，取名为"同文行"。"同"者，福建老家同安县之同；"文"者，取本山文圃之意，示不忘本也。他"一岁一度航归墟，乃获操赢而置余"。最后，定居于广州。

选择广州定居，自是他瞄准了十三行的商机，毕竟，当时全国最发达的外贸市场是在广州，其他地方，时开时禁，包括同安就近的厦门也是如此。而他又在外航线上往来多次，谙熟这方面的业务，觉得自己在其中亦大有可为。终于一步一步，凭借自己的目光与才干，走上人生的巅峰。

同文行开张，当在 1742 年之后，因为 1742 年，正是他所在商行的陈姓行商病逝，陈姓后人是否仍留用他之际。他自己提出承充行商的要求，这样才有"同文行"出现。创业之初，家里人还得"日课女红夜仍织"用来补贴家用，儿子的衣着仍是"身披败絮两辄烘"，十分节俭。在历史档案中记载有同文行第一单生意，是与英国东印度做的，贸易额还不小，请看史料上的记载：

"1753 年的广州船运……英国公司船 6 艘载运的生丝 1192 担，每担 175 两，订约时预付 160 两，110 天—130 天内交货，这个合约是与潘启官（Puankhequa）签订的。同时又与他签订丝织品 1900 匹和南京布 1500 匹的合约。茶叶合约是和几位商人签订的……"

1752 年，英国东印度公司购买中国生丝总量为 2074 担（184560磅）。比对以上记录可见，1753 年，潘启售出的生丝超过了由东印度公司购买生丝总量的一半，显示他踏足世界市场已有较大的资本投入。

自始，潘启官的贸易额节节攀升。到了乾隆皇帝上谕"一口通商"的那几年，潘家的同文行，已经承保了英商的"瓦伦丁"号、"牛津"号、"诺福克"号、"亨利王子"号、"不列颠国王"号、"皮特"号、"奥古斯塔狐狸"号……等众多的船只,可见他的声誉与信用。因此,由他发起恢复"公行"制度,以垄断西洋贸易,自是有一番谋划,且又正中海关下怀。当然,也不排除官府及海关本来就有这一意愿,让他出头表示"民意"。

显然,潘启官的本意并没有得到实现,借"公行"垄断非但未能获得更大收益,反而日益陷入了困境,官府的钳制无以复加。为了争回原来相对自由的行商境地,同时,亦摆脱充任商总后一连串的烦恼,于是,他从领头倡议复组"公行",来了个180℃的大转弯,竟致力于取消"公行"。从1760年至1770年,经过10年的磕磕碰碰,"公行"终于又一次被撤销了。据史料记载:

> 乾隆三十五年(1770),因各洋商潘振承等复行具禀,公办夷船,众志分歧,渐至推诿,于公无补。经前督臣李侍尧会同前监督臣德魁示禁,裁撤公行名目,众商皆分行各办。
>
> 1771年,董事部获悉,大班热望解散公行的工作已成功,这是2月13日由总督的布告实现的。潘启官为这件事花了100000两,公司偿还给他。
>
> 公行的行商们自然是惨受敲诈,1771年已经发现其中有很多家破产,此外还拖欠了应付给官方的款项;于是公行被解散。据说这是为了外商们的利益而作的;潘喜(启)官(Puanhequa)损失了十万两银子,但这笔款项由东印度公司偿还给他。

很显然,于"公行"内部而言,其成员负债的事,一件接一件,其他未负债者不堪分担,内部难以协调。如此,"公行"本身便不利于那些资本雄厚的行商们作自由商业竞争,积累商业资本。一如潘启官,这位早早进入世界商业大市场的商人,是必严重感觉到由清政府控制的这一封建行会制度对自己的严重约束,无法大展拳脚,促进商业发展,所以,立场迅速发生转变。至于在"公行"外的商人,也对"公行"垄断十分痛恨。这样一来,于"内","公行"站不住,于外,各国商人亦一再抵制,这次

"公行"的恢复，草草搞了10年，又不得不草草收场了。

当然，帝国政府并没有就此罢休，一有机会，"公行"照旧还会重新粉墨登场，而随着专制极权的加剧，"公行"亦会"延年益寿"。此乃后话。

潘启官废"公行"，得到内外一片欢声，从此，他成了官方认可的"首席商人"，而外商也认他为"行商中的巨头"。

不过，周旋在官府、行商与外商三者之间，稍一不慎，便会大祸临头，好在他每每凭借多年经验，化解了一个又一个的危机。在他，可谓殚精竭虑，疲于应对，最后落个身心俱损。所以，他去世之后，追随他经商了十几年的儿子潘有度，说什么也不肯接任商总这一职位。

有生之年，潘启官颇费心机，设法应付官府的敲窄勒索，同时避免行商一个接一个破产。为此，他牵头与众行商一同筹措了被叫做"万用"（也叫"行用"）的互助保险基金，用来偿还洋商的欠饷及所欠的外债，在费正清主编的《剑桥中国晚清史》中，对此有过一番具体的描述：

> 行商为了保护他们自己，于1775年（注，另一说为1776）建立一种秘密基金（即后来英国东印度公司所称'公所基金'，公所即行会，具体称公行），公所的每个成员要把他贸易利润的十分之一交作基金，在必要时用来应付官吏的勒索。到1780年公所基金始公开并正式规定向外国进口货征收百分之三的规礼，这是一笔附加税，名义上是要保证行商能偿还外商的欠款。

一个"十分之一"，一个"百分之三"……这一制度，既保证了政府的税收，又减轻了政府对欠外债商人受控于外商而成"汉奸"之忧虑，而外商债权人回收债款又得到了保证，中国商人则因有此基金保险而不至于经济上火烧眉毛。一石三鸟，政府、行商、外商均有所得，也难为潘启官这份苦心了。

在十三行，潘家的故事，一直延续到了最后，是十三行行商中唯一百年不衰的家族，也打破了传统中国"富不过三代"的大限。我们后边还会有关于他们更多的追述……

在公行，总商废与兴的反反复复之中，不知内情的外人，都会感到十分奇怪，一下子，外商与行商联合起来反对公行制度，一下子，行商又自发组成商总，从而恢复"公行"；一下子，都想当商总，一下子，宁可舍十万银子，也非要把总商辞掉，全身而退……

而十三行行商的身份也十分微妙。一方面同外商"勾结"，与海关分庭抗礼，拒绝官府的苛求勒索，要解散公行；一方面又同官府站在一起，借公行垄断贸易，却冒充"民意"……其实，这一描绘，非此即彼，未免也太简单化了。乍一看，岂不是十三行反十三行了么？

在外商看来，十三行的民商身份，与他们作为自由商人的利益是相一致的，一般要谋求最大的商业利益，所以，他们是以民商的十三商身份，去反对"公行"的；而在官府看来，"公行"是为维护帝国的脸面及商业利益而设置的，"公行"才是真正的十三行，因此，十三行的行商，务必与官府保持一致，以官督的十三行去对抗另一个潜在的、不服从其意志的十三行。于是，也就存在了两个"十三行"：一个是在国际贸易中，对现时的行规及操作已非常熟练，多少也受外国经商准则影响甚至对其习俗亦有所了解——如潘有度诗中称许的"然诺如山重"、"娶妻不立妾"、"慈善制度"……等等，希望以此为参照，实现自由贸易并推动资本国际化（伍家就是这么做的）的十三行。一个则是天朝至上，实行国家垄断，并代表官府与外商打交道，以维护官府的体面、礼仪以及最大利益而设置的"公行"，亦即行商制度下的十三行。这两个"十三行"，有时更并存在一个行商的身上或头脑中。十三行反十三行，也就成为一个无可排解的悖论，却又是毋庸置疑的事实。

十三行行商，从其个人而言，无疑更接近于自由商人；可从整体而言，加上商总的委任，他们又不得不多少成为官府的代表或中介……而十三行反十三行，当有更深刻的历史内容，相信读者们在了解到其最后的命运之际会有更多的感悟。

13

茶叶、丝绸与瓷器

应该说，从 18 世纪中叶到 19 世纪中叶，是世界市场大规模发展的历史时期，所以，乾隆的"一口通商"，也就把世界市场大发展的机会，集中到了广州，到了十三行。于是，中国的茶叶、丝绸，还有陶瓷，成了世界市场上最紧俏的商品。

早在 17 世纪，中国的茶叶、阿拉伯的咖啡，几乎同时进入了英国，成为皇家的上品。茶叶作为礼品，赠送给女王。茶叶的芬芳、清爽、柔和与隽永，迷倒了整个皇室，咖啡也只能屈居第二了。

茶几乎可以成为一个神话，征服了英国的上层贵族，价格也就高得令人咂舌，以至有"掷银三块，饮茶一盅"一说。凭此，茶叶从中国运到英伦三岛，利润当有多大？不仅皇室贵族享用，整个国家，上上下下，每个家庭，都得用百分之十的收入来购置茶叶，饮茶，成了那个年代的时尚。至于茶叶质量，则十分严苛，一度分为 21 个等级价格。由于十三行行商中不少人祖籍福建，所以，福建的名茶自是上品，十三行以茶叶贸易为主，也就不难理解了。

老天爷也青睐这一茶叶出口。每年五六月新茶上市，刚巧西南季候风就把外舶吹到了广州口岸；到七八月份，福建等地茶叶便运到了十三行货栈；及至九十月份，海上东北季候风起，外舶正好扬帆返航，装得满满的。天时、地利，加上物品的成熟季节，真称得上是天公作美。故西人有云，此"似乎是中国的龙与我们的上帝特意作了协调"。

但英国人对茶叶质量的苛刻，从下边这一事件中亦可看出来了。例如，乾隆四十八年（1783）英国东印度公司董事部返回1781年已运去英国质量差的1402箱福建武夷山茶时，潘启官也不得不如数赔偿。他们这么写道：

在通知潘启官"皇家亨利号"载来退回茶叶的数量时，他似乎非常惊讶和烦恼，他知道已运到黄埔的不下680箱，另外还有一些，总数会达到1402箱。我们知道这些包装损坏得很厉害，号码完全脱掉，我们要求他按照邮船"狐狸号"带来的那账单的总数收回他的份额。他似乎很不乐意，并说因为这件事太大，要求我们让他考虑一下如何处理，几个星期过去了，我们仍没有得到一个满意的答复。后来，他获得海关监督的准许（我们相信，是经过一些困难的）免税起货。但难以确定哪些茶叶是他的字号的；有些箱子已完全毁坏，茶叶分别放在桶子、篮子、袋里等等，全部在这种状态下，就完全无法辨认。由于其余运来他的茶叶多少不能确定，而我们急于要把这件头痛的事解决，我们竭力说服他不要等候全部运到，先行承受预知的数量清账，后来他答应今年先付10000两，其余下年清付。

尽管损失不菲，但潘启官的商业信誉却得到了大大的提高，他们家族之所以在商业上百年不衰，这不能不说是一个最重要的因素。

而名闻天下的中国丝绸，更是西方的抢手货，这也是十三行中仅次于茶叶的行俏商品。

早在4000年前，中国的丝绸便传到了欧洲。古罗马兵团，也曾用一面巨大的丝绸战旗吓跑了蛮族而大获全胜。达官贵人赴宴之际，更以丝绸服饰来显示身份……于是，丝绸之路，成了中西方交通的代名词，而且分有陆上丝路与海上丝路，数千年不衰。关于丝绸的神话，数不胜数。丝绸，也就成了东方文明的代表。

十三行贸易中，尤其是乾隆初年，丝绸始终是官方控制海贸的一大筹码。尤其是"一口通商"之后，生丝的生产基地江浙一带，其走私出洋便立时严重起来，生丝价格急剧上升。朝廷认为这是丝货出口所造成的，于是便下达了严禁生丝出口的规定。可下达之日，生丝早已装船待发，时任两广总督的那位李侍尧不得不赶紧上奏，获得乾隆爷批准，这一禁令才在广州"缓期一年执行"。

然而，禁丝出口后，江浙丝价非但未降，还引发了一系列问题。出口粗丝滞销积压，广州出口贸易额大幅下跌，洋货则上扬，市场白银短缺。各国纷纷向清廷请求开放丝货贸易。乾隆二十七年（1762），乾隆爷只好网开一面，允许每船配买土丝5000斤，二蚕湖丝3000斤，以示皇上加惠外夷。而瑞典则还有更大的优惠，因为有瑞典商人棉是旦等通过两广总督苏昌向清廷专门呈请："夷等，仰沐皇上洪恩，怜恤远人，准配买丝斤带回，不但夷等得有活计，即国中妇女都可作针指度日。皇恩浩荡，欢喜感激之至。但夷等外洋各国尚有不能织匹头之处，向系采买丝斤，即在内地觅匠，织成绸缎，带回服用。今不能自织之国度，虽买有丝斤，不敢织缎带回，服用无资。夷等同属天朝属国，就是小厮一样，今情愿少带丝斤，织些缎匹带回，更欢喜感谢不尽。"

两广总督苏昌的意见是，可准许瑞典商人购买绸缎成品2000斤，但要用2500斤丝来抵，最终从每船8000斤的丝贸易额内扣除。乾隆皇帝批准了苏昌的这一奏请。这位棉是旦的呈请，倒是摸准了乾隆爷的心理。欲禁不禁，丝绸贸易，也终于在夹缝中撑出了一个局面。那时，在广州，织造工场的工人有17000余名，织机虽然简陋，但产量可观，产品也相当精美。连英国东印度公司的商人也夸赞道："十三行的丝织品太好了，他们花费了不少心血，按照欧洲的式样织造丝绸。"无与伦比的品质、高精的技艺，令中国丝绸在欧洲大行其道。

十三行另一行俏的商品，不用猜，大家都知道，那便是瓷器，连英文的中国China，本义也就是瓷器。自古以来，瓷器便是中国的一大象征。

尽管马可·波罗在元代便在中国见识过陶瓷，并询问过陶瓷的烧制过程，但在他离去后 100 多年，那已是明代中叶，中国的大陶瓷时代才真正繁荣起来，请注意，这正好是十三行发生之际。从此，这个神奇的瓷器，与中国成了同一个英文词汇，且几乎与十三行同始终——虽说嘉庆、道光年间已衰微，由于工业革命后，欧洲人自己制造的瓷器，业已与中国争夺瓷器市场了。

而在这近 400 年间，中国陶瓷在海外是怎样的命运？而它的命运，又怎么与十三行、与西方对中国的认知密切相关？……这可以开出一系列命题，因为它太"中国"了！所以，在学术界，一直有人主张以海上陶瓷之路取代丝绸之路，一是免得有因袭陆上丝绸之路之嫌，二是当年海上陶瓷贸易，远远大于丝绸贸易，陶瓷的名声绝不亚于丝绸……只是"海上丝路"先提出来，占了先机，即有了占位优势，已是约定俗成，也就这么叫下来了。但是，陶瓷，却一度代表了中国绚烂的文化。

或许，可以 1793 年为界，即马尔戛尼率为乾隆皇帝祝寿船队来中国这一事件为历史分界线，这也是陶瓷贸易达到鼎盛的时刻。在这之前，中国文化几乎为西方一致推崇，甚至成了他们反对神权、改革制度的先进武器。而陶瓷，则对其生活方式、文化艺术，均产生了深刻的影响。

虽然他们曾认为，如果没有中国这类手工艺术的强烈影响，法国就一定不会有，因而欧洲的其他部分也就一定不会有巴洛克及洛可可的艺术。这无疑是溢美之词，可也道出了一个基本的历史事实。在利奇温的《18 世纪中国与欧洲文化的接触》（朱杰勤译）中就说道：

> 在十七世纪中瓷器仍被视曾一种新奇的珍玩之时，只有少数大宫廷中（在马德里 Madrid 或凡尔赛 Versailles）才有比较大量瓷器的陈列，但等到快至新世纪之时，也许由于瓷器大量的供给，也许由于个人趣味的要求，瓷器遂成为普通家庭用品，特别是在热饮（包括饮茶）成为社会流行风尚后。当时迫切需要适当的茶具，以始创饮茶的国家去寻求范型，岂不是十分自然的事情？但中日二国所用茶杯是没有柄的，所以特造有柄的杯供给欧洲人应用。此外还常订造白瓷，运

入欧洲，然后按照购者的特殊兴趣，加以彩绘。

　　与瓷器这种用于日常生活同时，装潢摆设的用途仍继续流行。这使人想以"强者奥古斯都"（Augustus the Sueng）的"印度乐院"（Indian Pleasure – house）的奇妙的设计。据华坎巴期（Waeken arth）说，其中所创设的许多新奇物品，是在意大利和其他地方所从来不曾见过的。"墙壁"，天花板和窗的凹处都是用瓷镶的。

　　他更是如数家珍一般，列出了各大宫殿有关代表性的瓷器收藏清单。他是这么说的：

　　各洛可可式宫殿的中国物品室内所藏瓷器之多，无从一一缕述，充其量只能举出若干有代表性的例子，如香勃隆（Schon – brunn）的路易堡（Ludwigsburg）宫，慕尼黑（Munich）旧王宫的镜室（为1729年被大火报毁的最丰富的收藏室之一），安斯巴哈宫（Ansbach）的镜写及"骑士瓷室"。柏林的蒙彼朱（Monbijou）宫（后改为霍享索伦博物院 Hohenzallem Museum）尚存有一本旧指南书，记载当时所藏关于中国文物饰物珍品。其中有数节，在后面我们讨论建筑时将加以介绍，这里只举登记目录作为例证。目录中提到下面的藏品。"……六、悬有中国画的音乐室；十、铁蹄 Fre—a—coheval 室（因其作马蹄形，故名）：四壁皆嵌木为饰，各室挂有中国风味的图画。十二，一陈列室，中国趣味的黄色雕花木框的悬挂物（一般指内藏字画——译者）。……在花园之中的一层建筑物，经现在作寡的腓特烈皇后所扩充修饰，有许多优美的房间，大部分已重新装饰布置得十分雅致。四、一房有玫瑰色的悬挂物，上有中国山水画，分为各组。六、一个阁子。九、悬挂中国画的房子一间。十一、中国式黑漆的房子一间。二十、王后寝室，有中国丝织品悬挂物，壁龛作宝蓝色并镀金。二十三、悬挂中国字画刺绣的房子一间。二十四、瓷器陈列室，有精雕的紫漆木器。室内陈列大批华瓷，日本及拍林瓷器亦分列于窗拱之上。二十七、有玻璃镜镶的中国字画。三十四及三十五、富有中国风味而雕刻精致的悬挂品的陈列室。此外，特别值得一提的还有蒙彼朱宫的诸室，国王为了他母亲聊罗赛亚（Sophia Dorothea）孀居，命令在室内陈列各种珍贵的瓷器。有多少中国物品室曾经遭受蒙彼朱宫同样的命运，和因后来时代风尚是以瓷器占首位的。

以上，我们仅引用了两段文字，从中已不难看出，中国的瓷器，在其上流社会已形成一种时尚，深深地嵌入到其生活方式之中，不仅仅是装饰、收藏，甚至是饮食起居。在他们认为，当日的中国，无疑是一个多彩的令人眼花缭乱的理想国度，否则，怎么可以有如此高超绝伦的艺术呢？正是从艺术风格着眼，同时也上升到哲学的高度，陶瓷，几乎就成了中国的神器。在同一本书中，利奇温是这么写的：

洛可可艺术风格和古代中国文化的契合，其秘密即在于这种纤细入微的情调。洛可可时代对于中国的概念，主要不是通过文字而来的。以淡色的瓷器，色彩飘逸的闪光丝绸的美化的表现形式，在温文尔雅的十八世纪欧洲社会之前，揭露了一个他们乐观地早已在梦寐以求的幸福生活的前景。这个文雅轻快的社会，能在北方的孔子的严谨的政治道德中得到点什么呢？奇妙的长江流域，位于中国的南部，是道教的玄妙之花争妍斗艳的地方，也是佛教禅宗发出像茶叶的芳香使人们的精神陶醉沉湎于其中的地方。闪现于江西瓷器的绚烂彩色、福建丝绸的雾绡轻裾背后的南部中国的柔和多变的文化，激发了欧洲社会的喜爱和向慕。欧洲社会本身正在孕育一种高度发展的深邃的文化，它没有自觉到和这种事物的内在联系。

不过，生活在这个时代的大哲学家、大数学家莱布尼茨，不仅从来自中国的六十四卦图中领悟出二进位法，进而发明了微积分，同时，也从哲学上归结了中国的一度尚处于先进状态的文明，他认为：

中国的版图很大，不比文明的欧洲小，在人口与治国方面，还远超欧洲。中国具有（在某方面令人钦佩的）公共道德，并与哲学理论尤其自然神学相贯通，又因历史悠久而令人羡慕。它很早就成立，大约已有三千年之久，比希腊罗马的哲学都早。虽然希腊哲学是我们所拥有的在《圣经》外的最早著述，但与他们相比，我们只是后来者，方才脱离野蛮状态。若是因为如此古老的学说给我们的最初印象与普通的经院哲学的理念有所不合，所以我们要谴责它的话，那真是愚蠢、狂妄的事！再者，除非有一场大革命，要摧毁这套学说也不容易。因此，尽力给它正当的解释是合理的事。但愿我们拥有更完整的记载与更多的从中国经典中正确地抄录下来的讨论事物原则的述言。

可以说，中国陶瓷，对洛可可艺术风格的发生，至少是起到了一个催化剂的重要作用。哲学家脑海里设想的东西，洛可可的艺术家则以巧妙的线条表现出来——因洛可可艺术是直线形的，两者都是只表现了潜在的可能性，而没有任何明确的结论。小品论文成了文艺的主要形式，甚至颜色亦失去了巴洛克（Baroque）时代着色的稳固明晰。洛可可时代爱好淡色和没有强烈显色的由浓而渐褪为淡。采用纤细轻淡色调的瓷器，成为洛可可艺术的典型材料。洛可可开创了西方的一个艺术新时代。

处于启蒙时期的西方，加上工业革命，他们对"舶来品"倒是不曾心怀芥蒂，敞开胸怀加以容纳、吸收与改造，虽说当时亦有贸易保护主义，但艺术与思想却是国界所拦阻不了的。洛可可时代就这么走向了全盛期。以至歌德也曾对中国画风格的作品感慨地赋诗一首：

> 小小的花儿
> 小小的绿叶
> 年轻的春天之神
> 在我们随手撷下的
> 一条彩色丝带上
> 尽情嬉戏

这对于他来说，何等赏心悦目。把瓷器用于亭子，用于塔顶甚至整个建筑。

在那个时代，在人们的思想里瓷器与中国确是分不开的。在英国就称瓷器为"支那"（China），今日还是这样。后来发现了一种光亮白洁而具有可塑性的瓷土时，就被称为中国粘土（China-clay）。

当时对中国的推崇，与陶瓷并列的，还有被视为"第五大发明"的中国科举制度，仅举一例便够了。还在 1693 年，勃兰登堡—普鲁士就采用了中国这一文官制度；法国大革命，亦把"己所不欲，勿施于人"写在了他们的旗帜上。

由于瓷器在海上贸易中自明中叶至康乾间始终占有最大的份额，对中国的瓷器制造业的推动自然是毋庸置疑的。我们回过头再来看看中国这方面的历史记载。

到 18 世纪热饮成为西方社会一般生活习惯，瓷器逐渐取代西人惯用的金属饮具，成为普通家庭的日用品。欧洲从广东等港输入的中国瓷器主要有瓶、盂、罐、盒、炉、壶、碗、杯、盘等，还有各种人物和鸟兽的瓷像，特别是佛像。《陶雅》称："洋商喜购瓷佛，大小素彩，层出不穷。"广东商人为满足国外市场的需要，还到江西景德镇去订造素身瓷器（即白瓷坯），运到广州，再由广州的绘瓷高手根据欧洲人的风俗习惯并参考西洋画本，以洋画法绘彩于素瓷上，加釉烧成三彩或五彩，名曰"广彩"，然后再运往欧洲销售。刘子芬的《竹园陶说》指出："海通之初，西商之来中国者，先至澳门，后则径趋广州。清代中叶，海舶云集，商务繁盛。欧土重华瓷，我商人投其所好，乃于景德镇烧造白瓷，运至粤垣，另雇工匠依照西洋画法加以彩绘，于珠江南岸之河南，开炉烘染，制成彩瓷，然后售之西及广彩等名称。此种瓷器，始于乾隆，盛于嘉道。"这些在广东加工后再输入欧洲的瓷又称为"洋器"。蓝浦在《景德镇陶录》卷二《洋器》载："洋器专售外洋者，商多粤人。贩去与西人载市，式多奇巧，岁无定样。"这说明瓷器的式样和款式每年都会有所不同。与此同时，广窑为适应国际市场，最早开始仿造西方瓷器。

广彩在欧美各国深受消费者的青睐。特别是各国君主和上流社会的人更加酷爱广彩。法国国王路易十四令其首相马扎兰创办中国公司，派人到广州订造有法国甲胄纹的广彩，运回到法国后，在凡尔赛宫设专室陈列展览。英国女王玛丽二世也醉心广彩，购买广彩后在宫内陈列展览，法国名作家雨果收集了大量的广彩。

由于相互影响、相互协调与适应，经营瓷器的十三行商谭世经，就是这么脱颖而出的。

笔者的祖先，便是十三行经营瓷器的行商。乾隆年间与嘉庆初年，谭世经经营的"披云堂"也经营瓷器，谭世经过世后，一分为四，继续从事瓷器贸易的，是"毅兰堂"。当年留存下来的瓷器，大都烧上了堂号乃至人名，这方让我们后人多少了解些。

谭官经营的是景德镇著名的青花瓷。当年，从景德镇运来的素胎瓷，溯赣江而上，入章江，再过梅岭，走梅关古道，而后下浈江，顺流而下，走北江，到广州或者顺德。老家顺德龙江，北边是北江水道，西南则是西江水道。顺德出了不少十三行商人，与这个地方商品经济早早发达相关。这里自宋代始，大兴水利，桑园围名闻天下，桑基鱼塘更是明清时最为兴盛，故有"一船蚕丝去，一船白银回"的民谚。不过，附属于十三行的瓷器作坊，都集中在珠江南岸，广州人称那里为"河南"。乾隆二十四年（1769），一位北美人希基来此考察，见有 100 余个加工厂，各自技艺与颜料配方，都秘不传外，说是祖上留下来的。除开青花瓷这一名贵产品外，彩绘师还根据外商提供的图样，在素胎瓷上，仿制欧洲式样与题材的作品，而且仿制得非常成功。正是这一中西合璧的工艺，催生了名扬天下的"广彩瓷"。

19 世纪初，连美国的报纸，都登出了广彩瓷的广告："广州瓷商亚兴官，敬请转告美国商人和船长，现在一批精美瓷器，风格高雅，价格合理，一旦定货，即可成交。"广告做到了大洋彼岸，可见瓷商具有怎样超前的国际市场意识。

18 世纪，外商在十三行定购瓷器的热潮一波高过一波，正是景德瓷的典雅、广彩瓷的多姿，与西方消费者的审美情趣一拍即合。众所周知，西方一度流行的洛可可绘画风格，正是受中国瓷器上的绘画影响而形成的。中国瓷器在西方被视为富有与地位的象征，同时，为其餐具带来了革命化的演变！

无论是茶叶、丝绸与瓷器，它们所代表的都是中国文化柔性的一面，是祥和、温馨、美好，没有血腥味，更没有魔鬼的心计。然而，对于英国来说，这却造成其贸易收支的不平衡。而英国又是中国最大的贸易国。一如英国东印度公司所云："对广州的整个生意是无年不亏的。"为了换取茶叶、丝绸与陶瓷，英国东印度公司每年需要运送大批白银到中国，仅广州一地流入中国的白银，平均每年便在100万至400万两之多。

为了扭转这一逆差，一种魔鬼的货物，到中国登陆了。这便是鸦片！也就是鸦片，开始改写了一部海洋贸易的历史。

从前边引文中不难看出，谭康官是黎安官当年的"合伙人"，而黎安官即资元行黎光华，同是顺德籍的十三行行商。而谭家自谭湘开始，即居里海东头（今龙江辖内）。如同潘家开始是陈官合伙人，而后再独立出来一样。由此，我们可以判断，黎安官、谭康官，均为清初康、雍及乾隆前期的十三行行商。黎的情况，梁嘉彬已在《广东十三行考》列了专节，最后是因欠洋债而被籍没并流放。谭康官之后，有天官、赤官（亦有作秀官），赤官于1770年去世，为乾隆三十多年。而后，到家乡传"火烧十三行，里海毅兰行，一夜冒清光"，则到了道光年间了，故道光仍有民谣"潘卢伍叶，谭左徐杨，龙凤虎豹，江淮河汉"。赤官去世后，我们从龙江里海留存的青花瓷上，仍可见"谭世经，披云堂"及"乾隆"、"嘉庆"字样。

而潘家，则从乾隆初年始，最早出现在《编年史》上为1750年，一直到十三行的终了。潘家在河南（今海珠区）的住所，亦与谭家在一起，两家的关系，一直持续到了民国年间，这是据老年人追述的。民国年间，谭家的后人谭文德，仍在就近的南武中学就读。

从1716年（康熙年间）一开始，瓷器贸易便有记载，1728年，瓷器仍是仅次于茶叶的第二大商品，1732年，仅以"温德姆"号为例，丝织品购款为2898两银子，瓷器为2725两，茶叶为2330两，三者几乎平分秋色。后来亦各有起落，但到了乾隆末期，瓷器几乎已经完全退出了十三行的对外贸易了，因为欧洲已经逐步掌握了烧瓷的技术。可以说，谭家的瓷器贸易，自康熙年间至乾隆末年，亦延续有100年之久，传几代人。同时，谭家亦有做茶叶、丝绸的外贸，这不难在马士的《编年史》上看到。

应该说，从康熙至乾隆年间，即清代十三行的初期到中期，谭家在十三行中的地位与作用，是相当显著的，尤其是黎家资元行出事后，当然，谭康官也几度被囚。而潘家则是从乾隆年间至鸦片战争之前，即十三行的中、后期发挥了重大作用。

而关于十三行中期的外贸，范岱克在《从荷兰和瑞典档案看18世纪50年代至70年代的广州帆船贸易》一文中提到，从瑞典的数据表明，自18世纪60年代至70年代早期，以广州为基地的帆船少则有27艘，多则达35艘，尤其是60年代，其名可考的实有37艘。这些资料还表明，至少有9家贸易商行及广州的13位中国行商为这37只帆船出货。而且确切知道，其中有31艘是由7位不同的中国商人所经营。再加上前边提到的13位商人，则有20位来自澳门与广州的商人经营这些帆船贸易。而这些中国帆船贸易商每每与十三行行商有联系，或出资人便是十三行行商。

众所周知，自明代始，至1820年，中国政府一直严禁造两桅以上的帆船，以限制中国商人"通夷"，而两桅内帆船只能行内海，顶多到东南亚。因此，十三行行商更有出资东印度公司的大帆船贸易，以瞒天过海。上述期间内，自少不了谭、陈、潘几家。

末了，不妨记下龙江里海关于十三行的又一则传说。

说是道光年间，一位白发髯髯的老人，敲着碟子，拖着埕，在十三行街上来回地走，没人理他，以为他神经不正常，只有街尾梁家，即左垣公家人见他拖得满头大汗，便好心请他进屋喝一碗水。谁知他接过碗，却把水往地上一泼，长叹一声，走了。是夜，十三行大火，只余下梁家没被烧着，都说是那位老人泼水之处，火不曾至。人们这才恍悟，老人是暗示大家"打迭（碟）行程（埕）"赶快走人，因为大祸将至矣。民间传说中包含的训诫意义，已不是此文分析的范围了。

关于族谱的内容，我们得有进一步的发掘。

14

宁为一只狗，不当洋商首

如前所述，早在雍正七年，即 1729 年，以严刑峻法著称的雍正皇帝，便已颁布了一项法令，禁止鸦片买卖。法令中的惩戒，是对非法提供鸦片者，处以 100 棍，并戴上枷锁游街示众。但当时并未意识到鸦片的真正危害，其主要目的，是针对高价出售鸦片以牟取暴利者，却没有惩罚吸鸦片的人，也没有对鸦片的进口进行限制。那时，英国人还没有以鸦片作为主要经营的货品。及至 18 世纪中叶，中国与英国的贸易有了迅猛的发展，英国人钟情的茶叶、丝绸、瓷器的货运量激增，大量白银流入了中国，英国人有点吃不住了，煞费苦心想扭转其逆差的局面。于是，鸦片贸易开始凸现。

乾隆三十八年（1773），在雍正禁鸦片买卖的 40 多年之后，鸦片买卖公然猖獗了起来。也就是这一年，英国殖民者在其北美殖民地遭遇了"波士顿茶党案"。当局通过救济东印度公司条例，规定该公司拥有垄断茶叶的运销权，严禁老百姓购买私茶。于是，纽约、费城、查尔斯顿人民奋起反抗，拒绝卸运茶叶。萨姆尔·亚当斯与保罗·得维利等人，即领导组成了"波士顿茶党"，他们化装成印第安人，于深夜把东印度公司 3 只茶船上的 42 箱茶叶倒入海中。英国殖民者恼羞成怒，封锁了港口，并制定所谓的《强制法令》予以报复。官逼民反，更大规模的反抗由此引发……这也成为美国独立战争的导火线。

如热锅上蚂蚁的英国殖民者，想着在垄断茶叶贸易上碰了壁，谋取暴利的风光不再，也就到处设法寻求出路。终于，他们捞到了一根救命稻草。

也就同在这一年，英国殖民者终于占领了孟加拉——当时，那是著名的鸦片产地，漫山遍野，到处可见血红色的罂粟花，这一下子，便激发起了殖民者罪恶的欲念！这可是奇货可居的，可以谋取更大暴利的滚滚财源！贩卖鸦片，本小而利大，用来扭转对华贸易的逆差，当是最好的货品！立即，东印度公司向英属印度政府申请了独占鸦片专卖的权利。这个殖民政府当然不假思索，立即批准了这一专卖权。于是，也就从这一年开始，英国输入中国的鸦片数量迅速攀升！

几年后，乾隆四十六年（1781），英国东印度公司更取得了继续垄断对华贸易的特权。

也就是这一年，英国东印度公司在广州的管理会给两广总督写了一封信，他请求两广总督设法从澳门葡人那里获得一个保证，以改善英国商人在澳门的地位。

信中暗示，要把与澳门隔珠江口相望的香港，作为英国商人专门贸易的地方：如果该地一旦掌握在富有进取心的民族手里，他们必然知道如何尽力扩展该地的优越条件；我们想象它会成为一个繁荣的地方，为任何东方口岸所不及。

可以说，英国人觊觎香港的野心，正是同鸦片贸易相联系的。那些年间，由于中国禁止鸦片买卖，而他们又急于扩大这一罪恶的买卖以扭转逆差，因而脱离广州十三行，另找去处，自是最好的办法，后来，他们也承认：

> 对于这个根据地（香港）的要求，我们是很久在筹谋的了。在18世纪，因为在贸易上发生了很多困难，商人们就建议在中国的口岸占据一个海岛，作为克服这些困难的必要手段。

如此迫不及待，与国际上的情势也是分不开的。"波士顿茶党案"发生后第二年，英属北美十三个殖民地代表召开了著名的"大陆会议"，商讨反英的方法、步骤，通过了同英国断绝贸易关系的决定，制定《权力宣言》等。1775年更在来克星顿发生抗英武装斗争，5月，又在费城召开第二届大陆会议，建立军队，任命华盛顿为大陆军总司令，通过武力对抗英国的宣言。1776年7月4日通过《独立宣言》，宣布脱离英国，成立美利坚合众国……而英国在南印度第二次迈索尔战争中也一度处境不妙，所以，乾隆四十七年（1782）仅有4艘商船到广州口岸贸易。

英国东印度公司在战争状态下，公然冒天下之大不韪，为了弥补因战争影响而造成的财库银根奇紧的局面，竟派出一艘战舰上中国。

这艘名为"嫩实兹"号的战船艘上，满载的不是弹药什么的，而是鸦片。用战舰偷运鸦片，可见其祸心。

是年7月21日，"嫩实兹"号到达了澳门。由于清政府严禁鸦片，该船大班设法贿赂海关当局，于是，海关监督在拿到了2万两"礼银"之后，"嫩实兹"号把200箱鸦片运到了广州，绕过了十三行发售了出去。而在澳门，更留下了1400箱卸下的鸦片，通过各种渠道，转运到了各地出售。就这样，1600箱鸦片全倾销在了中国。

这仅仅是鸦片贸易的一个开端，而后，则是成千上万箱鸦片的倾销。

至19世纪初，每年平均进入中国的鸦片在4000箱以上，中国白银开始大量倒流。有资料统计，英国政府每年向中国倾销鸦片的收入，足以支付英国海军舰队的全部经费开支。

乾隆四十年（1775），尽管英国东印度公司一如既往地反对再度重组"公行"，然而，欧洲其他各国外商与公司之外的英国散商，却一直不与该公司合作，清政府在总督、各位重臣乃至外洋行商人的支持下，"公行"终于又一次复兴，而这次恢复之后，一直到十三行最后消失——到19世纪中叶，几近80年——都不曾撤销，显然，是清廷意识到这一制度与官方利益之不可分割，所以才不再出现反复，忽撤忽建。这也是大清帝国外贸政策的历史使然。

　　"公行"重组，规定专揽茶、丝、瓷器各大宗贸易，至于扇、象牙、刺绣及其他贸易，则可由"公行"之外的散商办理。自始，外商货税全由"公行"承揽，也就是说，中国官方与外商的一切交涉，包括来往文件，都得以公行为枢纽。行商对外商须负有连带责任，同时，外商购买中国货物，也得由"公行"代办，中国行商对所购货物征收3%的费用。这表明，清政府对外商管束愈加严厉，行商的权力也益加强化。十三行行商制度，就这么日趋完善。

　　是年及其后的日子，粤海关在广州及近郊各地，到处张贴广告，重申保商制度不可更改与侵害，布告命令：

　　　　凡欧洲人的船只到埠时，通事必须将各项输入货品售给保商的组织，而保商即承保该船。

　　　　他们必须从保商处购入回航货物；如去年的散装商船离埠时几乎是空船，不向保商而向小商店购货，而这种小商人不将他托交的税饷缴付，致令税收受损失。

　　　　现在勒令通事和行商必须向大班指明，如果他们的买卖不经保商，则禁止将任何物品带上岸，亦不准将船停泊黄埔，将被驱离境。

　　　　假如有任何船只在季度末期离开而没有向保商购妥全部舱货者，政府决定将行商及通事惩处。

　　斡旋于官府与外商之间、一直充当"商总"的潘启官，其间可谓惶惶不可终日。1777年，英国东印度公司档案中说他："为了摆脱贪婪的权贵掌握，而保存他自己和家庭，近来他的支付，远非他的力量所能承担。"为此，潘启官向各方呼吁，并采取了一些对策，但最后的结果表明，他只是"再一次推延了广州重建商人行会的时间；这种组织实际上只不过是政府管理贸易的机构。"

　　无论怎样，"公行"还是最后重建了，而这次则不再有撤销的可能了。纵然如此，十三行的行商，也还是在夹缝里求生存，运用他们已谙熟的国际贸易的行规，运用市场游戏规则，参与到国际竞争之中。

仅以潘启官为例，连外商，都认为其重然诺，有信用。1768 年，外商有职员记述道：

> 9 月 11 日。今天早上，潘启官到商馆通知我们，他将他全部的利息作为棉花的预付订金。公行曾把棉花的价钱定为每担 10 两，但不能成功，于是他提议要把本季度运到的棉花全部定购，每担银 11 两。他还说，他无法将我们的铅的价钱提高，因来货太多，他劝我们以每担 4 两的价格出售。……我们对启官必须有公正的看法，他和我们在整个贸易的过程中，他的作为都是诚实的。

1775 年，又有如下记述：

> 这时我们见到一种新现象……即我们已经发现高级商人，他们善于经营，坚持要获得好的价钱，但当价钱已达到极限时，他们立即让步，尊重他们的对手大班，而大班亦尊重他们。从这个时期起，双方不断冲突，但在整个过程又是亲密的朋友。

而潘家人，对西方资本主义市场发展之际重契约关系等特点，亦颇有感佩，在《两洋杂咏》二十首中的第一首，便称许道：

> 忠信论交第一关，
> 万缗千镒尽奢悭。
> 聊知然诺如山重，
> 太古纯风美百蛮。

关于"奢悭"一词，他专门注有："华夷互市，以拉手为定，无爽约，即盈千累万皆然，既拉手名为'奢忌悭'。"这里讲的是"太古纯风"，意指中华自古的优良传统。行商重义，见利思义，自是儒商传统，这曾使西方经济学家甚为困惑，韦伯曾经"对和外国人做生意的中国行商的信誉卓著大惑不解，以为或是行商垄断对外贸易地位稳固之所致。他并进一步推论，如果行商的诚实是真的，那一定也是受到了外国文化的影响……"

这种不惜往殖民者脸上贴金的话，在其他西方学者中比比皆是，例如利希霍芬在谈到广东人有大商业、大交通业的才能，甚至美术情趣、企业精神都高于其他地方人时，也加上一句：说不定他们是西方殖民者的后裔，云云。

当然，儒商的传统，并不曾让他们固步自封，不去接受西方的先进思想。早在乾隆三十七年（1772），潘启官就把西方使用的外商金融汇划结算的方法，引入到"同文行"的经营运作之中，使资金迅速流转，安全兑现，从而在同行中凸现优势。历史上有着颇具体的记载：

> 潘启官通知管理会，他需付给几个人一笔相当巨额的款项，而这笔款是用公司的汇票往英伦的，但他恐怕在 12 天或 14 天内难以筹得此款，如此，则本季度便无法将款汇往英伦，因此他提出一个对他和公司都有利的办法。这个办法是，假如我们愿意签订购生丝合约，他准备接受，如果我们肯签发董事部的汇票，他可将汇票上的款项作为合约的预付定金的一部分，无论如何，上述款项在本季度，公司是不会收到现款的，即使收得现款，亦不过先收而后又支付。因为董事部每年必须订购生丝运回本国。……他的提议得到照顾。

而当时其他商行，则只知道以白银为支付手段。相形之下，潘家在对外贸易上的优势，也就充分地显现出来了。平心而论，由于十三行成为唯一"开放"的机构，行商们自在外来先进文化、科学技术的影响下，有了更开阔的视野，他们在中西交流中，发挥了不少积极的作用。

"东学西进"，光从西方洛可可风格的滥觞，就可以看出来；而"西学东渐"，我们仅从十三行商人的发展中，亦可有深刻体会。像潘家，曾远涉重洋，到过瑞典等国，而不仅仅涉足东南亚各地。在十三行之后，粤商于晋商、徽商式微下仍能孤军独进，不能不借助这一深厚的历史底气。

这边"公行"重组，那边，法国的东印度公司却结束了。6 年前，即 1769 年 8 月 13 日，法国政府宣布收回法国东印度公司垄断贸易权，将贸易向全体法国人开放。经 6 年的清理、交流，该公司处理完了在广州贸易的最后事务，正式宣布结业。前法国东印度公司主任蒂英莱秉乘"雅姆"号离开广州回国。

乾隆四十二年（1777 年），十三行行商向广东巡抚提交禀帖，要求在外商居住的十三行夷馆范围内，开辟一条商业街，在街的两边设立各类小铺，以方便外国商人能就近采买所需的零星杂物，免得他们到处滋事。这条街的路段由商行派人把守，所有夷人均不许越出范围之外，而其他闲杂人等，也不许混入街中。当局自然认同这一理念，批准建新街。

我们从清代外销画中，可以看到十三行同文街的景观。街上，是熙熙攘攘的行人，可以看到有打洋伞的，也有戴斗笠的，戴斗笠者长辫清晰可辨。铺面都是时兴的格局，不少人在聚集、探问。

从此，十三行夷馆附近的商务，也就更加繁荣。这笔"生意经"当是念顺当了。此时，又一宗大的贸易来到了中国。

来的，是业已独立了的美国。

其时，中国人还分不清英国人与美国人，因为用的是同一种语言，唯有从旗帜上得知，来的是"花旗国"而非米字旗。而美国人来，却是英国人逼出来的。

美国人闹独立，英国自然要报复。一场独立战争，英殖民者先胜后败，1781 年，华盛顿指挥大陆军，连战皆捷，10 月，英军在弗吉尼亚的约克镇宣布投降，战争结束。1783 年 9 月英美签订了《巴黎和约》，英国正式承认美国独立。可英国立即又以美国已独立为由，宣布取消了美国在英帝国范围内所享有的一切贸易优惠，禁止美国船只进入英国的主要海外市场。这对于新生的美国而言，无疑是经济上的一大封锁。合众国立时面临财政上的极大困窘。英国人以为，仗打你不赢，经济上，你休想跳得出我的手心。正在这时，市面上却有消息传开，早一年，有一位叫雷雅德的人，到过广州，居然把一块只花了 6 便士买来的海獭皮，在那里卖出了 100 美元的好价钱。

合众国政府自然不信英国的邪，为打破经济封锁，走出财政困境，他们向这位到过广州的水手认真做了询问，无疑，广州是一个大都市，富裕得不得了，在那里可是有无限的商机。就在 1783 年 12 月，波士顿商人西尔斯便派出了一艘名为"智慧女神"号商船，满载人参往中国，因为他们得知，中国人很看重人参，可以卖到好价钱，卖出后，又可以换取中国的商品，运回美国，再赚一笔。然而，当他们越过大西洋，途经好望角时，却被英国的东印度公司拦截了，中国之行也就半途而废了。

也就在这个时候，大陆会议最高财政监督莫里斯，也已经在紧锣密鼓地筹措一次更大的中国商旅。这是一位既有政治头脑又有商业头脑的财政要员，在独立战争期间，他独揽了华盛顿大陆军队中的所有军火生意，并倚此大大地发了家，紧接着，他又组建了北美的第一家私人商业银行。

美国的传统与中国不一样。他们是"以商立国"，商人位于国家等级的宝塔尖上，后任总统柯立芝甚至说过，美国的国务就是商务。所以，我们今天从美国的任何一个政治行为，都可以嗅得出商业的气味。而中国呢，自古以来，商人是最卑微、下贱的，让仕人所不屑。不过，这回，不屑于商人的清政府，却大大地帮了美国商人的忙，从而帮这个刚独立的国家渡过了财政难关。

莫里斯那时便意识到，要解决国家的经济困境，莫过于与当时全世界最富裕的中国打交道，肯定可以大大地赚一笔，以敷国用。于是，他充分利用自身"亦官亦商"的特殊身份，采取集股的方式，联合纽约商界的头面人物，投资 12 万美元，购置了一艘商船以及人参、皮货等在中国可以赚大钱的货物。

这是一条非常精美的木制帆船，上面配置了各种新式的航海设备，以确保这次首航的成功。

船该起个什么名字呢？这一回，他们却又对中国文化了解得太少了，

海國商道
来自十三行后裔的历史报告
HAIGUO SHANGDAO

满以为在中国，皇后可是个至尊的位置，如同西方一样，"女士优先"，所以，起了一个不伦不类的名字："中国皇后"号。

不管怎样，这艘排水量不大、才 360 吨的商船，却是承载着莫里斯为国家解困与众多投资商发财的美梦，尤其是他们共同对中国的美丽幻想，于乾隆四十九年（1784）2 月 22 日，从纽约港扬帆出航了。

为了确保这次中国之旅的万无一失，莫里斯殚精竭虑，作了精心的安排。他聘任了有丰富航海经验的格林，为"中国皇后"号的船长，又邀请了人际关系颇佳的山茂召作为他的商务代理人。对于一个新生的国家而言那艘载重才 40 多吨货物的木帆船出航，却是轰动全国的大事。正是由于莫里斯的出面，加上国家急于要拓展对华贸易从而打破英国禁运，联邦政府也就一路给予了种种方便。出发前约一个月，纽约州州长乔治·克林顿发给了"中国皇后"号两份证件：一是出入港许可证，一是航海护照。几天后，大陆会议又亲自给了"中国皇后"号航海证书，证书上加盖了这个新生国家——美利坚合众国的国印。

有趣的是，美国官员们想得天花乱坠，以为"中国皇后"号必定会接触到中国各种官员以及各类重要人物，所以，在颁发的证书上，空前绝后地写上了各种头衔：君主、皇帝、国王、亲王、公爵、伯爵、勋爵、市长、议员，还有一切有名的城市与地方的法官、军官判事、监督等。阿弥陀佛，好在这一切都用不上，不然，够通事（翻译）伤透脑筋的了。

至于出航日期 2 月 22 日，那也是很有讲究的，在中国人来说，这当是"黄道吉日"——华盛顿总统的生日。

"中国皇后"号上，共有 43 位人员，装有人参 473 担，毛皮 2600 张，羽纱 1270 匹，胡椒 26 担，铅 476 担，棉花 300 多担。他们已摸准了商业信息，相信会大受中国欢迎。

开出纽约港，横渡大西洋……绕道好望角，这回，没遇上英国东印度公司，一直驶过印度洋。

其他国家的商船，对这艘新生国家商船都还十分宽厚，没有让他们受到什么刁难。是年 8 月 23 日，"中国皇后"号到达了澳门，而后从珠江口开进，28 日，终于顺利抵达了他们梦想的商业大都会广州，在黄埔村下了锚。

而今的黄埔村，已把当日的古码头重新修复过了，想当年，这里当是一个何等繁华的古港，曾目睹多少个世纪的各国商船的到来，如英国的"麦士里菲尔德"号、法国的"安绯得里底"号、瑞典的"哥德堡"号，还有这艘不期而至的"中国皇后"号……古港湾、古码头、古树、古碑，今日的黄埔村作为旅游胜地，已召来了当年商旅的后人多少遐想。

"中国皇后"号虽说没能用上"国印"与中国的满大人们打上交道，但他们载来的货物果然很对中国人的脾味，很快便让十三行商人们包揽一空。而后，他们所需要的红茶、绿茶、瓷器、丝绸，还有棉布、肉桂等物资，也很顺利地采购到手了。

此行，各国对他们都很友好，清政府通过十三行这些"亦官亦商"的行商们，也表现出了极大热忱，这令他们很受鼓舞。4 个月后，当年的 12 月 28 日，"中国皇后"号启程回国了，并如期返回了美国。此行，美方一共获得了 3 万美元的暴利——当时这是个了不得的大数字。投资 12 万，而货物本身并没几万，"中国皇后"号本身就用了相当大的比例，而这一固定资产，日后还可以多次往返于中国。见有这么大的赢利，第二年，从马萨诸塞州，又有一条"伟大土耳其"号直航中国。

在那之后约 40 年，美国开往广州与十三行交易的船只，就达到了1140 艘，仅次于英国，平均每年有近 30 艘，为解决美国建国初期的困厄，起到了重大的作用。对此，美国人也一直记在心上。

当年"中国皇后"号首航成功，美国国会便立即作出表示：中国贸易可能开辟一条美国财富的巨大发展道路。这不是可能，而是很快成为了现实。纽约众多报纸，也发表了有关那次航行的长篇报告，一时热买不已。全国更掀起了到中国旅行的热潮，美国人的"一切谈话，都是以中国贸易为主题"，"每一个沿着海湾的村落，只要有能容 5 个美国人的单桅帆船，都在计划到广州去"。

1786 年，即"中国皇后"号回国后的第二年，美国国会便任命山茂召为驻广州领事，且制定了许多有利于贸易的政策。很快，美国的对广州贸易，仅次于当时的海上霸主英国。

那时的中国，尤其是广州，在美国人眼中倒真是"金山银山"，他们的"金山梦"还不在其未开发的西部，而是在中国。关于中国商人豪爽、大度、富有的传说不胫而走。如今在史料上，还可读到不少。

道光年间，一位年轻的美国商人福布斯来到中国，他才 16 岁，身上一文不名。开始，他以贩卖茶叶为生，由于恪守诚信，当时一名十三行的行商收他当干儿子。8 年后，他回到美国，口袋里多了 50 万墨西哥银元，他用这笔钱投资到铁路上，一下子成为了横跨北美大陆的泛美大铁路的最大承建商。

另一位波士顿商人，与十三行的伍浩官合作一笔生意，因经营不善，欠了伍浩官 7.2 万两银元，他一直没有能力偿还这笔巨款，所以，也就一直无法返回美国。伍浩官得知，马上叫人把他的借据找出来，对这位波士顿商人说，You an I are No. lolo flen, you be long honest man, only go on chance（你是我最好的老朋友，人挺实诚，只是运气不好）。评毕，伍浩官撕掉了本票，继续说：Just now have set tee counter, all a finishee；you go（现在债务一笔勾销，你回国去吧）。这一段话，很快便成为了外国商人中广泛流传的名言，因为这纯粹是"广式英语"，语法完全是中国化的。这 7.2 万银元在当时可是一笔巨额财富，"中国皇后"号须走两次才能挣回那么多。这一名言，令伍浩官豪爽名声在美国流传达半个多世纪。直到不久前，美国人评出的世界历史上的五大富豪，伍浩官亦名列其中。

连美国内战中的著名将军、后来当上美国总统的格兰特，在一次环游世界归来后，有人问他此行最深刻的印象是什么？他不假思索便作出回答：一位中国小贩与犹太人抢做买卖，居然能把犹太人赶跑了。

犹太人会做生意，很有耐性，这是全世界出了名的，可是，他却败在一个中国小贩手上，可见中国人经商及耐性怎么了不得。尽管历史上的中国有轻商的传统，但在南中国，由于海上丝绸之路的滋养，自古以来，尤其是宋、明、清几朝，南方的商业文明亦有了长足的发展，所以，十三行商人为何在皇朝统治下与西方贸易中仍能生存、发展，甚至成为世界首富，这绝不是没有原因的。直到今天，以南方人（主要是广东华侨）为主形成的世界华资集团，当是唯一可以与犹太商团相抗衡的力量。没有他们，中国改革开放的起步，就不会那么顺利。当时引进的所谓"外资"，百分之八十以上也都是华资。

因此，自"中国皇后"号首航中国后的半个世纪里，中国人在美国的形象，也还是美好、富有而勤俭的，连格兰特总统在 19 世纪中叶也这么说。

然而，也正是"中国皇后"号首航中国后的第 100 个年头，美国却通过了臭名昭著的"排华法案"（1882 年）。

这期间究竟发生了什么？这却是让美国，也同样是让中国人深思的。及至是庚子赔款（1900），包括美国在内的八国联军，向中国索要的"偿款"，则是高达 45000000 两，连本带息，则达到 982238150 两。对这一天文数字，谁能说上些什么呢？

尽管对外贸易搞得十分风光，黄埔港的外舶络绎不绝，海关监督一个个被喂得脑满肠肥，朝廷的"贡银"也节节上升，同文街更是车水马龙，人气旺盛，但是，在十三行行商那边，却是另外一番凄凉的景象，自杀的自杀，流放的流放，逃逸的逃逸……大都惶惶不可终日。随手拈来，便是一串，仅找几个例子好了。

"丰顺行"吴昭平，由于高价购买港脚商人的货物，迅速破产。

那是乾隆四十九年（1784）左右发生的一个重大变化——"港脚商人"的出现。在 18、19 世纪，英国将当时亚洲境内的区间贸易称为 country trade，而从事这一区间贸易的商人也就被称为 country traders，中国方面则把他们叫做"港脚商人"。他们以印度为基地，从事中、印之间的贸易。"港脚商人"实际分两部分，一部分是留居印度的欧洲人，以英国人为主，他们是独立于东印度公司之外的，也被视为"私商"；另一部分则为印度本地商人，主要为亚美尼亚人及波斯裔的祆教徒。其时，英方为了防止白银大量外流出现逆差，禁止了白银出口。所以，东印度公司鼓励港脚商人运印度物产到中国，以售价交给其在广州办事处的人员支付购买中国产品的货款，而广州办事处则开立在印度或伦敦兑现的汇票给港脚商人。东印度公司给他们的条件十分优渥，于是，大量的印度棉花便输入了中国，鸦片则后来居上。吴昭平就是因为接买港脚商人货价25万元，久久不得清还，被发遣伊犁以示训诫。他的欠款由各行商分5年按6次摊还。乾隆五十六年军机处录副奏折称：

> ……并据行商蔡世文等跪称：洋商吴昭平经理不善，以致拖欠夷货价银至二十八万余两之多。仰荷圣主宽仁，仅予发遣，不加重治其罪。商等俱系原保，理应如数立时赔还，惟因数多力薄，恩准分限缴给。今沐天恩，先行拨项给发，商等得以从容分缴。感激鸿慈，实难言罄。臣等当饬照限分别缴还归款。

朝廷震怒，乾隆直接下令给粤海关监督："行商吴昭平揭买夷商货价久未清还，情殊可恶，应照拟发遣。所欠银两，虽将估变家产余银先给夷商收领，不敷之数各商分限代还清。但内地商人拖欠夷商银两，若不即为清欠，转致贻笑外夷。着福康安等即将关税盈余银两照所欠先给夷商收领，再令各商分限缴还归款。粤海关监督不能早为清厘，亦难辞咎。所有五十四年以后监督等俱着查明，咨送议处。"

乾隆五十八年，又有"商欠"发生，于是，"行佣"出面，清偿先官欠欧洲人的4万多两银子。

又两年，乾隆六十年，"而益行"行商石中和拖欠外货价银，除变卖家产抵还外，还欠59万8千两。由于潘文岩的"同文行"在其开业时曾作过保，所以，粤海关监督舒玺要求潘有度在内的5位行商，包括蔡世文、伍国钊、卢观恒及伍秉钧出面清理。先是税饷，石中和的行伙与亲友，被迫拿出了20万，其中，与石中和兄长合作过的叶仁官（叶上林）就被逼拿出了5万；而后，便是"夷债"。石中和、石怀连兄弟设法拿出了相当于75%货款的钱给了茶商，茶商将茶叶交给了东印度公司，尚还欠15万，于是又将房地契交茶商抵付。而潘有度等人本是计划用"而益行"的房地产抵付夷债的，那样一来，这笔夷债便会转移到他们头上，与此同时，外国债权人也知道这房地契的事，拿不到钱，便告官了。如此一来，石家两兄弟也就被捕了。他们只得又用相当于 10 万两银子的黄金，赎回了房地契。但事情闹大了，粤海关监督只好将整个案子报上朝廷。石怀连被流放伊犁，石中和银铛入狱。而 8 家行商，则分摊了 9 万多债务。

而在这之前，按年资排名还在潘有度之前的"源泉行"陈文扩也已经破产了。

而更为严重、创伤至巨的，则是"总商"蔡世文（文官）的骤然自杀。

本来，公行一直为潘家所左右，但乾隆五十二年，潘启官（文岩）死，儿子潘有度继任，但资望尚不足，海关则任"万和行"蔡世文为总商，称之为"文官"，任职自乾隆五十三年（1788）至嘉庆元年（1796）。

乾隆六十年（1795）时，粤海关监督舒玺亦奏报皇上：英王雅治进乾隆物品多件，由行商蔡世文代进。可没到一年，这位显赫一时的"总商"便吞鸦片自杀了。

其实，这一总商并不好当，从前边就可以看出来，"丰顺行"破产，"而益行"破产，少不了要分摊到各个行商，这种"赔累过甚"，令蔡世文无法承当。他总共欠债 50 万两，其中欠英国公司的 12 万 8 千多两，欧洲散商 10 万两，其余 27 万多两则是欠中国各铺店的。他一死，债务先是由各行商联保追还，可到了第二年，他的家属却已相继逃亡了。为了送礼给官吏，为了清缴皇上税款，还有连带的"赔累"，他什么都没有了。英国人说他：为了清偿这笔债务，他既无留下什么财产，至今又未有什么安排计划，他的房屋和田地已经出售或抵押，以清缴皇上税款。

本来，海关是责成其兄弟思官解决问题的，公行与文官的旧合伙人茂官亦商量了解决办法，可到最后，什么人也找不到了，债务落到了茂官（"广利行"）的头上，总商则由潘有度接任。

担任总商，实在是如履薄冰，如临深渊。蔡世文当总商之前，即乾隆五十年前后，就曾被查处过，那是穆腾额接任粤海关监督之际，由于外商投诉多，加上官饷收不齐，于是立案查处行商们欠夷商款项及欠官饷的问题。一查，蔡世文、吴昭平便欠债潜逃了。内中，欠官饷4900余两，欠外商191800两。粤海关立即把他们的产业房屋等变价出售，以清偿欠饷。所欠外商191800两，核查已归还了25764两，仍欠166036两，则由其他行商按连环保结定例代为清还。还算蔡世文家底殷实，不仅清还了债务，几年后，又被粤海关任命为"总商"。然而，他最终难逃一劫，只好一死了之。

人们会问，行商为何会欠外商的钱，而且数额如此巨大？自然，平日买卖中，人熟了，先进货，后付款，只要有信用，这都很正常。况且行商对信用，如前边所述，是非常看重的，而且，一人破产，整个行商也都得代为偿还债务。

为此，外商是不怕中国商人欠钱的，而且他们深知，中国政府是容不得行商欠他们的钱的，这太有损天朝上国的脸面，凡欠者，还了钱后还得重罚。但是，问题还不在这。外商之所以乐意借钱给行商，甚至千方百计要把钱让行商来借，内中却另有原因。对他们来说，唯利是图天经地义，不存在中国人有义利之辨。他们若是在英国、在欧洲或殖民地放债，利息很少，而中国不一样，利息相当高，钱借出去，有很高的利息，而且有绝对的保障，又何乐而不为呢？坐收渔利，且不担风险，这种好事上哪去找？

不过，光这些因素，还不足以令行商形成一家接一家的破产高潮。

史家对蔡世文不寻别的自尽方式，而是吞鸦片而死，颇不以为然。然而，我们只要追索行商破产高潮的大背景，则不难看到一个更深层的原因。

这在前边已提及了，这一期间，本是外边的白银大量流入中国，以换取茶叶、丝绸与陶瓷。可1773年，英国占了鸦片产地孟加拉后，英商发现鸦片奇货可居，本小利大，从此，对中国输入的鸦片迅速增加，到蔡世文自杀之际，平均每年输入已达4000箱以上，白银的流入开始发生逆转。虽然中国政府严禁鸦片，可外商利用走私渠道，加上贿赂海关，每每畅通无阻，如前提及的"嫩实兹"号，一船就运了1600箱，那还是在1782年，离英占孟加拉不到10年。日后鸦片入量之巨，便可想而知了。而外币贸易，不仅在十三行中进行，而且日益扩展至广州、佛山等地民间，这连禁也无法禁。

与笔者同是十三行后人，也是研究十三行的前辈梁嘉彬在《广东十三行考》中是这么分析的，除鸦片一条，现比他所在时代查得更明白外，其余当大致相近：

行商频年破产者屡出之原因，由于政府之苛索及其本身生活之浪费；前已言及。然详细分析之，则亦有其难告人之隐者在：（一）由于行商只图外人多交货物，于临时定价任意高下，致有亏本借贷诸弊。（二）由于外人届回国时，将售卖未尽货物作价留与行商代售，售出银两，言明年月几分起息，行商贪图货物，不用现银，辄为应允，而外人回国后，则又贪图高利，往往有言定一年而托故迟至二三两年后始来者；其本银改按年起利，利银又复作本起利，以致本利辗转相积，商人因循负累，久而无偿。（三）由于欧西各国放债利息甚微，而广州利息甚高，外商视为最不易得之利息，在行商视之则犹以为低微，故欧人乐于放债。（四）由于广东巡抚及粤海关监督每年呈进贡品，俱令行商采办物件，赔垫价值，积习相沿，行商遂形苦累。（五）由于中国政府对于行商一面固备加诸般苛捐杂税，及勒令代办进贡品物，一面复绝端禁止行商借债，行商有私借外债以维血本者，外人更利用行商此种弱点，要挟行商利上加利，以及诸般苛索，行商敢怒不敢言，驯至行商确已至不可收拾地步，外商始明白呈禀中国政府，勒令行商清偿债务。（六）由于行商系属连带负责，每有一行倒闭，即须连累通行，以致旧债未清，新债复至；且多有受意外赔累者。

这也是作为"帝国商行"的十三行悲剧所在。

顺德的十三行行商应还有不少，梁著中亦提到几位，不妨照录。

"福隆行"英文商名为 Manhop，于嘉庆九年（1804）与"西成行"（Exchin）同时成立，此时邓兆祥亏饷潜逃，复由黎颜裕结保关成发接办福隆行务，是"西成行"与"福隆行"当有密切关系，或"西成"及"福隆"两行在成立之始即互相结保亦未可知。嘉庆二十年（1815），Exchin（黎颜裕）身故，粤海关监督许其弟 Pakqua 接理行务，Pakqua 仍沿称 Exchin，当即黎光远。至道光二年，Pakqua 仍沿称 Exchin，当即黎光远。至道光二年 Pakqua 已欠债甚巨，至八年（1828）遂因破产被充军伊犁，与《粤海关志》卷一五，页二六所载："道光四年以后，各洋行内有丽泉、西成、同泰、福隆等行节次倒闭"适相吻合。

黎光远发遣伊犁事，据《道光外交史料》第二册，第二五，六年九月十六日，《两广总督李鸿宾等奏审办拖欠饷项并积欠夷账之洋商折》："……窃'西成行'洋商黎光远因办理行务不善，积欠饷项未完，经前督臣阮元会同前任监督七十四将该黎光远饬发南海县押追，并查抄家产备抵。嗣据查出该商尚有积欠夷账银两，又经前督臣阮元等一并行县照例究办。去后。兹据审明议拟，由府司解勘前来，臣等亲提研鞠。缘黎光远籍隶顺德县，嘉庆十九年以黎柏华名字，捐纳监生，加捐州同职衔，因屡次捐输，议叙给予道员职衔。该商于嘉庆二十年（按即1815年）接顶伊兄黎韵（颜）裕原充西成外洋行，与各国夷人交易货物。向来每遇夷船到粤，将货物议定价值，起存行内报税发卖。该商办理不善，递年亏折，积至道光五年共欠进口关饷及捐输河工各款银一十四万九千七百六十九两零，又陆续积欠港脚、花旗各国夷人货价银共四十七万七千二百一十六两零；经先后查出饬县究办，除查抄家县（产？）估变备抵外，尚欠饷项及夷帐共银内自道光五年起，分限五年代为清还，具有代还限状，各夷人见欠饷有著，均皆乐从……据黎光远供称，实因连年生意不顺，以致拖欠，并非有心负累，案无遁饰。查例载'交结外国互相买卖，诓骗财物者发边充军'等语，又历办行商颜时瑛等拖欠饷项夷帐各案，均照交结外国诓骗财物例从重改发伊犁当差。今黎光远积欠饷项及夷帐至六十万余两，无力完缴，自应查照历办例案回拟。……云云，可资参证，因录之。"

与此同时，"福隆行"的顺德行商关成发也破产了，仍如书上所载：

"福隆行"至道光九年（1829）倒闭。据清故宫大高殿档案，道光九年十月初三日李鸿宾奏："……窃广东'福隆行'商人关成发因经理行务不善，拖欠税饷未完，经臣李鸿宾会前任督臣延隆交该商关成发饬发南海县押追，并查抄家产……缘关成发籍隶顺德县，嘉庆十四年以关怀书名字由监生捐纳布政司理问职衔……嘉庆十六年有'福隆行'邓光祥亏饷逃匿，饬拿未获，行务空悬，经已故洋商卢观恒等以关成发在行多年，夷情熟悉，禀请接充'福隆行'商。……该商经理不善，递年亏折，积至道光八的年（按即1828年）共欠饷银三十四万三百一十一两零，又陆续积欠英吉利等国各夷人货价银一百零九万九千三百二十一元零……"

查史料，"福隆行"在倒闭前，还经理过暹罗贡使事务，这是自嘉庆五年始，该贡使事务便开始由十三行行商轮流料理。

十三行的顺德商人还很多，在开拓中国对外贸易中贡献不小，可他们大都如履薄冰，不是破产，就是入狱，不是被罚，就是充军，命运诚属可哀。因此，在十三行中艰难维持数十年的潘家，便有一句话，可体味出其中的悲凉：宁为一只狗，不当洋商首。在潘启官之前的谭康官，只怕也少不了同样的感慨！

如果说，欠的外债，还有数字可查，是多少就多少，可谓"心中有数"，然而，官饷，却是个无底洞，说要就要，要多少就是多少，一压下来，没准就会闹个六神无主，不知如何应对。而且名目繁多，除常年税饷外，还有贡价（献给朝廷的礼品）、军需（什么地方打仗、剿匪，少不了要军费）、河工（无论是黄河决堤还是什么地方水灾，都少不了），此外，前山寨子与澳门军费，也是不能少的，哪儿闹饥荒，赈灾款更是火烧眉毛，轮到皇帝祝寿，哪位大员的好日子，银两少不了似水一样泻出去……这些，如公益、赈灾，那是理所应当，可有的是巧立名目，便防不胜防了，都不得不掏腰包。

大的"行用"，不妨拈出几例。

乾隆五十七年，即 1792 年，西藏发生叛乱，朝廷出兵。于是，便向行商蔡世文、潘致祥、石中和、陈钧华、杨岑龚、任国钊、许永清、卢观恒、叶上林等人捐款 30 万，另要盐商捐 30 万，一共是 60 万，充当朝廷的军饷。可当时，无论行商还是盐商，都手头拮据，一时拿不出这么多，只好要求粤海关先行将捐款垫付，这 60 万，则分 6 年捐完。

为此，广东巡抚郭世勋还专门上了一份奏折，说是行商、盐商自愿捐款，乾隆皇帝还颁旨批准了。可这却是硬性的摊派，行商们打掉了牙齿，也只能和血吞到肚里。没几年，石中和便因欠饷被押入大牢，最后死在里边，"总商"蔡世文也一死了之。

没过几年，华北水灾，又要 75 万两。而在这前一年，即嘉庆五年（1800），粤海关佶山奏请，朝廷下旨，撤销本港行。而所有本港行拖欠的债务，则由各行商先行垫还；本港行的商务，则由各外洋行兼办，由外洋行推举两个洋行轮流办理，逐年扣还商欠，每两年为一值。自那一年开始，依次为潘同文和卢广利、伍怡和和叶义成、刘东生和倪达成、郑会隆和潘丽泉，周而复始，轮流办理。这里，用的是姓加上行名。

限制日严，行商们可谓度日如年。

《广东十三行考》中列举了自 1807 年至 1816 年共 10 年的"行用"，其中，有几年高达约 60 万两，少的，也有 20 万两，常年为 40 万两左右，可见数量之巨。

嘉庆十二年（1807 年）	两
贡价（献给朝廷礼品）	55000
军需（四川、陕西军费）	41666
河工（黄河决堤）	37500
剿匪	60000

嘉庆十三年（1808 年）	
贡价	55000
军需（四川及陕西）	41666
军需（澳门）	10000
剿匪	20000
河工（黄河决堤）	150000

嘉庆十四（1809 年）	
贡价	55000
皇上万寿庆典	120000
河工（黄河）	52500
剿匪	149800
河防	20000
前山寨和澳门军费	10000
"万成行"破产，未付捐税	53800
未付行佣	17900
欠粮道	2000
欠外国人债务	84200

嘉庆十五年（1810 年）	
贡价	55000
军需	41600

前山寨和澳门军费	43300
剿匪	50000
欠外国债权人债款	128800

嘉庆十六年（1811 年）

贡价	55000
军需	41600
前山寨和澳门军费	43300
剿匪	30000
欠外国债款	398100

嘉庆十七年（1812 年）

贡价（朝廷）	55000
军需（军队）	41600
河工（黄河）	60000
前山寨和澳门军费	33000
剿匪	30000
欠外国债款	146400

嘉庆十八年（1813 年）

贡价（朝廷）	55000
河工（黄河）	73500
欠外国债务	145500

嘉庆十九年（1814 年）

贡价（朝廷）	55000
河工（黄河）	60000
山东饥荒	30000

欠外国债务	145500

嘉庆二十年（1815 年）
贡价（朝廷）	55000
河工（黄河）	60000
山东饥荒	30000
欠外国债务	145000

嘉庆二十一年（1816 年）
贡价（朝廷）	55000
河工（黄河）	60000
山东饥荒	30000
虎门炮台，第一次分期付款	5325
欠外国债务	145000

这些，仅仅是记录在案了的，可没被记下来的，又知有多少呢？

也就在这破产高潮中，作为潘启官二世，即潘有度，亦叫潘致祥（这是他登记在官册上的名字），却屹立不倒，成为例外。

十三行中厚实的行商，实际上并上多，研究者发现，绝大部分行商，均在开业后一二十年间便"执笔"（广东话倒闭的意思）。包括笔者所在的谭家，也仅历乾隆、嘉庆二朝，就两三代人，到道光二年（1822）大火，便一扫而光了。现仅存的物证，都找不到康熙年代的。所谓"富不过三代"，在中国是有规律可循的。就是潘家，几近历清代十三行始终，也就只有三代，一直到鸦片战争。与潘家同是例外的，还有前文提到的伍家"怡和行"，也一直维持到十三行的最后终结。这两家之所以能"有始有终"，恐怕与他们的商业才干是分不开的。潘家在 1820 年时，财产据说有 1000 万银元（墨西哥银元，1 墨西哥银元 = 0.72 两白银），而伍家在 1834 年，自行估价有 2600 万银元的家产。两家的资本集聚，在当时的整个世界都是算顶尖级的。

因为潘家后人尚与笔者有旧，这里所能涉及的资料，也最为丰富。

潘启官一世前边已有写了，潘有度是他的儿子，而且又是他洋行事业的继承人，在一世过世时，潘有度因资历、名望不足，故"总商"一职让蔡世文接过去了。但蔡世文干了不到 10 年，便寻了短路，而潘有度则在这些年间，名望上长升，便又顺理成章当上了商总。当时名重一时的大诗人张维屏（1780—1859），曾写过他的简历：

> 潘有度，字容谷，番禺人，官盐运使司衔。容谷之父曰潘启官。夷人到粤必先见潘启官。启官卒容谷承父业，夷仍以启官称之。盖自乾隆四十年至嘉庆二十年，夷事皆潘商父子经理。潘商（有度）殁而伍商（秉鉴）继之。

其中，"盖自乾隆四十年至嘉庆二十年，夷事皆潘商父子经理"一语，可见其父子两代人在广东经营"夷事"有多么重要的作用。

潘有度也有一位堂兄，在十三行开有自己的洋行，这便是"丽泉行"。这位堂兄叫潘长耀，人称昆水官。他是在 1796 年，在粤海关监督胁迫下取得的洋行执照。他在道光三年（1823）去世，"丽泉行"旋即破产，经营不到 30 年。

凭此可见，作为潘启官二世，潘有度在父亲去世之后，至接任总商之间的近 10 年，经过历练，加上家族渊源，对从事行商，已经渐显出其经商的卓越才华，他的"同文行"更在各行倒闭的高潮中站稳了脚跟。只是出任总商并非他的意愿，但蔡世文之死，却把他推到了风口浪尖上。在这之前，他虽然也免不了得参与广州外贸的若干难题，包括追讨与分担破产行商的债务，但这并不是他的职责所在，所以构成不了持续的压力。可一当上"总商"，事情就不一样了，不仅要向各级政府部门，诸如粤海关、督、抚等衙门听候训示，还得处理政府不愿出面，却又是政府与外商的交涉，还有所有行商之间种种的利害冲突，费时费力不说，还得花出银两去打点当事人，毫无疑义，这冤大头他是当定了。

还是石中和破产之前几年，英国马尔戛尼出使中国时，就对潘启官和石章官有自己的观察，并写了出来：

> 我与此间的主要洋商有过一些谈话。潘启官为主要洋商之一，是一个精明有概念的人物。从重要性的观点来说，石鲸官排名居次，但从富有程度来看，则毫不逊色，后者较年轻，个性较率直。对我而言，他表现得对英国十分尊重，而且毫无保留地宣示地愿意尝试交易任何我们商馆要他去尝试的新事。……潘启官在他帽子上头戴了一个白色半透明顶子，而石鲸官则戴着一个水晶顶子，（其代表的官衔）比潘启官的高了一级。但我很快就知道其中的缘故。潘启官比较审慎，而石鲸官则较爱炫耀。石鲸官告诉我说他（潘启官）还有一个蓝顶子，可是他在家与家人在一起的时候虽然常戴它，却从不戴出门，以免衙门里的官老爷因此而找上门，而且以此为借口向他索贿，想当然尔地假定一个曾经付出万两银子……以取得这种荣耀的人当然拿得出来。

当然，他还是没看准潘、石谁富谁弱，因为石中和在马尔戛尼回国后一年便破产且死于狱中了。不过，这从中也可以看到潘启官处事之低调。关于顶子问题，其时，"白色透明顶子"是车磲顶子，为六品官；水晶顶子则为五品；蓝顶子当为青金石顶子，四品官衔，亦可能是蓝宝石顶子，三品官衔。当然，他们远没有后来的"红顶商人"风光，那已是二品了。不过，花钱买的官衔，恐怕连洋鬼子也哄不了，而对于正式的官吏来说，更是笑料，一点用处也没有。这也说明行商们的心态，战战兢兢，想有个"护身符"却又不得其所。

但潘有度的低调、谨慎，并不能挡得住官吏们的敲诈勒索，尤其是当上了"商总"之后，更是躲也躲不了啦。所以，当上"商总"没几年，他便受不了啦，于是，广州商界中，便传出了他要歇业的消息。这一歇业，自然就当不成商总了。

那是嘉庆三年，即 1798 年，潘有度上任才两年，却从英国大班那里得到通知，说朝廷要火速征收 60 万两税银，用来充各省的军需开支。这事令行商们一片惊慌。显然，先通知英国大班，这一姿态不同寻常，粤海关葫芦里卖的什么药？谁也难以揣测。更何况平日缴交欠饷是七、八月份期间，所有行商大都已两手空空，一时向哪去征集这么大的款项呢？

万般无奈之际，潘启官代表行商，费尽心机，自然也少不了打点，与粤海关监督协商，海关最后答应，先征一半，即 30 万两银子，一个月内再交 10 万，余下的 20 万两，则在生意较旺时再缴清。

40 万也不是个小数，苦煞了行商们。

而这边一传出潘启官要歇业，海关方面，也就作了应对，增补了卢观恒，即"广利行"的卢茂官为"商总"，与他一起担任公行这一工作。然而，尽管有了人同时任商总，但潘启官仍照样辞不掉商总这一职责，而且还添上了更大的烦扰。

这烦扰来自海关。1799 年 9 月 11 日，粤海关监督易人，上任的便是那位名叫佶山的贪官！此人贪得无厌，在历史上已是出了名的。早在他刚上任之际，就跟潘有度产生矛盾。本来，自 1780 年清偿张天球、颜时瑛的外债以来，绒布类一向不收"行用"的，可佶山一来便要求潘有度专门为绒布类商品免收行用作出说明。其用意很明显，就是要让政府与官员"增加收入"，加重行商的支付力度，扩大收取"行用"的对象，潘有度从行商实际出发，一五一十把清单列清楚，证明绒布类历来无利可图，而且每每要损失个 15%—25%，行商是为做成别的生意才勉强接收绒布的。所以过去海关监督了解情况后，同意对绒布不收取行用以免再累加行商的损失。潘有度证据充分，理由充足，令佶山一时无计可施，这一事件便拖下来了，不说沿用惯例，也不说不加收"行用"。

而这时，更大的问题发生了。佶山上任的第二年，即嘉庆六年（1801），天子脚下，北京城一带，永定河骤发洪水，酿成大灾，于是，朝廷下了命令，让全国都来捐款赈灾。过去，赈灾的事，十三行行商当是义不容辞，而且朝廷对此也很是在意，不时有嘉奖。可以说，差不多年年都没少过。可这一年，佶山却趁机"狮子大开口"，要求全体行商捐出 25 万两银子。他还特地点明，潘有度"同文行"的份额是 5 万两。

潘有度一听，便明白了，这佶山是成心找茬，让"同文行""放血"。因为，按照过去的惯例，这种捐输，是按各行商应征收的行用比率来分摊的，这么多个行商，说什么潘家也摊不到20%，根本出不到5万这个数。他作为商总，不应当这号"冤大头"。

可佶山一听说他不服气，马上变本加厉，把潘有度叫来，声色俱厉，称：你潘有度的财力我不是不知道，"同文行"的商业规模我更是清楚，相比之下，这5万两算什么，太少了，没想到你还这么不识相，好吧，5万你嫌多，我给你个数，依照你的财力，拿出个50万！

他居然让潘有度单独捐输50万。

潘有度当然不干了，你凭什么？佶山却威胁道：如果你不照办，我马上就给皇上上折子，罪名嘛，你心里明白，抗拒赈灾，为富不仁，到时，抄家、充公、充军，你一样都少不了，你看着办吧。

面对如此巨大的压力，潘有度赶紧召集族人商议。毕竟"同文行"是父亲留下来的，7个兄弟都有一份。没办法，只好退一步，你本来要5万，这已是不公了，可我们还加一倍，做到仁至义尽，给10万。到此为止，绝不增加。潘有度就这么答复了佶山。

佶山本要50万，见只给10万，当然不满意，立即便表示：不行，50万，一文不能少。而且通过海关，一再施加压力。

潘有度却不吃这一套，他与亲友、同行反复商量，最后仍以捐款10万两为限。而且，立即解送了10万两银子上粤海关的银库。

佶山这下子感到自己的面子丢尽了，本玩弄于股掌之上的行商，居然与他讨价还价，拒不服从，这还了得？恼羞成怒的佶山，于是使出了最后，也是最毒辣的一招，果然于1801年10月18日，向嘉庆皇帝拜发奏折。

好在潘有度已防了一手，这么多年来，他与各级官员打交道多了，所谓"鸟有鸟道，蛇有蛇道"，他也有自己的路子，况且佶山的做法，广州的官员中也深不以为然，他们都知道，潘有度、"同文行"，经营这几十年，从未有过什么不法的问题。总督、巡抚都明白表示了不满。广东粮道，也亲自上了粤海关，游说此事，劝他不要做得太过分了。

佶山感到了不妙，于是，三天之后，他派人半途拦截了送折子的差人，收回了奏折。

佶山这般贪婪，没准已有人早早奏上了一本，这事发生不到一个月，这一年的 11 月 17 日，他便被免掉了粤海关监督一职。

东印度公司在记录中，特地记载了这家伙离任的情景，他们从未见过任何一个官员离任时竟会如此冷清，居然没一位广州官员上码头为他送行，这与平日的官场礼节实在是反差太大了。

无疑，潘有度的抗争胜利了。

不到一个月，新上任的粤海关监督三义助上任，也把 10 万两捐款退了回来，而且还与总督共同决定不再要求行商增加对已有应收"行用"之外的其他商品（含绒布）收取"行用"。

15

马尔戛尼来了

也就是潘启官周旋于官府、海关、行商以及外国商人之间，殚精竭虑要构建一个多少与近代商业接轨的商业体制之际，英国人派出了一个巨大的"祝寿使团"来到中国，而且绕过了广州，直接上了北京，用他们的话说：要改变广州，必须避开广州，要在广州得到什么，必须慑服北京：谈判地点不应是广州，而在北京。

请注意，这是在乾隆五十八年（1793），这个使团历十个月的颠簸，于这一年的6月，终于来到了中国。不过，他们这一理念，当时并没有得到证实，但是，不到半个世纪，在1840年的鸦片战争，却完成了他们所极力要做成的，并得到了巨大的"成功"。

破译这一段话不是那么简单，这不仅指他们意识到中国的专制主义下"北京说了算"，也不单指广州的商业贸易已具有近代色彩，但想借助北京占到更大便宜没那么容易。

先说说使团的特使马尔戛尼，他有着丰富的外交经验，担任过驻沙俄的公使、爱尔兰大臣、加勒比海总督、马德拉斯总督，而此时的身份更是"勋爵"。英国人以为，以传统封建帝制的等级来考量，这"勋爵"的身份自会令清朝皇帝格外重视。所以，他们没有在通常的也是唯一的口岸广州登陆，而是直上北京，视国家的外交使命为第一职责，认为解决了这一问题，广州的事就好办了。可是他们失算了，他们种种意愿，尤其是开辟新的口岸、获得一块居留地并向北京派出真正意义上的大使——常驻使节，从一开始就被中国插在他们船首上的"英吉利贡使"长幡，弄得模糊起来。尽管英王乔治三世致乾隆的信写得那么客气：

英王陛下践祚以后，除随时注意保障自己本土的和平安全，促进自己臣民的幸福、智慧和道德而外，并在可能范围设法促使全人类同受其惠。在这种崇高精神的指导下，英国的军事威力虽然远及世界各方，但在取得胜利之后，英王陛下对于战败的敌人也在最公平的条件下给以同享和平的幸福。除了在一切方面超越前代增进自己臣民的繁荣幸福外，陛下也曾几次派遣本国最优秀学者组织远航旅行，作地理上的发现和探讨。此种举动绝非谋求扩充本国已经足以满足一切需要的非常广大的领土，亦非谋求获取国外财富，甚至并非谋求有益本国臣民的对外商业，陛下志在研究各地的出产，向落后地方交流技术及生活福利的知识，增进整个人类世界的知识水平。陛下常常派遣船只载动物及植物种子至荒瘠地区帮助当地人民。此外，对于一切具有古老文明国家的物质和精神生活，陛下更是注意探询研究以资借镜。贵国广土众民在皇帝陛下统治下，国家兴盛，为周围各国所景仰。英国现在正与世界各国和平共处，因此英王陛下认为现在适逢其时来谋求中英两大文明帝国之间的友好往来。

他们到了北京，参观了圆明园——恰好在60年后，这个举世闻名的"园中之园"竟毁在包括英军在内的八国联军的烧抢掠夺中，然后，上了热河的避暑山庄，见了80高龄的乾隆皇帝，并递交了英王的书信，可是得到的反馈是，这支祝寿使团尚未到达北京的三个月前乾隆皇帝早已拟好的"复信"：

乾隆五十八年八月巳卯赐英吉利王敕书曰：咨尔国王远在重洋，倾心向化，特遣使赍责表章航海来庭，叩祝万寿，并备进方物，用将忱恻。朕披阅表文，词意肫恳，具见尔国王恭顺之诚，深为嘉纳。

至尔国王表内恳请派一尔国之人住居天朝，照管尔国买卖一节，此则与天朝体制不和，断不可行。向来西洋各国有愿来天朝当差之人，原准其来京，但既来之后，即遵用天朝服色，安置堂内，永远不准复回本国。此系天朝定制，想尔国王亦所知悉。今尔国王欲派一尔国之人住在北京城，既不能若来京当差之西洋人，在京居住不归本国，又不可听其住来，常通消息，实属无益之事。且天朝所管地方至广远，凡外藩使臣到京，驿馆供给，行止出入，俱有一定体制，从无听其自便之例。今尔国若留人在京，言语不通，服饰殊制，无地可以安置。若必似来京当差之西洋人，令其一例改易服饰，天朝亦从不肯强人以所难。设天朝欲差人常住尔国，亦岂尔国所能遵行。凡西洋诸国甚多，非止尔一国，若俱似尔国王恳请派人留京，岂能一一听许，是此事断断难行。岂能因尔国王一人之请，以致更张天朝百余年的法度。

据尔使臣以尔国贸易之事，禀请大臣转奏，皆更张定制，不便准行。向来西洋各国及尔国夷商赴天朝贸易，悉于澳门互市，历久相沿已非一日。天朝物产丰盈，无所不有，原不籍外夷货物以通有无。物因天朝所产茶叶、瓷器、丝斤为西洋各国及尔国必需之物，是以加恩体恤，在澳门开设洋行，俾得日用有资，并沾余润。今尔国使臣于定例之外，多有陈乞，大乖仰体天朝加惠远人抚有四夷之道……除广东澳门地方仍准照旧交易外，所有尔使臣恳请向浙江宁波，珠山及直隶天津地方泊船贸易之处皆不可行。

又据尔使臣称，尔国买卖人要在天朝京城另立一行收贮货物发卖，依照俄罗斯之例一切，更断不可行。京城为万方拱极之区，体制森严，法令整肃，从无外藩人等在京城开设货行之事……天朝疆界严明，从不许外藩人等稍有越境搀杂，是尔国欲在京城立行之事必不可行。

又据尔使臣称，欲求相近珠山地方小海岛一处，商人到彼即在该处停歇以便收存货物一节。尔国欲在珠山海岛地方居住，原为发卖货物而起，今珠山地方既无洋行又无通事，尔国船只已不在彼停泊。尔国要此海岛地方亦属无用。天朝尺土俱归版籍，疆址森然。且天朝亦无此体制，此事尤不便准行。

又据称，拨给广东省城小地方一处居住尔国夷商，或准令澳门居住之人出入自便一节。向来西洋各国夷商居住澳门贸易划定住址地界，不得逾越尺寸。其赴洋行发货夷商亦不得擅入省城，原以杜民夷之争论，立中外之大防……核之事宜，自应仍照定例，在澳门居住，方为妥善。

皇帝早已事先拒绝了他们的一切要求。

紧接着，他们便得到通知，4天之后，即10月7日，使团务必离开北京，以至马尔戛尼的随身男仆安德逊感叹道："我们进北京时像乞丐，居留北京时像罪犯，离开北京时像小偷。"就这样，这支庞大的使团，又从陆路长途跋涉，经梅关古道进入广州，以得到皇帝召见后的身份，去压服广州来接待。这样，一路上可以蒙受"皇恩浩荡"，轿子也是有得坐了，要知道，广州的外商坐轿可是惹起了不小的风波，现在可不一样，这是得到皇上"恩准"了的。

法国作家阿兰·佩雷菲特在《停滞的帝国》中，写到了这个使团在十三行受到的礼遇，倒是很逼真，我们不妨复述部分。

广州（1793年12月19日—23日）

12月19日早晨，使团上了皇家平底大船顺着珠江南下。两个半小时后，英国人在一个名叫河南的小岛下船。在那里，为他们准备了一所公馆。总督长麟、巡抚郭世勋，海关总监苏楞额及本地的主要官员，身着朝服，站在铺有地毯的平台后面迎接。随后，所有人走进一间大厅，里面有两行排成半圆形的扶手椅。马戛尔尼就是这样绘声绘色地描写那次隆重欢迎的；两个世纪之后，"贵客"代表团在中国受到的接待仍然同这一模一样。

别这么性急，英国绅士！您忘了一个准备仪式，而小斯当东却在日记中把它透露给我们了："我们在一个帐篷下通过，来到一间陈设漂亮的大厅。大厅深处有一御座。我们在那里受到 Suntoo 及其他大官的欢迎。他们对着御座行三跪九叩礼，感谢皇帝赐予他们一次舒适而又顺利的旅行。我们模仿他们也行了礼。"

疑问又产生了。因为当时在场人之一，海关总督苏楞额在 1816 年断言，他看见过勋爵在广州叩头。那么，模仿什么呢？小斯当东没有确指。久而久之，英国人会不会屈从于天朝的习俗？还是继续满足于"英国式的叩头"——行单腿下跪一次的礼节？这里省几个字却给后来人添了麻烦。

为了拒绝向皇帝行叩头礼，马尔戛尼经过了那么多的周折。现在马尔戛尼会同意对空御座叩头，那是不可思议的。可是英国人又再次面临不利的处境：集体仪式。最大的可能是他们跟着做，就像在热河，他们在人群中第一次见到皇帝时那样。可能他们是单腿下跪，略微低头致意，但是随着天朝的节拍，三长三短。这是"得体的礼节"，也是马尔戛尼和皇帝都不愿意接受而又接受了的一种折中做法。

"仪式后，我们和中国官吏退到一间又大又漂亮的大厅里"，马尔戛尼直接被引到这间大厅，而对那段如此难走的弯路却只字不提。

中国官员们在英国人对面坐下。谈话进行一小时，谈的主要是旅途见闻和"狮子"号抵达广州的事。总督让这艘英国船进入黄埔港，这是对军舰少有的照顾。

接着是看戏。"一个颇有名气的剧团特意从南京赶来。主人准备了'丰盛的中国饭'，还为客人备了礼品。总督'主持了仪式'。他对英国人给以'最高待遇'。这使广州的中国人为之瞠目，因为他们从未见过外国人受到这般尊重。从此，他们便不能再怀疑皇帝的政府对使团的重视了"。特别是我们无法怀疑马尔戛尼也在设法使自己相信这一事实。因为，晚上小斯当东在他那可怕的小本本上又记上了"我们每人都按身份坐下。总督请我们喝茶和奶。寒暄几句后，他起身，在几个大官的陪同下，把我们带到他让人为我们准备的一栋房子里，更确切地说，是一座宫殿里。他待了几分钟，然后所有的人都走了"。

"茶和奶"，"寒暄几句"，"几分钟"。多亏了小斯当东，我们才知道是在他们的新住地，在总督及其副手们未出席的情况下请他们吃饭："总督给我们送来一席丰盛的中国式晚餐"，接着是演戏："他让人在我们住所的一个院子里搭了舞台，在台上整天不断地演中国戏为我们解闷"。

使团的住所是一座中国式的宫殿，由若干个大庭院组成，里面有玻璃窗和壁炉。即便是在热带，12月份仍生上火，马尔戛尼感到舒适。还有池塘、花坛、对比明显的树木以及花丛。恰好在住所的对面，河的对岸，就是英国代理商行。马尔戛尼一行本来是可以住在那里的：它比所有中国馆舍都舒服，但是"中国人的原则决不能让特使与商人住在同一栋房子里。在这一点上，只好入乡随俗了"。

晚上，终于只剩下了英国人，男孩不无宽慰地在日记中写道："晚上，我们共进英式晚餐，代理商行送来了我们想要的一切"。吃了6个月的中国饭菜，烤牛肉和羊肉里脊的滋味使他们重新回到"家，甜蜜的家"。

第二天大清早，勋爵推开窗户：舞台正对着他的卧室，戏已经上演了。演员接到命令，只要使团住着，他们就得连续演下去。马尔戛尼十分恼火。他设法免除了剧团的这份差使，演员被辞退。巴罗报告说："我们的中国陪同对此十分惊讶，他们的结论是英国人不喜欢高雅的戏剧"。马尔戛尼不无幽默地设想，如果为了给一位天朝特使解闷，英国的宫廷大臣召来考文特花园剧团的明星为他演出，这位特使在伦敦会有何反响呢？肯定他很快就会感到厌倦。这是一个进步：马尔戛尼开始同意文化是相对的了。

小斯当东说第二场戏不像第一场戏是总督赐的，而是海关监督安排的。但孩子并没有因此而受到感动："总监不在位已有两个月，但他已表现得前任更贪婪。他毫无理由地向一名中国商人勒索20万元。尽管皇帝有旨，他还企图对我们的商船征税"。准是马尔戛尼和他的副手流露过他们的苦衷，结果让机灵的小斯当东听出了说话的意思。这件事使使团的最后希望也化作了泡影。

巴罗说得更明确："'印度斯坦'号因携带过礼品而免征税，然而公行的商人已交纳了3万两银子的税款。他们要求海关总监归还这些银两，但他只交出1.1万两，说原来就交了这点钱。从中可以看出，进入皇帝国库的税收只是很少的一部分"。这件事本就说明了问题：3万两银子中有1.9万两由他人征收，对国库来说，就这一笔税就损失了三分之二。

就这样，坚持事实的东印度公司的专员们使马尔戛尼渐渐失去了信心。当提及"中国官吏也敢于敲诈勒索"时巴罗援引其中一个说的话，乾隆本人也不否认会有这种意想不到的训人话："你们来这里干吗？我们把你们国内不产的珍贵茶叶给了你们，而你们却把我们毫不需要的你们厂里的产品来做交换。你们还不满足吗？既然你们不喜欢我们的习俗，为什么你们又老来我国？我们又没有请你们来！如果你们循规蹈矩，我们还是以礼相待。请尊重我们的殷勤好客，别指望改造我们"。这就是中国的声音！这也许是自古至今一个民族在感到自身受到威胁时发出的激烈言论。

12月21日小斯当东的日记："西班牙与荷兰的专员今天早晨拜会勋爵。晚上，乔大人派来一批杂技演员。他们也是专程从南京赶来的。他们的演出十分惊险。"转盘、顶缸、飞刀，这些节目孩子在热河已经看过，再次观看仍然兴致勃勃，他又恢复了孩子的兴趣。

从欧洲来看，广州是"中国的门户"，是一个整体。英国人发现这个整体是复杂的。广州离海的距离并不比巴黎到塞纳河的距离来得近，称它为"中国的门户"，那是对已经穿越了几道大门的人而说的。

首先要经过澳门。由于河道多暗礁，船只绕道那里很危险，要出高价聘请领航员和开货物通行单。接着要绕过虎门，那是一个由两个要塞防卫的海峡，还要借助先后3次涨潮通过浅滩上的三个危险的"沙洲"。这之后，才能抵达黄埔岛。欧洲的船不能超过这个海岛。这是刁难吗？不是，我们遇到的一名法国人说："中国的大帆船可以逆流而上直至广州，而欧洲的船吃水太深。"最后从黄埔到广州，要征收通行税3次，每处都要对小艇仔细检查一番，然后方能到达代理行。

英国、法国、荷兰、西班牙和瑞典的代理行都集中在河的北岸，从旗杆顶上悬挂的旗帜可以辨认。英国代理行前是一排上面有顶棚的长廊，亦称游廊。所有的代理行都只有一层，但很宽敞且陈设典雅。

在这些代理行的四周形成了一个占地很大的中国市场。主要是店铺和手工作坊——应当说，这便是十三行及其所在的西关了！在《停滞的帝国》74 章，对十三行作了更细致的描写，以至他们认为"广州已不再完全是中国了"。这个结论当然不准确，但也可看出当日相对的开放程度，这也说明早在 18 世纪，广州在中国作为"唯一口岸"的意义，以及当时的历史风貌。

"12 月 22 日，今天我们摆渡到对岸的英国代理行去，这条河要比泰晤士河宽得多，代理行的建筑确实非常漂亮。我们逛了附近几家大店铺，令我惊讶的是商人的名字，甚至他们所卖商品的名字都用罗马字写在每家店铺的门上。更令我惊讶的是：大部分商人都能用英语交谈。他们的英语还相当不错。我们看到一家很大的瓷器店，品种之多不亚于任何一家英国瓷器店。街道很窄，两旁商店林立，没有住家，很像威尼斯的梅斯利亚区。"广州已不再完全是中国了。今天在那里仍然可以看到许许多多用罗马字写的招牌，在那里，常常可以听到人们说英语。这些已有很长的历史了。

"12 月 24 日，我们再次过河，在众多的店铺中，我们参观了一间画室和一家泥人店。我们在画室观赏了几幅画着船的油画。这些油画或运用英国手法、或运用中国手法绘制。我们还欣赏了几幅极美的玻璃画。在泥人店里，我们看到许多用粘土捏成的泥人儿。它们像大玩具洋娃娃，脸上着色，身穿衣裳。有人告诉我们，在衣服里面，泥人儿的身体像它们的脸和手一样逼真。孩子除了手和脸就看不到别的了：中国的廉耻禁止赤身裸体，即使是玩具娃娃也不例外。我们还发现'在英国见到过的，头能转动的瓷娃娃'"。

小斯当东和家庭教师赫脱南一路闲逛。这位先生也给我们留下了他对广州这个"集市"的印象："他们把所有在欧洲制造的产品模仿到了以假乱真的程度，从各种家具、工具、银餐具等器皿直至箱包。所有这些仿制品的工艺与英国制造的一样好，而价格要便宜得多。"在欧洲市场上出现过仿造中国的假古物，现在轮到中国来仿造欧洲的新产品了。

这一仿造工业大有发展前途：只要看看今天的广州，如离夫子庙不远的自由市场就行了。"中国裁缝简直可与伦敦的相媲美，但价格要低一半"。由于许多丝、棉织品在原地生产，因此"没有一个地方穿衣服能比广州更便宜了"。现在价格没有变，但想穿英国的面料和裁剪式样的衣服，那么最好到香港去买。

"在广州，浆洗内衣的技术非常好，而且比欧洲任何一个首都的洗染店的价格都便宜"。中国洗染店已经有了使他们日后征服加利福尼亚的名声了。"只要不受骗上当，总是有好生意可做的"，因为"中国人认为对洋人不老实是机灵的表现"。这讨厌的中国人把诈骗提高到一门艺术的位置："很少有欧洲人没有遭受过这方面的教训。"可以猜想赫脱南并不属于那些"幸运的少数人"之列。

另一个有关语言的信息：当时就有人说一种英–葡语混杂起来的洋泾浜语。赫脱南听到一个中国人不客气地回答说：You no savey english talkey（你不会英国语）。多灵的听觉！德国家庭教师的面目被揭穿了。

在刘半农译、马尔戛尼所著的《1793 乾隆英使觐见记》、小斯当东的《出使中国记》以及前边提到的《停滞的中国》中，不仅写到了十三行行商旖旎的园林风光，也直接写到了与十三行商人的交往。

而那个时期，最出色的仍是潘启官，尽管当时的商总为蔡世文所担任。笔者以为，这应是历史上对十三行商人一次最形象也最有意味的直观描述，尽管英国人多少有点隔靴搔痒、不得要领的味道，但亦不失为一个不同的角度且相当客观的"留影"。

不仅我们今天对十三行商人仍有某种神秘感，就是当时的英国人，也是一样的，这里亦不妨节录上几段。这里，有专门的一章，写了广州商人。尽管是 200 多年前的所见所闻，尤其是那时候的若干观念，但到了今天，仍一样让我们为之深思——毕竟，传统中国的"无商不奸"仍影响至深，不是把诚信视为商业交往中的第一资本！漫天要价、落地还钱的劣习未改。虽说早在 20 世纪第一天创立的先施公司已开诚布公地实行了"不二价"!

　　这一章是这么记述的：正当巴罗寻欢作乐、小斯当东参观兼有中西色彩的小手工作坊时，斯当东和马戛尔尼却在设法了解他们的大老板——公行的一些大名鼎鼎的商人。他们都是些什么人呢？

　　和今天到 1997 年间的香港"共产党资本家"相仿，那些实业家操纵着英国的"殖民地"与永远红色的帝国之间的贸易流通。1793 年，中央帝国已经实行同样的体制；在天朝的官僚体制严密监视下，由少数几个人负责与夷商的贸易。在修道院也一样，内院应与外界联系，这个工作由专门的修士负责。在广州，则由公行的行商负责。

　　还是这些与外国人交往的贸易经纪人，在 19 世纪被称为买办，这词来自葡萄牙语的"买主"一词。

　　马尔戛尼会见了那些商人。"我与潘启官交谈过，他是那些最有权势的行商之一，为人奸诈、狡猾。章官，论权力不如他大，但比他有钱。他更年轻，也更坦率。"至少当章官声称"已完全做好准备与代理行发展商务来往"时，马尔戛尼是这样评价的。在潘启官的问题上，勋爵似乎陷入了我们的瑞士见证人夏尔·德·贡斯当所批评的天真幼稚的状态。

　　那些人都属于受人歧视的商人阶层，却都有官衔。英国人对此感到惊诧。奇怪的是潘启官在行商的地位最高，"却只有一个不透明的白顶珠，而章官却有水晶顶珠，这说明后者的官衔比前者高"。那是因为潘启官很谨慎。章官也很谨慎：他衣袋里还有一颗蓝顶珠——它当然更神气，但有危险。"他肯定地告诉我，他绝对不会在公开场合戴它，怕那些官更要缠着他送礼"。还是不要炫耀自己"用一万两银子"买来的这种荣誉为好。

　　再说这些人商人的顶子并"不给他们带来任何权力"。严格地说，这些官衔的标志不是卖的，而是在北京一些有影响的要人因为收了商人的礼物"觉得不好意思而把顶子作为荣誉称号授予他们的。"

　　马尔戛尼所了解的情况与当时在广州的法国人和瑞士人的描写以及传教士们在日记中所反映的现实有出入。正当伏尔泰称道通过考试选拔官吏的好处时，贪官与富商之间就像黑手党那样有着一种真正的勾结关系。获利最多的行业——盐业和外贸——常常是出租的。盐政和海关官员要经常受到勒索并交付赎金。在地方行政机构供职的官员绝大多数是汉人，但在公行人员配备上——也就是说在对外关系方面，因为战备上太重要——一般都安排的是满洲人、蒙古人或是入了旗的中国人，有时甚至是皇亲国戚。

那些靠了血统或靠了墨水上去的特权人物到了任期满了的时候，也要给大臣送礼以便连任或提升；他们同时也是让他们腰包里装满银两的商人的玩具……捐官、买顶珠翎子、渎职以及前资本主义经济阶段的其他特征与马克思·韦伯所称的世袭主义完全吻合；公私不分。"属于大家的东西都是我的"。

在同行商交谈时，马尔戛尼估计，东印度公司竭力想在中国的中部和北部开设商埠是非常正确的："公行的商人们从未去过首都，对于北京就像对威斯敏斯特一样，知之甚少。只有用强制手段或出于强烈的利害动机才能使他们离开故乡。"然而，英国的呢绒在中国的这个热带地区销路并不好。

公行的业务范围不超过南京，它把从欧洲买来的大量商品往那里发送，再从那里购进大批运往欧洲的货物。事实上，"南京是最大的商业中心"，"左右中国市场的人"都云集在那里。马尔戛尼希望在舟山和宁波开设商埠是有道理的，它们可以打开南京的大门。现在，他猜到为什么获准在那里开设商埠如此困难的原因。因为，这不仅与惯例相佐，而且还会对广州的商人和官吏构成威胁：他们是唯一与西方贸易有利害关系的中国人。他们给南方提供一个有限的出口市场，而不供应北方。

因此，广州的公行不但不能发展贸易，而且只能限制贸易。此外，它依赖一群官吏而生存，没有各级官吏的同意，它绝不敢主动做任何事。它不像西方自由商人的行会组织，就如广州市政府也不像任何欧洲的自由城市的政府一样。中世纪在欧洲就通行的对一个地方或一种行业实行免税的做法，中国一概不知，因为它被天朝的官僚政权弄得四分五裂。

中国的贸易只有在其被分割的期间才不受约束，才得到发展，才可以算是资本主义经济时期。当帝国统一，官僚政权取胜时，经济受到约束，投资猛跌，商业的赢利首先造成公职人员的腐化或商人社会地位的上

升——他们进入到官吏等级的行列。在满清时期，行政权和经济权成一整
体，被皇权牢牢控制。

马尔戛尼推测，如果在中国有一个政治上强大、经济上有影响的商人
阶层，那么中英间交往的困难将会少得多。皇室档案给我们从反面提供了
一个确凿的证据：政府看到"奸商"自发地与夷商接洽就感到害怕。

不管马尔戛尼对"南方不知北方"的这一阐解如何有歧误，甚至牛头
不对马嘴，对中国政治的理解又如何隔靴搔痒，词不及义，可毕竟提供了
一个参照，一个至今仍可以使用的参照。

见过了十三行商人，也享受过了十三行商人的"行宫"——在河南面
的庭院后，英国人亦很迫切地想了解，作为南方的大都会广州，与曾见到
过的北方的皇城北京之间，究竟有着怎样的差距？

针对广州当局关于开放的许诺，马尔戛尼得出了一个"广州，一座半
开放的城市"之结论。不过，他对许诺（相应产生的告示，针对他的所提
出的开放要求：不要多次征税；英船可直驶黄埔港；英人可买地扩大代理
行；雇工不需要特别准许……等等）所作的判断是：就实质而言，那只是
些"连篇空话"。第一个告示规定了粗野对待、榨取夷人钱财者所要服的
刑，它是针对一些"卖白酒给水手的小人物的"。第二个告示是针对向欧
洲人敲诈勒索的官吏的。应该指出的是，这两个告示丝毫没有改变以往的
习惯。对备忘录不作任何回答。

使团继续在严密监视下生活。丁维提在岸边散步，看到一种据他说是
鲜为人知的蓝色植物。他俯身去拾，此时不知从哪儿窜出一个军人，威胁
着不让他捡，"类似的遭遇发生过好几次"。

马戛尔尼在日记中写道，东印度公司的先生们被圈在广州城外的代理
行里不能进城。因此，能跑遍这个大城市是很值得自豪的。欧洲人虽然对
其知之不多，但一提起它就像谈起一座熟悉的城市一样。"我很好奇，想
看看这座城市。我从它的一端穿到另一端。大家说它有一百万居民；看到
到处是人，也许这并不言过其实。"

人们"都很忙碌"，他们忙于"制作缎子鞋"、"编织草帽"、"鼻梁上

架着眼镜锻造金属"。"街道很窄，都是石板路面。在街上既看不到二轮马车，除了我的仆人骑的之外，也看不到马"。广州只是个大市场，而从军事观点来看，"城墙完好"，但"没有一门炮"。

永远说大实话的小斯当东告诉我们，好奇心并非是这次参观的唯一理由："1月7日，今晨，我们乘船到城门口。下船后就坐上轿，穿过市区来到总督府。我们到时，一名仆人请我们不必进去了，我们立即转身离开。中国的礼仪就是这样。"马尔戛尼一言不发就回去了。他十分恼怒，但在日记中对中国这样离奇的礼仪只字未提。

马尔戛尼发现，在广州英国人和中国人之间的关系十分奇怪。是否告示一实施，一切都能解决了呢？在它们颁布后，一些外国人仍然遭到小的敲诈勒索。当然，肇事者受到了惩罚。但马尔戛尼并不认为这是个解决办法。"有些更多的事取决于我们，它们比那些告示和惩罚更能保护我们"。

第一件要做的事，就是欧洲人要坚定地团结一致，而不是互相敌对，从而使那些滥用职权或不正派的官吏不能巧取豪夺。这就是工联主义，尽管这词还没有出现。我们在广州的一位见证人，夏尔·德·贡斯当在英国使团到达前数月，在他的日记中已经提到这一点："所有了解中国的人，都将同意这个观点：这个懦弱的民族在坚定与强硬的态度前总是动摇让步的。商人们都同意，住在广州的欧洲人只要团结和一致要求，就足以使他们免受过去一直受到的欺侮。"

但是，欧洲人要靠自己的努力，改善与当地居民的关系。勋爵指出："欧洲人躲着广州人。"他们只局限于与"那些在代理行工作的人有来往"。他们穿与"中国式样尽可能不同的衣服"，"他们对中国的语言一窍不通，他们甚至不想学汉语"，尽管小斯当东的例子证明可以在几个月内取得进步："他学说与写已有很长一段时间了，多亏了这样，他能很自如地说写。他常常对我们有很大的帮助。"

结果是，欧洲人任凭中国仆人随意摆布，后者又听不懂人家对他们说的那种莫名其妙的话。"一个身穿长袍、头戴软帽的中国人，来到伦敦商业区做买卖，而又不会说英文，大家能想象吗？与广州人对待欧洲人相比，他们不会受到伦敦人的欢迎，就像现在欧洲人不受广东人的欢迎一样"。英国人可以"任意按他们的意旨来左右中国的贸易，就像他们在别处所做的那样，如果他们表现得有分寸，处处谨慎行事，尤其重要的是，要有耐心和不屈不挠的精神"。不懂中文，只能维持一种不好的关系。

不该把错误都归在欧洲人身上。因为规章制度禁止中国人给外国人教授中文。联系都要通过学过英语的中国翻译，虽然他们是东印度公司的雇员，但仍然处于皇帝权力的控制之下。所有想不顾这些规定的努力都没有成功。这是 11 月 20 日的备忘录里提出的要求之一。很自然，它是不会得到答复的。

还有两个月！马尔戛尼还可以再试试同中国人对话。但自 12 月 22 日始，没有进行过一次认真的谈话。那么传达诏书呢？它没有成为一次会谈的机会：它倒使他想起那次预示他归国的阴森的仪式。那些告示呢？那是答非所问。到总督府的拜访呢？那简直是一种凌辱。再也没有什么可企盼的了。

马尔戛尼决定在下逐客令前就到西方的领土澳门去。但他善于辞令，知道怎么说话，"因为不想过多打扰中国人，又怕总督以为特使对他在中国的逗留不满意"，他以健康状况不佳为托词。当局抓住了机会。"一致同意"把返程的日期定在第二天，1 月 8 日。在起锚前，马尔戛尼作了最后尝试：他邀请总督于翌日晨来英国人馆舍共进早餐。他想借此机会，把东印度公司的专员介绍给巡抚和海关总监。总督接受了邀请，但毫不掩饰他的惊讶：这些商人难道有那么重要吗？马尔戛尼尽量向他解释英国商人与其他国家商人间的巨大差异，但无济于事："中国人永远不会明白这一点的。"

赫脱南说：他们不能懂得这一点，首先是因为"最小的芝麻绿豆官都自视在最富有的商人之上"。更何况这些都是受人辱骂、挨人石块和遭人打得只能躲藏在代理行的商人。

英国商人在广州的名声很坏，因而勋爵要使中国人理解他们的优越地位就更为困难了。赫脱南作为一名地道的德国人开心地指出了这样矛盾："在中国商人受到歧视，然而，他们的身份在欧洲所有的文明国家都受到尊重……英国商人感到双倍的痛苦"，因为他们"在本国备受尊重"，但他们在中国却被视为"西洋诸国中较为强悍的人"。

当然，赫脱南夸大了商业在"欧洲文明国家"享有的尊敬。敌视经商和对商人的偏见在法国、意大利、西班牙、葡萄牙甚至在德国的一大部分地区都相当普遍，它们与在中国盛行的那种偏见并无多大区别。但他的观察很正确，他用了"最残忍的人"这个我们在皇帝笔下常见的说法。安特卡斯托骑士的一句话说得再明确不过了："中国人发现，这个胆大妄为的国家希望独霸同亚洲的贸易"，它"增加远航中国的船只，而这些船随时都可改造成军舰"。

对于英国人而言，"商人"一词本身就代表他们的智慧，他们是文明的先锋。中国人对此不能理解。当商人不是英国人时，马尔戛尼与中国人一样也蔑视他们。这倒也不假。

作为"仕农工商"之末的中国商人，包括富甲天下的潘启官、伍浩官这些十三行商人，与被视为高高站在宝塔尖上的英国商人，是的确无法比较的，哪怕到了今天，也大致如此，"官本位"的中国，令中国商人也一般为外国人，包括外国商人所蔑视。这当是帝国的痼疾之一。

一切都结束了，这也包括使团向清政府提出的七项具体要求：

（一）开放宁波、舟山、天津、广州为贸易口岸；（二）允许英国商人仿照俄国在北京设一行栈，以收贮发卖货物；（三）允许英商在舟山附近一岛屿存货及居住；（四）允许选择广州城附近一地方作英商居留地，并允许澳门英商自由出入广东；（五）允许英国商船出入广州与澳门水道，并能减免货物课税；（六）允许广东及其他贸易港公布税率，不得随意乱收杂费；（七）允许英国教士到中国传教。

然而，他们也并不是一无所获。马尔戛尼归国时，预言道："如果中国禁止英国人贸易或给他们造成重大的损失，那么只需几艘三桅战舰就能摧毁其海岸舰队，并制止他们从海南岛至北直肃湾的航运。"可以说，他沿途已进行了军事的刺探，并非口出狂言。而不管英国人进攻与否，"中华帝国只是一艘破败不堪的旧船，只是幸运地有了几位谨慎的船长才使它在近150年期间没有沉没。它那巨大的躯壳令周围的邻国见害怕"。假如来了个无能之辈掌舵，那船上的纪律与安全就都完了。船"将不会立刻沉没。它将像一个残骸那样到处漂流，然后在海岸上撞得粉碎"。但"它将永远不能修复"。

颇有讽刺意味的是，马尔戛尼到来之日，正是所谓的"康乾盛世"的顶峰。在马尔戛尼觐见乾隆皇帝前后，这位自命为盛世之君的乾隆爷，还举行了两次"千叟宴"，一次是乾隆五十年，即1786年，于乾宁宫，一次便是乾隆六十年，即1796年，于宁寿宫与皇极殿。"千叟宴"摆了五六百桌，全是山珍海味、名酒佳肴。应邀赴宴的花甲老人达5000多名，其中更有逾百岁的老翁，他们入席与皇帝共宴，皇帝更赐酒赐诗，高潮迭起。其时，乾隆爷也85岁高龄了，仍老当益壮，神采奕奕……无疑，于帝国而言，这是展示其盛世的一幕，意义非常重大。然而，当揭示的，却应是另一重意义。

就在这"盛世"之际，马尔戛尼的祝寿船队，路过珠江口，按法国作家阿兰·佩雷斯特于1989年出版的洋洋50万言的研究著作《停滞的帝国》一书所记载的，却是另一番景象：

"狮子"号通过两个守卫虎门的要塞。马尔戛尼估计后说："防御很薄弱。大多数开口处没有炮，在少数几处有炮的地方，最大的炮的直径只有6英寸。"只要涨潮和顺风，任何一艘军舰"可以毫无困难地从相距约1英里的两个要塞中通过。"

只要说明一点就足以使这条用牛羊的肠膜吹大的龙泄了气。与"狮子"号交叉而过的武装船上装潢了士兵。但并没有鸣礼炮。原因就不言而喻了：炮礼孔里没有炮。这些炮孔都是在船舷上画的逼真画。这难道不是中国本身的形象吗？马尔戛尼思忖。"破败不堪的旧军舰，它只能靠着庞大的躯壳使人敬畏了"。

巴瑞托上尉（由马戛尔尼派遣）乘"豺狼"号察看了地处澳门和香港之间的岛屿。他的报告指出，伶仃和香港适合殖民。1842年，英国确定把香港变为殖民地。勋爵的另一个预言也将实现：守卫虎门的两个要塞在鸦片战争中将被"六门舷侧炮"摧毁。

二十多年之后，英国又再度派出一个使团，同由一个勋爵即阿美士德所率领，这已是1816年了，他们曾偷偷到了宝安的区域，返回英国后，即向政府递交了一份报告，称：从各方面来看，无论出口入口，香港水陆环绕的地形，都是世界上无与伦比的良港。可是，该怎么获得这良港呢？一场世界历史上最龌龊、最卑劣的贸易战由此开始了。那便是鸦片贸易。

从1813（即阿美士德使团到中国前的1年）至1833年（即鸦片战争爆发之前的7年），中国的茶叶出口只增加了1番，可进口到中国的鸦片却翻了4倍。马克思已敏感到这一问题的严重性，他在《鸦片贸易史》一文中认为，1834年，"在鸦片贸易史上，标志着一个时代"，这翻了4番的鸦片，发生了质的变换，成为了对中国的一次不曾宣战的秘密战争，一如马克思所说：

中国人在道义上抵制的直接后果是英国人腐蚀中国当局、海关职员和一般官员，浸透了天朝的整个官僚体系和破坏了宗法制度支柱的营私舞弊行为，同鸦片烟箱一起从停泊在黄埔的英国趸船上偷偷运进了天朝。

他在这篇文章中还指出，"在1837年，（英）就已将价值2500百万美元的39000箱鸦片顺利地偷运入中国。"

如此巨大的鸦片偷运，上上下下，从政府官员到一般百姓，当造成怎样的可怕后果，连英国水手也觉得，中国各城市的鸦片馆就像英国的杜松子酒店那么普遍，各阶层"上至骄奢淫逸的官吏，下至干苦力的，经常不顾禁令出没于鸦片馆"。一个国家，如果全吸鸦片成瘾，当会衰弱成什么样子？

这是一场不见血却吸尽人的骨髓的最为卑鄙的战争。却最终公开成为一场血腥的战争！

乾隆五十九年（1794）三月，这个便团终于离开澳门，朝着伶仃岛与香港岛驶去，而后经南中国海归国。波涛中的香港岛忽隐忽现，马尔戛尼已摸准了行情——那里，将是英国的囊中之物！

不过，乾隆皇帝的上谕却是这么说的：

> 贡使于十二月初七风顺放洋回国。因奉有恩旨，允许再来进贡，其欢欣感激之忱，形于词色，益加恭谨。仰见我皇上抚驭外夷，德威远播，凡国在重洋及岛，无不效悃献琛。现在该使臣等启程回国之时，即预为下届贡忱之计，似此倾心向化，实为从古所未有。

而英国方面则认为：

> 新近派往中国的使团，向一个对英国人几乎一无所知的民族出色地显示了英国的尊严，为未来奠定了获取巨大利益的基础，也为那位设计并执行了这一计划的政治家的才智增添了光彩。

东方与西方，两个不同的国家，用两种截然不同的语言对这一事件结局作了不同的评价。但历史，则很快会以无情的事实证明，英国是如何"为未来奠定了获取巨大利益的基础"的。

如前所述，20 年之后，嘉庆二十一年（1816），英国派出阿美士德到了中国，同马尔戛尼一样，没在广东稍事停留，未等清廷同意，就直上天津。他们到了北京后，便向清朝政府提出，给予英国贸易的特殊利益：英大班有与中国商人贸易来往的自由；中国官员不得随意侵犯夷馆，夷馆人员可雇用中国仆役，禁止中国官吏对英国商人轻蔑傲慢无礼的举动；清政府允许英国派员进驻北京。嘉庆皇帝本想要召见他，按例要他行三跪九叩的拜见礼节，阿美士德非常傲慢，回答说："我生平只对上帝和女人下跪，可惜当时中国当朝的不是女人。"并托病以不能行动为由拒绝入宫参见中国皇帝。嘉庆皇帝下旨,立即将阿美士德驱逐出境。

据历史记载,当时皇上午夜突然要接见,阿美士德借口疲劳、衣冠不整、时间又太晚等,包括拒绝"三跪九叩",不去觐见,一下子,龙颜大怒:这等未开化的夷人,岂可对天朝上国无礼?!于是,找了个借口,下了诏书:

> 朕传旨开殿,召见来使。和世泰初次奏称不能快走,俟至门时再请。二次奏称正使病泄,少缓片刻。三次奏称正使病倒,不能进见:即谕以正使回寓赏医调治,令副使进见。四次奏称副使俱病,俟正使痊愈后,一同进见。中国为天下共主,岂有如此侮慢倨傲,甘心忍受之理。是以降旨逐其使臣回国,不治重罪。

这一章,当最后引证一个事实,自 18 世纪末到 19 世纪初,英国向中国输入的鸦片成倍地增长。英国人似乎在"外交"上遭到了挫折,可在鸦片贸易上却获得了巨大的成功。

16

儒　商

　　无论在历史上处于怎样一个尴尬的地位，也无论他们在当时是怎么大起大落、战战兢兢地从事着大清帝国仅有的对外商务，十三行商人，毕竟在中国一部近代商业文化史上，写下了艰难却不乏闪光的一页，留下一份珍贵的历史遗产，以至今日，仍作为后人在学术上的一大课题。同时，他们不仅仅在商业文化上，也在诗词歌赋，乃至建筑艺术上，留下了一份丰富而又厚重的历史遗产。他们不仅仅是商人，也不能简单划入"官商"或"民商"，可他们却的确是名正言顺的儒商，不同于世界上一般意义上的商人。所以，他们的建树，亦不可以偏概全。在浑浊的泥沙中，他们当是一块蒙有污土的璞，须小心剥落掉上面很可能是丑陋不堪的附着物，方可以敲打出燧石的火花来。认识这样一个历史群体，不是那么容易的事。他们绝非颐指气使、横行无忌的官商，也并非粗俗不堪、见钱眼开的奸商，他们风流儒雅、见多识广、知书识礼，关键时刻，亦可舍身家性命……先不说这些，还是从潘家的颇有名气的"南墅"说起。当时的著名诗人张维屏曾经说过：

　　南墅在漱珠桥之南，有亭台水木之胜。容谷丈理洋务数十年，暇日喜观史，尤喜哦诗。

他讲的正是潘有度执掌"同文行"时间最长的"潘启官二世"。

波士顿商人帕洛特·迪顿在日记中提到，潘有度的南墅，要比伍浩官（"怡和行"伍秉鉴）的宅院要典雅得多，其中国风格更为传统与纯粹，几乎没有西洋杂物夹带，南墅的收藏也以图书、古董为主。除开南墅外，潘家的庭院，可历数的有：六松园、南雪巢、橘石山房、义松堂，包括南墅，为潘有度所兴；万松山房、风月琴樽舫，为潘正兴所兴；晚春阁、黎斋、船屋山庄、茶根园，为潘正衡所建；潘正亨有海天闲话阁，潘定桂有三十六草堂，潘飞声有花语楼、潘正炜有清华池馆、秋江池馆、望琼仙馆、听帆楼……乃至孙辈的养志园等。这是一个何等阔大、壮观的园林群落！而至今仍留有部分遗址，在历史上颇有名气的，则可算海山仙馆。

海山仙馆为潘仕成（1804—1873?）所建。他是靠行商起家的，其父亲潘正威与潘有度是族亲，此人后来走上了仕途，捐了郎中，在刑部供职。他辞官后，则倾全力建此海山仙馆。他去世后，园馆为官府籍没，因面积太大，被分割拍卖。其最盛期只有40余年。遗址在今天的荔湾公园西南部至珠江东岸一带，占地有40多公顷。

《广州城坊志》卷五记海山仙馆：

> 宏观巨构，独擅台榭水石之胜者，咸推潘氏园。园有一山，冈坡峻坦，松桧蓊蔚。石径一道，可以拾级而登。闻此山——商阜耳，当创建斯园时，相度地势，担土取石，壅而崇之。朝烟暮雨之余，俨然苍岩翠岫矣。一大池，广约百亩许，其水直通珠江，隆冬不涸，微沙渺弥，足以泛舟。面池一堂极宽敞，左右廊庑回缭，栏盾周匝，雕镂藻饰，无下工致。距室数武，一台峙立水中，为管弦歌舞之处。每于台中作乐，则音出水面，清响可听。由堂而西，接以小桥，为凉榭，轩窗四开，一望空碧。三伏时，藕花香发，清风徐来，顿忘燠暑。园多果木，而荔枝树尤繁。其楹联曰：荷花世界，荔子光阴。盖纪实也。东有白塔，高五级，悉用白石堆砌而成。西北一带，高楼层阁，曲房密室，复有十余处，亦皆花承树荫，高卑合宜。然潘国之胜，为

其真山真水，不徒以有楼阁华整、花木繁楙称也。

读下来，其气势、规模，都不同寻常；而艺术、工匠之精湛，非一般园林可比。以此为典范，这一章当重点写一下它的一切，建筑风格、历史变迁乃至有关诗文。

当年来过广州的马尔戛尼们，视广州为"另一个中国"，这里与中原的景观、传统习俗几乎大相径庭。他这一感觉大致是对的，可与一千年前白居易的诗相比对。其实，那时中国的，不，广州的开放程度，却还远不如一千年前了。不过，感觉只是感觉，对于整个中国来说，广州也仍旧是中国的，景观也罢，风俗也罢，也还总有相应的共性，这园林也是一样。明清时期的私家园林，江南为一绝，岭南也不逊色，士大夫或儒商们的风雅，总还是相差无几。繁忙的公务、商务之余，几分闲暇，几分诗情，也总会在清幽中寻回，在心灵间飘悬，凝结为一座座立体的诗行，散发成逶迤几十里的华章，建构成了大地上一道道旖旎的风光。平生可慰矣。

不过，说不同，也有不同，岭南的享乐主义，毕竟胜出江南一筹，中原则更不用说了。也许老天爷太恩宠他们了，这里的气候，绝无"冰刀霜剑严相逼"的日子，广州几百年间才罕有一场飘雪，连打霜的机会都极少。于是乎所有的植物，都没有季节轮回，一个劲儿地拔节、疯长，哪怕大火烧了个遍，三五天又是一片绿荫。动物们更是活跃，华南虎都敢闯进过禁闭森严的广州城，当年的野象更到处出没。南汉国时，还有一支足可教北方骑兵胆战心惊的象骑，那种气势，几千头大象席卷而来，谁不望风而遁?! 人类也是如此，尤其有了宋代大兴的水利，粮食丰饶，劳作也没过去辛苦，于是"叹世界"一词便流传开了，"叹"不是叹息，而是指的享受，不过，解释为叹息也未尝不可。当如浮士德的叹喟"你太美了!"所以，求长生不老者的比比皆是，各式神庙，大大小小，更是无处不在，凡庙必拜，遇神必求，图个清静、安逸、长寿，好好"叹世界"。钱也积攒得够了，千金散尽还复来，何须操多少心? 他们绝不是守财奴，中国的价值观也让他们成不了葛朗台之类的守财奴，有钱赶紧花，买个享受，也买个心安理得——捐赠于他们只在问心无愧，吞金吐银的交易，如同一门熟练的技巧，玩得一点也不心跳——也正是这种心境，这种环境下，岭南园林脱颖而出。

"海山仙馆"几个字，正渗透了商家乃至岭南人的观念与理式。不妨看看那以"海山仙馆"四字嵌成的门联：

> 海上神山，
> 仙人旧馆。

语意浑成，对仗工巧且不说，其之寓意，天上始有，人间罕见也不提，却一整个透出主人的追求，要过上神仙般的享乐日子。"旧"者，正是说明历来如此。

不妨再读读其他对联：

> 横匾　　人间仙岛
> 对子　　仙山琼阁
> 　　　　世外桃源

重复了两个"仙"字，却不在意，绝无北方仕人的迂腐，遂我意就行，管它犯了什么重字、平仄呢。还有：

> 荷花深处，扁舟抵绿水楼台；
> 荔子荫中，曲径走红尘马车。

脱俗、超逸，却不失高贵。寥寥二行，道尽了园中让人流连忘返的风光。

潘家自然与文人交厚，在晋商、徽商的传统中，徽商与文人的交往，却是有过不少佳话。其实，粤商在这一点上也丝毫不逊色，谁说广东人只知道赚钱？这只是一种历史的偏见。十三商人作为粤商中的佼佼者，与文人墨客的交往，也同样是可圈可点的。

且看海山仙馆中的对联，几乎联联出色，字字珠玑。撰联者，都为当时的名人，不少人的诗名仍流传至今。

下联是黄爵滋所撰，他授翰林院编修，因力倡禁鸦片及抗英而闻名于世，亦巧妙将"海山仙馆"嵌入联中：

> 海色拥旌幢，但招南极仙来，箫管催传江上月；
> 山光回锦乡，恰对越华馆在，莺花并作汉家春。

翁祖庚也是清代才子，其联透出海山仙馆当日雅集的讯息：

> 珊馆回凌霄，问主人近况如何，刚逢官韵写成，丛书刊定；
> 珠江重泛月，偕词客请游莅止，最好荷花香处，荔子红时。

这一位，何子贞（绍基），是为太史，著名诗人，人道他的字帖价值连城，他也有一联：

> 无奈荔枝何，前度来迟今太早；
> 又从苏舸去，主人常醉客长醺。

除开对联外，他更有多首七律，写尽了海山仙馆的诗情画意，令人遐想不已。

> 主客携樽共一痴，明窗读画且谈碑。
> 镌成书苑千家石，笼得人才几辈诗。
> 能使古贤依我活，感怀时事更谁推。
> 肯教白日堂堂过，跌宕还思幼好奇。

看山欲遍岭南头，送尽人间烂漫秋。

花气化云成宝界，海光如镜照飞楼。

千林暮色生凉思，一发中原感客游。

风浪无声天浩荡，可能容易着闲鸥。

桂子香余菊正开，朋簪回首廿年怀。

木奴坐看千头熟，楂客谁期万里来。

云水空明入图画，海天清宴好楼台。

面纹未觉观河皱，一笑何曾岁月摧！

修梧密竹带残荷，燕子帘栊翡翠窝。

妙有江南烟水意，却添湾上荔支多。

萧斋旧制多藏画，吴舫新裁称踏莎。

万绿茫茫最深处，引人幽思到岩阿。

诗人唯恐诗不达意，特补充了三条附记，更进一步与读者体味园中的精神。

一曰：文海楼下壁间，嵌所摹古贴《碧纱笼留过客》诗。《海山仙馆丛书》，采录精奥。增修贡院号舍及修学使署，皆独肩其劳。于夷务出力尤多。

二曰：余劝德舆出山，以事羁身未决。

三曰：园景淡雅，略似随园、邢园。不徒以华妙胜，小艇亦仿吴门蒲鞋头样。

这几首诗与附注，如换一种眼光，则可以读出众多经济、文化、教育、出版……之类的信息。湖光水色，天下一绝；文人聚散，诗兴往来；嘉朋满座，笑语不断……当然，还有修贡院、出丛书、理夷务，种种，皆入诗中，忙中有闲，俗中有雅，却是难得。

今日看海山仙馆的全景图，谁人不为之兴叹，曲折、连绵、起伏的楼阁、长廊，明净且忽儿幽深忽儿开阔的水面，层层如屏展开的山石，高低不一、形态相异的廊桥，还有如一抹绿烟般的垂柳、五光十色的花树……一个人，只怕是几天也游不完。太宏阔，也太精致了，且不道一座座中西合璧的楼台、亭阁，光那琉璃瓦面上流淌的阳光，都令人心醉。的确是人间仙境，海上神山矣。

用不着再描绘什么了，前边的诗文，都已经写得令人如临其境。至于内中的古玩、藏书，包括被誉为"广东四大历史名琴"之一的"天响琴"，乃唐代四川雷氏名师所造，大诗人韦应物使用的遗物，都是主人煞费心机用巨款寻索而来的。然而，曾几何时，半个世纪不到，它也与十三行的命运一样，倏忽走到了历史的尽头。有到过这岭南近代第一名园者，日后想再度造访已不可求了，最悲惨莫过于，官府整体拍卖它不成，竟要拆零，把好端端的海山仙馆化整为零卖掉，从此，也就不复有它了。

亭台坍塌，楼阁只余断壁残垣，连烟波浩渺的湖面，也成死水一潭，荷花桂子亦不再矣。当年南汉国，把一个广州建成兴王府，离宫千座，庭院无数，也只半个世纪，全灰飞烟灭；而一个海山仙馆，又怎当得了一个南汉国呢？不到40年，往日的繁华已无处可寻，曾有的清幽也找不到了，商人的建树，到头来一般是镜中花，水中月，转眼即逝，几乎连一声叹息也留不住。潘家的后人，清末民初的著名诗人潘飞声，写有《台城路·海山仙馆》：

> 花阴梦破衫痕碧，残荷冷摇苍翠。
> 曲曲回廊，闲闲野鹭，不管游人停叙。
> 风窗半启。占几叠湖山，几分烟水。
> 垂柳萧疏，宵来渐渐有秋意。
>
> 年来游侣散尽，便诗筒酒盏，随分抛弃。
> 雪阁吹箫，虹桥问月，风景依稀重记。

荒凉若此！又玉笛声中，落红铺地。

隔岸归鸦，冷烟飞不起。

好个"归鸦"、"冷烟"收束，道尽人间凄凉。

只留下若干文人墨客的遗诗，把这无奈的喟叹印在纸上。南海李仁良（辅廷），写有一首《过海山仙馆遗址》诗，云"席草吊荒凉，徘徊秋水渡"，何等惆怅：

我步西城西，野花纷簇路。

遗址认山庄，旧是探幽处。

主人方豪雄，百万讵回顾。

买得天一隅，结构亭台护。

流霭降雪堂，金碧纷无数。

佳气郁葱哉，森然簇嘉树。

插架汉唐书，嵌壁宋元字。

沉沉油幕垂，曲曲朱栏互。

时有坠钗横，罗绮姬妾妒。

此乐信神仙，高拥烟云住。

祸福忽相乘，转瞬不如故。

高明鬼瞰来，翻复人情负。

此地亦偿官，冷落凭谁诉？

树影尚离披，泉声仍潺诉。

熟是孔翠亭？熟是瘗鹤墓。

可怜坯道中，故物文塔具。

吁嗟复吁嗟，消息畴能悟？

席草吊荒凉，徘徊秋水渡。

客日盍归来，夕阳天欲暮。

孤影陡惊人，稻田起飞鹭。

情何以堪矣！

　　这毕竟是曾拥有一座座廊壁上嵌有数以千计的诗书、字画、石刻的偌大的一座岭南园林，集今日仍留存的岭南"四大名园"于一身，也当不了它的一角，这毕竟是把南中国文苑精华集于一体的文化大观园，这毕竟是中西合璧的艺术奇葩，说消失就消失，说没了就没了，别说一个人、一个家承受不了，就是那个时代也承受不了。

　　好事者把"海"拆为"三每"，把"馆"拆为"食官"，把"山仙"重组为"人出"，再拼成六个字"每人出，三官食"，以道出海山仙馆被拆零出卖的结局。史载："同治年以后，鹾务敝，主人籍没，园馆入官，议价六千余金，期年无人承受，乃为之估票开投，每票一张收洋银三元，共票二千余，凑银七千元，归官抵饷，官督开票，抽获头票者以园馆归之。"

　　没人会珍惜这一建筑艺术的瑰宝，官府的唯一目的，是要把它变为官饷！忽喇喇，一座绝世园林就此弃绝尘世！晚清大诗人黄遵宪，这位思想家兼外交家的历史巨子，为其不善而终，作了一首《游潘园感歌》，当是凭吊：

> 神山左股割蓬莱，惘惘游仙梦一回。
> 海水已干田亦卖，主人久易我才来。
> 楼梁燕子巢林去，对镜荷花向壁开。
> 弹指须臾千载后，几人起灭好楼台。

　　他与陈宝箴力办的"湖南新政"，此时当已成一大罪行，陈宝箴被"赐死"，他也差点成了"六君子"之外的第七子，贬官归家，自是触景生情。偌大一个园林，也如新政一般，"几人起灭"矣。没几年，他也郁郁去世，留下一本《人境庐诗草》。

　　而作为园林的主人，潘仕成在生前，亦为家园"未一二年，则园舍已犁为平地，所余唯颓垣败瓦"而写下一副"挽联"：

池馆偶陶情，看此时碧水栏边，那个可人，胜似莲花颜色；

乡园重涉趣，惜昔日红尘骑外，几番过客，虚抛荔子光阴。

　　一切都是过客，不仅仅是人！一切都会过去……回过头，我们再去读谭湘更早的诗句，又当有何感：

落　　叶

深秋尽辞树，

漂泊竟何之？

满地月明处，

空山风起时。

寺僧添茗火，

宫女记新诗。

莫遣随流去，

人间恐未知。

百　花　坟

风流艳骨可人怜，朝化香魂暮化烟。

十载一生春梦晓，百花三月奈愁天。

杜鹃有恨宁啼血，蛱蝶多情未了缘。

莫怨衣来俦侣寡，粤城西望素馨田。

鹦　鹉　洲

落落晴川水自流，不堪词赋写离忧。

文章一代还憎命，芳草千年尚抱愁。

山色楼如秦故土，夕阳烟树汉时秋。

何须挝鼓伴狂甚，归去平原忆旧游。

麦 饭 亭

南宫旧是中兴地，落落荒亭客思悠。
风雨孤村犹昨日，君臣一饭已千秋。
铁衣官舍寒曾炙，沱水天心冻不流。
独立无言当大树，将军勋业至今留。

祭 诗

此夕奚囊债又消，呕心翻笑为谁招。
离骚只自悲南国，风雅何人继六朝。
身外虚名仍草草，镜中白发任萧萧。
厌听里巷催年鼓，万斛愁空酒一瓢。

17

"乡贤"梦，纵死也难圆

十三行的陶瓷业，当是乾隆年间为盛。及至嘉庆、道光年间，由于欧洲掌握了制瓷技术，且有所革新，十三行陶瓷的订单，也就日趋减少。作为陶瓷业大亨的谭氏家族，也就走向了末途。算命先生的玄机，其实便是这一大走势，而不是猫把鱼叼上大梁引起的变故。况且，道光之际，鸦片走私已日趋猖獗，本已在动摇整个中国的经济贸易基础……

而在这其间衰微的，不独是谭家，还有一度名列榜首的卢家，即"潘卢伍叶"排行第二的卢家。

这四家中，叶上林一家，只见《广东十三行考》提了一句，说他从行商行列中全身而退，未受什么折腾，比潘、卢、伍三家要幸运得多。只可惜，有关史料一时还查找不到，只能暂付阙余。不过，那个年代，全身而退，不使出浑身解数，恐怕是办不到的，不死也得脱层皮，只是打落牙齿和血吞，不为人知罢了，所以，才隐瞒至今。

盛极一时的卢家的衰微，内中的原因，则不是三言两语可以说尽的。况且卢家还一度取代潘家，为行商之首，由老二窜上了老大之位。其富，则可想而知。为什么会败，败在哪里？

中国古话一句：富不过三代，似已成铁律，只是卢家，在第二代卢文锦手中就已经败了，后来更败了个干干净净，是否逃不过这一"铁律"且提前兑现了呢？

也有人说，主要是卢文锦食古不化，祖上留下偌大一笔资产，不动心思去经营，仍一心想去当土地主，认为把钱换成土地才靠得住，所以把相当一笔资金拿回去买地了。这边流转不开，濒临破产，结果又只能把土地变卖去抵债，这折腾几回，偌大的资产也就所剩无几了。其实，在当年写十三行的那部小说《蜃楼志》中，其主人公也是如此，把购地当做最后的归宿，以圆其土地主的旧梦——这在那个年间，几乎已成一种思维定势，不是一般人能逃得脱的。

然而，早在明朝，珠江三角洲的风气已经有所改变，洗脚上田，从事海上贸易不说，弃仕从商，乃至弃官从商亦不鲜见，当然，亦官亦贾，人们也都习惯了，十三行商人才一度有"虎豹龙凤"的美誉，为时人所推崇。只是，沉重的历史传统，不是一两百年可以摆脱得开的，经商者，每每仍战战兢兢，如履薄冰，钱如流水，土才实在，这于他们亦为一种更稳固的定见。卢文锦去置地，亦为"改邪归正"之义举，焉得不为？

同样，也是这位卢文锦，还有一大"义举"，更引发了整个广东的一场严重的道德危机。这便是他要让已故的父亲卢观恒入祀乡贤祠，把其"木主"供在位上，享受人间香火，世世代代的拜祭。其父亲天上有灵，当倍觉欣慰。这一举措，自是卢文锦提出且一度办到了，但其初衷，还是来自卢观恒本人。说是他生前的遗愿——有遗言在！

因此，我们还得从卢观恒道起。

1757年，朝廷撤销闽（彰州）、浙（宁波）、江（云台山）三处口岸，只余广州一口岸通商。一时间，"中华帝国与西方列国的全部贸易都聚汇于广州，中国各地物产都运来此地"。由于每年5月至10月为贸易期，其时，广州华洋商人云集，繁华无比，因朝廷有规定："番船贸易完日，外国人员一并遣返，不得在广州居留。"故10月一过，外商倘有未卖完的货物，离开前便要在广州十三行附近觅地寄存，待来年再卖。

卢观恒，1746年生于新会棠下乡石头村，作为排行老二的"卢"，也同样有他的传奇故事。虽然他身后的遭遇，更广为人知——只是人死后，还能知道什么?

卢观恒原籍是广东新会潮连乡人,今日已划归江门市的蓬江区了。他出生之地,与广府人的著名开基祖罗贵相去不远,卢家祖上,当也是追随罗贵来到新会的。说起罗贵,凡是广府人都知道,并称他为"贵祖",正是这么一位民间的历史人物,在宋代末年,于粤北南雄珠玑巷,率36姓97户人家,历千辛万险,来到了新会塱底,今日的浪溪,在此扎根落户,开荒种地修水利,并繁衍了下去,成为了珠江三角洲上的"哥伦布"。所以,如今珠江三角洲上数千万人,都认自己是在罗贵率领下来到这里的先人的后代,每年清明,到良溪祭祖的数以万计。这说起来,有一个长长的故事,笔者亦为此写上一部长篇,这里就不啰嗦了。

只是这卢观恒作为这一族群的后人,开始并没有什么出色之处,幼年丧父,孤儿寡母相依为命,落魄到40岁尚未有妻。那个时代,10多岁就结亲,就养子,不孝有三,无后为大,40岁还找不到老婆,与母亲一起过,孤儿寡母的,说不尽的凄凉。

日子实在过不下去了,在同乡的怂恿下,他想到广州来碰碰运气。可是,他作田出身,手无长物,又能干得了什么呢?只身到了广州,两腹空空,捱了不少时日,才算找到了一门不用本事的活,那便是替人守住歇业的空店铺。反正,饿不死就行。守过几年,没掉东西,还打理得清清爽爽,落下不错的口碑。农民的孩子嘛,讲个诚实,没什么花花肠子,勤快一点便行。终于,十三夷行的外商请了他。

众所周知,十三行经商,是有季节性的,清朝政府不让外商长住广州,没有唐、宋的大度、豁达,所以,外商一到时候就得撤离,随季候风回国,商品卖不完,只能留下来,租借店铺储存,找人看守,待来年再来出售。卢观恒守的就是这些货物。走时,外商还留下价目,如果有人出得起,就委托他卖出去。

好几回,行商压价,外商又不愿贱卖,积存的货物就多了。毕竟,市场上的价格有起有落,日子久了,卢观恒也看出一些门道来,不再干守,而是设法将产品推销出去。好几回,货都在外商重来前售个一空。由于结账时分文不少，自是取得外商夸赞，他也从中获得了部分销售的报酬。与此同时，他更经营起空店铺的租借业务，从中得更大赢利……

一次，正好有外商运货到广州发售，受到广州行商压价，外商不肯贱卖，租借卢观恒所看守的空铺储存货物，并订定各货价目，委托卢代为出售。卢观恒尽心竭力，竟把货物全部销清。

洋商次年来到，见存货已销清，价款分毫不差，甚是高兴。于是，不少洋商都委托上了他。就这样，卢观恒身无分文，却做起了动辄十数万元的大生意。从此双方便长期合作，卢氏自是获利不少，生意也越做越大。

据英国驻广州大班宣称：卢观恒是广东最引人注目的商人，他不仅承销了英国东印度公司大量货物，也大量地从内地商人处购货，因货物太多，以至于很难找到贮藏货物的仓库。

1792 年，卢观恒正式承充行商，行名"广利"，址在源昌街，即今广州文化公园附近。观恒字熙茂，外商都称之为 Mowqua（茂官）。由于卢观恒杰出的管理才能，"广利行"迅速发展起来。1796 年居行商第三位，第二年跃居第二位，仅次于"同文行"。1800 年与"同文行"潘有度同为行商首领。

据马士《东印度公司对华贸易编年史》载，乾隆五十二年（1787），卢观恒出资 13 万两白银，与英国两家公司订立出口茶叶合约。又据英公司特选委员会称：1786—1788 年，卢观恒与英国东印度公司有大量的棉花交易，以后一直成为与英公司进行该项贸易的主要商人。此外，卢观恒还从港脚商人处购入许多棉花，以致在广州找不到足够的货栈贮存。

为规范进出口管理，自嘉庆元年（1796）起，粤海关监督与最大的贸易伙伴英国东印度公司大班商定，把每一种商品的交易额分成 20—30 等份（其中毛织品 22 份），定出每份交易额须交纳的现金（1806 年为每份 3000—4000 元），由各行商承揽。除总商可得两份或三份贸易额外，一般行商多为一份或半份，而卢观恒却占有毛织品 2 份和武夷茶 1000 箱、功夫茶 1.2 万箱、贡熙茶 1000 箱的份额；1800 年占有毛织品 3 份和武夷茶 1300 箱、其他茶叶共 2.4 万小箱的份额；1808 年占有毛织品 4 份和武夷茶

600 大箱、其他茶叶 1.8 万小箱的份额，是拥有进出口份额最多的行商之一。

又据荷兰公司的档案载："1790 年左右（前后），（中国）对外贸易就集中垄断在几家大的行号手中，其中潘启官和石琼官占了所有进出口货物的三分之二，茂官（卢观恒）和沛官占了九分之二，剩余的行商占了九分之一。"这说明当时"广利行"已是一个大行商，其贸易额仅在"同文行"、"而益行"之后而与"怡和行"平分秋色。

"广利行"在十三行中的排名，1796 年位居"同文行"、"怡和行"之后排第三位，1797 年则超越"怡和行"晋升为第二名，仅次于潘有度的"同文行"。直到鸦片战争爆发前的 1837 年，"广利行"仍仅次于"怡和行"而居于第二位。"广利行"行址在广州源昌街（即今文化公园中段），西面是"经官行"，南面是粤海关货仓，东面隔一街巷与"怡和行"相邻。据《广州十三行商馆区的历史地理》载："普安街，清代为卢"广利行"，长 133 米，宽 3 米。"其规模仅次于伍秉鉴的"怡和行"（长 198 米，宽 4 米），是十三行最大的行馆之一。

十三行的行商都是全国首屈一指的大富翁。据说潘有度的家产超过 1 亿法郎，伍秉鉴则拥有 2600 万两白银的总资产。卢观恒有多少资产，他从不肯向外界透露，但单是他分给 4 个儿子的家产就每人 100 万银元。据估算，最盛时其总资产应在 2000 万两白银左右，是全国最大的富翁之一，而当时世界上除王室外，百万富翁也没几个，因而也是国际级的大富豪。

西方商人也多次提到卢观恒的富有。Chen Kuo - Tung 说："茂官据说也很富有，但他不肯提供他财产情况的信息。"1806 年夏，英国公司特选委员会报告：卢观恒要求买下公司所有的印度棉花和东南亚檀香木。1812—1813 年又报告说："茂官（"广利行"）和沛官成为英公司最大的交易对手"，"他们独占了棉花的买卖"。这说明卢观恒资金雄厚。研究中外贸易史的著名美国学者马士则宣称：1811 年，中国十大行商中，有 7 家靠借债度日，只有卢观恒、伍敦元、潘长耀有偿付能力。

1792 年卢观恒被海关监督正式批准为行商（由于卢观恒字熙茂，又被称为茂官），"广利行"也便成为当时垄断全国对外贸易的行商之一。

1800 年，卢观恒被任命与潘有度同为商总。1808 年，十三行首领潘有度用 10 万元买得退休后，卢观恒与伍秉鉴同管公行事务，成为十三行的老大。

作为行商首领，卢观恒恪守中国传统的义利观，很是重视妥善处理好与各行商及外商的关系。

漫说"商场无父子"，卢观恒却很注重同行友情。"万和行"蔡世文（文官）与卢过从甚密，卢充任行商又是文官作保。1796 年蔡自杀身亡，行务由其兄弟思官主持，英国公司委员会想撤销与文官所签茶叶合约，卢出面调停，使合约得以保留。次年，文官的儿子和亲属逃匿，海关监督迫令卢偿还文官所欠 50 万两白银以及履行文官遗下合约，卢观恒二话没说，独力承担。

又说"同行如敌国"，而卢观恒却每每向同行伸出援助之手：1796 年，在行商中位居第三的"而益行"行商石中和破产，其债务达 60 万两，卢观恒代其偿还了 39217 两；"同泰行"的麦觐廷因经营困难，1802 年欠下朝廷税款 1 万两，卢观恒代其缴交；1804 年，卢向英国公司委员会提供抵押品，以保住"同泰行"进口羽纱份额和出口茶叶订单；1805 年"同泰行"又欠税款 14.5 万两，卢与沛官作保，向英国公司委员会借得 14.4 万两交税，避免了"同泰行"的破产；"万源行"李协发，1808 年缴交充任行商的各项费用（20 万两）后资金拮据，卢为其提供了一笔无息贷款帮他渡过难关；1809 年，"万成行"沐士方成为行商后，也陷入资金困难，卢答应帮其偿还欠款，并作保取得英公司的茶叶合约，使其摆脱了困境；1810 年，"会隆行"郑崇谦和"达成行"仆倪秉发先后破产，遗下商欠 106 万和 50 多万两，卢观恒又承担了 36934 两。

由于卢观恒颇讲义气，从而博得众行商的拥戴，以至他辞世后，仍拥立他的儿子卢继光为行商首领。

对于外商，卢观恒也努力保持友好合作关系。1793 年，英国商船"特里顿"号装载从"广利行"购入的一批生丝，上船后发现部分较为粗糙，交回重验。经检验后证实部分质量有问题，时值春节假期，卢仍安排人手，绞练了七八日，使"特里顿"号能依时起航。

1795 年，英国公司运来一批印度麻布，由于在中国市场上没有销路，积压在船舱里达数月之久，卢观恒见状，悉全数买下，然后转销马尼拉，帮了该公司的大忙。

由于卢观恒重合同、守信用，注重商业信誉，被外商认为是"可尊敬的（中国）商人"（《编年史》第二册第 724 页）。卢观恒逝世，英国公司委员会认为是该委员会的一个重大损失。

乾隆末年，随着广州中西贸易和澳门本地贸易的发展，十三行行商一般不再承买澳门额船（1725 年，两广总督奏准居澳葡人设立二十五号额船）的货物，而由居澳中国商人直接与葡商贸易。嘉庆十七年（1812），卢观恒向粤海关监督德庆禀报："窃查澳门各船进口货物，向系各客自行赴澳买运，在澳门口报输，给单来省。……是大西洋船原与别项夷船不同，所有进出口货物，自应归保商办理，以昭慎重。"把澳门的对外贸易重新收归十三行管理。

为了发展俄中贸易，1805 年，俄美公司"希望"号、"涅瓦"号装载各式皮件到广州试销，回航时被清兵扣留，理由是俄国属陆地通商之国，不准在沿海口岸贸易。船长鲁臣顿、尔赞时向英国大班多林文求助，多林文写了一封抗议书要求行商卢观恒向海关监督禀报，卢认为外交抗议会把事情弄僵，便代拟了一份态度温和的禀文，但俄国船长又拒绝签字，最后三方当场草拟一份信函，由卢观恒递交海关监督阿克当阿；过了几天，又亲自叩见海关监督请求发给俄船红牌；两天后，俄两商船获准离境回国。避免了中俄两国因贸易摩擦而导致外交对抗。

不仅仅对同行，对外商，卢观恒重然诺、讲交情，对乡梓更是一往情深。他造福故里，有口皆碑。

尤其是造堤，这在珠三角更是性命攸关、居功厥伟的大事。他生前捐资的棠下三围大堤建成后，绅士罗天池联合百余个村的村民特制"美济苏堤"匾赠之，把卢氏与修筑杭州西湖苏堤的苏东坡相比，以彰其功德。光绪十二年（1886），卢氏家庙落成，所送楹联中，有"人心怀旧德，三围犹未报涓埃"之句。新会举人、梁启超同学、曾参与"公车上书"的谭镳在其1908年主修的《新会乡土志》里写道："卢富而好施，能为社会尽力……卢之人格即不祀乡贤，斯亦难能而可贵者也。""卢父子三人，以慈善名家，地方公益，赖以修举，至今百年，犹食其赐，为社会伦理不可多得之人物，亟宜表章。"

卢观恒在世时，在家乡除捐修基围、濠窖、堤闸、道路外，还捐书院、办义学、创义仓，助饷赈灾、修建祠堂。他捐田700亩，作为卢氏宗族义学义仓经费，又捐500亩，作为新会全县义学仓经费。其事迹除新会县的《新会乡土志》、《潮连乡志》外，嘉庆年间的《清代外交史料》，道光、宣统年间的《南海县志》，民国年间的《广东十三行考》及外国的《东印度公司对华贸易编年史》等史籍中均有记载。

当然，有人说，他如此耗费巨资，是有"野心"的，这"野心"，便是死后入祀乡贤祠。然而，他这回却大大地错了。哪怕你富可敌国，可在这"仕农工商"定位不移的封建王国，商永远只能居于末位，哪怕100多年后的今天，仍有人对商人不屑一顾。回到乡下，小小的股长、科长，因是"官"，备受尊重，可是商人，则无人理睬，且动辄让你"出血"，你还不敢不从。

于是，卢文锦要让父亲入祀乡贤祠，便惹发了轩然大波。回顾历史，于明清时期，凡有品学德行的人，死后由大吏提请祀于其乡，入乡贤祠。乡贤祠设于学宫内，每年春秋二祭由地方官主持，祭祀行礼。因此，能成为乡贤是一种极高的荣誉。卢文锦以其父卢观恒办义学义田，有功桑梓为由，要求将其父入祀乡贤祠，并"义利并行"，说动了广东各级地方官吏。于是，新会知县吉安、邑绅何朝彦等附和其说，又由进士谭大经牵头，罗致一批新会士绅签名，要求将卢观恒入祀乡贤祠。巡抚董教增、藩司赵宜喜信之，详请咨部。

遂如愿以偿。1815年5月10日奉旨入祀，卢文锦在明伦堂大宴宾客，设饮唱戏，极为豪奢。

此事引起一些士绅强烈不满：卢观恒非仕人，既未曾读书，又曾同堂兄争田产，拔兄发辫，用 300 金买其案，这样的人怎么能入乡贤祠呢？越华书院诸生香山黄培芳、东莞邓涫和番禺陈昙看到广州城内每天都张贴有告发此事的举报信，于是三人商议分途抄录，录成一卷。总督考核时，交收卷委员。委员初不肯接。掌教陈昌齐劝他收下，说这是公论，应使总督知晓。陈昙三人认为只要向上告发，肯定成功，只是自己生员身份不适合上呈。于是，举人刘华东介入此事。

刘华东，字子旭、三山，号三柳居士。原籍福建，因父来粤从事盐运，寄籍番禺。1801 年中举，但仍留家中勤读苦学。这个人常常接触下层，了解民情，喜欢与贩夫走卒、市井贫民为伍。生性豪侠，喜见义勇为。他作诗写文章不受羁绊，起伏跌宕，时人称之为"文怪"。他得知此事后，觉得读书人在这时大大受辱，末流入祠，圣人被置何处？！愤然曰："此何地，而令牙侩厕其间，吾辈所读何书，岂容缄默！"即上书总督蒋攸铦，蒋认为公事不当私谒，还其书，令具牒。

食古不化的刘华东便与新会举人唐寅亮等把原来上总督书写成《草茅坐论》刊印，严厉指斥卢观恒："不学诗，不学礼，身不行道，皆弃于孔子者也。有贱丈夫焉，闲居为不善，无所不至，为富不仁，蹠之徒也。鸡鸣而起，而罔市利放于利而行，非或徒也。……百亩之田而夺之食，乐岁终身苦，是以君子弗为也，是禽兽也，贤者亦乐此乎？紾兄之臂，摩顶放踵，拔一毛可畏焉，人见其濯濯也，是豺狼也，而谓贤者为之乎，其横逆由是，是不待教而诛者也。"这一书生议论，正投合社会上不少人心理，一时《草茅坐论》远近传诵，虽妇孺无不知，绅士奔走络绎，争来拜见刘华东，共有 200 余人。华东于是率众持烛帛浩浩荡荡往郡学乡贤祠，焚香拜祭先贤陈白沙，宣读祭文。众人伏地痛哭，惊天动地。

此事发生后，卢文锦企图毁灭其父殴兄罪证，但由于新会县吏抱案牍先逃，卢文锦只得作罢。华东得录观恒拔兄发案牍，又集郡学士绅签名，签名者日众，于是华东将联名信上书大府。同时还把各地收集的举报信和《草茅坐论》寄其老师孙御史，御史派殷某往江西越控。巡抚董教增欲平息此事，督粮道廷杰、广州知府杨健、潮州府万云、韶州府金兰原等虽先后为承审官，但皆秉承董意，多方诘难华东，华东不为动；卢文锦又以重金引诱，华东更嗤之以鼻。恰好雷州府李棠派人上京告发总督蒋攸铦，并将此事禀告朝廷。嘉庆皇帝特派钦差大学士章煦、侍郎熙昌调查此事。适总督蒋攸铦巡边，不在省城。于是，钦差、巡抚、藩司等会审于藩署。由于章煦与藩司赵宜喜乃姻亲关系，有意偏袒。章决意严惩告发者刘华东，摘《草茅坐论》中"朝中有人上下其手"句责问刘华东："朝政清明，何人敢为鬼域？"欲以诽谤罪来加害刘华东。刘华东稍迟，旁边陈昙上前答道："某辈草堂，岂识朝仪？所识者抚院之私朝耳。"章熙问："人何指？"陈昙说："人则众论者皆指方伯，则正章之姻也。"章熙只好撤堂，屡讯陈昙，昙皆侃侃无所屈。华东多得陈昙帮助，另外浙江钱塘举人张杓也帮刘华东对簿公堂，不为势屈。此案自事始迄案结凡十月，华东被羁守南海署五月，对簿出堂十数次，艰险备尝，旁观股栗，而华东却毫不气馁，从容力辩。章煦只得上奏朝廷，请求回避，皇上下令改由总督蒋攸铦同熙昌审理完结上报朝廷。1816 年 2 月，朝廷降下圣旨：将卢观恒滥祀乡贤祠的"木主"撤出，革去刘华东举人头衔，摘去卢文锦顶戴，结保之巡抚、藩司等各级官员、士绅分别降级罚俸。最后的结果，自然是两败俱伤。

而今，是卢观恒有遗愿入祀乡贤祠，还是卢文绵自作主张，已成悬案。但此事引发一场重大的道德危机，却又预示了十三行商人日后的命运——包括道光年间的民谚，为何会从"虎豹龙凤"变成"虎豹龙凤狗"，与此也是不无关系的。刘华东站在传统势力一边，当自以为真理在握，正义在胸，方那么不屈不挠，小小奸商居然想僭越至乡贤之位，孰可忍，孰不可忍。哪怕你捐了官衔，还到处捐钱买个好名声，可商人到底还是商人，龙生龙，凤生凤，老鼠的儿子打地洞，岂可混到仕之高位，一句话，"出身不好"，想洗干净都不行！你永远都只能被打入"另册"！

这一事件，对卢文锦无疑是一个打击，虽说他与伍家联姻，与伍秉鉴侄女结了伉俪，仍风光一时，但终究少不更事，资金又冻结到地产上，生意也就差多了。

卢文锦英年早逝后，由其四弟卢文翰执掌"广利行"行务，商名卢继光，西人称茂官第三，以示与卢文锦茂官第二之别。卢继光承商时期，"广利行"商务进一步衰落，到鸦片战争结束后，"广利行"已欠债354692元。之后回老家新会县乡居。

到后代卢薛昌（即卢观恒长子卢文举之子）因为"广利行"过早衰败，没有参与到家族生意中。当生意结束后，卢薛昌没有像大部分家人一样回到老家，而是选择留在广州经营午时茶店小生意。

近日，有人发现，当年卢家出售"广利洋行"的契约，总共才卖2900多两银子。其兴何速，其亡何忽！

18

壬午大火

时间的潮水无情冲刷，十三行几经起落，至今只留下人们对一个遥远时代的想象，以及一个只存在荔湾角落里快要被遗忘的偏僻地名。史籍固然可以考证，可在民间流行的俗谚中追本溯源，我们仍能管窥到十三行当年的辉煌。

道光初年，十三行几经起落，仍赫赫有名者，在民谚中有：

潘卢伍叶

谭左徐杨

潘，则为"同文行"、"同孚行"，自潘启官即潘振承始，历潘有度、潘正炜几代，几乎与十三行同时归于寂灭。其后裔潘刚儿与黄启臣教授一同著有《同文行·同孚行》一书，考证得非常清楚。卢，则为"广利行"，即卢观恒、卢文锦父子。伍，为"怡和行"，即伍秉钧、伍秉鉴、伍崇耀等，其富可敌国，名列世界最大富豪之列。叶，则为"义成行"，即叶上林。这一至四的排列，历乾隆、嘉庆、道光三朝，均可以在文献中见到。第五即谭，也就是谭世经了，也是历乾隆、嘉庆、道光三朝，这从外文资料中可查到不少，从我家族留存的瓷器中，也可以看到乾隆、嘉庆的年号，彼此可以得到印证。

而"左、徐、杨"，"左"者，当是左垣公梁家，也就是"天宝行"，民间误以为"左"是姓氏，其实"天宝行"之主为梁经国，史学家黄启臣著有一书，追述当年"天宝行"的历史，以及梁家后人弃商从文的经历，这里就不赘述了。至于徐家，则是后来赫赫有名的徐润的伯父们，徐润是在十三行之后到上海发迹的，靠的正是在十三行干过的伯父们，可见徐家原来在十三行的名望。至于杨，手边资料尚缺。八大家，也算找到七家。不过，在这八家之后，谣谚中仍有话：

> 潘卢伍叶，
> 谭左徐杨，
> 虎豹龙凤，
> 江淮河汉。

无疑，这是正面评价。

一是称他们是人中的豪杰，可与虎豹龙凤相比，广东人称有能力有作为的人士为"猛人"，所以，虎豹龙凤，当然"猛"哉。做生意的，类比虎豹龙凤，也只有广东人才会。这在广东，自古以来便这样。司马迁写《货殖列传》，称许商人，为其列传，若到此时，当会写得更精彩。

二是说他们的事业通达江淮河汉，令物畅其流，搞活了经济，让国家、百姓都受益，这四个字，大可与严复的话相媲美。同时，亦认为他们见多识广，天下均在眼下。众所周知，十三行行商当年在欧洲，可是了不起的贵宾，以至被绘成彩画，刻上银币。甚至可以说，这江淮河汉四个字，也显示出他们的胸怀。

广府人有句谚语：不是猛龙不过江。这与"虎豹龙凤，江淮河汉"当是一个意义。

从这一谣谚中亦不难看出，在广东人的心目中，"仕农工商"已不再定位不移了。几百年间弃仕经商已成风气，至少不再视商为末业了。所以，一直有谣谚称：火烧十三行，越烧越排场。

只是进入 19 世纪，在西方殖民者与封建帝国的双重挤压下，十三行的败亡之象，已经一步步地显示出来。海山仙馆其实是在十三行败亡之后，被官府籍没而拆零颓败的，毕竟作为物象的建筑多少还能维持上一些日子，可它也抗不住，更何况十三行呢？其亡也速，几场匝地的有形无形的大火，便可教它消失得一干二净。

在我顺德老家龙江里海，上百年来有这么一句童谣，讲的正是我家祖上十三行中的"毅兰堂"之最后结局：

火烧十三行，
里海毅兰堂，
一夜冇清光。

这"毅兰堂"，是继先祖"披兰堂"谭世经延续下来的。"披云堂"可跨乾，嘉两个年代，而"毅兰堂"却连嘉庆半朝刚刚捱过去便了结了。其时，十三行中，在商称"行"，如"同文行"、"丽泉行"、"怡和行"等，在家族则称"堂"，即（叶）"大观堂"，（潘）"能敬堂"、（谭）"毅兰堂"等。谭家与潘家、伍家，直至 20 世纪中叶还有交往。直至今天，竟又发现两家后人同在一所大学任教。

里海乡却有着不少关于"毅兰堂"最后完结的故事，其中一则，我是听上一辈人讲的，颇有点意味，甚至含几分玄机，我力求解读它，并成了《十三行世家》的序曲部分，有 5 万字左右。这里是纪实，不宜再引用，还是"从实招来"的好。

嘉庆年间，洋鬼子每每寻衅，死人不说，军舰也直闯入广州，而官府的征收饷项，年重一年，加上匪盗为患，十三行商人都已是人人自危了。

人说"临时抱佛脚"，粤人"好淫祠"，逢庙必烧香，是神先叩拜。我们家那位"毅兰堂"的先祖，也就找了一位颇有道行的算命先生，算上一卦，问"毅兰堂"的未来。

331

算命先生是以算得准、每每都能应验而出的名，没人不信的。

算命先生占了一卦，而后说，"毅兰堂"别的不怕，就怕鱼上了梁，到了楼上。只要防了这一条，该是无忧。

毅兰先祖一想，这"毅兰堂"虽说濒临珠江，可地势并不低，历年发大水，连一层都没淹进来，这鱼怎么上得了二楼呢？除非有千年不遇的大洪水，那也不是一家的灾了。

他以为，除非真有那样的大水，鱼方可上梁，这显然是不可能的。他也就高枕无忧了。

谁知，没过多少日子，厨子竟在堂里上上下下追一只猫，竟把这猫追到了楼上。本来，若只是猫上楼，也没事，可这只猫却分明太多事了，逃上楼时，嘴里竟叼上了一条鱼。是它在厨房里冷不防从砧板上抢走的。

先祖一见，脸色立时变得皂白，称："完了，完了，'毅兰堂'合该败了。"

这正应验了算命先生那句话，鱼上梁了。

真可谓人算不如天算。那正是道光二年，1822 年。

果然，11 月 1 日晚上 9 时半，十三行附近一家饼店大火，火势迅速漫延，几乎遍及整个十三行——这也如同一场大洪水，大家几乎是无一幸免，无论是行商的商馆，还是外商的夷馆，能逃一劫的没有几家。正可谓童谣中所称："一夜冇清光。"

先不去描绘大火的厉害，只是想追问，算命先生的玄机何在？

鱼上梁，当代表什么？而且是旱地上梁，并无洪水依托，怪事了！

这猫，在冥冥之中充当了一个怎样的角色，是要警示人间么？

……

或者说，一整个的世道，当又一次颠倒，而且彻底地颠倒！行商，也就成了猫口中的鱼了，合该颓败没商量？！

那头不知从何而来，把鱼叼上楼，又不知遁往何处的黑猫，当为神灵派来？或者，代表了日后气势汹汹、不可一世的"番鬼佬"，最终置十三行于死地？

还有那位厨子，当时家人可否因为他的失误——无端让一只猫把刀口上的鱼给抢了去，而把他解雇？或者，老爷叹了一口气，这也是命，他只怕也待不久了。可不，"毅兰堂"落个一干二净清清光，还雇得上一名厨子么？不如让他做到最后一天，用不着解雇他而结怨，得饶人处且饶人。

总之，"毅兰堂"难逃一劫，十三行也一样，难逃一劫了！金山银山，敌不过水火无情；心算人算，又怎比得上天地无算！

顺德《龙江乡志》亦记载有：

> 道光二年壬午八月十八晚，省城太平门外失火至二十日乃熄，延烧铺户一万余家，乡中在省城买卖者被灾甚众。

不妨引录一下，追记当年火烧十三行之前，行商破产的"多米诺骨牌效应"。当时，连潘家"同文行"，也力辞"商总"一职，并且宣布退出洋务，可见十三行处于怎样的境地。当然，退出并不容易，花了10万两银子，才获准退办的。

据《广东十三行考》称：

> 嘉庆十四、十五两年（1809—1810）之间，洋行屡有倒歇。万成行行商沐士方（Lyqua）于十三年六月揭买港脚英商（按即英属殖民地商人）呵罗吧之等棉花、沙藤、鱼翅、点铜等货，该价番银三十五万一千零三十八圆，折实九八市银二十四万七千六百九十二两四钱一分三厘；嗣因市价平减，价银亏折；沐士方又将货价用缺，以致无力偿还。十四年冬月为港脚商等禀控，经总督百龄、巡抚衡龄、海关监督常显查交结外国诓骗财物发边充军律例，并照前总督李侍尧条奏《防范夷船规条》内奏准内地行店向夷人借贷勾结照交结外国诓骗财物问拟一项，暨历次办理行商颜时瑛（Yngshaw）、张天球（Kewshaw）、吴昭平（Eequa）石中和（ShyKingqua）等拖欠饷项及夷账案内，将各该商照交结外国诓骗财物例发边充军，改发伊犁等处当

差，未完夷欠著落各行商分年代还事例，奏准将沐士方除查抄广东及原籍浙江宁波府慈溪县两处家产外，并照例革去职衔，发边远充军，从重改发伊犁。十五年，会隆行商人郑崇谦（Gnewqua）因欠饷银八万九千余两，又拖欠英公司番银四十五万余两，港脚、花旗、蓝旗等商番银五十二万九千余两，为数较多，未能如以前辗转加利挪借偿还，遂有英公司大班剌佛（按妈东印度公司总经理 Roberts）向郑崇谦商允情愿代出赀本，邀曾在夷馆受雇之民人吴士琼代管行务，仍以会隆行名收货售卖，将行内应得用银每年除扣给吴士琼工银三百圆，并每月给郑崇谦火食银二百五十圆外，余银陆续扣还旧欠，俟旧欠扣清，仍将会隆行交还郑崇谦管业，吴士琼到行另刻"盛记"字号图章，以为收货发货记号。又达成行商人倪秉发（Ponqua），原名倪科联，与郑崇谦同隶南海籍，因不善经理，截嘉庆十五年四月止，共欠饷银八万八千余两，又拖欠英公司夷人银十八万余两，港脚、花旗等商银二十三万余两，经百龄等访知，即檄饬南海县知县（按十三行在广州西关，属南海县治）拘拿郑、吴、倪等到案，并传洋商卢观恒（Mowqua）、伍敦元（Howqua）等会同通详革审后，即照颜时瑛、张天球、吴昭平、石中和、沐士方各商拖欠事例，将郑、吴、倪一体处置办理。同年，福隆行郑兆祥（Inqua）因亏饷畏罪潜逃，准由该行司事关祥之子关成发接充行务。按嘉庆十三年，同文行商人潘致祥继义成行商人叶上林（Yangqua）之后退办行务，卢广利、伍怡和两行起而代潘同文行居领导众商地位。

忽喇喇一下子倒了这么多家，这一期间，成了十三行洋行破产的高峰时期。

然而，潘家的退出并没几年，仅仅是四五年后，两广总督蒋攸铦，便借口他"假退真未退"，逼迫他再度出山。史料上是这么说的，嘉庆十九年：

两广总督蒋攸铦向朝廷奏报外商来广州十三行贸易情况。因1812—1814 年爆发英美战争，英美之间经常抢夺货物，影响其他国家来华贸易。

是年，潘致祥重操洋行事务。当时，除英美战争导致来华贸易的外国商船税减之外，洋商者共有十人，有实力的只有三四家，其余则不善经营，经常拖欠洋人货钱，被外国挟制。两广总督蒋攸铦决定起用潘致祥重操洋行事务。为达到迫使潘致祥重操洋务的目的，经调查，潘致祥虽退出洋务，但仍有三所夷馆，共值 5 万余两白银，潘致祥将房屋将交给丽泉行潘长耀出租，租金每年 1.2 万余两，租息由潘致祥收取。按当时规定，退出洋务是不能与外商有任何交涉的。蒋攸铦要求潘致祥重出，同总商伍敦元等重振洋务，如果全心全意，使行务有起色，其数年所收夷馆租息，可从容免其追缴。终于，潘致祥复出担任行商，并改行名为"同孚行"。

但行商日子日见艰难。第二年，有 7 家洋行向英大班求助现金，以作纳饷之需，得英大班 8.5 万两的援助。总商伍浩官要求英大班报告 7 家洋行历年积欠的具体数目，遭到拒绝。后来，这 7 家洋行向总商伍浩官自行宣布其积欠外债的数目："福隆行"，积欠 6 年，共 33.8 万两；"西成行"，积欠 6 年，共 29.5 万两；"丽泉行"积欠 4 年，共 22.8 万两；"东裕行"，积欠 3 年，共 9.1 万两；"同泰行"，积欠 3 年，共 8.8 万两；"万源行"，欠 1 年，1.1 万两；"天宝行"，欠 6962 两。在以后的多年中，"怡和行"伍浩官多次放款接济欠债行商，同时英国的公司亦放债给行商，取利一分，使欠债行商能够交纳"行用"和其他欠饷。

欠夷债，是朝廷所痛恨的，所以，凡欠夷债还不了的，即便不掉脑袋也得脱一层皮。上面写到的"西成行"，没过几年，其行商黎光远，顺德人，也就被拘捕入狱，财产被海关查封，用以清还所欠关税。而"丽泉行"商人潘长耀也去世了，可未完饷项及拖欠外商债务达 30 万两，其家产被查抄，而且令各行行商代他偿还。

……

凡"榜上有名"者，日后，悉数倒闭，入狱、流放……在十三行名榜上，除开潘、伍两三家外，别说"富不过三代"，有的，连两代也不到，立见败灭。

及至嘉庆二十三年（1818），皇帝60大寿，粤海关又借此勒令行商进贡巨款，并同时催还欠饷。行商万般无奈，只得饮鸩止渴，再向英国大班借贷。

……

这是行商自身状况。

而英国方面，滋事、杀人，乃至舰闯广州，更愈发频繁了。如下记录的是英船掳人至死一案：

嘉庆五年正月二十四日，据番禺县禀称："嘉庆五年正月二十四日，所卑县民人许彩延禀称，切（窃）蚁撑驾坭船，与人载物度活。本月十七日，由乡赶省，四更时候，船至四沙海面，经过红毛核治嗜（Earl of Alergauenny，为英国东印度公司船，开枪者则为英国朴维顿兵船上人员）船，遇着顶风，不能急过。该夷人疑是贼船，并无吆喝，即放鸟枪。铅子打伤工伴蒋亚有，蚁即叫喊，夷人将船带回核治嗜船。有搭船刘亚实心忙过船，身跌下水，即寻不见，十八日，夷人将蒋亚有装去医调，蚁即奔投四沙黄埔口可恁。十八晚，夷人又将蒋亚有交蚁，并有夷字一张，着蚁持往红毛核治嗜船取药调治，未痊，尚有搭船之刘亚实身跌下海，找寻无踪，生死未卜，叩乞验究"等情。连铅子、夷字呈缴。并据刘亚实之兄刘亚俭等禀同由，各到县。据此，经将蒋亚有伤痕验明，弹子、夷字贮库。讯据各供，刘亚实系被夷人拉扯过船，挣跌入水，并搬去船上红薯二箩等情。填录各单、附卷。除饬令蒋亚有将伤痕医调务痊，并选差行属打捞刘亚实务获外，理合禀请察核，俯赐饬令洋商并该船大班查明下手放枪，并拉跌刘亚实下水夷犯，连红薯饬发下具，俾得审讯，具文通报，实为公便"等因，到本关部。据此，合部谕饬，谕到该商等遵照，立即传谕大班，飞速查明下手放枪并拉跌刘亚实下水夷犯，连红薯，一并押赴番禺县受审，事关命案，毋得刻迟疏纵，大干未便。速速！特谕。

下边的，更是杀人一案。

民人黄亚胜因欲诓骗外人银两，被外人有名委啉（Wiliam）者，戳伤身死。总督、巡抚、海关监督俱勒令英公司大班剌佛交出凶手，并不给红牌，使货船不能及时回国。剌佛等称委啉系姓，非名。且到底系美利坚人抑系英国人，亦无从查出。黄亚胜本系有罪之人，凶手亦断不致罹死罪。后波郎来，所供亦如此。嘉庆十六年复由行商十家具结："现剌佛回国确查有姓委啉之凶夷，得有回信，即当据实禀明，不敢徇庇。"这个案子也就这么不了了之。

而随着鸦片走私屡禁不止，国内的银元大量流出国外。以至，户部左侍郎苏楞额奏称："近年以来，夷商贿赂洋行商人，藉护回夷兵盘费为名，每年将内地银两偷运出洋至百数十万之多，该夷商已将内地足色银两走私运出洋，复将低潮洋钱运进，任意欺蒙商贾，以至内地银两渐形短绌，请旨敕禁。"朝廷要求两广总督蒋攸铦、粤海关监督祥绍查明。经查核，蒋攸铦奏报：中外贸易是以货易货为主，但由于出口货价大于进口货价，故中外商人议定，出口和进口不敷部分，尾数皆用洋钱，每元以七钱二分结算，所以，只有找回洋钱，实无偷运纹银出洋之事。蒋攸铦当即命人取洋钱炼试，比较足色，均在九成上下。查洋商贸易出入账册，确实出口货价大于进口货价，每年外船带来洋钱二三百万元或四五百万元不等。当时洋钱已在浙江、江苏等沿海城区流通，在广东洋钱市价是每元洋钱换七百二三十文，则浙江、江苏则换八百数十文，故不少江浙商人贸易未能赚钱，兑换洋钱即能赚到钱。

无论这蒋攸铦是敷衍，还是另有实情，但白银外流，却是不争的事实。

嘉庆二十四年（1819）九月，澳门总督欧布基致函英商大班，提出英商在中国出售鸦片，可借澳门为基地，要与英商同分利益。欧布基在信函中说，由于中国增加了税金，须通过鸦片贸易来弥补损失，而鸦片贸易的利益要相互瓜分。澳门总督欧布基具体提出，葡萄牙政府允许英国船只每年运送5000箱鸦片到澳门，为此，英公司每年须向澳门葡萄牙当局交纳白银10万两。对澳葡当局的这一鸦片贸易计划，英国没有接纳。因为英国为独揽鸦片贸易的利益，已决定将鸦片船停泊在黄埔或伶仃洋。后来伶仃洋成为鸦片趸船的驻足地。

道光元年（1821年）十一月，

> 英国护货兵打死中国内地人潜逃回国。缘起是兵船上的洋人上岸取水并上山牧羊，践踏薯苗，村民知道后向洋人索赔，引起互相争殴，致双方互伤数人。次日，英兵带枪报复，打死黄奕明、池大河两人。当时两广总督阮元马上命令洋商、通事要求英国大班交出凶手法办，英国大班没有理会，驶船逃离。后又通知英国政府，要求将凶手带回法办，但英政府一直未予理会。

但对于中国而言，在道光二年大火之前，最严重的，莫过于嘉庆十三年八月发生的英舰攻陷澳门直抵广州黄埔的事件。史载：

> 驻守印度的英军总司令命海军上将德鲁雷派出9艘战舰停泊在澳门外洋面，声言要进驻澳门，而且狂妄宣称，这一行动只要得到葡萄牙方面许可，就无须顾虑来自中国政府的阻挠。八月初二，德鲁雷发动了澳门登陆战，攻入澳门，澳门葡萄牙理事官抵敌不住，向香山县丞告急。两广总督吴熊光急派行商要求英舰撤走，并下令封闭英国货船，停止贸易。九月初一，3艘英舰直抵广州黄埔，九月二十三日，德鲁雷带领英兵换装分乘30艘小船直冲广州，并居住在十三行夷馆，英军还狂言求见总督吴熊光。嘉庆皇帝降旨，命吴熊光派出26000人增防澳门、黄埔，到十一月英舰才撤出黄埔、澳门。嘉庆皇帝对吴熊

光处理引事不力极为不满，降旨以吴熊光办理迟误，软弱失体，撤职发配伊犁充军。

正可谓"山雨欲来风满楼"，行商的破产，英国鸦片的流入，殖民者的虎视眈眈，最终，以一场铺天匝地的大火，向中国人作出了警示。朝廷的昏庸，官吏的懦弱，百姓的麻木，更使这些事件进一步走向了高潮！

谁为黑猫，谁为厨子，谁为鱼肉？这当不解自明。也许，笔者未免过多地为那场大火添上了神秘、宿命的色彩，但这的确是中国历史上这样一个商人群落无可逃避的命运。

十三行大火在历史上有名的并不止这一次，在这之前有过，之后更有过，最终烧得十三行再也无法起死回生。

远在乾隆年间，约在1740—1760年之间（据考当为1743年），十三行就有过一场大火，顺德诗人罗天尺，曾为此写下"长歌"，题为《冬夜珠江舟中观火烧洋货十三行因成长歌》：

> 广州城郭天下雄，岛夷鳞次居其中。
> 香珠银钱堆满市，火布羽缎哆哪绒。
> 碧眼蕃官占楼住，红毛鬼子经年寓。
> 濠畔街连西角楼，洋货如山纷杂处。
> 我来珠海驾孤舟，看月夜出琵琶洲。
> 素馨船散香歇，下弦海月纤如钩。
> 探幽觅句一竿冷，万丈虹光忽横亘。
> 赤乌飞集雁翅城，蜃楼遥从电光隐。
> 高如炎官出巡火伞张，旱魁馀威不可当。
> 雄如乌林赤臂夜鏖战，万道金光射波面。
> 上疑尧天卿云五色拥三台，离火朱鸟相喧豗。
> 下疑仲父富国新煮海，千年霸气今犹在。
> 笑我穷酸一腐儒，百宝灰烬怀区区。

东方三劫曾知否？楚人一炬胡为乎。

旧观刘向陈封事，火灾纪之凡十四。

又观汉史鸢焚巢，黑祥亦列五行态。

只今太和致祥戾气消，反风灭火多大燎。

况云火灾之御惟珠玉，江名珠江宝光烛。

扑之不灭岂无因，因禄尔是趋炎人。

太息江皋理舟楫，破突饮烟冷如雪。

开篇写尽当年十三行极盛的商贸业，可刹那间火从天降，"百宝灰烬"，令他想起佛教讲的水、火、风三劫，还有历史上项羽火烧秦咸阳宫等旧事。

不过，那次火劫，未能教十三行从此趴下，很快，商行又各自兴建了起来，繁华如初，且有所上升。火烧十三行，越烧越排场。

但道光二年这次大火，别说"毅兰堂"从此万劫不复，其他不少商行也元气大伤。历史关于那次浩劫，似乎少了诗情，未见有人留下华章，却多的是惊恐、惶惑。

钱泳《履园丛话》中称："太平门外火灾，焚烧一万五千余户，洋行十一家，以及各洋夷馆与夷人货物，约计值银四千余万两。"汪鼎《雨韭盦笔记》则称："烧粤省十三行七昼夜，洋银镕入水沟，长至一二里，火熄结成一条，牢不可破。"

那天，说是晚上九点半失的火，起火地点为十三行附近的一间饼店，而与十三行相连接的地方，有一条猪巷，猪巷屋顶上，堆放的是木柴，火借风势，蔓延到了十三行商馆一方。5年后，又一场大火，也是从猪巷烧到了商馆，所以外国大班一致要求将易燃物品从猪巷搬出……那场大火，按惯例，本是派管事带上商馆的救火机去灭火的。那种救火机很简陋，作用并不大，而且得不到水——就在珠江边，可见救火机之笨，火势可谓蓬蓬勃勃，迅速燃遍就近地域。

到了半夜，风向又由东北向北吹，这下子可是直扑十三行了。当时有人提出，得把未燃的房子拆了，打出一条隔火带，否则，所有商馆都难保。可是，这一建议用信函形式十万火急发到总督处，总督却不予采纳。

到第二天凌晨丑时，大火已严重地逼近了商馆群，各国夷馆纷纷派人上黄埔，传令水手从黄埔乘船过来抢救货物与财产。天大亮，美国船只的水手先到，半小时后，英国船也到了。只是已经晚了，只能尽可能地抢救成包的毛织品。又不到两小时，不列颠商馆已有五六处着火，火势包围了从小溪巷到旧中国街边的"茂官行"的整个外国商馆……中午时分，全部商馆都起火了，仓库更烧了个精光；到下午，连人也只能撤到江面上。大火整整烧了两天，商馆，货栈全化作了灰烬……

"天宝行"梁经国《家传》中亦有"……道光二千（壬午）一次，乙未（十五年）城外失火，逼近行栈，人力难施，府君惟向天默祷，反风扑灭，幸获安全，人以为报……"可见也有几家侥幸的，不过，货栈、房屋亦均被焚毁。也就是说，5家未伤筋骨的行商，虽没完全覆灭，但损失也不少。

据说烈火猛烈之际，整个天空如放焰火一般，赤橙黄绿蓝紫皆有，是因为银元及众多含稀有金属的材料燃烧引起的，场面颇为壮观，尤其是珠宝的焚烧，更是五光十色，闪烁不已……比半个世纪前罗天尺所见的更为惨烈，更为惊心动魄。

只是诗人已离去，不再有诗了。

从"披云堂"到"毅兰堂"，谭家在十三行的历史，也就早早结束了。

嘉庆、道光年间，十三行经营的陶瓷业已失去了康乾年间的辉煌，最后退出了海贸市场，也从十三行中失去了地位。有人认为十三行无陶瓷贸易，当是道光之后，而非一开始即如此。道光初年的一场大火，当是陶瓷出口的一个转折标志。

陶瓷的几乎全面退出，而鸦片的乘机渗入，几乎在同时发生，却很少人去思考其中的关联。

瓷器并不是不受欧洲人的青睐，如前所述，中国瓷器的进口，不仅大受欢迎，而且对洛可可时代的发生，有着极大的推动作用，也就是说，改变了欧洲人的审美观念，促进其人文理想。正因为这样，随着西方工业革命的发生，欧洲人在向中国学习制瓷之际，进一步创新、改进了制瓷的技术，并且以自造的瓷器，与中国争夺市场，最后，竟将中国瓷器"逐"出了欧洲。

笔者多次到欧洲，其最古典的瓷器，当然仍是中国的，也少不了谭家所经销的，自是感慨万端。一种激活西方人文理想的物质产品，无疑是美轮美奂的，可在中国，它却只是瓷器而非别的什么。

丝绸、茶叶也是如此。清代，茶叶贸易更超过了丝绸，无疑也在改变西方人的生活方式——茶文化研究已很充分了，这里毋需班门弄斧。

人们不难发现，道光初年（1822）的一场大火，不仅是瓷器外贸的终结，也是鸦片贸易从此猖獗的起点。

需要说明的是，早期的鸦片输入，是少量的，用于制药，一段时期是合法的。这就不重复了。所以，1822 年前，一般一年是 1000 箱左右，后来由 2000 箱上升到 4000 箱，也就是说，半个世纪，才上升了约 3000 箱。但是，1822 年，则一下子升到近 6000 箱；1823 年，7000 箱；1824 年，9000 箱；1825 年，12400 多箱；到 1830 年，已达 21000 多箱；到鸦片战争前夕的 1839 年，更达到 35500 箱。也就是说，仅 10 多年间，翻了近 10 倍。

本来，不再购入中国瓷器了，少了相对数量的超出，也就不存在大量向中国倾销鸦片以解决进出口贸易的不平衡问题了。那么，为什么相反在这个时刻，开始向中国大量倾销鸦片呢？其实，只有一个解释，就是马尔戛尼当日来中国的结论：中国只是一个市场，而非一个国家——自然，关于这句话可有多种解释。一种是认为中国并不具备近代的国家形态，连外交使馆也不让设立，无法建立正常的外交关系，唯有当做市场去开发。另一种则是，中国只是一个未开发的殖民地，视中国如美洲一般，野心勃勃地要加以割地吞并。还可以有别的解释，但不难看出，上两种解释，实际上只是异曲同工罢了，用的话语不一样。

所谓贸易不平衡，仅用经济理论，是不足以应对这个世界的，无论是过去，还是今天。在某些人眼中，无论瓷器，还是鸦片，都仅仅是商品而已。但对历史，却远非如此。

19

大火，十三行最悲壮的结局

自从壬午大火之后，十三行及附近的火灾几乎就没有断过，1822 年 1 次，1826 年 1 次，1827 年又 1 次……一直到鸦片战争爆发，烧得更邪乎，更彻底，从此让十三行万劫不复。一个尽管尴尬却仍不失显赫的商人群体，就这么从历史上用剑与火来抹干净了。

从唐宋到明代，这个群体无疑是整个世界上最有生气、最有财力的商业王国，称得上举世无双，尽管那时中国仍算是封建帝国，但其开放程度，连今日也难以比较，试想一下唐宋时期广州连绵数里、人数超过十万的商人"蕃坊"，还有郑和七下西洋的巨舻，郑芝龙的海上商业帝国"金厦基地"……几乎不可与十三行同日而语。

然而，就是这个尴尬的群体，也最终走向了末路——这已是命中注定。对他们而言，不再有凤凰涅槃式的再生！历史的这一页不是被揭过去，而是被撕得粉碎。

西方对于"鸦片战争"的冠名，至今仍耿耿于怀，始终认为是他们打开了中国的大门，去争取自由贸易的权利。问题是他们用什么来打开另一个国家的大门？是鸦片！是炮舰！是武力！

当年，英国议会仅以 5 票的微弱多数通过了战争议案，来应付林则徐销烟的"过分举动"，以至格莱斯顿在战争议案表决中义愤地宣布：

在人类历史中，我从未见过因如此不正义并故意要使国家蒙受永久耻辱的战争。高傲地飘扬在广州城头的英国国旗只是为保护一桩可耻的交易而升起的。

但战争仍照打不误！而在表决中起到重要作用的，竟是当年乾隆皇帝"恩宠"过的那位孩子，小斯当东，当然，那已是40多年之后，小孩已成了大人。而且，"他对自己在导致战争的决定中所起的作用感到满意"，后人评述说。

鸦片，逆转了整个的中西贸易。

鸦片后边，便是炮舰，是武力的炫耀！

中国政府对鸦片的警惕，当是早就有了，前边已讲过，雍正年间已明文禁止鸦片贸易，及至壬午大火的前一年，清政府又再一次下令禁烟，并封锁了黄埔与澳门，惩办了一批不法商贩与囤户。

道光六年（1826），还定了"查禁官银出洋及私货入口章程"七条。内中有一条，明确委派十三行行商们对夷商有无夹带鸦片严加监督，如有失职，自逃不了干系。

> 贩卖鸦片，罪有明长，设法查拿并严定章程，凡夷船进泊黄埔，即令夷商写立并无夹带鸦片字据，交洋行保商加结，复由伍受昌（按即Howqua）、卢文锦（按即Mowqua）、刘东（生）（按即Chunqua）、潘绍光（按即Puankhequa）四商轮查无异，方准禀请开舱。如有夹带鸦片，即将该夷船禀请驱逐出口，开舱时并派役在各夷船前后左右稽查起货，又饬役押送到省办理，已属周密；第恐日久玩生，现饬各洋商于夷商回国时，谆切传谕，以后贩货来粤，切勿携带鸦片，及违禁货物，倘敢不遵，即将该船场驱逐出口，永远不准来粤贸易，俾知畏惧；仍来饬巡洋舟师及地方文武派拨巡船，于夷船来粤湾泊洋面之时，严密巡查，倘有民船拢近，立即拿解究办，以防代运鸦片及违禁货物；至夷船进口，仍饬沿途守口员弁逐一严查办，倘带有鸦片等

物，即飞禀查办，如稍隐匿，从重惩处，庶可层层稽察，以绝其源。

无疑，十三行商人，于公于私，对禁烟也是不遗余力的，毕竟，鸦片走私，早已不断地打击了正常的贸易往来，并造成了巨大的危害，也令行商的正当生意受损。也正是鸦片的不断渗入，让十三行行商一个个走向破产。对此，上谕也还写得很明白：

> 李鸿宾奏英吉利商船延不进口，及晓谕防备各缘由等语。所奏甚是。各国夷船来粤贸易，惟英吉利大班等因洋行连年闭歇，拖欠夷银，迭次呈控，并胪列条款，具禀查办。该督业经咨提商人讯追，并将所禀各款，饬司妥议，谕令洋商转谕恪遵。该夷船仍然观望，停泊澳门外洋，延不进口；辄敢撮拾前陈各条，哓哓读辨，语言不逊，该国货船每言在粤海关约纳税银六七十万两，在该夷以为奇货可居，殊不知自天朝视之，实属无关毫末。且该夷船私带鸦片烟泥入口，偷买内地官银，其谬：以外夷之腐秽，巧获重赀；使内地之精华，潜归远耗。得少失多，为害不可胜言！必应实力严查。此次该夷等业经该督将来禀严行批饬，如果渐知悔悟，相率进口，即可相安无事，倘仍以所求未遂，故作刁难，著即不准开舱，严行驱逐。即有一二年少此一国货税，于国帑所损无几；而夷烟不入，官银不出，所全实多。……着该督等妥议具奏。

然而，尽管清廷严令禁止鸦片，但正如马尔戛尼当年来中国后得出的结论：中国已不是一个国家，中央政权管不了那么大的地方，因此，这只是一个市场，可以由他们来开发的市场。所以，清廷的禁烟，每每流于形式，最后也落实不了。而这个市场，只能由他们"开发"。

于是，十三行行商连连破产、坐牢、被流放，到道光九年（1829），原先几十家行商的十三行，只余下7家了，而有能力偿付债务的，只有伍家、潘家还有谢东裕共三家行商。而来华贸易的商船却愈来愈多，走私、漏税，也愈来愈烈。相反，英国的不法商人，却在中国行商日趋破产的状况下，发迹了起来。而赖以发迹的不是别的什么，而是鸦片。

最典型的，莫过于后来被林则徐驱逐的鸦片走私贩子威廉·渣甸，还有另一位麦赞臣。那个天良丧尽的英国奸商渣甸，本是英国东印度公司的医生。本来，当医生的应以救死扶伤为天职，可这家伙却胡作非为，连东印度公司也容不了他，于 1827 年将他解雇了。因合约未到期，该公司给了他两箱鸦片作为补偿。于是，这家伙便带上鸦片到了广州，因为这时，走私鸦片在中国的暴利非常之大，他狠狠地赚了一笔。紧接着，他又把赚到的钱作为定金，再向英国东印度公司赊销鸦片，一下子，如滚雪球一样，从几箱到几十箱，又从几十箱到几百箱，甚至上千箱，发得不清不楚了。这位医生不再行医，而是要置人于死地了。仅 5 年后，即 1832 年，他就与麦赞臣合伙，开了一个洋行，洋行名字就叫渣甸。有了洋行，谙熟鸦片走私的他，也就变得更加疯狂了。所以，到了 1839 年，林则徐在广州禁烟，这两个鸦片走私贩子便首当其冲。

罪恶的鸦片战争打响后，这个渣甸洋行的总部，也就移到了被英国占领了的香港，广州这边则成了分公司，名称也改为"怡和洋行"——这与十三行的"怡和洋行"（伍家）却是没一点关系。

而英国东印度公司，则是在渣甸的洋行成立的第二年（1833），因其对华贸易的专利到期而撤销了。在这之前，它一直垄断了英国对中国的贸易。但随着英国产业革命的发生，市场的扩大，东印度公司的垄断也就难以维持，特权也逐步被取消，只是它在印度领土上的管理权，直到 1858 年被撤销而终止。

这一来，本来与十三行行商打交道的英国商人，由原来统一被东印度公司组织作贸易的，改成了散商，各自去交涉。英国政府为维护他们的利益，专门派出官员与中国政府交涉，但中国政府恪守官员不得与外商直接接触的原则，这一交涉，也就成了政府之间的问题，从此为英国发动鸦片战争迅速加温。

而 1833 年，由于东印度公司专利的撤销，十三行的外贸业也随之发生变化。据有关资料显示，东印度公司并无直接的鸦片交易记录，而十三行行商在这之前，由于只对东印度公司实行监管，所以鸦片本身也进入不了正式的贸易渠道。换句话说，十三行行商在1833年，当是禁止鸦片的身体力行者。但1833年后，事情就复杂化了，不仅英国的鸦片贩子在无东印度公司控制下迅速发迹，而且个别唯利是图的商人，也试图充承行商，成为十三行的一员，从而涉嫌卷入了鸦片走私。所以，对十三行而言，这1833年，也是一个"节点"，纵然大部分行商在反抗英国的鸦片战争中有着不俗的表现，但不明就里的后人，仍把污水泼向了整个十三行行商，与个别害群之马混为一谈。

第二年，即道光十四年（1834年）所发生的一系列事件，更是鸦片战争的前奏。我们不妨照引有关的历史记录：

7月15日，英国驻华贸易首席监督律劳卑抵达澳门。

律劳卑是受英国外要相巴尔墨斯的派遣担任此职的。随同人员还有第二监督达卫、第三监督鲁滨荪。当时中英两国为贸易问题已矛盾日深，但英国还未完成发动对华战争的准备，故英外相在律劳卑来华前叮嘱他，要避免与中国政府发生冲突，非不得已，绝不能以军舰闯入虎门水道，并指定律劳卑的职权是管辖广东贸易区域。

律劳卑一行到达澳门，当天就起程到广州，住进十三行英国夷馆。两广总督卢坤即派行商伍敦元、卢文蔚前往英夷馆转告律劳卑，与中国官员来往必须遵守大清律例。但是律劳卑不顾中国官员的告诫，以自己是英国驻华贸易首席监督，身份地位与过去的大班不同，要直接与总督对等来往。

7月26日，律劳卑直接派书记官阿士铁尔带文书到广州城门，向守城官员投递文书，中国官员拒绝接纳。行商伍敦元当即赶到城门，指出洋人不通过行商直接投递文书是违反大清律例的，要求代递文书，阿士铁尔没有答应。伍敦元又要求与阿士铁尔一同，将文书送与总督府，阿士铁尔还是不答应，非要自己亲自送。僵持不下，阿士铁尔只得悻悻而去。

7月27日，十三行行商为避免事态扩大，集体要求律劳卑改变态度，而且文书封面要用"禀请"字样，但遭律劳卑拒绝。行商与律劳卑之间协商了两天毫无结果。

7月30日，两广总督卢坤通知行商：律劳卑必须立即离开广州，若行商不奉命行事，有损国威，惟行商问罪。

8月10日，行商召集公行会议，要求英国商人一起协商解决办法。律劳卑知道后，通知英国商人全部集中在英国夷馆内，禁止参加公行会议。在协商不达的情况下，行商为免遭牵连，将总督卢坤的决定通知律劳卑，要求他立即离开广州，并作出公决，从8月16日起与英商停止一切贸易。当日，卢坤派兵威迫夷馆，断绝英商交通伙食。

8月28日，行商通知律劳卑，中国官员可与律劳卑举行会议，但会议座位要由中国政府安排。律劳卑则坚持要坐首席位置，结果协调又告失败。

9月2日，行商与英商共同议出调停办法：（一）总督接受英国人禀请后，即恢复通商；（二）律劳卑在4—5天时间内离开广州返澳门；（三）律劳卑离开时不张贴通告，要允许律劳卑再来广州；（四）律劳卑再来广州时须遵守大清律例，且只能短暂停留。行商与洋商的协调建议遭到巡抚及一班官员反对，从而协调又告失败。

9月5日，律劳卑密传盘踞在虎门外洋的两艘军舰进入虎门水道，与中国发生炮战，军舰直抵黄埔，并派出陆战队登陆，直逼广州城，准备以武力与中国对抗。道光皇帝知道后，以办事不力，革去了水师提督李增阶、水师提标中营参将高宜勇的官职；两广总督卢坤革去了太子少保衔，摘去双眼花翎，先行革职，暂留两广总督之任，戴罪督办。情危之下，卢坤慌忙调派水陆军据守设防，阻止英军继续逼进广州，并增兵十三行，团团围困英国夷馆，贴出公告，谴责律劳卑无视大清法律，炮击中国城池以及军舰闯入内河之罪。

面对中国政府强硬态度，加上英国政府尚未做好对华发动战争的准备，律劳卑不得不暂屈让，并提出三项条件：（一）泊碇在黄埔的英国军舰一律退到伶仃岛；（二）中国炮台对退却中的军舰不得有无礼举动；（三）律劳卑一行返往澳门时，中国官员要发给牌照。两广总督答应了律劳卑要求。对于这次事件，后来道光皇帝下旨："外夷不谙例禁之处，不值与之深较，朕亦不为已甚。玩则惩之，服则舍之。该督等输此案，不失国体，而免衅端，朕颇嘉悦，卢坤著加恩赏还太子少保衔，并给还双眼花翎。其前此疏防，亦难辞咎，著仍革职留任。"

对此次事件，英国人怀恨在心。律劳卑在临退出广州时，对着十三行夷馆的英国商人发誓："将来必有用武力雪此奇耻大辱，使中国知道尊敬英国官吏。"又寄信给英国外相巴尔墨斯："两广总督凌辱英国国威，必须加以惩罚，此际强压中国，使其承认本官职，即所以尊重英皇使命，亦使中国开放各港口之前提。"美国人也深知英国的态度，美国驻澳门的领事急忙报告美国政府，告知中英迟早会开战，应尽早未雨绸缪，做好计策，防止将来在华利益落入英国人手上。10月11日，律劳卑病死澳门，英国驻华贸易首席监督由达卫继任。

在上述事件中，我们亦可以看到十三行行商在当中尴尬、可怜的处境，以及他们尽可能进行了的抗争。只是，他们的作用，已远远没有过去那样凸显与有效了。他们也已经自身难保多时，所余的日子已经不多了。

从如下的历史实录，亦可以看出他们被彻底"清算"的时间已迫在眉睫了。这又是一年，道光十五年（1835年），史载：

一月九日，达卫放假归国，英国驻华贸易首席监督一职由鲁滨荪接任。达卫原是英国东印度公司理事，长期在中国从事贸易，精通中国事务。英国商人认为达卫对中国政府态度宽和，而集体上书英国女皇，认为任用从事中国贸易的人作为英国代表，易受清政府轻视，应授权具有相当武职官衔且有声望的全权大臣直抵北京，与中国政府谈判，不怕武装冲突，要打破中国对外以天朝大国自居的姿态。

三月，道光皇帝颁旨，要求两广总督卢坤查办洋商欠饷及历年积欠夷商的债务。当时洋商欠粤海关税达260万两之巨，卢坤根据道光皇帝的圣旨，立即令广州府追缴，限令欠饷洋商3个月内交回，逾期查办。在朝廷严厉追逼下，天宝行梁承禧先后交还24万两，但仍欠巨款，被查抄变卖家产后还欠海关银饷31万两；另外，万源行李应桂欠海关银饷20万两，茂生行林应奎欠2359万两，因两行早已被革退洋商一职，无力缴还欠饷，由其他洋商分摊交还。卢坤在回复道光皇帝时说："洋商等历年代赔饷欠夷账情形，臣等前已详晰陈奏。其因人受累，又值洋货滞销，固属实情……近来洋商殷实者不过一二家，其余赀本仅敷转输，向来完纳饷银，多属挪新掩旧。"

是年，两广总督卢坤颁布《防范章程八条》：（一）外洋护货兵船不准驶入内洋；（二）洋人偷运枪炮，及私带番妇至省，责成行商一体稽查；（三）洋船引水、买办由澳门同知给发牌照，不准私雇；（四）夷商雇用民人，应明定限制，严防串同作奸舞弊；（五）洋人在内河应用无蓬小船，禁止闲游；（六）洋人具禀事件，一律由行商转禀；（七）行商承保洋人商船，应认派兼用，以杜私弊；（八）洋人私卖税货，责成水师查拿，严禁偷漏。

为加强海防，两广总督卢坤、水师提督关天培出面向十三行商会筹集5.2万余两白银，添铸大炮40门。

彼方已磨刀霍霍，这边备战却步履维艰，英国人看准了，鸦片加炮舰，足以将一个号称有5000年文明的古国打个落花流水。马尔戛尼当年与其说是来"祝寿"，不如说是来侦察，从此再没把中国放在眼里。

纵然如此，贪贿者、昏聩者仍一个个自以为聪明。道光十六年（1836），在鸦片输入日愈增长、白银大量外流、银价有增无减的情况下，时任太常寺少卿的许乃济于这年四月二十七日向道光帝上《鸦片例禁愈严流弊愈大，亟请变通办理折》，提出了弛禁论的主张。他认为：严禁鸦片，引起许多流弊，而且越禁越多，不如"仍用旧例，准令夷商将鸦片照药材纳税，入关交行后，只准以货易货，不得用银购买"，以防止白银外流，并主张文武员弁、士子、兵丁等"不得沾染恶习"，而"其民间贩卖吸食者，一概勿论"。因为就他看来，吸食鸦片"不尽促人寿命"，而且"今海内生齿日众，断无减耗户口之虞"。同时他在附片中还提出了除听任民间吸食外，应让"内地得随处种植"的建议，理由是"内地之种日多，夷人之利日减，迨至无利可牟，外洋之来者不禁而绝"。他的这一套主张，事实上是纵容烟毒泛滥，任令其损害中国人民的身心健康，以鸦片无害，禁烟无用，"闭关不可，徒法不行"的论据，鼓吹鸦片贸易合法化。

许乃济的这种弛禁主张，实际上代表了中外鸦片贩子和从鸦片贸易而得到好处的各级官吏的利益，因而赢得外国侵略者的喝彩，称赞这篇奏折"立论既佳，文字也极清楚"，而将它译成英文，到处传播。当这篇奏折传到广东后，英国驻华商务监督义律就以喜出望外的心情报告英国外务大臣巴麦尊说："许乃济弛禁论的直接影响将要刺激印度的鸦片种植。"一般烟贩们更是兴高采烈，而更加肆无忌惮地进行鸦片走私活动。此议一出，天下哗然。

许乃济只担心的是银元流失，却不顾鸦片如此"变通"，更会变本加厉流入，对国民的伤害无以复加——这也是帝国官吏思维的一种，实实教人扼腕。

北京城中，为是否禁烟，争论不休。可英国却抓住了这个机会，果然大量把鸦片运进中国，到这一年底，竟然达到了3万箱。试想想，当初一年几十，到上千，这才又多少年，便猛增到了3万，其中祸心，昭然若揭。

道光皇帝得知，雷霆震怒，下令革去许乃济官职，传令取廷桢、祁埙、文祥等人，将偷运鸦片的外商逐出广州。然而，一如马尔戛尼的结论，大清"国已不国"，皇帝发火，也无济于事，鸦片走私照旧禁不了，照旧猖獗不已。

道光十八年鸿胪寺卿黄爵滋向道光皇帝奏言：由于广东鸦片盛行，大量银元流出国外。走私鸦片主要来自英国，而在英国国内却是被严禁的，甚至对偷运鸦片的船只，以炮击沉海中，然而对外，英国却以鸦片诱他国，以耗其财，弱其人。"今则蔓延中国，横被海内，槁人形骸，蛊人心志，衰人身家，实生民以来，未有之大患！其祸烈于洪水猛兽，积重难返，非雷厉风行，不足振聋发聩。请仿《周官》用重典治以死罪。"可以说，鸦片走私，已闹得天怒人怨。一时间，禁烟呼声，一呼八应，整个中国都沸腾了起来。民间更流传有一道警世诗：

> 请君莫畏大炮子，
> 百炮才闻几人死？
> 请君莫畏火箭烧，
> 彻底才烧二三里。
> 我所畏者鸦片烟，
> 杀人不计亿万行千！
> ……

　　然而，正如马克思所指出的那样："中国人民在道义上抵制的直接后果，是英国人腐蚀中国当局、海关职员和一般官员。浸透了天朝的整个官僚体系和破坏了宗法制度支柱的舞弊营私行为，同鸦片烟箱一起从停泊在黄埔的英国趸船上偷偷地运进了天朝。"

　　中国历史上一位伟人终于拍案而起。

　　林则徐（1785—1850），字少穆，福建侯官人，他在湖广总督的任上厉行禁烟，1838 年，在湖南等地缴烟枪 3500 多杆，烟土烟膏 1.2 万余两。1839 年，他在广东，更收缴烟枪 7 万多杆，烟土烟膏 64.8 万余两。这一对比，使他更感沿海受烟毒之害何等严重。他三次上奏道光皇帝：若犹泄泄视之，是数十年后，中原几无可以御敌之兵，且无可以充饷之银。他终说动了道光皇帝，被任命为兵部尚书兼钦差大臣，督办禁烟事项。

五岭峰回东复东，

烟深海国百蛮通。

灵旗一洗招摇焰，

画舰双恬舶棹风。

弭节总凭心似水，

联樯都负气如虹。

牙璋不动琛航肃，

始信神谟协化工。

这是道光十九年（1839）四月，林则徐奉命"亲赴虎门、澳门等处"之际写下的七律，同行有邓廷桢，为两广总督，故诗题为《和嶰筠前辈廷桢虎门即事原韵》。此可当为此行之宣言。

道光十九年正月下旬，已被任命为钦差大臣的林则徐到达了广州。到广州前，提倡经世之学、与魏源等一批中国启蒙思想家齐名的龚自珍，作为他的朋友，亲自写了一篇送行的文章，文中说，在广州禁烟，外国人可能动武，该有所准备。林则徐坚定地作出了回答，称"如履如临，曷能已已"，清醒地意识到自己所面临的凶险。

他一到广州，与两广总督邓廷桢一道，"合力同心除中国大患之源"。他明确宣布："鸦片一日未绝，本大臣一日不回，誓与此事相始终，断无中止之理。"

此际的十三行，又被送上了砧板。

潘家此时已早早退出，虽说花了很大的代价。卢家显然已后继无力，伍家也就成了十三行的首领，虽说百般无奈，也只能硬撑下去。这就捱到了中西无可避免的最终冲突——鸦片战争了。

正因为这一场战争，后人对十三行的诟病无以复加，泼在伍家头上的污水，也令他百口莫辩，是耶，非耶，只怕历史也难以撇清。而当时的中国，又有几位清醒者？

人家西方讲"商业立国"。商业的诚信，是不可亵渎的。但是，一旦这与一个国家利益搭上关系，演变为政治，那就无诚信可言了。所以，在西人的眼光中，政客又是最出尔反尔的。所以，一旦商业被政治强奸，也就一般奸诈了起来。面对大量的白银外流，英国的鸦片贸易，也就日益猖獗起来，以至一发不可收。虽说国会中的有识之士，一再痛陈其疾弊，可在巨大利益面前，他们亦不惜发动一场战争，且假以"进步"的名义，说是要打破清王朝的闭关锁国、一口通商，时至今日，仍将其叫做"贸易战争"。

无论对大清王朝而言，还是对大英帝国而言，这一回，十三行都注定要走到了终点，这是一场巨大的历史悲剧之结局！

卢家已衰微，潘家至少也站到了一边，至于谭家、梁家，也早早破产或转移，号称最富有的伍家，也就命中注定被推到了风口浪尖，最后摔个粉身碎骨，想逃也逃不了。

当林则徐作为钦差大臣来到广州时，伍秉鉴早在官场中得知一切，所以早早让儿子伍绍荣去严重警告外国商人，林大人这回可是要动真格的了，切切不可往枪口上撞。

可是，那些夹带鸦片的外商并不把伍秉鉴的警告当一回事，以他们应付中国官场的经验，这位林大人也会像其他官吏一样虚张声势，吓唬一下，很快就会回京复命。那些外商多年来与中国鸦片贩子在利益上的默契，加上与广州地方大员的"亲密关系"，更强化了他们这一经验的判断，既不返航，也不销毁鸦片，而是迅速把装有鸦片的趸船开到大屿山南部隐藏了起来，心想，躲过风头，照旧万事大吉。

这么大的动作，岂能瞒得过林则徐，他由此起了疑心，准有人通风报信，而这人，只能是十三行的。

他连夜起草了告示。第二天，便贴在了他的辕门外，而且是两份，一份是《收呈示稿》，宣告钦差大臣此行目的是查办海口事件。另一份是《关防示稿》则申明：钦差及随身办事人员一律在公馆内用餐，不须地方供应，买东西照市价付钱，不准赊欠。钦差出门坐轿，不许地方官员派人伺候，如果发现借伺候钦差的名义"扰累"百姓，即与严办。

这两份告示显示了林则徐的决心，自然，也是朝廷的决心。鸦片贩子们决不要想有任何侥幸心理。可伍家却又怎么去制止得了他们呢？尤其是那位"宝顺洋行"的颠地。这回，可是天网恢恢了。

十三行的"宝顺洋行"里，英国商人颠地的心里也十八个吊桶——七上八下。他是英国头号的鸦片贩子，在中国臭名远扬。1936年清朝大臣许球曾上奏道光帝要求查拿他，后来邓廷桢、骆秉章奏折中也都控他实为奸夷之"渠魁"。前几次，他通过贿赂广州地方官员逃脱了制裁。可这一回，他还能故伎重演么？

林则徐深知，知己知彼，百战不殆。在来广州前，他已派人详尽调查鸦片走私的现状，到广州的第二天，即召集邓廷桢、怡良、关天培、豫堃这些地方要员商议禁烟，安排人手认真追查外国鸦片贩子的活动踪迹。终于，林则徐制定了"双管齐下"的策略，既要查封烟馆，禁止买卖鸦片，严惩不法商人，从源头上截断鸦片的流通，也要严禁吸食鸦片，设立戒烟所，强制戒烟。那么，要彻底堵住鸦片的源头，就必须拿外国烟商是问。

众所周知，自明代以来，官员是不可与外商打交道的。所以，林则徐也不可以与那些腿也不能打弯的番鬼（他一直这么认为）交涉。这个职责，帝国早已有了明确的规定，由十三行行商承担。

虽然林则徐对十三行已存有戒心，但还得照规矩办事，不信任他们，却还得用他们，这在他也处于两难之中。于是，3月18日，伍秉鉴的儿子伍绍荣（崇曜）和其他行商接到林则徐的传唤。林则徐来了个先发制人，未等行商们作任何辩白，就谴责他们"混行出结，皆谓来船并无夹带，岂非梦呓？若谓所带鸦片，甲卸在伶仃洋之趸船，而该商所保其无夹带者，系指进口之船而言，是则掩耳盗铃，预存推卸地步，其居心更不可问"。同时严令他们传谕外商缴烟具结，"限三日内，取结禀复"，并密派兵丁在商馆周围"暗设防维"，以监视外国鸦片贩子。

应该说，林则徐这种处置，还是有所考虑的，并没有加罪于十三行，也没有认为十三行有勾结外商走私鸦片之嫌，而是指他们对鸦片走私未尽到督察与阻止的责任，是"无作为"，再上纲上线，也只是"渎职"罢了。

事实上，从历史记载看，伍家的"怡和行"向来做的是正当贸易，茶叶贸易是伍家最主要的业务。然而，一些为伍家担保的外国商人为了牟取暴利，往往在正当的货物内夹带鸦片，在伶仃洋外与中国的不法商贩进行鸦片贸易。这其间就包括头号鸦片贩子英国人颠地，也包括伍秉鉴的干儿子美国"旗昌洋行"老板约翰·福布斯。

按照当时的"保商制度"，外商走私鸦片一旦查实，为其担保的行商连同整个十三行都负连带责任。1817年，一艘由"怡和行"担保的美国商船私运鸦片被官府查获，伍秉鉴被迫交出罚银16万两，其他行商被罚5000两，罚金相当于鸦片价值的50倍。不可不谓重罚！

所以，尽管鸦片走私能获取暴利，十三行行商们都避之不及。《东印度公司对华贸易编年史》也清楚地记载，"没有一位广州行商是与鸦片有关，他们无论用什么方式，都不愿意做这件事"。美国商人亨特在他的著作中也这样写道："没有一位行商愿意去干这种买卖。"

受了林则徐一顿训斥，伍绍荣立即赶到洋行向外商宣布了林则徐要求各国外商呈缴烟土的谕令，要求来华外商必须声明："嗣后来船，永不敢夹带鸦片，如有带来，一经查出，货尽没官，人即正法。"

伍秉鉴深知，事情闹大了便不可收拾，只有倾尽全力化解这次危机，才是万全之策。只是，人算不如天算。大英帝国对鸦片走私的态度，便决定了这次危机只会走向战争。所以，伍家和洋商的交涉难以顺利，互相都不肯做出让步。而官府的限期已到，伍秉鉴不得不承诺以自己的财产来赔偿外商损失，希望换来外商与政府的合作。即使如此，也只有那些夹带鸦片较少的外商表示愿意交出鸦片，而颠地则怙恶不悛，顽固地拒绝合作。

5年前的"律劳卑事件"，又一次成为前车之鉴。

"律劳卑事件"使清朝官员相信，只要大胆地封锁商馆，那些外国人就是瓮中之鳖，即使不打，就是饿也能把他们饿死。然而，他们却没意识到，这也会使英国人进一步确认，不通过战争就无法使清朝的贸易制度发生改变。

伍秉鉴自然嗅到了战火的气息。只是，他更明白没有清政府的贸易政策，十三行就无以为继。同样，失去外商的支持，他家的商业帝国顷刻之间就会轰然倒地。因此，他和十三行唯一正确的选择是化解矛盾，化解战争于无形之中。

3 天后，伍绍荣竭尽全力，终于将外商上缴的 1037 箱鸦片交给林则徐，以为就此就能结案。但是，事先做过深入调查的林则徐却不是那么轻易罢休。他已从广州知府及南海、番禺知县送来的呈告中，得知"咪唎坚（美利坚）国夷人，多愿缴烟，被港脚夷人颠地阻挠，因颠地所带烟土最多，意图免缴"。于是，林则徐立即发表声明"本大臣奉命来此查办鸦片，法在必行"，颠地"诚为首恶，断难姑容"。随即下令传讯颠地，"听候审办"。

当天下午，颠地接到传讯谕令。可他竟然提出要林则徐颁发亲笔护照担保他能 24 小时内回来作为条件。

这回，轮到伍秉鉴撞到了枪口上了。

当然，他也心存侥幸，希望这 1037 箱鸦片——这可不是小数，能给林大人一个面子——息事宁人，不再激化矛盾。可了解内情的林则徐，偏不为这个数字所动，他要的是彻底解决！所以，他认定伍家不仅仅是敷衍，而且是与颠地串通好了，好蒙混过关。

看来，不下重典，不足以告诫众人。

3 月 23 日，林则徐派人锁拿伍绍荣等到钦差大臣行辕审讯，伍家再次表白，愿以家资报效。但是，林则徐断然拒绝说："本大臣不要钱，要你的脑袋尔！"下令将伍绍荣革去职衔，逮捕入狱。

同一天，林则徐将伍秉鉴和另一行商茂官潘正炜摘去顶戴，套上锁链，押往"宝顺洋行"，催促颠地进城接受传讯，扬言如果颠地拒绝前往，就会将伍秉鉴和潘正炜处死。可这时颠地才不顾这两位生意上的老朋友的生死，依然抗拒到底。

林则徐自然不会处死伍秉鉴，但是，经过这番折腾，伍秉鉴斯文扫地，面子全无。他花巨资捐来的三品顶戴非但不能给他带来权势，甚至不能保护自己的财产和尊严。而他以身家性命担保的英商，在生死关头竟可以毫不留情地抛弃他。

林则徐释放伍绍荣后，限令他督促外商缴出全部鸦片，三日内取结禀复。伍家再一次与颠地协商，劝其交出鸦片，平息争端。

也正在这个时候，形势又一次发生逆转。

众所周知，大英帝国早就谋求对中国发动一场战争了，早在马尔戛尼来中国之际，那已近半个世纪之前了，他们便已得出一个结论，说中国已不是一个国家，只是一个待打开的市场，对中国的殖民主义政策也由此得以确定。所以，当颠地死撑之际，大英帝国的代表来了，不是为了调停，而是火上加油。这位代表，便是英国驻华商务监督义律。

3月24日，义律从澳门赶到广州，他不仅出主意让颠地逃跑，还唆使英国鸦片商贩们都不缴烟，使事态不断扩大直到挑起战争。本来，外商满以为，这回禁烟，当又是"雷声大，雨点小"，花点钱买通，就什么事也没有了。可没料到，林则徐这回却不一样，不仅下令缴没趸船上的全部鸦片，还指名捉拿恶贯满盈的英鸦片走私商人——后改为驱逐出境，永远不准再到中国。这样一来，200多名英商在一个来月间，被迫交出20283箱鸦片，美商也交出了1540箱。可英国商务监督义律一到，便从中作梗，称要先交给他，方可转交中国政府，从而将鸦片纠纷变成了两国政府之间的问题，表明英国政府正是公然支持非法走私鸦片的靠山。

面对英国人的冥顽不灵，林则徐对伍秉鉴及十三行所能起到的作用不再抱什么希望，决定不再依旧例通过他们与外商交涉，而是效仿卢坤，直接封锁商馆，断绝粮、水等供应。

在外国商馆中，有不少商人与鸦片贸易无关。如果闹出人命必然会引发战争，出于人道，出于对国际惯例的了解，也是出于自身利益的考虑，伍秉鉴让儿子偷偷给这些外国人送去食品和饮用水。义律尚未料到事态会如此急骤变化，且还没有做好战争准备，知道对抗下去会自取恶果，不得不将鸦片悉数交出。

1839年6月3日，林则徐主持了震惊世界的虎门销烟。林则徐经多方调查试验，找到了"开池化烟"法，即结合盐卤与石灰来浸化鸦片。生石灰与卤水会将鸦片"戳化成渣，送出大海，涓滴不留"。于是，他在虎门修造化烟池，池前开出涵洞通向大海，浸化成渣的鸦片就这么被冲入海中。一切准备好后，林则徐于当年 6 月 3 日开始，公开销毁鸦片。6 月 13 日，更发出告示，允许外国人到现场参观。虎门销烟共 21 天时间，销毁的鸦片一共有 19179 箱，2119 袋。除开包装外，其重量为 2376254 斤。

消息迅速传到了英伦三岛，企望以鸦片暴富的商人大惊失色。而当时的道光皇帝，则对林则徐、关天培等人的奏折，朱批了八个大字："可称大快人心之事"！

林则徐严令外商："嗣后来船，永不敢夹带鸦片，如有带来，一经查出，货尽没官，人即正法，情甘服罪。"令他们具结保证。这一禁烟不禁商的政策，是符合近代的通商贸易法则的，在其后 6 个月内，仍有 45 艘美国商船与其他国家的 17 艘商船，在承诺未带鸦片下，相继具结入口。而义律则耍阴谋，不准一艘英船入口，从而断绝了中英贸易，把禁烟说成了禁商。

但仍有守法的英国商船不顾义律的禁令，按照林则徐的规定请求进入珠江口。义律公然率军舰加以拦截，且与水师提督关天培所率领的中国师船打了起来。"旬日之内，大小接仗六次"……

也就是这个时刻，颠地和义律写给英国外交大臣巴麦尊的密函，正在发往大英帝国的路上。

于是，一场酝酿已久，当以鸦片命名的最卑鄙的战争一触即发。就在虎门销烟的日子里，英国便为战争议案而动员了。帕默斯顿大叫，要"给中国一顿痛打，然后我们再解释"。曾同马尔夏尼船队到过中国的小斯当东，则称："我肯定，如果我们想获得某种结果，谈判的同时还要使用武力炫耀。"

虽然如此，也还仍有反对的声音。格莱斯顿谴责了政府与多数派的论据，严正地指出：

在人类历史中，我从未见过因如此不正义并故意要使国家蒙受永久耻辱的战争。高傲地飘扬在广州城头的英国国旗只是为保护一桩可耻的交易而升起的。

法国作家科迪尔对此评述道："要找一作战的借口是很容易的。但是一个信基督教的国家，却在一个所谓野蛮国家的君主努力停止一种很不道德的贸易的行动上，去寻找开战的借口，是不太值得的。"

历史学家麦考利更在投票的一天劝告英国人："记住古罗马的先例，他们的公民在世界各地都受到了罗马公民权的保护。"

尽管如此，战争议案仍以 5 票的微弱多数获得了通过，让英国被永远钉在了为鸦片而战的耻辱柱上。

于是，战争在紧锣密鼓的准备中。

6 月，义律重金雇用一艘武装商船。与此同时，英船借英国国王生日举行军事演习，进行武装挑衅，打伤中国水师船员。

7 月 7 日，英国水手在尖沙咀无端启衅，打死中国居民林维喜。义律拒不交凶。且早已派人驰报印度总督，吁请派兵船前来保护英国侨民。印度总督即派"窝拉疑"（VOLAGE）号前往，舰上有大炮 28 门。

8 月 31 日，"窝拉疑"号抵达香港海面。这下子，义律认为，他已经有了武装挑衅的实力，可以发起进攻了。而他派出的奸细，也早已活动在宝安周遭的军事设施近侧，以获取情报。

战争一触即发。

一如恩格斯在《波斯与中国》中所预言：

> 中国的南方人在反对外国人的斗争中所表现的那种狂热态度本身，显然表明他们已觉悟到古老的中国遇到极大的危险；过不了多少年，我们就会看到世界上最古老的帝国做垂死挣扎，同时我们也会看到整个亚洲新纪元的曙光。

这一预言，写在两次鸦片战争之间。毋谓言之不预。

当英国远征军封锁珠江口，鸦片战争爆发之际，据一位美国商人的记录，伍秉鉴当时"被吓得瘫倒在地"。他争取和平协调解决冲突问题的努力彻底失败了。伍秉鉴别无选择，他唯有倾家纾难，希望中国能赢得胜利。

多年与外商打交道的伍秉鉴清楚地知道，英国发动这场战争的根源，正是不满清政府借十三行垄断贸易，要直接与中国通商。一方面，这场战争是对清政府朝贡贸易制度的挑战。另一方面则利用鸦片发难，到了不择手段的地步。

伍家，还有其他行商，都为这场战争付了巨额的代价。

当鸦片战争正式爆发，英国军舰到达珠江口虎门外时，面对坚固的横档屿防御工程，竟无计可施。而该工程正是两年前伍家等行商自愿捐资 10 万两白银建设的。长期作为清政府"天子南库"的十三行，在鸦片战争中理所当然地继续为国家源源不断输血。

10 月 1 日至 3 日，英国国会以微弱多数通过侵华的军事预算案。

第二年，1840 年，鸦片战争终于爆发了！

往后发生的一切，读者当大都熟知了：虎门销烟刚结束没多久，英国侵略者便一再寻衅，中国方一忍再忍，终于，同年 9 月 4 日，即道光十九年七月二十七日，臭名昭彰的英酋义律，同刚刚前来准备参战的"窝拉疑"号舰长士密，以单桅快船"路易莎"号为主舰，率武装双桅桨船"珍珠"号、"得忌喇吐"号等共 5 艘快船，向宝安的九龙进发。5 艘快船，火力强大。可谓气势汹汹。

日上中天，这支船队开到了九龙船台临近的海面，恰逢由大鹏营参将赖恩爵所率的 3 艘师船，于九龙山的口岸查禁。两支船队对峙，义律在翻译及两名英军士兵陪同下，上了师船递交呈文。他们蛮不讲理，要求给英国船队供应食物，否则，便枪炮相见。

赖恩爵严词拒绝：你们无端启衅，打死中国居民林维喜，至今仍未交出元凶，在这种情况下，我们凭什么要给你们供应食物。

义律理屈词穷，对不交元凶一事避而不谈，却提出沿海居民不得在水井下毒的要求。

赖恩爵义正词严，重新强调道：在不具结不交凶的情况下，接济食物一事无从谈起。

义律气急败坏回到了"路易莎"号上，与士密商量。旋即，5 艘船舰进入了临战状态。下午二时，他们下达了战书，称，如果英国人在半小时内得不到食物供应，他们就要击沉停泊九龙港里面的中国水师的战船。这一最后通牒，却是在水师预料之中。

有来有往，这边，仍派出弁兵上前答复，可他们已迫不及待了，未等得到答复，便已下令 5 条船舰同时开炮轰击水师战船，记名外委兵丁欧仕乾当场被击中，气绝身亡。

然而，这边在林则徐告谕下，早已严密布防，随时可应对侵略者的寻衅。将士们同仇敌忾，在赖恩爵的指挥下，各只师船，还有九龙炮台开始反击了。

师船的大炮迅速移到面对英舰一方的船舷上，九龙炮台的大炮，也对准了侵略者，一声令下，船炮与台炮，集中打击有义律与士密乘坐的"路易莎"号的主帆，片刻间，19 枚炮弹，令打中的主帆折损，船在旋涡中滴溜溜直转，吓得半死的英军士兵慌不择路，大都掉进了大海。义律仓皇率船逃之夭夭。

有一名呆在"路易莎"号的英军士兵，叫亚当·艾姆斯的，被炮火所伤。他惊恐万状。给朋友写信：中国水师的舢板兵扯起了它们的木板开火；我们的火炮被葡萄弹和圆形弹打得很厉害……感谢上帝！舢板的火力没有把我们完全压倒，不然的话，就没有人活着讲这个故事了。他们的 19 发炮弹打中了我们的主桅。……这是我有生以来第一次淌流人血，我希望这将是最后一次。

此信，当为此役初战的一个证明。

然而，义律并不甘于失败，逃回去后，又调来拥有 28 门大炮的主力舰"窝拉疑"号，还有武装商船"威廉姆堡"号一道，投入了海战。一时间，九龙海面，炮声隆隆，水柱冲天，呼声不绝，战况十分严酷与激烈。

"窝拉疑"号 28 门大炮，对准了师船连发，无论是射程，爆炸力都相当大，且拦截在鲤鱼门，一时，炮火纷飞，水师兵船，为了防敌炮弹，架起了钢纱等屏障，并且设法闪避过去。所以，我方虽然动力、火力不及对方，可由于将士们，上上下下，同心协力，不畏强暴，反抗十分激烈。

赖恩爵一看准时机，便连声下令："放炮！"一批又一批的英兵成了落水鬼。

这场战斗，一直持续了4个多小时，从下午2时，打到下午6时许。我方武器疏于改进，相形之下很是落后陈旧，不少士兵用的还是鸟枪，一名叫陈瑞龙的士兵，用鸟枪击毙了一名英军，自己却被回炮打伤阵亡……到最后，英军终于招架不住了，狼狈逃窜，可惜我方船速不够，只好任其回到了尖沙咀。九龙洋面，"第一枪"就这么打出了中国军民的志气来。林则徐等人为此呈上的奏折，记录了这一次不寻常的海战：

> 据大鹏营参将赖恩爵禀称，该将带领师船三只，在九龙山口岸查禁接济，防护炮台，该处距尖沙咀约二十余里。七月二十七日午刻，义律忽带大小夷船五只赴彼，先遣一只拢上师船递禀，求买食。该将正遣弁兵传谕开导间，夷人出其不意，将五船炮火一齐点放。……该将赖恩爵见其来势凶猛，亟挥令各船及炮台弁兵施放大炮对敌，击翻双桅夷船一只……

在另一奏折中，他还转新安县知梁星源等的禀告，称：

> 查夷人捞起尸首就近掩埋者，已有十七具，又渔舟叠见夷尸，随潮漂流，捞获夷帽数顶，并查知假扮兵船之船主得忌剌士（后译为道格拉斯，受雇于义律的"冈不里奇"号船）手腕被炮打断。此外夷人受伤者，尤不胜计。自此次对仗以后，巡洋舟师，均恨奸夷先来寻衅，巡辑愈严……

大鹏水师，之所以能以少胜多，以弱敌强，关键在于士气，在于民气。

此战，我伤6人，亡2人，亦付出了重大的牺牲。所谓"杀敌三千，自损八百"，在所难免。可这毕竟打出了国威，打出了民气！

主将赖恩爵，家就在大鹏所城里。赖姓，众所周知，是客家一大姓，遍及粤闽赣。赖恩爵的父亲赖云台，在这之前也曾任职海防，并且作为提标左营守备。正是他，在阮元总督的委任下，对珠江口的炮台建设立下了丰功。阮元奏请建的大黄窖、大虎山二炮台，就是他一手办的，先是商捐银两，再破土动工，于这场大战前20年正月兴工，4月竣工。

与此同时，众多炮台也得以加固与兴建。因此，鸦片战争前夕，宝安地区的海防，当已相当完备。及至九龙海战胜利，丁忧回藉守制赖云台父执，当惊喜交加，将门无犬子，绝非虚言。

九龙自卫反击战，是中国近代重大历史事件——鸦片战争中，打响了"第一枪"，打了个凯旋而归。

由于作为此役的统领，大鹏营参将赖恩爵指挥战役立下奇功，被道光皇帝赐予了"勇士"（满语为"呼尔察图巴图鲁"）的光荣称号，并"照例赏戴花翎，以副将即行升用，先换顶戴"。不久，即升为大鹏协副将，统一负责九龙一带的防务。

历史铭记住了这位抗英名将的名字！大鹏所城内的三座"将军第"中，他的将军第至今仍相当完好。

鸦片战争中，九龙海战与三元里抗英，当是近代史上的一组双璧，一同显示出南方人民气贯长虹的民族斗志。

那是九龙海战之后两年，英国侵略者看透了清廷的腐败无能，而广州的统帅"靖逆将军"奕山则已同入侵者订约言和，在九龙没占到便宜的英军，则到了广州城边大肆劫掠奸淫。谁知，道光二十一年（1841）四月初十，侵占了四方炮台的英军，突然发现四面八方涌来了成千上万的反抗者。老诗人张维屏，以诗歌的形式，记录了这一了不起的抗争：

> 三元里前声若雷，千众万众同时来。
> 因义生愤愤生勇，乡民合力强徒摧。
> 家室田庐须保卫，不待鼓声群作气。

妇女齐心亦健儿，犁锄在手皆兵器。

乡分远近旗斑斓，什队百队沿溪山。

众夷相见忽变色，黑旗死仗难生还。

夷兵所恃惟枪炮，人心合处天心到。

晴空骤雨忽倾盆，凶夷无所行其暴。

岂特火器无所施，夷足不惯行滑泥。

下者田塍苦踯躅，高者冈阜愁颠挤。

中有夷首貌尤丑，象皮作甲裹身厚。

一戈已搏长狄喉，十日犹悬郅支首。

纷然欲遁无双翅，歼厥渠魁真易事。

不解何由巨网开，枯鱼竟得攸然逝。

魏绛和戎且解忧，风人慷慨赋同仇。

如何全盛金瓯日，却夷金缯岁币谋。

末处说的是，当时英军陷入重围，覆灭在即，谁知，义律向清政府求救，奕山急命广州知府余保纯争驰三元里，欺骗、恫吓百姓，为英军解了围，故有"枯鱼竟得攸然逝"一句。

当时有民谣，谓"百姓怕官，官怕洋鬼子。官怕洋鬼子，洋鬼子怕百姓"。内中蕴含了当时深刻的政治现实。英军被围时，已死伤半百有多，加上雷电交加，火枪失灵，他们唯有束手待毙。

然而，大好的抗英形势，却断送在仍在抗拒进步的、昏聩无能的清王朝手中。

20

"南方得不到，就上北方要"

英军情知南方有所准备，于是，也步马尔戛尼的后尘：南方得不到，那就上北方要。这已是他们稳操胜券的法宝。

英政府派好望角海军提督懿律，即义律的胞兄，统率"东方远征军"向中国进发，并委任他与义律为全权代表，同中国交涉。

道光二十年五月，即九龙败绩后8个多月，英军舰队兵临广东海面，宣布封锁广州，禁止所有船只进入广州省河。

林则徐则移师虎门，广泛动员，准备打仗。

英国政府得知情报，训令懿律与义律二兄弟，不要在广东拖延，应挥师北上，二兄即行贯彻。

六月初，英军在厦门海面与闽浙总督邓廷桢统辖下的水师一战，又乘闽以北防务松懈，向浙江沿海进攻，先期到达舟山海面，伺机登陆，强占了定海县城。这支"东方远征军"拥有兵舰16艘，武装汽船4艘，运输船28艘，士兵有4000余人。在森严壁垒、众志成城的广东沿海，自然是占不到便宜的，但一到江浙，他们便又气势汹汹了起来。定海陷落，形势发生逆转。

7月6日定海被占，9月28日，林则徐、邓廷桢被撤职查办。投降派以他们把战火引到了北方为谗言，欲置之于死地而后快。而英军更一路北上，到了天津白河口。正是直隶总督琦善的"礼遇"，英军信口诬陷林、邓二人，并提出了割让岛屿，承担战争赔款……等等。昏聩的道光皇帝，把罪名全加到林则徐头上，谕旨："上年林则徐等查禁烟土，未能仰仗大公至正之意，以致受人欺蒙，措置失当。兹所求昭雪之冤，大皇帝早有所闻，必当逐细查明，重治其罪。现已派钦差大臣驰至广东，秉公查办，定能代申冤抑。该统帅懿律等，着即返棹南还，听候处理可也。"于是，林则徐背上了"误国病民"、"办理不善"的罪名，被交付刑部严加论处，革职后，暂留广州，听候查办。

好笑的是，英军不仅在白河口如出入无人之境，而且到了山海关这样的要塞，竟发现"该处只有弓箭，并未见有炮位。"琦善忙告之皇帝，称："该夷所恃者大炮，其畏者亦惟火炮。山海关一带，本无存炮，现饬委员等，在于报部废弃炮位内，检得数尊，尚系前明之物，业已蒸洗备用。"居然以前朝废炮滥竽充数。不过，用意却是劝皇帝勿抵抗，因北方已全无防御能力。

为此，他们极力要出卖广东，称只要你们回到广东去，一切都可以商谈。英军心领神会，折回了定海。到定海后，要挟一阵，留下少数兵力，又移师广东。

这边主师被免，投降派琦善接任两广总督，竟不作任何备战，只是旷日持久在谈。懿律患病归国，义律则不耐烦了，决意再用武力。

由于朝廷软弱，竟削减边防以示好，这一来，猝不及防，1841年1月7日，英军突袭珠江口上两大战备炮台：虎门与大角炮台，连发炮弹，三江协副将陈连升率士兵奋勇抵御，可援兵却到不了，弹尽粮绝，连升父子壮烈捐躯，炮台失守，300余官兵阵亡。

琦善终于松了口，因惧英军再犯虎门、广州不保，竟答应了英军对香港"暂居"之要求。这便是日后香港被割让的肇始。

1月24日，伯麦下令占领香港岛。1月29日，义律与伯麦乘"复仇女神"号战舰，绕港岛一周，宣示主治之权。

赖恩爵闻讯，拍案而起，说服了广东巡抚怡良，把此事上奏朝廷。而后，又奉旨查办了琦善："奉旨查前署臣琦善时擅许英夷给予香港……现据大鹏协副将赖恩爵禀称：该夷前求香港与之寄居，意不重香港，而重在裙带路与红香炉。名则借求香港，实则欲占全岛……"琦善民愤太大，道光皇帝只好下旨："着即革职，押解来京，严行讯问，所有琦善家产，即行查抄入官。"然而，一切都太迟了。

只是令人诧异的是，英军并没有打进广州城。这倒不是因为广州城固若金汤。1841年5月，当清政府妥协撤防，英军长驱直入兵临城下时，奕山统领的清军部队早就无力亦无心抵抗，竟想出了一个办法——令行商前往调停。广州城外，身负重任的伍绍荣与英军首领义律展开了谈判，最终，双方签订《广州和约》，依协议，清军退出广州城外60里，并于一个星期内交出赔款600万元；英军相应退至虎门炮台以外。

以600万元巨额赔款，换来广州城的苟且偷安，实在是令人悲哀。这笔巨款，则有三分之一由十三行商人出资，其中伍秉鉴独出了110万元。赔款赎城，行商们的牺牲，被守城将军奕山用来邀功领赏。他在向朝廷报告时隐瞒了乞降讲和的真相，只奏"外洋事务已经安定"，道光皇帝欣喜不已，称赞奕山办事得力。

然而，这次赎城并没有给伍秉鉴们带来什么荣誉。从战争甫始，跟洋人做生意打交道的行商，就被蒙上了"汉奸"的阴影。不管他们捐献多少银两，也抹不去这个阴影。而不战而降的赎城之举，当然不符合誓死抵抗的爱国者的意愿，这个耻辱，毫无疑义地被记在直接参与和谈的伍家和其他行商头上：不敌入侵者，挂白旗投降，并签下《广州和约》，于7月内交出广州"赎城费"600万元，赔英国商馆损失30万元。广州虽因付了赎金而免遭蹂躏，可侵略者仍大举北上，占领吴淞口、上海，攻陷镇江，直逼南京。

中国历史上最臭名昭著的卖国条约《南京条约》于1842年在南京城下签订。其内容包括：（一）五口通商，即开放广州、福州、厦门、宁波、上海五处为通商口岸。（二）赔款2100万元。（三）割让香港。（四）协定关税。（五）废除广州实行的行商制度。（六）外国人有权保护他们雇佣的人。（七）外国人在中国犯罪不受中国法律的制裁。（八）外国军舰可进入每一通商口岸。（九）外国人可携家眷到通商口岸居住。（十）英国获得"最惠国待遇"。

《南京条约》将在广州实行了100多年的行商制度废除了。从此，广州十三行独揽外国贸易的制度宣告结束。

广州的600万赎金中，有200万是十三行商人支付的。当时最有钱的伍氏家族出了110万，对于一个行商来说，这并非小数。伍秉鉴却不无幽默地自我安慰道：世上，风水轮流转，算这笔巨款花在了转换风水上好了——80万保佑商行生意兴隆，30万保佑儿子孝顺。

《南京条约》规定，中国赔偿英国2100万银元，相当于1470万两白银。可大清帝国国库存银却不到700万两。于是，道光皇帝又盯上了十三行，追索300万两。结果，伍家出了100万，行商公所134万，其他行商66万。这成了行商为拯救"国难"的最后一次捐输。十三行历史也就走到了尽头。

赠款，当然是被动的，是清政府丧权辱国的结果。而在这场战争发生之际，十三行商人却义无反顾地投入了抗击侵略者的行动之中。

在《东印度公司对华贸易编年史》中，记载有："没有一位广州行商是与鸦片有关，他们无论用什么方式，都不愿意做这件事。"美国商人亨特也在他的著作中写道："没有一位行商愿意去干这种买卖。"而行商也一度致函外舶的大班，要求保证其没有夹带鸦片，因为行商须为其担保，一旦查出，重重罚没，如1817年，美国有一艘商船自以为可瞒天过海，可结果被查获，伍浩官连带罚了16万两银子，其他行商被罚了5千两，相当查获的鸦片价值50倍，所以，他们对大班称："鸦片买卖事关身家性命，不得已须秉公而行。"为此，鸦片走私均在十三行贸易范围之外进行，行商们控制不了。无论出于道义，还是利益，十三行行商对鸦片走私都是深恶痛绝的。

鸦片战争爆发之际，十三行商人纷纷捐资，以改变广东水师的装备，增强作战能力。当时，广州捐资抗英军饷达200万元，而仅潘正炜，就率先捐了 26 万，并独资购买吕宋（菲律宾）战船一艘，又与伍崇耀、潘仕成各自捐资战舰一艘。伍家买的是美国船，潘世荣更是雇夷匠仿制最先进的火轮船（蒸汽轮船）。他们还引进西方先进技术，制造大炮、水雷，潘仕成还奉旨著有《攻船水雷图说》，内有插图 30 幅，后来被编入了魏源的《海国图志》一书中。可见十三行商人在实践"师夷之长技以制夷"上，比洋务运动还早了二三十年。道光皇帝在谕旨中亦提到：

> 广东曾捐造大船一支，颇能驾驶出洋，该省洋商内如有深悉造船之法者，留心访察，加以激励。

另一谕旨：

> 潘仕成所捐船只坚实得力，以后一切制造事宜都由他办理，决不允许官吏插手。

当年，英军在定海、镇江等地纷纷破城，独有广州不得入，是因为珠江防卫严密之故，中方战舰、炮台、水雷齐备，还有大链锁江……这与十三行商人的捐资密切相关，及至后来的 600 万"赎城费"，也有 200 万是他们出的。

第一次鸦片战争后，1847 年，英国人凭借《南京条约》，企图进一步租借广州河南地界洲头咀一带为商馆区，并得到了官府的同意，传令业主议定租价。潘正炜、伍崇耀等十三行商人发出了《告谕英商大略》公函，与"河南合堡绅耆"一道，致英国领事公开信，以广州民情激愤，不可妄动为由，劝阻英国，不要强占河南地段为商馆区。此次抵抗，声势浩大，共同 48 乡 3000 余人一同去找英国领事说理，加上十三行商人明示"各守和约，相安无事"为警告，英方终觉民情可畏，不得不把丈量土地、插旗立界的英人撤回，放弃了强占的野心。不妨一读十三行商《告谕英商大略》（道光二十七年三月二十六日）：

> 昨奉大宪批示，各省口岸，应听英人租赁房屋，或买地建造，系条约所有等谕。我辈自宜仰体大皇帝及大宪存恤远人之苦心，勿与较论。但中国之地，无一非百姓用本买置之业，虽官亦不能夺以与人，即令给回价值，其间亦有愿不愿之别。今乃指定其处，即要其处，倘有不愿，挟以兵威，在英人强悍，固无论矣。大皇帝子惠元元，恐必无此霸逆之事。细思条约之意，原为准其民间和商赁买，非强其所不愿也。英人虽横行，必有晓事者，岂全不知理取强取之顺逆乎？英人入粤，贸易百余年，忝有地主之谊，不得不明白告谕，俾心思利害，而超避之，勿以诈力欺人，庶几各安生业，主客皆受其益幸甚。……

义正词严，理直气壮，体现了他们身上充盈的民族气节！这是发生在1847的事。

紧接着，又有1849年英军入城——原来，两年前，英人未敢强占洲头咀，固然是怯于民情沸腾，背后却又与两广总督耆英订有密约，达成两年后可进城的协议。签约后，耆英便千方百计调离了广东。接任的徐广缙被英公使说的要驾军舰上江苏、天津所威胁，上奏道：他对阻止英联邦人入城已"智尽能索"，"控制无方"。结果，道光皇帝只好表示：可"暂令（英人）入城瞻仰"一次。

只是，这一上谕下达之际，广州已民情汹汹，包括十三行商人在内，整个广州城已被动员起来了。商人、绅士出资60万两，上十万的团练已经组织好了，"其时，壮勇夜出，四城灯烛照耀，殆同白日，持械声闻十里，河南亦火点如乱星，首尾几十旬。诸夷为之结舌，入城之声乃息"。团练册中，则有十三行行商的名字，包括首富潘家的。

面对此情此景，徐广缙不敢执行"暂令入城瞻仰"的上谕，只好上奏："婉阻之未必遽开边衅，轻许之必至启兵端"，而且人心浇漓，内外交讧。旋即复照会英使，以绅民不从为由，"万难勉从"，拒绝了英人入城。

几天后，英公使只有登报："不准英人入城"。上海、宁波等地，唯有广州城进不了。所以，自 1843 年始，屡屡发生英人到处横行霸道、为非作歹的事，以战胜国身份不可一世，入城自是有更大的野心、更深的图谋。毕竟，条约中并无可入城的条例，仅通商，可在城外进行。

广州得不到，他们却先在别处得到。

广州人民反对英人入城的抗争，并不是什么排外、守旧与封闭，而是捍卫国家与民族的尊严。然而，这也是十三行的最后绝响。

两次鸦片战争之间，十三行已经被历史画上了句号，成为了国际与社会危机最终的牺牲品。

如前所述，战争刚开始，伍秉鉴和十三行的行商们就积极募捐，出资修建堡垒、建造战船、制作大炮。作为商人的伍秉鉴对此也有所抱怨，在写给一位美国商人的信中说，他们承受巨大负担，而这"对我这把可怜的老骨头来说实在是有些沉重"。

1842 年，鸦片战争结束，中国战败的后果，却还得由伍秉鉴和他的行商们承担。《南京条约》第四至第七条规定，中国赔偿英国 2100 万银元，相当于 1470 万两白银，而此时清政府国库存银仅不到 700 万两，广东十三行首当其冲地成为清政府的榨取对象。其中伍家被勒缴 100 万元，行商公所认缴 134 万元，其他行商摊派 66 万元。

第一次鸦片战争，令十三行进入了垂暮之年，而后的岁月，它已不再有什么作为，大多数行商，不是转行、退隐，就是卷起铺盖，到上海找一个名不见经传的地方开埠……

十三行是鸦片战争中主要的受害者，十三行之首的伍家，更蒙受了巨大损失。据伍秉鉴自己估算，在战争中，伍家损失了不下 200 万两白银。但这一数字，对于这位号称拥有 2600 万两的世界首富来说，并不至于伤筋动骨。而深谋远虑的伍秉鉴早把生意拓展到了海外，进可攻，退可守，东方不亮西方亮。

1842 年 12 月 23 日，他写信给在马萨诸塞州的美国友人 J·P·Cushing 说，若不是年纪太大，经不起漂洋过海的折腾，他实在十分想移居美国，通篇怆然难禁之情。陈国栋在《东亚海域一千年》写道："看来鼎鼎大名的伍浩官（伍秉鉴）不但对洋行的工作失望了，对整个中国的社会制度也失望了。"

1843 年 9 月，风烛残年的一代世界首富伍秉鉴，在内忧外患、谤颂不一中，于庞大宏伟的伍氏花园里溘然长逝，享年 74 岁。岭南名士谭莹所撰的墓碑文说："庭榜玉诏，帝称忠义之家；臣本布衣，身系兴亡之局。"以一介布衣之身，欲担国家兴亡之责，虽为世界首富而不能也，这不仅是伍秉鉴的悲剧性命运，也是整个十三行的悲剧。

后来的招商局、洋务运动，当然少不了他们后人的踪影，但作为一个整体，其功过是非，该如何评说，100 多年也难有定论，至于他们留下的历史遗训，却只能令人扼腕长叹！

21

美国太平洋铁路的中国资金与劳工

伍家，是十三行最后一位，也是最大的富豪，他的经商魄力，不仅在当日中国，而且在整个世界，也都是数一数二的。他清醒地看到，清政府在面对世界的近代化进程中所采取的驼鸟政策与抗拒态度，因此，没有理由把资本砸死在一个奄奄一息的王朝身上。所以，他业已把资金投向了当时正在林肯总统领导下朝气蓬勃的美国。

不会有人，也无法推断，当日伍绍荣奉命赶往南京，以参加与列强的谈判，若及时赶到的话，那个丧权辱国的南京条约至少不会那么苛刻，那么无耻……但是，他没有赶到。

不是他不抓紧时间，星夜兼程；也不是他缺乏信心，不敢应对列强的威逼——他毕竟与他们打交道久了，深知他们的一切，从制度、文化到心理，知己知彼，方可百战不殆，他深信，自己至少能把损失降到最低，而且，还能抓住对方的要害……但他这一番谋划，最终无法实现。由于清政府极端的懦弱，极端的恐惧，对方打个喷嚏，也吓得个哆嗦不已，所以没等这位深谙外交事务的伍绍荣到，便急急忙忙在最屈辱的条约上签了字，把民族利益无耻地予以出卖。伍家人只能跌足长叹。

那可是四万万五千万两银子，当把整个国家置于怎么半死不活的境地……

也许，伍秉鉴早已预见到了这一天。伍秉鉴去世于 1843 年，是南京条约签订的 10 多年前。早在 1840 年鸦片战争前，他便作了一番筹划。

尽管已是耄耋之年，出自于对美商的信任，他决定与"旗昌洋行"签订合同，在美国作实业投资，条件是美方要把每年的利息支付给他的后裔。鸦片战争期间，他通过"旗昌洋行"的股东约翰·默里·福布斯和罗伯特·福布斯投资了美国的密歇根中央铁路、柏林敦和密苏里河铁路。默里·福布斯进一步将伍的基金使用于建立美国股票投资公司，以及包括如阿尔巴尼和波士顿矿业公司的投资。

在他去世两年后的 1845 年，公司的主要合伙人之一，约翰·默里·福布斯撤出中国，回美国兴建中西部横贯铁路。

随着工业革命的推进，被视为工业革命第七大奇迹、一线通两洋的美国太平洋铁路开工了。

1863 年美国内战期间，林肯总统为了打通东西部，决定建造一条连接太平洋和大西洋的铁路。这条铁路从西部加州一个小镇起头，4 位杂货商、布商和五金店老板共同接下了工程，锹起了第一把土。要实现这个梦想，火车首先要翻越内华达山脉最高 7000 英尺的崇山峻岭，穿过 50 座桥梁和 10 多条隧道，难度在当时可想而知。

铁轨等材料从美国东部花了 4 个月才从海上运到，但艰苦的劳动，让起初几百名淘金者半路上就溜走了，承包商在面临破产前，招募了大批刚刚来到旧金山的中国移民，勤奋、能吃苦的数千中国劳工完成了历史性的创举。他们面对雪崩的危险，在隧道、山岭里默默施工，用生命和血汗在 5 年后打通了所有隧道，当第一道光亮透进一条 1600 英尺长的隧道时，人们惊奇地发现：仅仅只有 2 英寸的误差。

同时，美国东部数千退役军人也开始了大铁路东段的建设，在政府承诺提供土地的诱惑下，他们不断向西部突进，穿过草原和沙漠。两条铁路轨道在犹他州迅速接近，这时，中国人创造了一天铺设 10 英里铁轨的纪录，并率先到达了终点。

1869 年 5 月 10 日，两支大军象征性放下了最后一条铁轨，一列火车呼啸着驶过。这条用2000条性命换来的大铁路，最终改变了美国商业和财富的分布，并打开2000英里土地的空间和价值，拉近了美洲大陆的距离：从纽约到旧金山的旅途一下子由6个月缩短成7天。林肯没有看到铁路的建成，但他的梦想最后实现了。

在工程完成后，负责铁路西段的总工程师朱达由衷地说，这条美国铁路亏欠中国工人很多，那些值得尊敬的中国人，将被永远牢记在美国人的心中。

根据史料记载：华工承担着19世纪60年代中央太平洋铁路最艰难的攻坚任务，他们不仅工资待遇超低而且作业风险很高，做出的牺牲巨大。美国前任驻华公使和前任加利福尼亚州州长弗雷德里克·H·娄在国会的证词中明确说："中国人每人每月工资31元，食宿由中国人自理。而雇佣白种工人每人每月要45元，另供食宿。算起来用一个白种工人每天要用2元，而使用一个中国工人只需要这个数目的一半。"在塞拉岭开凿隧道的过程中，冬季经常发生雪崩，工地住宿帐篷至少四次被雪崩冲落峡谷，死亡华工数以千计。美国史学家在叙述华工的高死亡率时写道："1865年末到1866年初冬，气温达到历史最低点。早在10月就下起鹅毛大雪，接着的五个月，暴风雪几乎连续不断。地面冰冻如石，路轨和建设铁路全被埋没，上面覆盖冰雪深达4.572米。工程进度十分缓慢。""在10.19米的地下挖掘隧道，3000多名工人接连数月生活在那里，活像鼹鼠，从工作区要通过距积雪地面很深的漆黑一团的地道，才能达到生活区。这种奇异可怕的生活经常遇到危险。随着山脊上积雪越来越厚，雪崩愈益频繁。雪崩前除了短暂的雷鸣般的隆隆声，没有任何征兆。霎时间，整群工人、整个营房，有时甚至是整个营地呼地一下全被卷走，摔入几英里外的冰雪峡谷，几个月后，工人的尸体才被发现。有时人们发现整批的工人被冻死，他们的双手依然紧紧握着镐头或铲子。""1866年冬天到1867年初，由于降雪过多，造成以华人苦力为主的约1.3万名的工作队成员全被困在内华达山东侧斜面的杜拉基溪畔的帐篷中，而千辛万苦运到工地现场的粮食，常因雪崩而随帐篷一起被埋在雪地里，造成大量人员伤亡。""1866年12月，在内华达山西侧的工作的华工全部遭到雪难，但内华达山顶的隧道工程仍继续前进。""雪崩频繁发生，在工程中丧生的华工越来越多，华工在密不通风的积雪中挖洞找烟囱，再挖一个抽取空气的洞，靠着微弱照明的灯笼。在这种情况下，华工们还是在大雪中挖出了一条横向的隧道。"克罗克的主要副手詹姆斯·斯特罗布里奇，在国会作证时说道："雪崩毁坏了我们华工的帐篷。在雪崩中，我们牺牲了大量的工人（指华工）；有许多工人的尸体，直到第二年积雪融化以后才发现。"对于华工来说，没有不可克服的困难，美国有句俗语 Not a Chinaman's Chance，意思是即使让中国佬来干也没有指望的，你来干更没希望了。

为了纪念横贯北美大陆东西铁路的历史性对接，加利福尼亚一位名叫大卫·休斯的富商捐赠了一枚黄金轨钉。这枚轨钉比一般的轨钉要大一倍，直径大约有 6 英寸（15 厘米）多，钉身是用 18K 金铸成。5 月 10 日，中央太平洋铁路董事长加利福尼亚州州长利兰·斯坦福敲下了这个黄金轨钉的第一槌。可这个时候加州州长斯坦福却怎么找来找去也找不到钉衔接两铁路的枕木，突然之间，人群中有数个中国工人站了起来，肩上扛起了百年桂树之木，徐徐步至铁轨，然后肃然地把此木安放在两轨之底。借他们之手，美国东两得以连接。

一个多世纪过去了，无论是美国的太平洋铁路，还是加拿大的太平洋铁路，其主管部门均对当年付出巨大牺牲的中国劳工表示了歉意，尤其对当年的非人道表示深深忏悔……

只是，人们仍忽略了一条，修建这一条铁路，其中有相当一部分的投资，正是来自中国，来自伍氏家族。是伍秉鉴生前早早已投入了的。

史料显示：伍秉鉴于 1843 年逝世后，由其子伍崇曜（1810—1863）继承家业。伍崇曜与"旗昌洋行"合伙继续作大规模的投资。他从其父通过巴林洋行（Baring Brothers）在美国铁路和其他项目的投资中，收到定期的效益。1858—1879 年间，伍氏家族似乎收到了 125 万多美元的红利。当"旗昌洋行"于 1891 年宣布破产，约翰·默里·福布斯成为了伍氏家族的受托人时，记录显示"旗昌洋行"拥有属于伍氏家族的一百万多美元受托基金。在 1878—1891 年间，该家族的代表每年从此项基金得息 39000—45000 美元之间。

事实充分证明，当清政府极端腐败无能之际，中国数万劳工正在美国的风雪中，修筑连接两大洋的大铁路，在没有政府的关怀与保护下，他们被当做奴隶一般地使唤，生不如死；与此同时，中国的资金，也为美国所利用，投入到铁路的修筑当中。

用中国人的钱，且用中国人的劳力，修的是美国的铁路——当日第七大工业奇迹！然而，几十年后，中国才修了第一条铁路，还被清廷拆掉，被视为怪物。

早两年，我在美国，就听美国人惊叹：原来中国人是那么有钱，这里的豪宅几乎都是中国人买下的。他们甚至埋怨中国人太强的购买力，抬高了美国的房地产价格。还风传中国政府借给美国 1700 个亿救市……可他们是否知道，100 多年前，年轻的美利坚联邦崛起之际，不仅有中国人的金钱，还有中国人无数的血汗与尸骨？

面对历史，天何言哉。

还是回过头来，读读当年伍秉鉴的信件（转自穆素洁论文）：

从现存的伍秉鉴的信件中，可以看到与他保持通信的有在广州与他会见过，或有商业往来的美国商人，如约翰·库欣（John Cushing）、约翰·格林（John Green），以及拉尔夫·贝内特·福布斯（Ralph Bennet Forbes）的三个儿子，即托马斯、罗伯特和约翰（他们三人同伍氏都是旗昌洋行中的合作伙伴）。还有纽约商人洛（A. A. Low）和小约瑟夫·库利奇（Joseph Coolidge Jr）等。伍秉鉴正是通过这些人以及欧洲、印度的商人着手建造他在各国的贸易网络。

19 世纪初，伍秉鉴就通过曾在广州营商的印度帕史商人默万吉·马尼克吉·塔巴克（Merwan-jee Maneckjee Taback）等，在印度建立其商业网络。其他的印度商人如盂买的莫霍马达利·阿利·罗盖（Mohomadally Ally Rogay）、以澳门为基地的达达布霍伊·拉斯托姆吉

（Dadabhoy Rustomjee）等，也都与伍氏有商务关系。伍氏在孟买的代理商詹姆塞特吉·吉吉博伊（Jamsetjee Jeejeebhoy），经营有方。到了19世纪30年代初，已在印度建立了独立的贸易网络。在一份1842年4月24日的账单中显示，詹姆塞特吉受伍秉鉴之托，购买珍珠，送到旗昌洋行，所需的款项可用孟加拉政府的7000卢比支付。如果不够，再请旗昌洋行代垫。詹姆塞特吉还受托在印度和英国经销中国的丝和肉桂，并要求把在伦敦经销丝货所得的款项归入加尔各答的东印度公司账目中。从此透露出，伍氏与各国商人，乃至与孟加拉政府间的复杂关系。

伍秉鉴还经营与美国和欧洲的直接贸易。我们从他给美国商人的通信中可以窥见一些信息。鸦片战争期间的1841年11月21日，他给已经从广州回到波士顿的库欣（Cushing）写信说："四月和五月，我把价值约一百万美元的茶叶用船运到纽约和伦敦，我认为有希望取得好的结果。"两天后在写给罗伯特.福布斯（Robert Forbes）的信中，则说他正将三、四百吨的茶叶，装船运往荷兰。信中还透露以前贩运的商货，已经取得约50%的利润等。

我们还可从些信件中，看到伍秉鉴对其国际上商业伙伴的关照和慷慨。在1840年6月1日写给库欣的信中说：我现在写这封信，主要为了说明，我已经把茶装上了"阿克巴（Akbar）"号，总额约五万美元，茶将随船前往新加坡，如果茶不能够在新加坡以40%的利润销售，它将随英国船只被运往伦敦的福布斯公司。同时，在得到8%的年利率后，我将把该次商业投机所得的全部利润给 J. P. 斯特奇斯（Sturgis）先生，倘使赔本，我将独自承担。我希望斯特奇斯先生今年将创造大约四万或五万美元，并且，我放弃他欠我的在老账目上约三万美元的利息。

伍秉鉴似乎最重要的是通过金融市场投机而大赚其钱。他从美国人取得现金，为美国和印度商人提供信用贷款，收取利息，之后又在美国投资而得益。这是他抓住美国在中国和印度洋的贸易扩张，以及新加坡港市于 1819 年的建立而出现的机遇而采取的举措。他投入的资金是相当巨大的。信件中就提及通过口头协约而借贷 31020 美元给予库利奇（Coolidge），又给予洛（A. A. Low）一笔 25，000 美元的信用贷款。1840 年 6 月 28 日给约翰. 福布斯的信中说，"我在美国和欧洲拥有大量基金，这些基金你必须尽可能谨慎管理，保证其安全，并让它产生利润；在英国商业确定以后，把我的所有基金以孟加拉的硬币或账单的形式，送回中国我的朋友旗昌洋行（Russell and Company）那里"。伍秉鉴在 1834 年估约拥有 2600 万两银币（折约 5600 万美元）的财富，被认为是当时世界上最大的商业资本。

有心的读者，当会从中读出很多、很多……

十三行消失了，在它的旁边出现了一个香港，且日后成为了世界最大的自由港，有"东方之珠"的美誉。

十三行消失了，在长江入海口处，更出现了一个上海，被视为东方的巴黎，上海的开埠，更是现代中国的先声！

无论是上海还是香港，都割不断十三行的血脉——仅从人事而言，诸如吴健彰，诸如徐延亭、徐润家族，这些上海最早的"买办"，无疑是来自十三行；至于香港则更不用说了，伍家的银行，一直延续到了今天，顺德人在那里的金融业，当是一个多世纪的"遗传"……

尽管由于清朝政府的冥顽不灵，十三行一度垄断了中国的对外贸易，出现过"商欠"这类被商国视为"有辱国体"的大事，可从宏观上看，假如没有十三行，中国愈加闭关锁国，那它将遭到的命运，又当如何？

在十三行上，集聚了极为深刻的中西文化的撞击。

简单以是非、好坏去评判一个历史事件或一个历史事物，都是难以揭示出真谛来的。西方极力掩饰其为鸦片发动战争的罪恶事实，称这是贸易战争，为的是门户开放、对等外交，从而把中国逼进了现代。无论说得多么冠冕堂皇、道貌岸然，也洗不清这场战争的恶名。这也如黑格尔在《历史哲学》中所说的：

作用于人类活动的，是他们的兴趣、需要、热情……而像仁心、或者高尚的爱国心，这些德性和这些普遍的东西，同世界和世界的创作之间，就没有什么主要的关系了。相反，个别兴趣和自私欲望满足的目的，却是一切行动的最有势力的源泉。

因此，我们只需援引一下第一次鸦片战争之后，鸦片在中国的"合法化"及空前泛滥，便足以说明一切了。

第一次鸦片战争后，在清政府被迫签订的中英《南京条约》中，以洋银六百万元偿补被缴获销毁的鸦片原价。默认了鸦片输入是"合法"的。正如马克思所指出的："从 1843 年起鸦片贸易实际上还是完全不受法律制裁。"自此之后，鸦片走私逐步"合法化"：由原先偷偷摸摸地贩运，变为明目张胆地输入；并由以广州口岸为中心的中国南方各地蔓延到中国东部沿海，最后几乎遍及整个中国海岸线。据《澳门月报》1850 年二月号及十月号称：在上海，"整箱整箱的鸦片在街上运来运去，这是在 1849 年，那一年送到吴淞趸船上去的鸦片就有 22981 箱"。广州，早在 1844 年（清道光二十四年），"鸦片就在街道上公开运送，并且像非违禁品一样的销售。"那段时期，广州港公开或半公开的鸦片走私，主要是以鸦片趸船为"大本营"。这些趸船，1843 年先是停泊在黄埔以下约两三英里的地方，后迁到河口西边的金星口，并在那里造屋修路，安营扎寨。在上海，鸦片趸船泊于吴淞口；在宁波，泊于镇海口；在福州，泊于闽江口；在厦门，泊于外港。汕头、舟山等沿海口岸也都成了鸦片趸船停泊之所。据 1848 年统计，是年停泊在中国沿海的共有 35 艘被称为"水面炮台"的鸦片趸船，其中上海 12 艘，广州 3 艘。据英国有关情报资料，1943 年，广州的"鸦片窑口"达 20 多处。清政府官吏还向各窑口索贿，"每日派规银面元有奇"。广州城内的"鸦片铺"，亦有五六百家。在进口鸦片中，仍以英、美为主。同时，由于美国官方直接参与鸦片贸易，各国主要的鸦片贩子亦无不采用美国制造的"飞剪船"，甚至打着美国的旗号进行贩运。1853 年（清咸丰三年）美国驻华专使马歇尔曾供认："我们美国人，几乎所有在上海和广州的美国人，都武装他们的商船，违抗中国政府法令，停泊在诸江的口岸，满载鸦片，抓住一切机会售与中国商人……"

由于鸦片走私逐步"合法化"，第一次鸦片战争后输入中国的鸦片数量较战前有了惊人的增长。据统计，1840—1860 年 21 内输入中国的鸦片估计消费数量达 91900 多箱，较战前的 1800—1839 年的 40 年内（估计消费数量为 515000 多箱），几乎增长了一倍左右。详见下表：

1800—1839 年及 1840—1860 年输入中国的鸦片估计消费数量比较表

年　份	数量（箱）	年　份	数量（箱）
1800—1811（平均每年）	4016	1848	38000
1811—1821（平均每年）	4553	1849	43075
1821—1828（平均每年）	8043	1850	42925
1828—1835（平均每年）	17756	1851	44561
1835—1839（平均每年）	30000	1852	48600
以上 40 年合计	514944	1853	54574
1840	15619	1854	61523
1841	29631	1855	65354
1842	28508	1856	58606
1843	36699	1857	60385
1844	23667	1858	61966
1845	33010	1859	62822
1846	28072	1860	47681
1847	33250	以上 21 年合计	918528

上述只是鸦片估计消费数量，而实际输入的鸦片，无疑当大过此数。

第一次鸦片战争后，鸦片贸易使中国对外贸易逆差更加严重，白银外流加剧。据估计，鸦片战争后 10 年间，中国白银外流达一亿五千万两以上。这都是无可否认的历史事实。凭此，能把中国人抗御这场战争说成是蒙昧的、狭隘的、保守的，乃至野蛮的么？而深谙西方文明的十三行商人，捐巨资垒炮台、造舰只、练兵马，亦一般蒙昧与野蛮么？历史不可以以简单的逻辑加以推断。

　　文明的发展亦不会只有一种模式、一条道路。

　　对十三行的不幸而言，无非是两条，一是腐败不堪而又冥顽不灵的封建帝国体制的约束，一是贪得无厌早已将中国视为殖民地的列强的要挟！无论他们当初怎么被视为"虎豹龙凤"，当有多么大的作为，到最后仍不如"一只狗"，并最终成为了牺牲品。

　　这是中国近古史上最为深长的启示录！

22

历史，惊人的相似

老天竟还要再度以一次空前绝后的大火，宣布十三行的最后消失。

早在 1843 年，第一次鸦片战争硝烟甫息，那位在美国被视为传奇人物，如今仍被美国人列入"纵横一千年"间世界首富的十三行行商伍秉鉴，享年 74 岁，终于撒手尘寰。他是在十三行中料理行务最久、财力最雄厚、地位最高的一位。

而同样是十三行中称雄近百年、几乎在清代主持了十三行发展的潘家的第三代传人，即潘启官三世潘正炜，也在 1849 年最后一次抵抗英人入城后的第二年去世了，享年 69 岁。

一位领军人物的去世，自与十三行的命运息息相关，他们心力交瘁，内外交困，已无法主导得了十三行。

历史使然，时代使然。

1849 年，英国公布的《1849 年中国各口岸贸易报告》中就讲到，其时每年运入中国鸦片已达 5 万箱，而广州就占了五分之三。这一肮脏、可耻的买卖，也就成了英国政府全部军费的收入，凭此在世界到处掠夺殖民地。可这并未满足他们的胃口。

咸丰六年，即 1856 年，十月，英法联军终于又找借口，发动了第二次鸦片战争。

10月23日，英军舰队越过虎门，攻占腊德、鱼岗炮台，战争正式开始。24日，广州河南凤凰岗炮台被轰毁。至25日，海珠炮台等沿江炮台均被攻占。27日，英军开始炮击广州城，并于29日一度攻入广州外城。英国海军上将西马縻各厘率领其军队，驻扎进了十三行地区。

11月初，英军为了便于防守十三行地区，阻止中国军民袭击外国商馆，竟然丧心病狂，拆毁了十三行地区周围大片大片的民房，留下一片开阔地以作天然屏障，不让任何人出现在其视野中。而且还派兵扼守住西边的新豆栏街。

爱国的民众，却用合并游击战术，处处令英军受到困扰。停在珠江的英舰，经常受到火筏的攻击，只得用沙船筑成防卫圈。而这方，则用上了火药瓶与水雷。11月12日，英军用于防卫的沙船被炸并烧毁。11月13日，两颗水雷在一艘英舰旁爆炸。11月15日，中国水师船乘大雾炮击了两艘英军炮舰……

一个月之后，12月14日的深夜，一场大火在十三行旁边匝地而起。

先起火的地方，是已被拆毁的铺店、民房的残址，那里，不少拆下来的木建筑，无疑是最好的引火材料。对侵略者已恨之入骨的民众，已不在乎自己的住所还能否重建，索性点上一把火，烧向侵略者。

果然，火势迅速蔓延到了十三行地区——此时已是英国侵略军的据点。

夜风骤紧，风助火势，风长火势，大火把珠江映得一片通红。

到15日凌晨，大火烧到了法国商馆。

下午2时，更延伸到了英国商馆。

整个十三行，笼罩在烟雾之中，在大火中迅速化作了灰烬。

仅到下午5时，一切都结束了，仅余一幢房子幸免。

同1822年那次一样，火焰五光十色，闪烁不已，如同放礼炮一样，那是烧的珠宝之类物品发出的光芒。

英军失去了这一据点，只好撤回到珠江江面上的军舰。半个月后，他们被迫撤离了广州，以待后援，再卷土重来。

他们又一次采取过去的策略，八国联军攻进了北京，火烧圆明园，那已是 1860 年。

广州最后也沦入敌手。1857 年 1 月 12 日，英军从西濠登陆，放火烧掉了中方的十三行商馆区东西沿江一带的商行与数千民房，作为对约 1 个月前广州民众烧毁十三行外国商馆的报复。

就这样，十三行从广州的地面上最终被抹去了。这次与 1822 年大火已不一样，不再有起死回生的机会。

大火，成了十三行最悲壮的结局。

而谣谚，又回归到了传统，八大家演变为十家，成了：

> 潘卢伍叶邹
> 谭左徐杨邱

加了邹，邱二家。

邹亦未曾查到，邱则有乾隆年间排第四的邱义丰以及道光年间的邱熹，但邱义丰在乾隆年间破了产，也不知是否指后者，但行、堂号均不得考矣。

纵然十三行商人对国家的外贸卓有贡献，但对传统而言，士农工商，商居末位，也就难免被人讥讽，"无商不奸"与发达国家经商重诚信成了鲜明对照，加上这次历史重创，原对这末业宽容的民间，也摇了头。于是，当时民谚亦转变为讽喻：

> 潘卢伍叶邹
> 谭左徐杨邱
> 虎豹龙凤狗
> 江淮河汉沟

此民谚当做何解？"虎豹龙凤"如前所述，当非贬义，因这四类均为吉祥物，当指这一阶层人才辈出；"江淮河汉"亦如此。经商嘛，少不了闯三江走四方。但"狗"与"沟"则污秽不堪了。也许，是指经商这一行当里，鱼龙混杂，人鬼难分吧。邹、邱与狗、沟正押韵，不会是为此添数吧？或者指每行前四位为"虎豹龙凤"，闯荡"江淮河汉"，而后一位则为"狗"，只能下阴沟？这自是一种解释，也未必准确。这一谣谚，收在《中国近世谣谚》之中，是北京出版社 1998 年出版的。而《中国近世谣谚》中这一条，是转引自五知《堪隐随笔》，该随笔载在 1943 年 2 月 16 日上海出版的《古今》半月刊第 17 期。一直在写关于十三行小说的好友于力，在读到这一篇谣谚后，即复印寄来给我，称你们谭家果然在十三行中名不虚传。

只是，如今十三行后人，已无一人从商，仿佛有历史的咒语，落到这批人身上。不，与其说咒语，不如说历史创伤好了。这有潘家、谭家、梁家为证。据老人说，直至 20 世纪上半叶，谭潘两家作为世交，始终有很密切的往来。而今，笔者与潘刚儿，也同在华南理工大学执教，也算是个巧合吧。

关于谣谚，还可以有多种阐释，但这么一变，原先的溢美之词，则变得污秽不堪，臭不可闻了，从"虎豹龙凤"落到了"狗"来押韵，由"江淮河汉"转化成为"沟"，是怎样的一个历史的嘲讽？

前后谣谚的演变，当还可以引出更深层的思考，同时，也可以作出很多式样的解释，对行商评价的跌落，还是行商命运的跌落，都一言难尽。

不过，这也就不难解释，十三行后人为何如今不见一人"子承父业"去经商？大都去从事文教、钻研科学，不再涉足商途。

从谣谚的演变，我们可以看到传统之顽固与可怕，同样，也可以看到当时一部中国近代史的曲折。

我们必须在这里强调，当年十三行行商，在抗御列强野心上，是功不可没的。正是他们，率先仿制了火轮船，仿制了水雷，这无疑是一大创举。

魏源在《海国图志》里谈到"议守"之策说："或仿粤中所造西洋水雷，黑夜泅送船底，出其不意，一举而轰击之。"是克敌制胜的办法之一。

他提出"宜师夷长技以制夷",主张在广东虎门外之沙角、大角二处,建造船厂和火器局各一所,请美国、法国"各来夷目一、二人"。

可见,十三行行商仿制西式夹板船、火轮船与水雷,引起了魏源的高度关注,并对此作出了总结与理论上的提升。他最著名的观点"师夷之长技之制夷",无疑是受这些举措的启发而提出来的。在这个意义上,十三行行商在引入当时世界先进的物质文明乃至精神文明上,无疑也是先知先觉先行者。

可有谁曾这么说过?

当十三行被烧毁在熊熊大火之中,我想到古罗马被攻陷,让野蛮人恣意蹂躏时,一位大诗人写下的一段诗:

> 当最灿烂的光芒熄灭了的时候,
> 当罗马帝国的头被砍掉的时候,
> 说得更准确一些,
> 也就是当全世界在一座城里灭亡的时候,
> 我片语全无,张口结舌,
> 感到空前未有的侮辱。

是的,凭什么,十三行当遭到如此悲惨的命运?而蹂躏它的,却是自称为"文明人"的、荷枪实弹的入侵者,他们是为了维护他们贩卖毒品鸦片的罪行而来的,他们业已以赎城费的名义,索取了广州600万鸦片的赔偿款,后来,在《南京条约》上,又重复再索取同样是600万鸦片的赔偿款,不可不谓贪得无厌,那么,在以鸦片掠夺了中国4亿银洋之后,他们的血盆大口当张有多大?

据史料所载,列强们仅以赔款名义取得的财富最后达到了10多个亿。而他们,仍没放过十三行。

《南京条约》中,专门有一款,便就是废除在广州实行的行商制度。表面上看,这似乎是逼中国敞开对外贸易自由之门,但深层内容,唯有历史方可以作出解读。

本来，广州的十三行，在明代、清康熙年间，并不存在"一口通商"，它与明州、泉州等几大港口，一同承载有对外贸易的功能。所以，"五口通商"，再开放几个口岸，也不存在置十三行于死地的理由。那么他们为什么非视十三行为眼中钉，肉中刺，非拔除而后快呢？

而行商制度，"公行"的废兴，也早几起几落，禁烟不禁商，是包括林则徐在内的一批有识之士的共识。十三行商人坚拒鸦片入口，这才是侵略者心腹大患——历史，远非 1 + 1 = 2 那么简单。

众所周知，虎门销烟，令鸦片贩子们恼羞成怒，在由维多利亚女王参加的一场异乎寻常的国会辩论中，深知鸦片商利益的外交大臣巴麦尊高是这么说的：

> 中国方面的无礼，给了我们一个战争的机会……这种机会也许以后不再会有了，稍纵则逝，我们千万不可轻易放过。

纵然为利益驱动者占了上风，但仍有议员并未丧失良知，他们亦竭力加以阻止，指出这是一场让英国蒙羞的不义之战，当时的知名学者蒙哥马利·马丁更尖锐地指出：

> "奴隶贸易"比起"鸦片贸易"来，都要算是仁慈的。我们没有摧残非洲人的肉体，因为我们的直接利益要求保持他们的生命；我们没有败坏他们的品格，腐蚀他们的思想，也没有毁灭他们的灵魂。可是鸦片贩子在腐蚀、败坏和毁灭了不幸的罪人的精神存在之后，还杀害他们的肉体。

还有一条，那便是把一个富裕的大国掏空，鸦片贸易的 4 个亿，所谓赔偿的 13 个亿，足以让一个国家成为"东亚病夫"！

如果说，马尔戛尼来中国，是对中国认识的一个根本性转折，不再视中国为一个国家，只当做市场与侵占的殖民地，那么，以道光上台（1821年）为界，也就是那场十三行大火（1822年）为界，中国的外贸由于鸦片逐年大批数上升，从出超转为入超。如1812年即嘉庆十七年，出超仍有240万银洋，可自1823年至1831年，每年外流的白银，竟达到1700万—1800万两。

我们不妨使用西方学者提供的数据：自1700—1820年，即康熙三十九年至嘉庆二十五年期间，中国的经济总量（GDP）仍居世界的第一位，即四分之一至三分之一，具体为占世界的23.1%—32.4%。换句话说，这正是西方殖民者垂涎已久的目标。

一个大帝国是怎么被摧毁的？当然，内在的腐败、保守、冥顽不灵固然是一个重要因素，但外来的腐蚀、侵略与掠夺，却那么触目惊心。而1820年发生的外贸逆转，经济总量之骤降，鸦片无疑是起到了"扭转乾坤"的力量。

这并不是重复已往有过的僵化结论。历史，每每有很多惊人的相似。

十三行，之所以成为"一口通商"之首选，自然与广州这个世界著名的海洋贸易大港分不开。乾隆年间，由多口通商转为"一口通商"，当然有"政治"上的因素，有具体事件的触发——如洪任辉事件，之所以未回到绝对的"禁海"，也同样有诸多原因，也不单纯为了王朝对奢侈品的需求。

而中华人民共和国成立之后的"广交会"，也曾被视为"一口通商"。可这回的"一口通商"，其背后的历史因素，更是有相似与不相似之处，细细作出分析，当有无数的慨叹与感悟。

几天前，徜徉于芭洲的广交会新馆，绵延达几公里的展区，在世界上也属罕有，如同当年珠江畔的十三行馆，也曾令世界上的商族惊叹。这样的规模，这样的气势，哪怕早个一二十年都不敢想象，可我们的改革开放，到今天也只能算是开了个头，才三十来年光景。试想一下，延续几百年的十三行，对当日的世界，又当是怎样的亮丽风景?!而改革开放，打破了"一口通商"，非但没让广交会萎缩乃至消失，反而愈加兴旺发达——这与当年列强迫清政府"五口通商"，其历史逻辑又当怎么描述？

当年，是令十三行灰飞烟灭！

今日，却让广交会展翅腾飞！

原先在海珠桥头一侧的广交会，迁至火车站近侧，其规模已扩大了10倍，而今，再在琶洲建新馆，何止又一个10倍呢？广交会没有因为被剥夺"一口通商"的特权而消失，反而日益壮大起来，广东对外贸易总量，依旧成倍增长，到了今天，仍占全国总量的三分之一，并没有被取代，更不曾被取消。

有人说，十三行消失了，五口通商了，是加速了近代史的进程。其实，把这说成为如此简单的因果关系，实在是大谬特谬。反过来，我们是否也可以这么说，十三行存在时，中国GDP仍占世界总量的四分之一至三分之一，而后，一落千丈，至今还没回到二十分之一，那么，这是加速还是坐了倒车；还有，我们的外贸，十三行时，都是出超，而十三行后，大量白银外流，国已不国；再有，十三行之后，鸦片竟成了合法的进口商品，愈加肆无忌惮残害整个中华民族，败坏整个民族的体质，这也可算是"贸易战争"么？

长期以来，西方并不承认这是一场肮脏的鸦片之战！

如果十三行不是这么被摧毁的，如果十三行行商以谙熟的国际规律去对付签订《南京条约》的侵略者一方，如果十三行如广交会一般，成为推动外贸开放的一个基石、一个示范，那么，中国当日的历史就不会落到那般丧权辱国的地步。

历史是一面很好的镜子。只有置之于更广阔的历史背景上，只有以今日广交会的命运来观照，我们才可能重新认识十三行的价值，十三行所不应招至的命运，十三行有可能继续发挥的作用——即便到了一个半世纪后的今天。

凭此，我们可以说，十三行，正是这么一场不义之战的牺牲品。是内、外一致的合力，摧毁了十三行。外，是帝国主义列强，掏空了中国的财力进而剥夺了以十三行为代表的新兴商人阶层的兴起、发展的机会，阻碍了中国资本主义的正常发展；内，是封建势力与列强相矛盾相勾结利用形成的力量，延缓、阻滞了中国封建社会经济的最后分解，从而不能见容于十三行的发展。

当我们回首十三行商人早已融入国际资本动作，甚至在欧美投资，当我们追溯当日在他们周遭业已产生的启蒙主义思潮，尤其是商人作为新兴资产阶级一分子有可能规模地出现之际，突然招至如此巨大劫难，当怎样去思考这一部历史？

是的，从长远的历史角度上来考虑，十三行凭什么要遭到如此残酷的命运？在新生之际遭到了灭顶之灾？

神话消失了，但神话所代表的族群精神比神话更为久远与顽强！

这便是十三行的遗产！

而今，十三行的首富伍家，尚未见有研究专著出现。诚然，关于伍家的史料比比皆是，只要有史识，就不难做出一部既大气又很有历史深度的煌然巨著。但是，我们对这一家的认识，时至今日，似乎还很难写出历史的本来面目。近来对其最公正的评价，也只是"附冀西方资本"一语——对这样的评价，我们当如何解读？

毕竟，中国改革开放至今，已经30年了，外贸依存度达60%，但人民币尚未可自由兑换国际货币，当然，这对我们规避国际金融风险发挥了作用，却也证明我们并未完全融入国际经济贸易的市场运作之中，我们的改革开放仍有很长的路要走……而在一个半世纪前，伍家就已经谙熟国际资本的运作，在美国投资了。仅太平洋铁路的投资，每年便可获得20余万两银子的利息。

因此，两次鸦片战争之后，十三行荡然无存，十三行行商，包括名列榜首的潘家也最终衰微，而伍家仍在一次又一次被清政府、被列强盘剥几百万两银子之后，依旧在惊涛骇浪中顽强前行，以至有一句话流传至今，"诸行多衰落，伍氏巍然存。"

又何止是一句话留下来呢？伍氏的产业，迄今在香港，不算顶尖，却仍不可小看。不久前，伍家拍卖了一家银行，价目是40多个亿。

可见，这一个半世纪，中国与世界，已经过了多少番历史巨变，而伍氏仍如一个半世纪前"巍然存"，这不能不说是一个奇迹！

仅以中国而言，两次鸦片战争后，洋务运动、甲午海战、百日维新、辛亥革命、五四运动、抗日战争……以世界而言，则有美国的南北战争、日本明治维新、第一次世界大战、俄国十月革命、第二次世界大战、冷战……伍氏转移几处，最后到了香港，当然，别处亦有他的产业，这一百多年的刀光剑影、风吼雷鸣，始终巍然不动，未毁于战乱，亦未亡于内耗，实实不易也。这当是经济学家，也是社会学家所关注的重大命题。

笔者不久之前在广州图书馆作十三行的讲座，不期与伍家后人相遇，也欣闻已有人着手写伍家的书了，但愿能真正彰显伍家在这几个世纪中的过人业绩，不为流俗所左右……

平心而论，当年在十三行中，伍家在所有的行商中，当是高瞻远瞩的，诚然，如潘家，也同样具有世界的视野，堪称国际级的巨商，但是，潘、谭、梁等家，却最终"归儒"而弃商，承受了历史的创伤。独有伍家，早早找到了"开放"之路，当异乎常人。这在当日，不独是眼光，更是一种胆略，敢于冒险的胆略，以至落下那么多的"话柄"让人诟病。这自是另一类"创伤"了。

在中西文化发生接触乃至冲突中，十三行行商们无疑是从自己的实践中，找到了双方协调、理解的钥匙，但这却不会为自以为天朝上国的清廷所接受。然而，一旦战事发生，腐败的军队连连败退，清廷却又想到了他们，一方面是想到他们有钱，逼他们来付给外国的赔款；另一方面，亦想到他们谙熟洋务，在与外国谈判之际，多少可以减少一些损失，少丢一些面子。

《南京条约》签订时便是如此。

清廷派出了耆英、伊里布赶到江苏，与英方联系，其时其舰已直逼长江口，无论朝廷还是地方上的官员，乃至将军，均已经对战争失去了信心。盛京将军耆英，本身就是主和派，派他去无非是讨好英方。而伊里布则是善于实行"抚"的政策，并已博得英人好感——在这之前，英军到达浙江海面，当时在浙江的钦差大臣伊里布根本就没有作打仗的部署，不仅向英国人求和，还应英国人的要求，向定海居民发告示："务须各安耕读，自保身家，如果夷人并不向尔等扰害，尔等亦不复行查拿也。"完全的卑躬屈膝，一副洋奴相，遂使英军移师广东。从而让道光皇帝把林则徐革职，广东海防遭到重创……而后又沿海北上。

当耆英、伊里布赶到时，英军并不买账，直到他们越过江阴炮台，攻陷镇江，开进南京的下关，才同意和谈。而这时，他们才想到十三行行商——与洋鬼子打交道，还得靠他们。于是，他们立时上奏道光皇帝，请从伍家："择其明干能事者一二人，随同襄办。"也就是说，务必有伍家的人参加，这个谈判方可进行。

所谓"明干"，当是指通晓夷务，了解对方的心理，以作应对，否则，蒙查查，墨墨黑，对方不把你勒索个油尽灯灭才不罢休。所谓"能事"，便是善于斡旋，起到缓冲、调节的作用，也不至于遭到凌辱，能少赔则少赔。这一奏折，还包含别的用意否，也难说。

让十三行商人当挡箭牌，实在是谈输了，赔大了，也当有了"替罪羊"，于他们无干——这一想法，不可排除。反正，这两位主和派想到了伍家。于是圣旨一到，伍家不得不派人。

伍秉鉴年事已高，行走不便，濒死之人，岂可再受辱，而派儿子去，似乎又太嫩一点，当然，儿子也早已涉足夷务，自己也没少言传身教，但总归一个不放心，谈判虽处下风，但也别让洋鬼子唬了！于是，又让"同顺行"的吴天显陪同。二人星夜兼程。

没有圣旨，他们也当助谈判一把，至少，英国人已在广州索取了 600 万银子来赔偿鸦片款，只要赔了，他们就退出广州，600 万便用来赎城。而 600 万中，伍家就出了 100 多万，行商一共便出了 300 万。而这回，英国人又少不了要赔什么鸦片款的。

赶到半路，又传来道光皇帝的圣旨：

广东洋行商人，江苏地方无可差遣之处，无用前往。

他们一下子愣了。这皇帝又听到了什么谗言，对付英国人，在广东还是在江苏，不一回事么？是怎样一个思维逻辑在起作用。

不过，道光皇帝的圣旨也没用了。因为此刻，丧权辱国的《南京条约》已经签下来了。耆英、伊里布已等不及伍家的人到来，他们二位，加上两江总督牛鉴，生怕英国人生气，急急忙忙全部接受了朴鼎查提出的和约条款，不敢提出任何异议——本来已赔了600万银子的鸦片款，在南京又再赔上一次，他们也不敢异议，哪怕让他们吃屎，大概也会被叫做"黄金宴"了。

消息传来，伍家只能跌足长叹。

自然，《南京条约》这一可耻的城下之盟，开了这代史，不，整个中国史上加在华夏民族头上的不平等条约之祸首。这回是2100万两银子，以后，则累积到13亿两了！而当时清政府的库银，仅700万两。少不了又让十三行行商们贴上。这回，伍家又摊了上百万两！

中国的财富就这么大量地汹涌地流到了西方列强，使它们暴富了起来，迅速地实现工业化、现代化。而中国，则在此期间，财富急剧萎缩，由占世界的四分之一至三分之一，跌落到十分之一、二十分之一，只能任人宰割，走向工业化、现代化步履维艰，反过来只能向西方举债，而西方又凭此扼住中国发展的咽喉。

伍家虽然在一次次的赔款中被盘剥了几百万银子，但他由于积极投入了国际资本的运作之中，也就不曾被连根拔起。

及至十多年后第二次鸦片战争，清廷仍旧把伍家的人叫到上海，参与《中英通商章程善后条约》的谈判。

岁月退递……十三行消失了，沙面的租界出现了，说是用那600万两银子建起来的。外商来到广州，却找不着北。他们说，我们"每个人都已习惯通过行商进行贸易，开放以后，商人们随时准备欠债不还，一切都无章可循，它不像旧的公行制度那样令人喜欢，在我们的交易中再也没有同样的安全感"。

其实，无论是十三行行商还是外商，当年在反对"公行"制度上当是站在一条战线上的，以至潘家喊出"宁为一只狗，不做洋商首"的话来。而现在，公行没了，十三行也同样没了，他们为何反而惶惶不可终日了呢?

历史就是这么奇怪。

我曾用过"十三行反十三行"来概括这一历史现象。

也就是说，作为民商或私商的十三商行商身份，起来反对作为"公行"的十三行，所以，无论潘、叶，还是其他行商，都宁愿花巨资，辞去公行首领的职位，这不独独是怕负责任，两头受气……

而鸦片战争，摧毁的不仅仅是作为"公行"的十三行，而是谙熟国际自由贸易行规，有雄厚私人资本，具有某种民族产业性质的民商性质的十三行——正是这些行商中硕果仅存者，有的如伍家，仍守住了国际自由商人的身份，把资金投向在林肯总统率领下，正蓬勃向上的美国，有的，则如吴健彰，以及徐家的后人中的徐润等，成了洋务运动的弄潮儿。但是，他们的绝大部分，则不再涉足商界，太深刻的历史创伤，让他们只能另找生路了。

后一个十三行的毁灭，才是最沉重的历史悲剧，是中国自由商人被扼绝在襁褓中的大悲剧。

海國商道
H
AIGUO SHANGDAO
——来自十三行后裔的历史报告

下篇

文章新岁月，
涕泪旧山河。

——潘飞声诗

一个民族的集体失忆

在《千年国门》中，有这么一段话：

在广州，人们是这么说的，十三行一夜消失，却成就了上海的南京路。广东商人一下子全到了上海，在上海开埠最早的正是十三行的人。

其实，南京路正式定名于1945年，即十三行大火之后三年，这里面并没有多少必然的联系。只是，南京路上商馆，大都为广东人所开，却也是不争的事实。说"一夜之间"，此消彼起，当然是高度的概括，也反映了，在19世纪中叶，由于西方列强的入侵，五口通商，广州是如何与上海易位的。而久为海洋文明熏陶的广东商人，又如何看准了上海潜在的发展的可能性，作出了新的，也是历史性的选择。当然，他们早在十三被烧之前，便已开始作了"战略转移"，这在前边业已提及了。

不管怎样，"十三行"是一度作为广州的一个"风水宝地"，在中国的外贸史上写有其辉煌的一页，中国曾从这里走向世界，世界也从这里认识中国。在南中国海的"双城记"中，担任了一个无以替代的重要角色。

假如把南京路作为"十三行"一个支脉的延伸，那么，我们甚至可以说，后来勃兴的香港，尤其是一直到今天更兴旺发达的转口贸易，不正是放大了的"十三行"么？香港，从整体上取代了广州的十三行，并把它扩大了百倍、千倍、万倍！香港今日外经的功能、规模，更是十三行所无法比拟的。

这里，仅以一位曾在上海当过道台的知名人物吴健彰为例。

早在道光二十三年（1843），实行五口通商，上海这昔日的小渔村，迅速成为外贸重港，广州虽说仍还是重头戏，可上海的上升却已毋庸置疑，吴健彰正是看准了这一机会，决计在上海搏上一把。而这一年，他已获选郎中，江苏即补道职衔。他是商道、官道全走。到上海后，除经营丝茶贸易外，亦勾结贩卖烟土的潮州帮，并投资美商"旗昌洋行"，成为七大股东之一。据传，他当上上海道之后，西方商人对他仍然"见辄呼其行次，拜会不分旦夕"。

道光二十八年，他参与处理"青浦教案"，那是漕运水手痛打英国教士麦都思引发的事件，以"媚夷"终得官位，一度护理上海道。到咸丰元年（1851）实授上海道，同样以"私番"出名，成为了江南官场中难得的"夷务"人才。

咸丰三年（1853），上海发生"小刀会起义"，与太平天国革命相呼应，起义首领是刘丽川。刘初到上海时，当过"旗昌洋行"买办，从事丝茶交易，吴健彰请他办理过关税。起义军占领了县城，吴健彰也被抓了起来。幸而刘丽川还念同乡故交之情，没有杀他。吴健彰指天发誓，不与义军为敌，刘丽川也就宽大为怀，放他一马，默许他潜逃。几天后，在美国副领事金能亨一手策划下，美国、英国各有一人入城，把他乔装打扮成商人，越过义军的警戒，在城墙上放绳下来逃逸。

只是这家伙背信弃义，出卖了中国海关与外国居留地的主权，确立了近代中国海关税务司制度与租界制度，从而换取了西方列强出兵助剿起义军，与太平天国及小刀会为敌。只是他很快又因办漕运得罪了浙江巡抚黄宗汉，未等起义军被镇压，他已因赃私狼藉、通夷养贼等罪名，被咸丰皇帝降旨革职拿问，后发往新疆赎罪，却又被留在江南大营协助镇压太平军。咸丰九年，他结束了在江南亦官亦商的生涯，返回广东香山原籍，寄居澳门，度过了余生。

在《广东十三行考》中，有专门的"同顺行"一节，"考出吴天垣原名吴健彰，按粤人俗呼吴天垣'卖鸡爽'，吴氏或本'鸡栏'中人"。即早年以卖鸡为业，道光十二年开设"同顺行"承充行商。道光十四年，他仍居 11 位行商之末；十八年，升至第九位。而到鸦片战争爆发，该行财力已名列前茅。及至道光二十四至二十五年，一位到过广州的美国人参观后称，其"同顺行"已成了仅次于伍家的商行的大茶行。而这时，吴健彰已踌躇满志到上海当官了。

至于其他十三行商人，在官、商二道上，倒是没他这么出名，最大的两家潘、伍，都已势微，后人亦各奔东西，或奔仕途，或兼画师，不再涉及商务，只是历史加载在十三行商人身上的重负，竟成沉疴，左右了他们日后的发展。而作为吴健彰这样后期跻身于十三行并充当行商的"暴发户"，颇有不顾一切进行原始积累的意味，没有老十三行行商所恪守的道义、诚信等观念，毕竟时势不同了，"买办"的意味更浓得多，成了十三行商人中的一个异数。上海关于吴健彰的文章不少，是褒是贬，各有说法，但在广东民间的评价，却是颇为辛辣的。

那是在布衣的《澳门掌故》中载下的一桩民间传说。讲的是清代，澳门有一位富商，其祖先均为邻近的乡里。此人以洋务发迹，捐了个上海道，由于搜刮过分，把权臣也得罪了，被参上一本，将他充军。

可这家伙鬼滑得很，请其幕僚作了番设计，贿赂了能说得上话的官员进宫，说这位上海道罪大恶极，只可以遣戍红黑海飞沙关，与鬼卒为伍，以示惩戒。结果真的把他充军到了如此恐怖的地方。

其实，这个"恐怖之地"却是澳门关闸，因为那里海水的颜色，一边为红，一边为黑，其地又多风沙，所以被叫做红黑海飞沙关。由于澳门在鸦片战争后期为葡萄牙趁机强占，驻有葡兵，人们都称之为鬼卒。

凭此，可见这位上海道狡猾之至。

毫无疑问，这说的正是吴健彰，因为香山富商，清代办洋务起家，当上上海道的，除他并无别人。

这则民间传说，反映了老百姓对这位买办的基本态度，首先是憎恶、鄙夷，而后亦不无调侃，当中包含的历史文化信息，则可以作多层剖析，包括对殖民者或侵略者的愤恨以及与"鬼卒"为伍的买办的轻蔑。

这与对潘氏家族等十三行商人的评价截然不同。

章文钦有过一篇《从封建官商到买办官僚——吴健彰析论》的文章，内中不乏中肯的论述，有兴趣者不妨找来一读。这也是十三行商人后来的一个去向，未必典型，况且这位吴健彰亦在上海迅速为后起的买办绅商杨坊及买办官僚吴煦、薛焕所取代。

只是有一条，如把十三行商人简单划入封建官商的行列，也未必准确。这也是十三行商人身份尴尬之处。

问题是，需要这种身份的确定么？

除开吴健彰外，作为十三行的后人，有一个人，在洋务运动中是无可回避的，这便是徐润，香山人。

他的两位伯父，都曾在十三行中当过洋商。十三商消失后，他们也随大流去了新开埠的上海。徐润就是跟随伯父去了上海，早年在上海的英商"宝顺洋行"当买办，后来有了一笔身家，便自己开了个"宝源洋茶栈"，并一直开到了浙江、江西、湖北、湖南，各个分号的生意都不错。

可对他发达的商业头脑而言，这都是"湿湿碎"（粤语，毛毛雨之意）。

他记住了在"宝顺洋行"工作期间，洋行大班韦伯给他的启发。

上海刚刚开埠，并且将迅速取广州而代之，商机比比皆是，有目光的商人，当看准赢利最大的房地产。对于一位新兴的港埠来说，没有比扩张更要紧的，上海周边的地方，都会演变为城市的一部分，投资房地产，是必有巨大的回报。韦伯是这么预测的：扬子江路至十六铺地最妙，除此以外，南京路、河南路、福州路、四川路等可以接通，新老北门一直到美租界各段地基，你有一文钱就可置一文的地。

徐润当时心中怦然一动，不久，即与伯父徐钰亭斥资 4.8 万两银子，合伙购下了余庆里的一处地产。但价格并未立时上涨，伯父动摇了，他仍耐心等待。

十三行消失后仅 10 年左右，清同治七年（1868），他把获得的最大资金，果断投入了房地产。一如历史所记录：

> 1883 年，徐润在上海购置了大批的空地，其中有 2900 多亩土地尚未投入建设，320 多亩土地已建成房屋，其中洋房 51 所，有 222 间的房屋，当房 3 所，楼平房街房 1890 多间。徐润在这些房地产上投入了 223 万多两银子，每年收回的租金达 12 万多两，成为上海滩名不虚传的"地产大王"。

几年间，让人刮目相看。

徐润的盘子愈来愈大，他从西方得到启示，要通过招投合办的形式，组建上海最大的房地产公司。他的算盘是："每股本银十两，集 400 万两之大公司"。野心不可谓不大，不过，他前期"先收股本 200 万两"，一步步来。一位在上海的英国朋友顾林，立即作出了回应，找到了他，说自己可以把在伦敦的房产作价 200 万两，向银行抵押期限 20 年，帮助他实现这一宏伟计划。可惜，这一"中外合资"的计划，终因顾林回到英国，得了精神病而告吹。

徐润宏愿不改，决心单挑，他向与公司有业务关系的 22 家钱庄借款 105 万两银子，又把股票、洋行房产等抵押贷款近 115 万两银子，终筹得 250 多万两银子。

谁知天有不测风云，中法战争爆发，上海引发了金融危机，商号、钱庄连连破产倒闭，讨债人络绎不绝而来，他不得不把手中的房地产，以贱价脱手。本投入成本 300 多万两的，只能以 200 多万抛出。上海青云里、靖远街、元芳路等黄金地段的房产，原先一直看好，待价而沽，这时只能忍痛以低价售出。在珊家园、怡和码头、盆汤弄、吴淞路等处近 3000 亩地，也只好低价 107 万两售出，这回，他几乎连本都赔光了。

但他并不气馁，不久便又东山再起，转而投资矿业。

这次是唐廷枢所邀，他去了唐山。可他仍关注房地产。1887 年，在办唐山矿务之机，他又不惜变卖家产，在北方投资房地产业。在就近的圹沽车站、元津、滦州，他陆续购置地产将近 2000 亩，以低价进，一旦有利，便"得利沽去"，只在天津租界炒卖地产，便获利二三十万两银子。至于塘沽车站两边购地建房 500 多间，光出租收息，获得便很可观。至 1890年，他又与唐廷枢等人合资，在广州置地，建码头，成立广州城南地基公司，要建大型商场。

在这之前，他与唐廷枢均是上海轮船招商局的主要领导人，并且成立了中国人最早的保险公司，于 1875 年 12 月，在上海成立了保险招商局，第二年，又在上海成立仁和水险公司。1878 年，再成立济和船栈保险公司……由于经验不足，章程也不完善，自然也经历了不少波折，更在外国保险公司的恶性竞争中处于劣势……然而，也正是在这种大起大落中，徐润成为了中国近代史上著名的大买办、大商人。十三行的血脉，令他在日后中国国力衰微之际，仍支撑起一方天地。

晚年，他在上海静安寺附近，斥巨资建了一座私人别墅，其架构则是江南私家园林式的，起名为"愚斋"——这是他的别号。而"愚斋"所在的街道，后来也被命名为愚园路。他几乎同时也在香山老家北岭村（今属珠海市）建了同样一座"愚园"，命名为"竹石山房"，亦称"愚园"，占地 20 亩，"园中修竹蔽日，假山留云，亭馆秀丽，翠色清幽"。固然不可与潘家宏大的"海山仙馆"媲美，却不乏精致、清幽。

他还在园内为自己建了一间生祠，楼下挂了自己的肖像。

园北，则是他的墓地，有荷塘、蓬池、水松，还有石拱桥、石狮、石羊、石马、石人，并立有华表。人道他死后仍享受其生前的荣华富贵。

耐人寻味的是，"文化大革命"中，他的墓被人炸开，当棺枢被移出、打开时，里边却只有他的衣物，是个衣冠冢。

他的肉身葬到哪里了？他生前忧虑了什么？他为何这么做？只因中国商人，大都不得善终么？

于是，无论上海，还是香山，他留下的只是"愚园"。愚谁？愚历史么？愚后人么？莫非他早已预计到，连留下的墓冢，也有"文化大革命"的一劫么？

不知炸开他墓地的人，面对只有几件衣帽的棺椁，当做何感想？

"漆园之忧，在万世之后"，庄子对人性的悲观，遍被他的著作。而"愚园"之忧，竟在百年之间。

徐润并不曾似其他十三行后人的弃商从文，或从事其他事业，可他内心的创伤，却仍留给了后人，并以他空空的灵枢昭示后人。

商人，莫非在这东方的土地上，永远修不成正果么?！

曾经在中国海洋贸易史上，甚至在中国商业史上显赫一时的十三行商人，历明、清二朝，留下了无数可圈可点，乃至可歌可泣的业绩，可他们却与几乎同时代，亦一般辉煌的晋商、徽商，一同归于了寂灭。后人提到粤商，每每只是从张弼士、陈宜禧等侨商算起，而这一批粤商，大都是鸦片战争之后才出生的。也就是说，从十三行商人到后来的粤商，当中发生了巨大的断裂，并没有把二者联系起来。尽管十三行商人成了外国一部被视为最长的博士论文中的主要研究对象——那篇论文长达400万字，题为《中国与西方：18世纪的广州对外贸易》，作者为法国高等试验学院路易·德尔米尼，但在整个20世纪的中国，却鲜有人关注。最令人扼腕的是，甚至是十三行的商人的后裔，包括首富之家的后裔，都根本不知道自己的祖先曾是十三行行商。如我多次提及的我所在的华南理工大学的教授潘刚儿，都快年过半百了，才在一个偶然的机会看到若干资料涉及自己的家族，往上追溯，方才发现祖上却是有名的潘启官，而后，方利用退休后的时间，从事十三行的研究，写出《潘同文（孚）行》一书来。而他如今从事的专业，却与商业无半点关系。至于笔者本人的父亲生前一字都没提到自己是十三行的后人，而他则一直从事地质、规划与建筑设计，专业也与商业无关，且一辈子都不曾流露出任何商业意识。而笔者，也在年过半百前，对祖上为十三行商人一事一无所知，一直从事文学创作（也没写过商业事务及商人），在大学教书、搞科研，改革开放这么多年，外边闹哄哄的"八亿人民七亿商"，纷纷下海之际，我却一直苦守书斋的清寒与冷寂，不为所动，即便今日，也绝无所谓的商业头脑。

同我们的情况相类似十三行行商的后人，可谓比比皆是，否则，今天当有更多的后人出来追溯往事，续修家谱。只能这么认为，他们至今，也未必知道自己是十三行的后人。

如果我们以涉足十三行并充承过行商的户数计算，当有上百乃至数百家，两个世纪过去，其后人当有数万之众。何止潘刚儿与我呢？或伍家、叶家等呢？当然，还是有知道的，现在也正在联系，但仍很少、很少。

我们面对的是一个民族的集体失忆。不仅仅是一个一个家族的失忆，也不仅仅是一个地域的失忆，而是整个民族的失忆。

不仅仅是族谱上的失忆——商人并不光彩，族人修谱未必会记载下来，也不仅仅是方志上的失忆——它可以记录下众多的贞女与贞节坊，却决不会给商贾留下一页，也更不仅仅是史书上的失忆，因为那只有帝王将相可以入册，绝无殖货者的位置。

但在司马迁那个时代，在他写下皇皇巨著《史记》时，却是少不了《货殖列传》的，可见那时，对商人尚没多少歧视。及至唐宋盛世，对商人也同样不曾有太多的贬抑。而这种"集体失忆"，当是从明清开始的，一边在发生，一边即失忆，十三行就是这样的命运。

这种失忆，不是对一个历史事件，或者对某一个历史群体的失忆，而是从根子上，即在观念上的彻底的失忆。当历史上某一事物的存在，于思想观念上被彻底消除了，这才是真正的、最后的失忆。

一切历史都是思想史，当思想也被失忆之际，历史也就不存在了。不过，思想只会因被扼杀才会发生失忆，刀兵、烈火对思想历来是无济于事的。所以，应是这漫长的十三行后的岁月，由于历史风云的变幻，几经颠簸，几经折磨，自唐宋以来的一直处于上升状态的商品经济，也就在清代对十三行的夹击中被扭曲与箝制了，正义的呼声变得非常微弱。

也是十三行之后几十年，著名学者，中国启蒙先师严复方说：

　　盖方禹之功，不过能平水土，俾民奠居而已。言稷之功，不过教民稼穑，免基沮饥而已。实业之事，将以转生货为熟货，以民力为财源，披之以工巧，塞一国之漏厄，使人人得温饱也。言其功效，比隆禹、稷，岂过也哉。

　　在当日，已属惊世骇俗之言，今天听起来，可能在许多人仍觉逆耳：怎么，把兴实业的商贾，当做了禹、稷等先皇圣人，太过分了吧？

　　但历史总是以它视野的开拓来显示公正的。沉滞的封建社会，也许只能有王朝更迭的记载。随着历史视野的扩大，人们不难看到，更多人都被卷进了历史，并创造了历史。当一代伟人孙中山在 19 世纪末与 20 世纪初崛起之际，著名革命家、壮烈蹈海的陈天华就已说过："泰西革命之所以成功者，在有中等社会主持其事；中国革命之所以不成功者，在无中等社会主持其事。"这段话，则已在呼吁中国的实业家、大商人争取自己的独立地位，以身系革命成败的气概迈向时代的前列。

　　然而，真要这样，又谈何容易?!

　　连十三行的后人，也早已退避三舍。

有"十三行遗嘱"么

十三行行商的后人到何处去？这是不少记者采访我一再追问的。

潘刚儿的回答是，无论潘家、伍家、梁家，还是谭家，其后人几乎全是知识分子，在欧美及国内大学中卓有成就。不为什么，是因为前辈不再把钱花在商业上，而放在子女读书上，潘家的后人，如今大都在欧美任教，商业资本成了知识资本。这自然是一种转换。

这里，笔者当回答前一章的问题：为何不能把十三行商人简单划入封建官商的行列？

这里，我们先找来"同文行"潘有度的诗文，叫《西洋杂咏》，计20首，细细品味一下。

《西洋杂咏》二十首

中信论交第和关，万缗千镒尽奢悭（华夷互市，以拉手为定，无爽约，即盈千累万皆然，既拉手为名"奢忌悭"）。聊知然诺如山重，大古纯风羡百蛮。

客来亲手酌葡萄（客到饮葡萄酒不饮茶，酒皆葡萄酿成），响彻玻璃兴倍豪（每饮以碰杯为敬）。寒夜煨炉倾冷酒（夷人皆饮酒，冬夏皆然），不知门外雪花高。

缱绻闺闱只一妻（夷人娶妻不立妾，违者以犯法论），犹如举案与眉齐（夷人夫妇之情甚笃，老少皆然）。婚姻自主无媒妁（男女自主择配，父母皆不与闻），同忏天堂佛国西（合卺之日，夫妇间同携手登天主堂立誓）。

生死全交事罕闻，堪夸诚悫质于文。素衣减食悲三月（夷人丧服周身上下无色，父母妻俱服期年，朋友服三日），易箦囊赠一分（夷人重友谊，临终分财，友亦与焉）。

金藤一丈绕银壶（夷人吸水烟银壶，注水若高二尺，烟斗大如碗，金饰藤管长一丈余，内载糖和烟叶，用炭烧），炉热熏烟锦上铺（以锦铺地盛银壶）。更有管城分黑白（口衔火烟如笔形，黑者烟叶卷成，白者纸裹碎烟叶），无人知是淡巴姑（烟叶产自吕宋国，名"淡巴姑"）。

头缠白布是摩卢（摩卢，国名，人皆用白布缠头），黑肉文身唤鬼奴。供役驶船无别事，倾囊都为买三苏（夷呼中国之酒为"三苏"，鬼奴岁中所获，倾囊买酒）。

拌将性命赌输赢，两怒由来大祸成。对面一声枪并发，深仇消释大轻生（夷人仇深难解，约定日期，各邀亲故知见，各持鸟枪，入铁弹，对面立定，候知见人喝声，一齐放枪，死者不用抵偿，如不死，冤仇立解。永不再斗。以示勇而不怯之意。）

养尊和尚亦称王（澳门大和尚俗称"和尚王"），妇女填门谒上方（澳门妇女日临大和尚寺，跪求忏悔）。斋戒有期名彼是，只供鱼蟹厌羔羊（葡萄牙等国，逢彼是日斋戒，只食鱼蟹海错，不食牛羊。斋戒期名"时亚彼是"，"里亚"日期也，"彼是"鱼也）。

恫鳏胞与最怜贫，抚恤周流四序均。岁给洋钱过百万，途无踝丐忍饥人（外洋各国，岁敛洋钱百余万元，周给贫民，途无踝丐）。

戎王匹马阅齐民（外洋国王出巡，只单骑，不用后侍从），摘帽同呼千载春（外洋以搞帽为敬）。简略仪仗无跪拜（夷俗无拜跪礼），逢人拉手道双亲。

一枪一剑渡重关（夷人出外，恒以一枪一剑自卫），万里浮航久不还。积有盈余归娶妇，问年五十须丝斑（夷人远出贸易，必俟富厚始归娶妇，年五十娶者甚多，新妇少艾不以为嫌）。

万顷琉璃玉宇宽，镜澄千里幻中看（千里镜，最大者阔一尺长一丈，傍有小镜看月，照见月光约大数丈，形如圆球，周身明彻，有鱼鳞光，内有黑影，似山河倒照，不能一目尽览，惟向月中东西南北分看，久视则热气射目）。朦胧夜半炊烟起，可是人家住广寒（夜静，有人用千里镜照见月中烟起，如炊烟）。

起居饮食定时辰（夷人饮食起居，皆按时辰表），人事天工善保身。见说红轮有迟速，一阳来复影初均（据称，夏至前太阳约慢两刻，冬至前太阳约快两刻，钟表准者虽不对日圭，不可推快慢轮，每岁俟冬至后十日，自然与日圭相合。验之果然。是以夷人取所用之表多不对日圭，名为"民点"，即准时辰也）。

弟恭兄友最深情，出入相偎握手行（夷人兄弟之情甚重，出入握手同行）。海外尚绕天性乐，可邻难弟与难兄。

红灯白烛漫珠江（燃白蜡为烛），万颗摩尼护海幢（海幢寺与夷馆隔江相对）。日暮层楼走千步，呢喃称语影双双（夷人每日黄昏后往来行动，以运血气，俗称"行千步"，行必有偶，偶则私语）。

十字门中十字开（澳门海口有十字门，西洋教大庙内虔供"十字"，咸称天主），花王庙里证西来（澳门有花王庙）。祈风日日风声急（夷俗日日撞钟求风，以盼船行），千里梯航瞬息回。

百尺樯帆夜欸关，重洋历尽贸迁艰。孩童不识风光险（孩童长成四五岁，即随父兄泛洋），笑指天南老万山（老万山在虎门外洋面，夷船到老万山，便无风波之险）。

数历三年无闰月（夷俗无闰），阳回三日是新年（中国冬至后十日即夷人元旦，岁岁皆然）。头施白粉家家醉（夷人发涂白粉，新岁亦然），乱掷杯盘乐舞筵（故每逢新岁及大会，尽碎杯盘为乐，近日此风稍敛）。

术传星学管中窥，风定银河月满池。忽吐光芒生两孔，圭形三尺最称奇（夜用外洋观星镜，照见一星圭形，长三尺，头尾各穿一孔）。

廿年角胜日论兵（外洋争战，廿载未靖），望断遐方结好盟。海水不扬依化日，玉门春到自输平。

此组诗收入潘有度的《义松堂遗稿》中。

从开篇我们就可以看到，他把西方现代商业的契约精神，与中国古代讲诚信的"太古纯风"相媲美。与此同时，他不仅对西方先进的科学技术很为推崇，颇有"开眼看世界"的意味，而且对人家的先进制度、商业体制，都很有感触，包括"婚姻自主无媒妁"这与中国传统相悖的现象，也都取欣赏的态度。在这组诗中，我们固可读出他作为儒商的品格，也可以得知他对西方文化并没多少排斥。余英时在《中国近世宗教伦理与商业精神》一书中曾提到，韦伯"对和外国人做生意的中国行商的信誉卓著大惑不解，以为或是行商垄断对外贸地位稳固之所致。他并且进一步推论，如果行商的诚实是真的，那一定也是受外国文化影响……"这自然有所偏颇，其实，完全可作双重解读，影响固有，"太古纯风"也有，"忠信论交第一关"，"聊知然诺如山重"当两方的重叠……

这就不多分析了。

之所以引用这么些诗，固然诗中可以读到不少历史文化信息，但从诗本身的功力而言，也许算不了什么，也难为人家在繁忙的商务中，还能写出诗来。引用这些诗，则是想引出一位真正的大诗人，且是潘家的后人，如读者留意，我们已在前边见识过他的诗文了。

他便是潘飞声，一部近代文学史，少不了他的诗、词与文章，可见他在近代文学中的影响与地位。他也算是十三行后辈知识分子中的佼佼者。

潘飞声（1857—1934）出生于十三行被战火彻底焚毁的第二年，自小，便是在潘家吟诗作对的环境中成长的。家学渊源，加上天资聪颖，他的诗、词的功力亦不同一般。早年师从叶衍兰学诗词，很小便以才气出名，被当时的大学者陈澧等人誉为"桐圃凤雏"。

其字兰史，号剑士、老剑，别署说剑词人。说起"剑"，却是颇有来历的。原来，辛亥革命前夕，革命文学社团在江南成立了名为"南社"的组织，潘飞声由柳亚子介绍入了南社，与当时的文化名流交往甚多。他为人很正直又仪表堂堂、器宇轩昂，被誉有"落落英雄"之概。与当时南社的钝剑高天梅、君剑傅屯艮、剑华愈锷，合称为"南社四剑"，他更以"说剑堂"为其诗文名集。一个"剑"字，便可知当年之锐气——十三行后人，不仅从文、入仕，而且是革命的弄潮儿。他们虽不再从商，却依然走在前锋，潘飞声便是一例。

作为名门望族潘氏之后，他亦经常出入香港，视野广阔。1887年，他应聘到德国柏林大学，在东方文学院讲授汉文学。在柏林，他依然是那么广交朋友，结识了不少国际友人、学者，大大拓展了自己的眼界。他还把自己的亲身经历和感受，写进了《西海纪行卷》、《柏林游记》、《天外归槎录》、《游萨克逊山水记》等一系列的著作中。

三年后，他回到了中国，仍住回广州河南的潘家故宅。他曾经尝试考经济特科举人，却未能如愿，从此绝意仕途，一心一意投入到创作之中。他的这一选择，在十三行后人中颇有代表性，较早的后人，远离商务，却还是奔的仕途，而后，对仕途也淡漠了，一心一意做学问、搞科技，直到近一两代，大抵都是如此。

潘飞声早年在香港期间，为香港中华报馆所聘，出任《华字日报》、《实报》笔政，抨击殖民统治下的时政，"匡政社会，主持清议"。文名大振，"曾倡立戒烟会，不缠足会等团体组织，以觉世变俗为己任"。

他欣然为"戒鸦片烟会"成立作序：

> 不嗅蒙汗而醉人魂，不茹鸩砒而毒人胃，不吸苦寒硝朴而削人肌，不遘水火刀兵而破人产……鸦片之毒，虽决太平洋之水能洗乎？
> 突厥、直腊天方诸国，狎而玩之，沈而湎之，士气不振，国脉遂残。日本独能禁绝，犹足屹立于亚洲之上。

可谓力透纸背，文词犀利，沉雄悲壮！

革命浪潮，令他笔下豪气万丈："长剑铮铮夜有声，悉闻电檄促东征。"而且："罪言敢恃匡时策，孤愤填胸吐不平。"

对于祖上积极参与抗击英国鸦片战争的历史，他念念不忘，仍企望有朝一日再筑长城，抗击外侮。他有一首《过虎门》：

> 挂帆狂啸渡沧溟，虎气腾腾剑底生。
> 万里水浮天地影，一门山裂海涛声。
> 未来风雨旌旗动，欲上鱼龙鼓角惊。
> 扼守最难形胜险，问谁鞭石作长城？

与此同时，在他赴德任教之际，亦雄心万丈。他的诗文，曾为其好友邱菽园所称道："潘兰史海外诗豪情壮气，压倒一时豪杰，虽山川奇境有以助之，故撷词无懦，然非蕴蓄于胸中者厚，安能腕下走其风雷，舌底翻其藻采哉？"不妨一读他在1887年秋所作的《七洋洲放歌》：

> 平生志欲凌沧洲，方壶荒渺殊难求。
> 长风浩荡倏万里，吹我忽上晨凫舟。
> 昨从海门策两虎，拔剑未斫横山头。
> 波臣空际一鼓掌，风樯冲发不可收。
> 云飞山岳莽摇动，潮卷大地皆沉浮。
> 七洲蒙澒走宇外，两日不见山一陬。
> 挂帆直可拂日月，击楫或恐惊蛟虬。

他那首游博子墩（今译波茨坦）的词《满江红》，上百年间，可谓炙烩人口：

> 如此江山，问天外，何年开辟？凭吊古，飞桥百里，粉楼千尺。邻国终输瓯脱地，名王不射单于镝。看离宫、百二冷斜阳，苍苍碧。
> 葡萄酒，氍毹席。挠饮器，悬光璧。话银搓通使，大秦陈迹。左蠹可能除帝制？轺车那许遮安息！待甚时，朝汉筑高台，来吹笛。

怀古之感慨，充溢其间。

晚年的潘飞声，寓居上海横槟桥畔，家境日见困窘，只能以卖文为生，而日寇咄咄逼人气焰，已处处可闻，可他仍"诗情酒胆，豪兴无匹，海上诸名流遗老，每举诗社，必邀之与俱"。

当年，他与大诗人黄遵宪唱和，有《双双燕·和黄公度韵》：

> 罗浮睡了，看上界沉沉，万峰未醒。唤起霜娥，照得山河尽冷。

白遍梅田千井，见玉女、青青两鬟。恰当天上呼船，倒卧飞云绝顶。

仙洞，有人赋隐。羡蝴蝶双栖，翠屏安稳。烟屝拟叩，还隔花深松暝。谁揭瑶台明镜，应画我、高寒瘦影。指他东海风轮，未隔蓬莱尘境。

潘飞声注称："昔在菊坡精舍，听陈兰甫（澧）先生话罗浮之游，云仅得'罗浮睡了'四字，久之未成词也。壬寅三月，余游罗浮，至东江泊舟，望四百峰横亘烟月中，觉陈先生此四字神妙如绘。"

人称此诗空灵蕴藉，颇有仙气。

著名的爱国诗人丘逢甲生前与潘飞声相交甚厚，在他的《岭云海日楼诗钞》中，可以看到他不时题诗寄赠，赞许潘飞声无论人品还是诗品，俱为上乘。

《说剑堂集题词为独立山人作》一诗称：

> 山人亦自号老剑，海山苍茫起光焰。
> 手收剑气入诗卷，万朵芙蓉剑花艳。
> 九霄太乙窥铸词，山人说剑当说诗。
> 诗中亦有东来发，七万里外称西师。
> 柏林城小诗坛大，西方美人坛下拜。
> 偶将剑诀传处女，花雨漫天动光怪。
> 归来香海修诗楼，山人说剑楼上头。
> 直开前古不到境，笔力横绝东西球。

"独立山人"，是潘飞声又号。

两人的交往，一直到丘辞世方终止，留下了不少文坛佳话、奇绝章句。

丘逢甲为潘飞声写下了数十首七绝与七律，诗中每每有类"乾坤何地许扬眉，海上逢君泪满衣"的句子，可见二人的深情厚谊。

不妨选录几首：

《题兰史独立图》

举国睡中呼不起，先生高处画能传。

黄人尚昧合群理，诗界差存自主权。

胸中千秋哀古月，眼穷九点哭齐烟。

与君同此苍茫况，隔海相望更惘然。

诗人自注："予亦有《独立图》。"从中可知，诗人对民族独立，可谓中心如焚，夜不能寝。

又如《寿兰史五十》（五律一首）：

五十尚如此，百年将奈何？

文章新岁月，涕泪旧山河。

暂作支离叟，难求安乐窝。

南飞孤鹤在，聊取祝东坡。

而潘飞声在《说剑堂集》中，也有十几首与丘逢甲交往的诗，如下边一首，记述了两人初次相见的情景：

义师旧帅仰须眉，一笑相看短后衣。

握手莫谈天下事，关心频问箧中诗。

好呼莺燕深杯动，欲斩鲸鲵故剑知。

海角闭门风雪冷，忍寒撙酒与君期。

丘逢甲逝世之后十多年，潘飞声仍不断翻阅故人的诗集，并且赋诗怀念：

北定王师不可期，剑南难忘示儿时。

东台未捷英雄死，孤负胸中十万诗。

当年驰骋共骚坛，每解龙泉对酒看。
老去风尘重拭眼，始知沧海霸才难。

新诗句句写晴川，胡骑纵横镇远边。
却怪爱才严仆射，千秋翻附草堂传。

他对丘逢甲的评价，更体现在下边二诗上：

正宗奇气久寥寥，江上珠光烛九霄。
仲闶长戈挥鲁日，伯瑶健笔搅韩潮。
京华冠盖偏无侣，故国柴桑倘见招。
我自空山吟落木，白云天际望迢遥。

卢后王前位置难，南丘北李竞诗坛。
三家雄直凌江左，七子风流例建安。
正则骚愁天可问，杜陵胡骑梦都寒。
江河万古何能废，各挈鲸鱼洗剑看。

行文至此，读到好友丘铸昌的《丘逢甲交往录》中谈及丘逢甲与潘飞声的关系，文末专门有一段，当照录为要：

1900 年澳门《知新报》第 115 册刊载逢甲与飞声的赠答诗各一首。逢甲的赠诗题为《寄老剑》，诗云："五岭苍茫霸气开，一书迢递海上来。秋风试马刘王圯，落日呼鹰赵尉台。各抱古愁观世界，自携新史数人才。何时同纵登高目，笑指沧溟水一杯。"而飞声的答诗题为《次韵蛰翁寄怀》，诗云："几时怀抱为君开，昨见哦诗入梦来。沧海无波能识路，故园虽近畏登台。天胡此醉何堪问，士到于今莫论才。容有闲身相慰藉，黄花初放且深杯。"因逢甲此诗未录入《岭云海日楼诗钞》中，近年出版的《丘逢甲集》也未收入此诗，故在此特别录出。

也许，会有人觉得，笔者过多写及潘飞声与丘逢甲的交往，是笔者心有偏爱，这固然是其中一个原因。但更重要的是，潘飞声如此看重与丘逢甲的交往，当是对丘的人格崇敬之致。当初，潘飞声在丘菽园处见丘逢甲来信之际，便说："吾见此人，真欲下拜矣。"可见二人意气相投，情真谊深。论年龄，潘飞声比丘逢甲还长7岁，可他对这位爱国志士的敬重，却比山还高。二人更有"丘剑胆，潘琴心"一说，合在一起，真真是"剑胆琴心"矣。

作为十三行的后人，潘飞声对国家积贫羸弱、处处挨打是深有感受的，甚至比他人的感受更为强烈，这已经成了家族遗传，郁积心胸之间，自成一股浩然正气，这方可与同是爱国志士肝胆相照，诗文皆见。也正是这股浩然之气，使他们的诗文彪炳千秋。

方志中有云："二百年来，粤东巨宝，称潘、卢、伍、叶。伍氏喜刻书，叶氏喜刻贴，潘氏独以著作传……"这里讲的正是十三行中几位"大哥大"，当年，应是亦儒亦贾、士商合一，代表了十三行商人的文化时尚。待十三行瓦解，商已不复，但文却未废，所以，他们的著述、刻印，仍一直在后人中传承。另外几姓且不赘述，还是以潘家为代表。

潘家当年延聘的家教，不少是历史上的文化名人，如谢兰生，是著名大学者朱九江的老师。而家学中出类拔萃的学生，则有张维屏，他的三元里诗文，迄今仍为各种选本所重，是当时有名的大诗人。至于亲戚中，更有著名大学者陈澧……这就不一一列举了。

作为潘启官三世，也就是十三行潘家最后一位传人潘正炜，除开办家学，与文化名人交往外，他本人亦是一位收藏家，博雅好古，且在家居处建了一座"听帆楼"。这是一栋有亭台楼阁、古色古香的收藏馆，其时，与叶家的"风满楼"、孔氏的"岳雪楼"等并名，且形成一时的风气，

"激流扬波，此风益炽"（冼玉清语）。这也使潘正炜成为名重一时的书画鉴赏家。"听帆楼"先后印制了《听帆楼古铜印谱》、《听帆楼书画记》、《听帆楼书画续记》、《听帆楼法（集）贴》，内中古代名家不少，书画大多为传世之作，包括钟繇、王羲之、怀素、宋高宗、包拯、林逋、苏轼、米芾、赵孟頫、唐寅等我们耳熟能详的大家。

而潘氏大院亦为典型的广州大宅古建筑，除"泊帆楼"外，还有"清华池馆"等。大诗人张维屏有《潘季彤新构小轩，为赋一诗》云：

> 江村成小筑，放眼浩云烟。
> 屋有百年树，台临千里川。
> 潮来闻浆荡，雨过看耕田。
> 此地童时热，回头已卅年。

潘正炜自己也有一首《春游次张南山太守韵》：

> 小筑清华傍茂林，笙簧隔水奏佳音。
> 敢夸墨妙供幽赏，赖有松涛惬素心。
> 文字留题钗股折，水天同话酒杯深。
> 古风今雨情何限，不尽高谈意可寻。

凭此诗，也可见潘正炜诗文的造诣。

他的子女，亦谓十三行末代的后人，除长子师亮早殁，七子师清不详外，二子师诚，诰授朝议大夫（1848 年左右）；三子师愈，为光禄寺署；四子师徵，国学生，翰林院待诏敕封授登仕佐郎，画家；五子师琦、六子师威，亦都是候选县丞生。

内中，仅师徵有传略可考。墓志为：

> 潘师徵，字廷献，号谏卿。正炜四子。性孝友、勤俭。其干荫本

丰，及丁艰析产，时以瞍田广厦让予诸昆季，自守故园，聊敝风雨而已，仅占数千金。余则任诸兄弟取携。既躬自刻苦，犹能以三千金代兄偿债，以千金捐助军饷。

这是十三行潘家的主线，至于其他支脉，如潘鸿轩、潘仕成至潘飞声，前文亦已写到不少，便不重复了。就潘师徵这一代而言，再经商已成为昨日黄花，走仕途尚是首选，从上边可以看出。传统"学而优则仕"毕竟根深蒂固，但这一代已发生了松动，所以，潘师徵也就成了画家，到后几代，走仕途者，亦日见减少了。中国当时处于末世，社会黑暗，官场腐败，几乎所有人都能亲自体验。更何况在广东，当年已有弃仕从商的新风尚。

平心而论，直到今天，"学而优则仕"的观念，在中国人的头脑中还是相当严重的，不独我们这一代，后人只怕还得延续下去，这是"国情"。但是，对于十三行后人而言，从官商蜕变过来，商已不可为，官亦未必可称道，那么，学又如何呢？

一如他们的先人，早早接受了西方文化中的先进因素，实业救国、教育救国、科技救国，在其后人中，则较其他人群要容易形成一些。所以，他们后来几乎不涉足官场，而致力于科教，也同样是十三行商人的一种承传。也许，学问有更多的自主、自为，而不受制于权力或金钱，更能在污秽的浊世，守住自己的独立人格。在这个意义上，他们与十三行先人一样，仍照旧走在历史的前列！

哲人已萎，风范犹存。

3

悲怆、苍凉的历史回声

潘启官家，当可代表十三行商人几位首富之家，而十三行自始至终，有进有出，有兴有衰，累计起来，不下百家；而中富、小富者，中间破产的，亦同样不下百家。因此，我们再选取其中若干具有代表性的人家，延续这十三行后人的纪录。

进入 19 世纪，在十三行行商破产高潮中，却有一家于嘉庆十三年（1808），以"身家殷实"之故，为清廷获准进入十三行。这，就是梁经官的"天宝行"。这一年，连首富的潘家，也暂告歇业，不当商总了，十三行中，仅余 10 家行商，如不加上"天宝行"，则是 9 家了。

梁经官之所以能进入十三行，是因为"天宝行"取得的英国东印度公司的贸易份额在不断增加，承保东印度公司的商船也日益增加，加上梁经官对西方的契约精神颇有认识，以"实在诚信"为经营之道，被东印度公司列入可债款帮助的"六位小行商"之列，商务有了长足的发展。只是，"天宝行"好景不长，由于道光年间英商的鸦片走私日见猖獗，尤其是道光十三年（1833），东印度公司结束对华垄断，对鸦片更失去监控，十三行商人，开始了最后的衰落，"天宝行"亦面临破产，1839 年被清廷予以严重警告，欠饷银达 20 万之多！随着鸦片战争爆发，"天宝行"也走完了最后的路，消失在炮火之中。

梁经官，即梁经国本人，则已于 1837 年过世。他"严于教子，宾礼塾师使磨砺灌溉，自是黄埔梁氏乃屡有掇科登仕者矣"。他的四个儿子，即十三行后人的第一代，二子纶枢"少读书，深自刻苦，年二十补县学生"；三子纶焕，监生；四子同新"姿识英特"，中了举，还成进士。孙子一代，6 位为监生，1 位为举人，3 位为进士。再下一代，也是 6 位监生，4 位举人……到更后几代，更有不少出国留学者，成就了一批近现代中国的著名科学家与学者，无负于"书香之家"。

《广东十三行考》的著作者梁嘉彬先生，便是梁家的后人，他曾经赋诗一首，追记"天宝行"后人弃商入仕继而弃官为士（这不是仕途的仕，而是学者了）的演变，颇有意味：

> 高祖京兆尹，未余一粒粟。
> 曾祖面政使，护理两江督。
> 身后亦萧条，只剩两破屋。
> 四世三卿位，粤中一名族。
> 水清濯我缨，水浊不濯足。
> 家贫莫须忧，境苦莫须哭。

名族之后，家贫境苦，却不易节，仍孜孜求学。近现代后人中，有嘉饴毕业于香港圣保罗英文书院；方仲毕业于清华大学；嘉彬毕业于清华大学后留学日本东京帝国大学，获文学博士学位……到今天，在大学任教，在科研部门任职的，更不计其数。

这里，我们不妨略去"弃商入仕"即去当官的几代人，重点讲讲从仕至士的演变。

可以说，辛亥革命，使曾经为官四代的梁氏家族，又发生了一次根本性的演变，走上了弃官为士（从事教育与科研）的道路。

早几代，即便是为仕，梁家人也还是颇有政声的。梁经官的孙子梁肇煌，一直追随"中兴名臣"左宗棠，左曾奏疏朝廷，请求以督篆盐印由梁肇煌护理事务，获准，且兼理两淮盐务。左又荐他的为两江总督，更称其"堪备督抚之选"。及至光绪十年（1884），中法战爆发，梁肇煌利用自己在商界的名望，发动广东绅商，踊跃捐输，支持左宗棠抗法。由于得到梁的济饷供应，军队奋勇出镇南关，横截法军后路，打得法军大败，抗法战场，捷报频传。只由于李鸿章丧权辱国，打了胜仗，反与法国签下屈辱的卖国条款，令中国军队撤兵，左宗棠气愤成疾，病殁于福州。梁肇煌也屡受投降派中伤，积劳成疾，返回番禺养病，不治而终，年60。

他的儿子梁庆桂，则成了由仕途转入治学的转折性人物。

梁庆桂的前半生，参加过康、梁的"公车上书"，入了"保国会"。粤汉铁路废约保路，是他儿子梁广照一再上书才引起国内君民关注。其间，梁庆桂与一批粤绅联名，通过张之洞发电给盛宣怀，表达"三少省民情不服"之意，最后通过"赎路"的方式，收回了粤汉铁路权。粤商更争得了广东段"商办"的权利，与"官办"针锋相对，岑春煊恼羞成怒，密令拘捕梁庆桂，梁只好逃往香港……及至"新政"年间，梁庆桂被举荐入京，并被派遣赴美筹办华侨兴学事宜，与此同时，他还倡导了正在蓬勃兴起的广东地方自治运动，当选为广东地方自治研究社社长。北美办学成功，更为广大华侨所称颂。他的儿子梁广照，曾在刑部十余年，积极进取，敢直言，决狱平，尤其对推动广东禁赌功不可没。辛亥革命后，他弃官从教，先后在唐山、香港、广州教书，著述甚丰，凡三十余卷，数百万字。梁庆桂诗也写得好，不妨录他《七十旅寓感怀》十首：

平生万事总输人，荏苒光阴七十春。
樵鹿功名燕市梦，磨驴襟袂洛京尘。
卞和璞玉曾三献，原宪华冠只一贫。
自顾虞翻屯骨相，青袍端是误儒身。

羁旅年年认故吾，头衔合署老潜夫。

景元雅会留汾社（张寿字景元七十耆英会有当时乡社为高会句），务观诗心问镜湖（陆放翁七十诗客来莫问先生处不钓娥江即镜湖时避地澳门故借用之）。

花鸟四时开府宅，云林尺幅来家图。

万松山上天然画，何日烟波作钓徒。

秣陵天远好扬舲，为咏循陔几度经。

述德惟惭机有赋，学诗回忆鲤趋庭。

主恩尚靳三持节（左文襄保荐先君凡三次仅护理两江总督），宦踪重来一聚萍。

身在江湖心魏阙，那堪夜雨十年灯（叙江宁事）。

小丑潢池敢弄兵，乘与巡狩赋西征。

麻鞋间道趋行在，纶綍明时出上京。

晚度洛桥寒积雪（诗题驿壁有十二首），春融秦岭雾初晴。

携将太华峰头月（与李院长柳谿伍太史叔葆暨令子孝达遍游三峰刻石题名），伴我南归万里程（庚子奔赴行在）。

静掩衡门绿草肥，风潮何事忽翻飞。

为陈民瘼偏疑抗，始信人间善嫁非。

朝政清明终得直，天恩高厚洞知微。

电车坪石通行轨，隐隐初心愿总违（铁路风潮）。

身随日月转西东，阅尽狂涛骇浪中。

万里乘槎同博望，数洲列校愧文翁。

殊方久客诸蛮语（在美洲兴办国学校八所），瀛海归帆恋旧丛。

知己天涯未寥落，瑶华时复付邮筒（赴美兴学）。

春明裘马自委蛇，点点繁霜上鬓丝。
讲学曾陪文士席（辛亥学部奏立全国学会多聘海内知名人士旋以小学废经案交会审查福建陈孝廉某登台演说斥议者闹堂秩序遂大乱），才猷深愧相臣知。
谈经未夺淮阴帜（桂从宋侍御芸子陶郎中拙存诸公后亦各具说帖力争而此后遂闭会诸公纷纷出都门），去国惟吟正则词。
自把郦泉一杯酒，思量都是负恩时（回国入学部）。

逐队词坛太瘦生，间翻史传识民情。
谈空稷下言多诞，才数深源论未平。
傲态只供吾一笑，浮名敢与世相争。
庐陵人物分明在，毁誉何曾足重轻（居京）。

河山风景已全非，定落闲庭旧板扉。
抗志欲衔东海石，食贫惟采首阳薇。
时闻铁马鸣朝铎，犹向金门望夕晖，
毕竟横流增百感。王尼老去更何归。

种松岁月几翻新，数偏龙鳞倍怆神。
只向沧桑添阅历，独支门户自艰辛。
干戈环海鹬双鬓，书剑穷途老一身。
笑弄孙曾作佳话，余年我是太平民。

这当是他对自己一生的总结。
他儿子梁广照也留下不少诗文，《黄金台》一首，亦可见其心迹：

荒台寂寂莽烟萝，此日登临感慨多。

易水衣冠思壮士，故陵风雨动悲歌。

千金市骏人长往，十载屠龙剑未磨。

凭睇中原无限恨，不堪涕泪说山河。

有两首与潘家后人潘飞声相关，亦照录：

《题潘兰史征君山塘听雨图》

小阁双成事已遥，长年犹自话相桥。

惊鸿影杳烟波阔，不管人愁是画桡。

吴宫花草怨啼螀，听雨孤篷客梦凉。

风景依稀试摹取，横流如带是山塘。

完完全全走上治学之路的，当是梁广照的下一代，即梁方仲、梁嘉彬等兄弟了。

梁方仲（1908—1970）原名嘉官，方仲、方翁，畏人是他用过的笔名。他是梁广照的次子，"天宝行"梁经国的第6代孙了。他一生献给了科学研究与高校教育，成为了我国现代社会经济史研究的奠基人之一，被视为"明代赋税制度的世界权威"。他就读于清华大学，先后获经济学学士、硕士。28岁便晋升为副研究员，34岁晋升为研究员。先后赴日、美考察、研究，并为哈佛大学经济系聘为研究人员。晚年一直在中山大学任教。他留下不少足以传世的研究名著，如《中国历代户口、田地、田赋统计》、《明代粮长制度》、《一条鞭法》等，在国内外影响极大，被视为经典。《统计》一书，是他身后才出版的。日本著名史学家佐竹靖彦指出，这是一部世界仅有的大型历史统计书，说：

最近，出版了梁方仲先生编的一部大的遗著（指《统计》）。我们能够看到长达两千年的各时期中央统计记录。除了中国以外，世界上没有哪个国家能给我们提供这种材料。

关于梁家后人，我们当把重点放在方仲的兄弟梁嘉彬（1910—1995）上面。他字文仲，是梁广照的三子。如前所述，《广东十三行考》是他留下的不朽之作，国内十三行研究，正是发端于此书，没有这本书，也就没有后边很多的研究著作。一部书，堪当"奠基之作"，证明它的历史作用与学术分量，而他除开十三行研究之外，在澳门、琉球的研究上，亦有相当突出的成果。

梁方仲的经济史研究与梁嘉彬的十三行研究，固然是治学，却暗中透露出作为十三行的后人，少不了当年从商搞经济的"历史基因"。这与潘飞声的文学基因也还是不大一样的。可没有他们趟出这一条路，我们民族的"集体失忆"则更无以复加了。

梁嘉彬少时在广州读的是私塾，塾师讲的乃是"四书"、"五经"。10 来岁，方与兄长方仲几乎同时到京、津读新式小学与中学。1928 年，考进了清华大学史学系，1932 年毕业，1934 年赴日本留学，随后考上了东京帝国大学大学院（研究生院）。"卢沟桥事变"后，他毅然与兄长方仲回国，直到 1971 年，东京大学才按旧部制补授他文学博士学位，相隔已有三十多年了。1945 年抗日战争胜利后，他赴台湾从事史学研究与教育工作，先后在台多所大学担任教授，并为美国夏威夷大学聘为史学客座教授。于他，一辈子都没有入仕当官的念头，而是潜心做学问。

他首先致力研究的，正是广东十三行。不到 20 岁，就写成《广东十三行行名考》的论文。清华本科毕业后，回到广州，被著名学者朱希祖"特延请为文史研究所编辑员"，专心于十三行研究。24 岁赴日本留学前，《广东十三行考》便已写成，并于 1937 年出版，朱希祖为之作序。正如史学家蔡鸿生在 1999 年版的《广东十三行考》的序言中所说的：

　　本世纪的 30 年代，尽管国运危机四伏，文运却相当辉煌，可说是中国现代学术的一个花季。在中西会通的潮流激荡下，文史之学的名篇巨著成批涌现，令人叹为观止。陈寅恪的《四声三问》、陈垣的《元秘史译音用字考》、胡适的《醒世姻缘传考证》、钱穆的《先秦诸子系年》以及向达的《唐代长安与西域文明》等等，都是在这个时期问世的。当年风华正茂的梁嘉彬先生，身逢其盛，奋励潜研，为文化、为社会、也为自己的先人，呈献了三十来万字的《广东十三行考》，堪称30年代学术上的"岭南佳果"。这部才气横溢的少作，经过数十年的风风雨雨，如今已成为蜚声学界的传世之作了。

该书对十三行研究的贡献毋庸置疑，只举出他对十三行起源的考证便够了。其侄梁承邺，在该书的"跋"中，详细追述了他考证十三行起源的过程。

至于十三行的起源，本书原谓起于嘉靖三十五年（1556年）海道副使汪柏立"客纲"、"客纪"于广州，以广、泉、徽等商主之。万历以后，广东有所谓"三十六行"者出，代市舶提举盘验纳税，是为"十三行"之权舆（《本篇》第一章第一节）。彭泽益先生的论文《清代广东洋行制度的起源》（《历史研究》1957年第一期），据李士桢《抚粤政略》卷六所载康熙二十五年才设立洋货行即十三行，创立清代广东洋行制度。汪杼庵（宗衍）先生的论文《十三行与屈大均广州竹枝词》（《历史研究》1957年第六期），以屈大均《广州竹枝词》第四首："洋船争出是官商，十字门开向二洋。五丝八丝广缎好，银钱堆满十三行。"证以第一首："边人带得冷南来，今岁梅花春始开。白头老人不识雪，惊看白满越王台。"（《翁山诗外》卷一六）而据同治《番禺县志》卷二〇《前事略》康熙二十二年（1683年）冬广州大雪的记载，谓这首诗作于康熙二十三年（1684年），其时已有广州十三行。

以上见解，皆与本书不同，遂激发嘉彬先生进一步探索。后来寻到葡人方面的记载称,1555 年(嘉靖三十四年),"中葡间的商业,却一步一步地走上繁荣的路径,在一个月内,由广州卖出的胡椒达40000 斤,商人所趸卖的为上日本去转售的货品达 100000 葡金。商业的利源,是被原籍属于广州、徽州(安徽)、泉州(福建)三处的十三家商号垄断着"(裴化行著、萧濬华译《天主教十六世纪在华传教志》,商务印书馆 1963 年版,页 94)。又寻到西班牙传教士的有关记载称,1556 年葡人入市之初,有十三商馆(行)与之贸易,其中广人五行,泉人五行,徽人三行,共十三行等语。遂在为一百科全书撰写的《十三行》词条中写道:"当葡萄牙人入居澳门之前,已有海道副使汪柏立'客纲'、'客纪'准备一葡人交易,以广人及徽、泉等商为之的纪录,盖因输出货大宗货为茶、丝、绢布,磁器、漆器之故,不得不以徽州、泉州及广州商人分别经纪其事,当时中国对外贸易已有集中于广州为输出入总口之势。近查萧濬华译《天主教十六世纪在华传教志》……可以看出当时已有十三家商号(行)在广州垄断贸易,葡人在 1557 年(嘉靖三十六年)入居澳门之前,已经和广州当局及商号有广泛的接触了。这些商号便是后来为世所熟悉的'广州(广东)十三行'。"(台北"中国文化大学"中华学术院主编《中华百科全书》第一册,1981 年版,页 38 至 39)又在另一论著中写道:"广东十三行开设之始,额定广商五家,闽商五家,徽商三家。……"从而使对十三行起源问题的探索大大前进了一步。

由于他严谨的治学,所以《广东十三行考》一出版,便在国内外引起了重大的反响,吴晗给予了高度的评价,被一致认为是当时高水平的研究十三行的巨著。如吴晗所感叹的:"自从卓绝的司马迁的《货殖列传》以后,正史中便再也没有商人的地位了。"关于十三行商人的历史记载,我们在其家乡的方志中,都难以寻觅,可以有无数的烈妇贞女,却不可以有一位商人入志,这是中国传统文化使然,却也是中国传统文化的悲哀。尤其是封建社会末期,向近现代市民社会的转变过程,竟是如此漫长,如此艰难，原因之一，便是对商人的轻视，仕农工商，商始终为四民之末。

纵然十三行后人不再从商，走仕途亦处处碰壁，唯余下治学这条路可走——这也是近代中国知识分子，真正有历史良知的知识分子可能的选择，所以，正因为清醒地意识到，走向现代的历史进程中，轻商传统所产生的消极与阻碍作用，他们皆无可回避，哪怕自家祖上曾是商人，对中国社会商业与市民、市场与商人要重新予以认识，并更新观点。这正是历史进步的体现。因此，《广东十三行考》的历史价值，再怎么高估也不为过。

于是，同样是忧国忧民，在民族兴亡中一般拔剑击筑、不惜毁家纾难的全新的商人形象及其研究，也就取代了封建传统偏见下唯利是图，如蝇逐臭的奸商的形象。在这一"末业"中，也同样有血气、有正气、有豪气，不比正史中的英雄豪杰逊色。

不再为商却又对商人作出深刻的研究并加以正名，十三行的后人，当陷于怎样一种两难乃至悖论的困惑之中？《广东十三行考》当又代表一种怎么悲怆、苍惊而又亢奋的声音？

4

天 何 言 哉

　　站在茫茫的南海之滨，追忆当年数以千万计的商船，如何历万里航程破浪而来，为东方这一大帝国商行壮行色的情景，再去细读一本本陆续出版的有关十三行的研究著作，凭谁去追问，从闭关锁国、"一口通商"到"五口通商"这历史转变的大契机中，广东十三行担任的是怎样一个角色？

　　或正或反？红脸？黑脸？

　　或善或恶？功耶？罪耶？

　　是历史的推动力还是拉倒车？

　　也许已经不用叩问了……

　　该讲到我们近几代了。

　　写到这里，传来了一位叔叔的噩耗，他因肺结核，死于中医院的手术之后。这里丝毫没有贬抑中医的意思。问题是，治肺结核，切除病灶，的确非中医所长，可婶婶却笃信中医，结果在中医院动西医手术，缝合不好，本来一周便可出院的病，却把命送掉了。他才63岁，如今只能算是壮年。笔者还打算在他出院后好好谈谈祖上十三行的往事。因为他中学后一直生活在老家，知道的情况比我要多得多。可现在，他知道的一切，被带进了深不可测的冥冥深处，不可复得了。

　　最后一次谈及祖上的事，是荔湾区志办胡文中先生采访他时所说起的。胡文中同是顺德人，也是十三行研究的专家。我所记得的，也就是他最后向胡文中讲的一切。

那是 1822 年十三行被大火焚毁之后，"毅兰堂""一夜有清光"。谭家最后结束了在十三行的历史。所经营的景德镇瓷器的生意也就做不成了，只好回到顺德老家。老人们说，尽管十三行那里的全没了，可顺德里海多少还有个家底，胡文中还拍到了当年作为大户人家留下的宅基，红砂岩筑的墙基。一说买了不少牛，用来踩瓷泥，照旧在家乡烧瓷器；另一说，哪里是瓷泥，只是土坯墙泥罢了，改做土砖生意了。即便是这样，也没维持多久，顺德出土匪是有名的，很快，连牛也被土匪抢光了，算是彻底地倾家荡产了。后来，也就漂洋过海，到了马来亚的东海岸澎亨州一个叫关丹的地方。经几代人努力，终于又有了橡胶园，又开了锡矿，添了运输用的汽车。一直到第二次世界大战爆发，曾祖父谭颂之逃到了新加坡。在新加坡遭日寇围困的日子里，据说城中连老鼠都吃光了，曾祖父也就饿死在那里。

往后的事，是笔者亲历的了，曾祖父留下遗嘱，辗转送到中国，已是好多年之后了。无论是十七年，还是"文化大革命"中，父亲一代人谁也不敢提起这个遗嘱，直到"文化大革命"结束，才委托香港梁关律师行去办理。结果，全部遗产已被管家谭亚荣以无遗嘱继承变卖了，而后，还转手了好几家，已无法追回了，毕竟时间太久了，依海洋法系，现在的主人已是合法占有了。谭亚荣本是祖父收容的一位同姓人，认过契仔，我家在危难中救下了他，没料却恩将仇报，金钱面前无父子，何况契仔呢？

这些都不去说了。

曾祖父早早打发祖父谭润秋回国，因为是在国外念的书，回来后，便在孙科当厅长的建设厅当科长，后又到省高级法院当过书记官，亦当过广州市参议员，最后，还是走了教育的路，回到老家，先后当过几所公立、私立小学的校长，包括洪德区立小学、私立里海乡东约小学、甘竹乡私立秋屏小学。新中国成立前几次发大水，他不仅捐资，而且身先士卒，指挥修堤筑坝，迄今，乡下老人仍说他是"猛人"。第一次土改没动他，因是归侨，又造福乡梓，是知识分子，在当小学校长。"第二次土改"时他被叫到县里去就没有回来，说是交代问题时得重病死了。

于是，父亲把继祖母及前说的那位叔叔带到了广州，后来又带到了湖南湘潭，叔叔只比我高两年级，因读书年龄已大了，继祖母一直填的是贫农，因为她在马来西亚是"穷嫁女"。直到"文化大革命"前夕，叔叔读完初中才同继祖母回老家，殊不知，"文化大革命"中竟被当话文"地主婆"管制……而后的遭遇不必说了。

那时，父亲带着自己一家子（我们是三兄弟一妹妹），再加上继祖母与叔叔，经济压力相当大，然而，我们后来才知道，对他而言，政治压力才是最大的，因为他一直被指责收留了"流亡地主"。外表羸弱，几乎说得上胆小如鼠的父亲，在家族、亲情上，却如此"胆大包天"，这在那个年月中几乎是难以理喻的。

父亲一辈子沉默寡言，什么事也不说，当然，关于祖上是十三行的行商一事，更是只字未提。他何只隐瞒这远上好几代的事呢？连我有一位同父异母的姐姐谭利贞，都一直没告诉过，直到临终。后来我们委托红十字会查找，最后的答复仍是找不到。那毕竟是他的亲生女儿呀，这一辈子，从新中国成立前夕到2003年去世，他就不曾思念过么？

"元亨利贞"是《易经》的乾卦开始四个字，据说是祖父给起的名字，凡是长子长女，均用这四字中其中两个。所以，人们一听名字，就知道我是"老大"。却不知道我这老大前还有位姐姐。可父亲把一切都埋在了心底。他没有说的，还不知道有多少。

他去世后，我们终于看到了他档案中可以公开的若干部分，其中最多的，是历次运动中，他因为自己的"纯技术观点浓厚"而反复作的检讨与反省。

可他检讨后改了么？显然没有。所以，才反复在"几次运动"中检讨。这一辈子的"纯技术观点"对他而言，该说明了什么？证明了什么？

这当是十三行后人的一个"通病"。你不仅从他们身上感受不到商人后裔的气息，甚至也嗅不出任何政治的气味。他们只是搞"纯学术"、"纯技术"。这是怎样的一种历史反拨。

父亲与母亲一样，都是在倒春寒的日子里于异乡咽下最后一口气的。那时，我已到华南理工大学三年了，华工现在的地方正是当年中山大学的旧址，父亲20世纪30年代读大学时就在这里，而且是读完中大附中再升大学的，可见在那里待的时间有多长，从1932年到1936年。当初读的是中大工学院机械工程系。我一直想接父亲回他念大学的地方住住，可工作忙，日子总往后推，心想，父亲身体还好，会有时间的，可没想到，常年奔波在外搞地质，后又跑工地干建筑，身体一直不错的他，早已过了84岁阎王不请自己去的"鬼门关"，却在86岁上突然因一场感冒走了——其时，他所在的单位湘潭锰矿竟已破了产，矿医院的医生、护士，已纷纷出走另谋生路。作为矿山的"开荒牛"，竟无所依靠。锰本身是稀有金属，比金子还贵，可这么一个"金饭碗"，竟被几任贪官彻底地砸烂了，国家几度几乎是上亿的补贴，也都落到了无底洞里。他是在愤嫉与无奈中辞世的。即便是临终前，他还牵挂着这个曾让他倾注了大半辈子心血的矿山，这个他劳作了整整半个世纪的矿山——他是1954年一个人只身到这矿山的，把我母亲及一家人，还有继祖母、叔叔留在广州，好几年后才让我们北上。

我在他的悼词中加上了"十三行的后人"一句，那时我已在广州得知这一身世，却已没机会了解这一段历史了，不然，他说的，当比叔叔要多得多。只是，他会说么？

他选择了永远的沉默。

还是先看看悼词吧，中国式的悼词。

谭文德，原湘潭锰矿高级工程师，中国致公党党员，2003年3月17日病故，享年86岁。

谭工1917年生于广州，是著名的十三行的后人，是归侨子弟。早年就读于中山大学工学院机械系、厦门大学物理系及广东国民大学工学院，获工学士学位，专攻海港工程，因抗战，流亡于香港、韶关、英德，历任监工员、技佐、帮工程师及中学教员。1946年始任珠江水利工程局副工程师，并担任联合国华南救国总署黄埔港工程处主任，主持战后重建黄埔港。解放后，为珠江水利厅留用，任一级技术员、工程师。1954年，响应国家支持156项重点工程，上汉口华中钢铁公司报到并分配到湘潭锰矿。

作为锰矿的老开荒牛，从参加工作到他逝世共主持桥梁、水闸、桥闸、船闸、渡口、工程近300座，有的工程为国家节省数十万（合今天上千万），并获得先进工作者称号，发表论文十数篇，在防洪、灌溉诸方面卓有建树，临终前，仍就长江防洪问题写有数十页建言，并着手《岩土力学》的专著写作。

壮志未酬终含恨九泉，"文革"中的冲击，一生未能施展其海港工程之长，长使人扼腕。兢兢业业埋头苦干，廉洁奉献，是锰矿人对他共同的评价。弥留之际，他仍叮嘱，丧事从简，不可奢费，把钱用在孙儿的教育上，感人至深。

谭工是中国技术知识分子的典范，他对国家、对广东，尤其是后半个世纪对锰矿的贡献，将永远铭记人们心中。

悼词很平静、平实，可在这平静，平实中，我们分明仍可以感受到并不平静、波涛汹涌的情感。

他被定格为"技术知识分子"。我不知道这一定义相对什么而言，或者只是相对他的儿子我而言，一个"人文知识分子"。其实，如不是"文化大革命"，我可能会子承父业，还是学建筑，中学时我已把理论力学、流体力学、建筑学、微积分都学完了。文学，只会是我的业余爱好。

50年对矿山的奉献，得到的回报是连医院都没有了，唯一来与他道别的"单位人"是原矿工会主席，一位工人出身的矿一级干部。在物欲横流的今天，"领导"的冷漠也自是顺理成章，无可非议的。然而，来到他灵前道别的，却几百、上千！好些我不认识，从未谋面的老阿伯、老阿姨，竟会哭倒在他的灵前，那么悲痛欲绝。我不知道，真的不知道，懦弱、胆小的父亲，生前竟能为他们做过什么？直到后来，我才知道其中一位，当年在"三反五反"中，如不是父亲为他出示证明，他恐怕是有去无回了。可那个年月，出示这样一份证明，当有多大的勇气？弄不好，把自己也赔进去了。而其他我未知情的，父亲为他们做了什么，恐怕是再也无法了解了。在懦弱、胆小的表面之后，当有一颗怎么刚强、正义与亢奋的灵魂！父亲，我们在你生前实在是太不了解你了！

作为长子，我在追悼会上作了个发言：

爸爸去了，在一个阴冷的早晨独自去了，我们作为子女，大都未能给他送行……

今天，尽管阴雨绵绵，寒风习习，露天中，却一下子来了这么多人——爸爸，你去的并不寂寞，大家都来给你送行……

所以我首先谢谢所有来的亲友，同事以及致公党、退休办，还有原矿里的老领导…你们是深知我们的父亲的，他清贫了一辈子，正如悼词中说的，他为国家主持建造的工程有300座之多，是一个为国家作出了贡献的老知识分子，所以受到了人们的尊重。爸爸，你在九泉之下能看到今天这样的场面一定会感到欣慰。

爸爸一生清廉自律，曾记得我们小时候，从农民翻过的红薯地中掘回薯根，都要遭到你的呵责：他退休之际，所有退休人员，都可以批到几立方米木材打家具，他都没有往家中拿回一块木片，理由是，我们搞土木工程的工程师，不可做这号瓜田李下的事。

可他为了国家，为了民族，却呕心沥血，丝毫不顾自己的身体。记得当他已是古稀之年，西北一项工程急召他去，他二话没说，直奔火车站，当时铁路状况不好，他回来后我们才得知，从长沙到西安，一天一夜还多，竟连个坐处也没有，他是一直站到了终点。这连我们晚一辈的都受不了，可他却说，自己干工程，下工地惯了，平时有一顿，没一顿，站一路不算什么……

曾记得，九八年特大洪灾过后，爸爸陷入了深深的思索之中，他已久病缠身，但他凭借自己的学问加上多年的实地勘测，不断向有关部门进言，而且写出了几万字的论文，论说如何整治长江，得到上级的好评，并在老年报发表，当上面来电话问他能否参加这一项目实施时，他已瘫痪在床，唯有老泪纵横。

是的，他专攻的是海港工程，对防洪排涝卓有建树，可是，由于历史的原因，整个半个世纪，他却只得与自己的专业分手。当初，有关部门专门调他干海港，可他却只能服务组织分配，遗憾终身。而当中国的海港业重新兴旺之际，他却已垂垂老矣……

我们永远忘不了，当年他响应国家号召，积极报名离开广州来内地支援156项目国家重点工程，是怎样出神入化地描绘当时作为"中国锰都"——湘潭锰矿的辉煌前景，以至母亲领着我们几个孩子，离开被视为"天子南库"的广州，来到这个边远的矿山。五十年，整个半个世纪，他把一生最宝贵的时间，献给了这片生产有比金子还贵重的锰的宝地，他们这一辈人，都被视为老开荒牛了。可是今天的锰矿竟成了这个样子？败家子们的丑恶行径……时至今日，一位功勋卓著的老开荒牛去世，竟已没有了曾为工作过几十年的单位来主持，他是心碎而死的！试问，那些把国家财产中饱私囊，为骗取特惠政策让百年老矿的所有矿井淹没的"魁首"，到别的单位照旧高高在上，法理何在，良知何在，这是爸爸一生中最大的遗憾，也是爸爸死不瞑目的憾事。

爸爸，我们永远不会忘记，您在民族危亡时，在南粤流亡，经历的种种惨剧，也不忘记"文革"中您惨遭批斗，九死一生的悲剧……我们更不会忘记这么一件事。当年，孩子从鄱县回来过春节，半夜却来了保卫组与派出所的人，口口声声说孩子归家没报户口，爸爸气愤不过，与他们顶了起来，结果被抓去的不是没报户口的儿子，而是您，就被捆在自行车后架上带走的，扔在派出所冰冷的水泥地上过了一夜又一夜……

为了儿女，爸爸您把命豁出来了。

临终，爸爸仍叮嘱，丧事从简，把钱留给孙儿们上大学用。

蹉跎一生，您这一过辈子知识分子，是凭自己的良知，对国家的责任而活下来的，您清贫几乎脚下没一尺土地，可您崇高的人格当胜过山岳！虽然没能实现得了自己的抱负——父亲临终还在叹息，一辈子没搞成海港，一部《岩土力学》也终未写出，可是，您却用自己的生命，用他们惨烈的经历，昭示后人，不可以再像过去一样了，应让人尽其才，地尽其力！

正如大家评价的，父亲一辈子兢兢业业、埋头苦干、从不出风头、务虚名、脚踏实地、廉洁、安贫乐道……一辈子从没贪图过一分享受……可有谁知，他却是当年富甲一方的十三行的后人，去年广州荔湾区十三行的展览，就有谭家"披云堂"的瓷器、玉石芯等展品。而他，这位十三行后人，却甘于清贫，从广州来了锰矿，默默无闻地在这山沟里干了整整半个世纪。

可爸爸您得到了什么呢？

不，您什么也不要，什么也不需要。他痛心的是，那么多开荒牛开出的锰都，当年是何等地风光，可今天，连个厂名、矿名都保不住，都没有了。您需要的是知识，您关心的是国家的大事，关心的是祖国的建设，您没能看到锰都复兴，却看到是蛀虫们一批又一批把矿山蛀空了……儿女们曾让您回广州去，回当年您求学的中大，今日的华南理工大学教授儿子、的地方去住，可您就是不愿去，为什么？我们做儿女的不知答案，但我们懂得父亲是依恋着这块土地，他曾流下汗水的土地。

哲人已萎，大厦欲摧，在父亲的亡灵面前，我们后一辈人难道唯有眼泪么？我们继承父辈的好作风、优良品质，让父亲在天之灵感到高兴。历史已经翻了过去，我们不该让先人蒙羞。

敬爱的爸爸，安息吧，我们会遵循您的遗嘱，好好培养你的孙儿，我们的儿女，你的悲剧，将再也不会在我们及孩子们身上重演了！

再次代表全家谢谢大家……

该说的，还有很多，可我在悲痛之中，只能说出这么些。而且，人已死了，按中国人的习惯，是不可以去说别的什么的。

当然，父亲不会是完人，如前所述，他的懦弱、胆小是人们所认定了的，而且也"传染"到我们后人身上。在那样一个只允许一个脑袋思考的岁月，人格的萎缩于他的确是太明显了。他的清廉甚至也包含胆小在内，人人所能得到的几立方木材，他不敢要，其实也是包含有怕日后被说成是贪墨的缘故。他甚至在"文化大革命"后期，还得到过"工业学大庆"的先进工作者"光荣称号"。那时，他才"解放"不久，而在被"解放"之前，却是在枪尖下去完成设计的，他一般"兢兢业业"，没有任何怨言，回家也不说：这倒是"模范"！

看到他所填的履历，方知他的小学、私塾及初中，都是在河南，即今日广州的海珠区，现在，那所中学仍叫"南武中学"，我兀地一惊，当时，那一地带，不都是十三行行商聚居处么？也就是说，谭家在火烧十三行之后，河南一带的旧宅并没有放弃？

我带着疑问，找了尚健在的姑姑，她这才告诉我，半个多世纪前，我们家与潘家、伍家等来往还是很密切的，常听起祖父说去这些家祝寿、贺喜什么的，住本来也曾一起住的。一个地方，一两百年，焉有不往来之理？当是世交了。所以，父亲在那里念私塾、读小学、上中学，一点也不足为怪。然而，父亲从未提起过。

在他的履历上，不仅没有这些社会关系，连海外的亲人，也不曾写上一个字，及至"文化大革命"后海外的亲人寻来，我们都诧异万分。自然，社会关系一栏"清白"了，我们这后一代的，也就更"清白"了，然而，别说父亲，就连我们，到底也没清白得了。"海外关系"在内地，始终是悬在头上的一把达摩克利斯剑。记得是小学六年级的时候，派出所竟有人到我们家，把我及弟弟一一个叫去问，问我的是，你爸爸在香港待过的，是么？不更事的我点了头，可后来追问的，我什么也不明白了。而当年，即"三年困难时期"，又正是美蒋叫嚷"反攻大陆"之际，一个在香港呆过的人，到了内地，当意味着什么？

父亲就是这么被"内控"了大半辈子，无论他写了多少回"在几次运动中我的浓厚的纯技术观点，由于党和上级的教育，思想能提高一步"，也都被认为不深刻，过不了关！在连续不断的"政审"、"思想改造"的触及灵魂的运动中，像父亲这样有复杂的家庭背景以及无法说清的个人政治倾向（纯技术观点本就是一种与当下政治不合作的政治倾向）的知识分子（作为高级工程师，他已被划入这个行列），唯有无终止的交代、反省，拼命地洗刷自己，方可求得一分"纯技术"的工作，否则，别说饭碗不保，只怕性命也堪虞。"文化大革命"中，他一度在饭堂里专门负责劈柴，几度挂上黑牌在批判会上挨斗，甚至关到臭名昭彰的"群众专政指挥部"（这连我母亲与不到 10 岁的小妹妹也未能幸免）备受折磨，他只能逆来顺受，否则，还能做什么呢？

　　话说到香港，那时，父亲是在香港当实习生，他在中大读了机械系，一年后因病辍学（说是老中大树特密，蚊子太多，传染了疟疾）。病愈后转入厦门大学物理系，不久即"七七"事变，他又回到广东，进了广东国民大学土木工程系。广州沦陷，便逃到了香港，在一个建筑师事务所当实习生，同时完成了本科学业，获得工学士学位。据姑姑说，父亲那时才华横溢，风流倜傥，追求他的女子，大都是名门之后，最后，则是有名的四大公司一位创始人的女儿，叫蔡妙姬的追上了他，而且有了一个叫利贞的女儿。香港沦陷前夕，他已回到广东，承接五华、兴宁、大埔等地的建筑施工项目，到处奔走。及至抗战胜利前夕，骤然发生婚变，他流浪到了粤北山区，去当中学教员。抗战胜利，他到了我外祖父郭宝慈任校长的辉南中学任教。郭宝慈当年是国民第一届国会议员、教育部顾问，所以我母亲当年是北京出生的，自然，他又一次被名门之后追上了。这也就是我母亲，一位无论诗文还是书法都十分出色的大家闺秀。母亲那时有一个文学社，叫"海社"。"文化大革命"后，老阿姨们常在广州聚会，她们大都因抗战辗转到英德读书的。许多年前，我还读到她们编的一本回忆录，是铅印的，里边还写到，父亲是怎么把母亲驮在单车后边，下长坡时竟敢双手脱把，把所有人都吓坏了！

那就是年轻时的父亲么？这与儿子眼中那个木讷、寡言、畏首畏尾、胆小怕事的父亲实在相距太远了。

从"学术"的角度上说，少年时代，人的个性已经定型了，再大也不会有多少改变。可父亲呢？为何会变化这么大？

"人是可以改变的"这句话，我们曾奉为经典，然而，这话后的背景，是不可以认真追究的，那是在一种极权、强力的压迫之下的改变，而非顺乎自然、合乎人性的改变。父亲印证了这句话，以一生的悲剧印证了这句话。他的一生，便是在这种强行改变的恐惧中度过的。

最后他自由了，没有了单位，自然，也没有医院去拯救他的生命。他在广州的老同学闻知这一噩耗，很是惊诧地对我说："好好的，早两年我还觉得他比我们这些人身体还好，怎么一下子就走了呢？"

他走得太快了，我本来还可以追问到很多关于我们这个家族，尤其是十三行的往事——他毕竟是他那一辈的长子，知道的比姑姑、叔叔们当多得多。也许，沉默仍是他最终的选择。

我知道我永远也解读不了父亲，我没有其他同样作为儿女的作家、学者们的自信。但他无疑是十三行后人中一个代表，一个具有普遍意义的代表，因此，写下这一章，绝无"徇私"之嫌——说这话，当又像父亲了。该说，就算是徇私，也还是为了更好解读十三行后人嘛。

父亲以后半生，不，半个世纪的谨慎、胆怯，却最终没躲得过"文化大革命"，更没躲得过贪官污吏造成的遗患，最后，把命也搭上去了。不过，他毕竟以他的全部幸与不幸，让我们明白了很多……

末了，当问上一句：那么，我呢？我不也是十三行的后人么？尽管过去不知道，年过半百还不知道，可一知道了，我就摆脱不了这个身份。而父亲的"遗传基因"也同样传到了我的身上，以至如今大学的领导在评价我时，也少不了"懦弱"二字，什么都不去争；甚至某些卑劣的人，抄袭、剽窃了我的成果，也断言我"胆小"，所以才胡作非为。可我知道，我不应该是这样，内心更不是这样。也许就在不远的某一天，我会大胆起来，让他们都大跌眼镜，刮目相看。

较之十三行的其他后人，历史待我并不薄，尽管我还有那么上 20 部书的出版仍遥遥无期，这正是我的挫折感所在，包括那部《一个年代的末叶》，转眼，已快 30 个年头了。

　　一个人的命运，一个家族的命运，甚至一个族群的命运，在这东方大帝国中，是可以被轻易地逆转的，我深信这一点。十三行消失了，包括我，及我所在的这一代，历大跃进、"苦日子"、"文化大革命"、知青的这一代，在历史上轻轻一抹，也同样是很容易消失的。

　　纵然这部书中，我对商人的评价已不再是四民之末，可今天事实上到底又改变了多少呢？又有谁能回答？指望这一改变，使我们的国家、我们的民族，多一点民主的色彩、自由的色彩、人格独立的色彩。我不知道，在今天是否也仍是一种奢望。

　　我们只是给历史"立此存照"而已。凭此，我更从心底的深处，感觉到自身的懦弱、无能与胆小。我不知道与我同校、比我大 10 岁的潘家的后人潘刚儿，是否有此同感。

　　据他说，他是在报章上见到曾祖父的名字后，才产生疑问去查族谱，可族谱上虽说先人的名、号都齐全，可没一字提到他们经过商，反而当过哪怕是芝麻绿豆官的，族谱上都少不了一笔。他的父亲，是中山医学院的教授，同样与商无缘。只是在清理父亲的遗书时，发现一本《广东十三行考》，很是诧异，一位医学教授，何以对这与专业风马牛不相及的书感兴趣？这才往下翻，方才醒悟过来，自家竟是十三行中的第一大户。自己乃是十三行后人。于是，退休之后，他便义无反顾，投入到十三行史料的发掘、搜集当中。他今年 69 年，干这行干了已将近 10 年。而在未发现自己之前，他所从事的，却是机电工程专业，是"技术知识分子"。而今，他还住在河南，潘家老宅，但心情与往日已大不相同——这是对祖上业绩的守护，不时要配合文化馆呼吁保护那里的历史文物，时常接受来自天南地北不同类型记者的采访。角色，也就从"技术知识分子"转变为"人文知识分子"了。他的《广州十三行之一：潘同文（孚）行》一书，就摆在我的案头，是由我们学校出版社出的。同是十三行的后人，他的沧桑感，也包括挫折感，亦不难从这本书中读出。

可我们只能做到这么些。我们甚至不可能去承继祖业——从商，因为我们头脑中已没有任何的商业意识，这可是不存在"遗传基因"的。但如祖上去第一次接种牛痘——十三行记录有谭国最早作此勇敢尝试的文字，而族谱上恰巧又有这么个名字——这种胆识，我想，我们还会是有的，所以，在巨大的挫折感之中，我们并没有止步不前！

我没有再试图去寻找其他十三行的后人，有我们的亲历、亲证，我想已经足矣，何必掘动太多的沉重与痛楚呢。

该搁笔了。

我的研究生宋韵琪在谈到十三行的作品中时，曾以"家族记忆"为题，写下如下文字，颇令人感慨万千：

在论及十三行后人为何"巧合"地一致弃商从文时，民间一直传言有"十三行遗嘱"留于现世，这份代代相传的遗嘱就是警醒着后人不再从商的关键之物，也是他们"不约而同"的选择行为的最终牵引物。

那么，传说中充满神秘色彩的"十三行遗嘱"究竟是一纸严正书函如古埃及法老咒语式地警示着后人，还是只是一种心理上的提示？是老人们血痕犹鲜的遗语，还是先人们在经历创伤记忆后指出的另一条生命的出路呢？笔者是赞同于后者的。

记忆，是意识的沉淀。瑞士心理学家荣格在他伟大的原型理论中曾经给我们深入而独特地分析了相关意识的形成问题，提出了颇具中心意义的"情结"概念。而关于"情结"的心理剖解，又是以其"集体无意识"理论为基点的。在荣格的理论体系中，"集体无意识"是一种由先辈乃至人类原始时期遗留下来的记忆影像，是根植在人作为一个物种起源之初的意识，是人先天就具有的一种认知和判断。它是人类经验在不断往返重复中建构在非个人意识领域的集体沉淀物。正如他自己所言的："集体无意识的内容从来就没有出现在意识之中，因此也就从未为个人所获得过，它们的存在完全得自于遗传"，也就是说，这应该是祖先记忆的一种遗留与延滞。而"由于它在所有人身上都是相同的，因此它组成了一种超个性的心理基础，并且普遍地存在与我们每一个人身上"。而由此衍生的对"情结"（complex）概念的叙述，荣格并不像弗洛伊德那样局限在性本能的解释圈圈之中，他的"情结"是一种从祖辈遗留下来的对待事物的态度，是由创伤记忆或美好记忆在心灵中映射出的抗拒或依恋意识。"从临床的意义上来分析，情结多属于心灵分裂的产物：创伤性的经验，情感困扰或道德冲突等等。"这种意识在延续与发展中不一定与具体的事物影像想关联，有时只表现为一种心理状态，一种无意识的习惯性认知。

笔者认为，十三行后人们弃商从文的"不约而同"，绝对不是某个巧合，而是一种家族创伤记忆的衍留，是由先辈创伤记忆带来的"情结"触动。虽然这不同于荣格那个全人类意义上的具有某种神秘超验性质的"集体无意识"，但以"集体无意识"及"情结"理论的哲学逻辑分析，却又能使这个问题得到一次特殊的诠释。

如前面所分析的，十三行商人们周旋在清廷与洋人之间，直接受到封建帝制与资本主义的双重压迫，"既无政治地位，有无经济优势，资金极难筹措。商人危机感既有源自政治压力，也有来自经济压力。"这群外表风光的红顶商人们，实际上承受着无尽的内忧外患。清廷对他们的施压日益苛刻，既要他们保持天朝风范，"招徕远人"，不可以"锱铢必较"，同时又对他们极尽剥削之能事，以"广东之富闻名于天下"为由，无限量地索取金钱物资。甚至后来的鸦片战争赔款，道光帝决定在广东采取"勒绅富捐输"措施，致使十三行行商们损失惨重："1843 年春天，钦差大臣、广东官府传集怡和行行商伍绍荣等，要求追索 300 万元，限全体行商 6 个月内全数交清。这次赔款，怡和行被勒缴 100 万元，行商公所认缴 134 万元，其他行商摊派 66 万元。"

据记载，在鸦片战争赔款中，广东承担量竟然达 70% 之多，这实在是一个惊人的数字。像这样的事例，在十三行经贸历史上可以说是屡见不鲜，朝廷委派的所有"不可能的任务"他们都必须无条件地完成，同时在与洋人打交道中，"若有闪失，就理所当然地成为替罪羊"。一不小心，可能失去的，就不仅仅是金钱、生意，还有自己乃至家人的项上人头。在如此重压与不公平的营商环境下，无怪乎到了19世纪，广东人都不愿意再去碰这门差事，甚至认为，只有亡命之徒才肯做洋商了。这种说法并非夸张之辞。史料记载，繁盛富庶之时的十三行，曾有"潘卢伍叶，谭左徐杨。虎豹龙凤，江淮河汉。"的歌谣传唱于广州城，"虎豹龙凤，江淮河汉"，是何其大气之言？百兽之王与神兽之主都成为了十三行这些代表商人的比喻，风光景象可想而知。及后来这首赞溢歌谣却变成了"潘卢伍叶邹，谭左徐杨邱。虎豹龙凤狗，江淮河汉沟。"，这是怎样一种尴尬与不堪？

十三行商人们经历从"富甲天下"到"宁为一只狗，不为洋商首"的心理落差，似乎是宿命在向这个历史群体开了一个冷酷的玩笑。如此血淋淋的祖辈记忆，在百年以后的子孙世代中，不一定会记清楚他们所踏走的每一步血印，每一件事情，但作为一种创伤记忆后的阴影"情结"，作为一种不自觉的否定性意识，却颇有意味地投射在后辈的心灵中，让他们共同选择了弃商从文，不再涉足商道。传说中的"十三行遗嘱"，其实只是一个象征体，一个心灵警示碑，上面铭刻的不是遗训式的教导警告，而是对创伤的认知和体悟，是不愿历史重蹈覆辙的祖辈心语。"记忆，特别是创伤记忆，它历来就是自我重复的固置形式，只要你没有能力穿透它，它就会在未来的想象中而且是最美好、最富有吸引力的想象中悄悄地复活自身。"这句话正道出了创伤记忆在十三行后人身上默默地反复作用的形式。的确，记忆是一样不可触摸的东西，但又是在固置后不断往回重复的东西。创伤的痛苦往往是在平静美好的生活中潜意识般地告诉你不可以再去做某种事，不可以在掉进创伤发生之时的泥淖中。

家族性的创伤记忆正如集体无意识理论中的"原型"在人诞生之初就投射在人意识之中一般，十三行行商们的创伤记忆也在每个家族的延续中作为一种集体无意识传达到每一个子孙们的认知中。虽然十三行后人们从来没有经历那一段风雨飘摇的日子，从没有过在历史夹缝中强求生存的艰苦体验，他们有很多甚至不知道自己原来就是那曾经"富甲天下"的十三行行商的后人，但他们却又不约而同地在潜意识中恪守着弃商从文的选择。作为十三行后人的父亲，却从未在他面前讲起有关十三行的任何事情——包括风光的兰毅堂瓷器生意和作为洋商备受压迫的苦难记忆。"父亲一辈子沉默寡言，什么事也不说，当然，关于祖上是十三行的行商一事，更是只字未提。"无独有偶，作为十三行首富潘家后裔的潘刚儿教授也和我一样，在年过半百、半生贡献科研事业后的某个偶然机会下，才得知原来自己是十三行后人。我想，这种"集体失忆"其实正是十三行先人们创伤记忆的一种延续方式。祖辈们对十三行事情的"只字不提"，正是不想后代们再踏上这个表面风光的苦难历程，不想他们再走商业之途。这不也是一种认知的渗透吗？

百年风云际会，当云彩集结在珠江河畔，远洋的风帆一次又一次地激扬着混和着水腥味的海风，浩淼翻涌的波涛，在重复性地送迎着外国商旅上下货物时，当是无知于江畔的这一个商业帝国群体，在无声中曾遭受如何的劫难吧？或许，只有南粤国土上这一衣珠江水，才有那种深情，默默地守候着这一片土地，惯看商影繁华，失色于火焰冲天，悟透了破碎的帝国梦境，会心于今天十三行后人们平淡而真挚的生活。流水不腐，百载间仍从容无语地以自我常态注目着江畔这个帝国商行，沧海桑田，物换星移，岁月无情，江水岂亦无情？

是该搁笔了。

这是我写长篇执笔时间最为漫长的一部，经常是写写停停，停停写写，不是资料不足，而是心中常有一种不忍。如同写一篇悼文。

十三行已成为了过去，而且彻底地消失了，它只能消失，以消失来最终实现沉默，一种亘古来有的沉默。可我们却偏要为它打破沉默。这符合它的本意么？

无论褒，还是贬，无论赞赏，还是诋毁，在它，已无任何触动了，因为它已是消失的过去，消失的东西是不会有知觉的。在岁月的风尘中，已经湮没了多少宏伟的、辉煌的建筑，圆明园能留下残垣断壁，已是一种庆幸，我们能上哪去找阿房宫、找兴王府、找十三行后人建的海山仙馆、找……那是连追忆与凭吊都无所寄寓了！

十三行旧地，我去拍了20张照片，可谁还能证明，这曾有过十三行的存在哪？早已面目全非了。呼吁重建十三行景点的提案，建言乃至厚达几十上百万字的规划、构想都出来了，可历史还能回到原来的起点上么？可说的，总归比可做的多得多，对此，我一般不存有什么奢望。消失了的十三行，并没有等待这些。它什么也不等待。

白鹅潭上的白撞雨又来了，浩淼的水面上一片白花花的。只是这白撞雨，总是倏忽而来倏忽而去，不留下半点印痕。唯有水面的船舶，尤其是白帆，还那么凝然不动，几个世纪的风云，也未能改变得了这一幅情景。

江风吹动了我的衣衫，我在一片洁净的阳光中，去寻索河南那片潘、伍等家的故宅、墅院，可层层叠叠的高楼，早已把视线隔断，我的寻索只是徒劳。但我还在寻索，因为我寻索的不仅仅是这样的物像。在这片辽阔的潭面上，所摄下众多的历史片断，正化作千年的神话与传奇、哲理与史诗，向我眼际逼来，让我知道，我该为它们诉说什么……

5

也算是一位后人的呼吁吧

十三行会在历史中沉默么？

那就不妨让我再多说几句吧，也算是一位后人的呼吁。

纵观中国一部外贸史，开海——禁海——开海——禁海，循环往复，内中当有多少乾坤？从"绝对的海禁时代"（梁启超语），到"一口通商"，再到"五口通商"，门户开放，又当有多少诡谲的历史风云？近年来，愈发引人注目的，则是"一口通商"之际的"十三行"。其之所以引人注目，是因为这么一个独特的外贸机制，在 2000 年的外贸史上，占有约五分之一长的时间，即从明嘉靖年间至清咸丰年间 400 年，而这在世界贸易史上更是一个风起云涌的时代，几乎是从葡、荷、英相继称雄海洋始，至苏伊士运河开凿的前夕。十三行在这么一个世界大背景下，几乎独占中国对外贸易约 4 个世纪，期间又有多少历史症结须解开，多少经验可借鉴，多少功过应评说。难怪日本学者在翻译梁嘉彬的《广东十三行考》时称，"余欲从中国商业与中国商人之究明，而致力于解释中国得以保持四千年生命之故"，竟上升到了华夏文明几千年经久不衰的历史高度上来破解"十三行"商贸之谜。

毫无疑义，十三行是中国外贸史上值得大书特书的华彩乐段，有着极为丰富的经济、文化的内容须发掘。尤其是对于今天的改革开放而言，更有非常重大的借鉴意义，是一面非常难得的历史之镜，我们没有理由不从中汲取到厚重、丰硕的历史文化资源。因此，全方位展开对十三行的研究，从多角度切入，已是当务之急。我们可以当之无愧地宣布：十三行，是广东经济史的一大亮点，更是广东对于全国而言的一块历史文化的名牌，擦亮它、打磨它，对于广东这么一个经济强省更上一层楼，成为文化强省，其意义非同小可。广东的学者、作家，当责无旁贷地承担起这一历史任务。的确，十三行的价值怎么高估也不为过，这么一个历史的专有名词，它蕴涵有时间、空间、社会经济、历史文化广泛的内容，横跨有从广东至全国，乃至全世界的人文、经济、地理、城市建设的重大节点：海上丝绸之路、官商与民商、锁国与开放、社会的转型、文化的传承与扬弃……等等，须展开的研究层面非常之多，做好了，自获益匪浅。

把十三行的时间跨度，置于世界历史的演进上，无疑具有跨时代的意义：其时的欧洲，刚刚走出了中世纪，由神的时代走进英雄的时代，启蒙主义、人文主义兴起，工业社会、航海事业迅速发展；而在中国，明末的资本主义萌芽因改朝换代遭到了扼杀，游牧民族却视封建的农耕文明为先进楷模，从而视商贸为末流，与世界的大发展发生抵牾，却又不能不借助外贸支撑国家经济——连赔款也要让十三行支付，这种历史的错位，势必诱发社会的阵痛，这么一个商业群体，到底又能提供多少近现代的思想观念？围棋中的几个气眼，能盘活出什么吗？

而今，中国已经过30年的改革开放，回过头来，再看30年前，几乎也同样是30年的"一口通商"，历史似乎又显现出了其惊人相似的一面。虽然历史的大场景已发生重大的置换，离十三行消亡的时期亦已过去整整一个世纪，但从历史的长河来看，经历了2000年封建社会的中国，这100年又能走出多远？法国人在《停滞的帝国》中，把林彪和和珅相类比，暗喻中华大帝国并没多大变化，这在我们似乎难以接受。而当年的"一口通商"，是出于明清二朝自视为"天朝上国"、"万邦来朝"的理念，根植于封建帝国的封闭、慵懒与保守；而共和国建国后30年，仅余下在十三行所在的地方进行"一口展销"的广交会，当是出于无奈：西方帝国主义的封锁。而历史相似之处，更有朱棣恐惧建文皇帝逃至海外而禁海，顺治、康熙因台湾仍在郑成功手上而"片板不得入海"，"一口通商"似乎是一种命定：从锁国到开放，这"一口通商"分明是当中一个逃避不了的重要过渡环节，功否，过否，谁人评说？

历史一次又一次地选择了十三行所在的这片土地：唐代的蕃坊，宋代的市舶司，明清的怀远驿至十三行，乃至共和国之处30年之久的广交会，我们可以说这里有天时（第二自然之社会的发展）、地利（自古以来海上丝路的始发港），但更重要的是人和——当我们读到西方的史学著作，说宋代东南沿海的市民社会、商品流通，包括市舶司制度的确立，有可能促使中国引发一场商业革命，却最终未能诱发，反而在"蛮族"军事南下之际发生断裂与倒退，当我们重温南汉国海洋贸易之兴盛，以及宋神宗对其大加称道的"笼海得法"，中国的海洋文明当可早早有更长足的发展，而且适逢世界航海大发展时期，却最终仍落个闭关锁国，怎不扼腕长叹?!

既往对十三行的评价，每每落在消极甚至贬抑的一面。把当年的丧权辱国的羞耻，乃至引狼入室，备受列强侵略的历史，与十三行强行联系到一起，并侮蔑有加，诸如"洋奴"、"买办"、"卖国"之类。虽然我们从当年外商的历史记录中可以看到，十三行行商，是坚决拒绝鸦片交易，颇有民族气节的；而从我们这方的历史记录中更可以看到，他们不仅捐巨资建大型战舰，而且还亲自参加抗英活动。问题出在那些沿海走私的不良商人身上，却把污水泼向了十三行，引起了历史的误读。

但是，在十三行被重新肯定之际，我们又过于简单地从伦理上解读十三行行商的爱国、正直、公道……之类，若干文艺作品更简单化把他们视为道德、楷模思想先驱之类——这与我们过去文艺创作的类型化、政治化影响分不开，结果造成了"两张皮"，人物的内在特质与再现的历史场景故事的逻辑贴不到一起，这显然与研究欠深入却一窝蜂而起相关。其实，在当时封建极权统治之下，十三行的存在，当为国门所开的一条缝隙，其与贡舶贸易相左的商品平等交换、互惠互利的自由贸易，是必带来世界上先进的思想、文化，对天朝上国的体制有相应的冲击，也为中国民族资本主义的发生打下了基础，对中国由农耕社会向工业社会转型起到了相应的推动作用，与之伴随的还有西方先进的科技文化、物质文明等。

在改革开放 30 年之后，再回过头来重新解读这一切，当有新的解悟。

30 年的开放改革，对市场经济的认知——由计划经济向市场经济转型，自是对经济规律认识的深化，使得我们这个民族爆发出无限的生机，激活了巨大的经济潜能——这当可回答日本学者因研究十三行提出的疑问了：如何"解释中国得以保持四千年生命之故"了。

从"一口通商"的广交会，到 4 个经济特区的"出笼"，又到沿海 14 个开放城市，还有上海浦东新区，这是一种梯度开放，其格局及演进十分清晰。同样，如今与"广交会"并列的，除开深圳"文博会"、上海"世博会"，还有昆明、南宁等各类大型会展，都在进一步显示当今中国向外开放的坚定信心，这当然是主动的、积极的、有前瞻性的。

对比当年从"一口通商"的十三行，到鸦片战争轰开的"五口通商"、上海开埠、创立"官督商办"……对于清朝政府而言，则是步步为营，被动的、消极的，根本没有远见，其结果，由于"铁路国有"即收归官办，反反复复，终引发民变，成为这中国历史上最后一个封建王朝倒台的一个导火线。

两相比较，当引发更多的深思。虽说在同一片东方的土地上，由于历史的情势不同（根本在于制度的不同，二者虽说在表现形式上有不少相似之处），但最终的结局却大相径庭，一百多年的被动开发，导致的是丧权辱国、军阀混战、社会极度动乱，久久不得解脱；而这 30 年的主动开放，则是国力成几何级数增长，科学技术赶超世界先进水平，百姓正在步入小康社会……当然，仍存在这样那样的问题，如权力寻租导致的贪腐，教育、医疗、房价等民生问题突出，如何避免贫富两极分化导致的社会失衡等等——这些，自与我们背负的沉重的文化传统相关，自然也应在过去的历史教训中找到相应答案。这一来，十三行研究的作用与意义也就凸显了出来。

历史的投影在今天可谓比比皆是。当我们深入到十三行的"洋商"及"公行"制度的研究之中，那种游移于"官商"与"民商"间的迟钝，特别是所谓"广州制度"（外商称清廷对外商制订的一系列规章制度）……种种，我们难道不一样在今天某些公文中似曾相识么？当商品流通、市场经济让纷至沓来的各种信息（无论是科学技术，还是文化艺术），对我们一度固化的思维方式、认知方式产生冲击，我们所取的态势又当如何？相对发达的城市经济，是必相对有先进的制度文化与观念价值，令社会的文化势能得以提升。可以毫不含糊地说，中国近代史上的革命，为何均萌动于南方，正是"一口通商"的十三行引进的物质商品流通及所伴随的思想文化所引发的。十三行制度最终的消亡，自是历史的必然。

早在郑观应那里，便强调民商才是"大旨本原"，只有走民族资本主义之路，方可改革、致强，死抱住封建观念，是必本末倒置，"官不能护商，而反能病商"，中国的流弊则在于"官道"。与他同时代的胡礼垣，亦指出"官督商办而为办法之不善"——他们都出生于十三行的后期，当更能体察其中的弊端。这也说明，十三行行商何以"富可敌国"，却又最终"立夭"，说垮就垮，到头来，仍被玩弄于官的股掌之上。

我们对十三行的物质层面的研究已有相当成果，事实上，无论是粤海关还是东印度公司，对于丝绸、陶瓷、茶叶的贸易，都有着相当翔实的记载，为外贸史的物质层面提供了厚实的研究材料，做好这一层面的研究是非常需要的，是打基础的工作。但对制度层面的研究，却深入得很不够，这不仅需要掌握清廷制定的制度，有一个全面的把握，而且更需要对行商的应对策略，包括变通方式以及外商所在国的制度、政策等，有所把握，这里面的内容当更丰富、更发人深省、更具历史价值。尤其是对于今天的改革开放，无疑有重大的借鉴作用。

而上升到十三行精神层面上的研究，我们目前则非常欠缺。

近日，我写了篇《十三行的谣谚》，尝试在这个层面上加以开掘。其中最主要的谣谚，便是道光年间的：

潘卢伍叶，谭左徐杨。

虎豹龙凤，江淮河汉。

应该说，由于沿海商品经济发达，明清二朝，洗脚上田、弃仕从商已不在少数，所以，商人，虽列"仕农工商"之末，但在广东已不再被人瞧不起，乃至被推崇为"虎豹龙凤"，人中之杰。

但是，习惯势力毕竟是强大的、可怕的，这一谣谚，到后来竟变成了：

潘卢伍叶邹，谭左徐杨邱，

虎豹龙凤狗，江淮河汉沟。

从当年宏阔的彰显，到"狗"与"沟"的污秽不堪的讽喻，这一转变，自引发更沉重的思考。而卢观恒要入乡贤的遭遇，当是最好的注脚。尽管他儿子为让他进入乡贤祠，费了九牛二虎之力，造福乡梓，捐田捐仓，可一旦进入后，却引发空前反弹，举人、乡绅们纷纷攻击他"目不识丁，贱业充商"，一直把状子递到了嘉庆皇帝那里。结果，不但卢观恒的牌位被赶出乡贤祠，还处分了一大批人，儿子的顶戴被摘，连广东巡抚、蕃司也少不了被惩罚。最后成了栽进"沟"中的"狗"。

所以，后世有一个"十三行遗嘱"的传说：后人一律不得经商，重操旧业。潘家如此，梁（即左垣公）家如此，我们谭家亦如此。潘家在清末民初出了个大诗人潘飞声，梁家则出了一批教授、学者，《广东十三行考》便是梁家后人梁嘉彬所作。当然，也有人归之于当年十三行行商有"儒商"传统，毕竟又回到"仕途"上了，但这仅仅能归结到这上面么？诗人、作家、教授、学者未必可与"仕途"画等号。

但更要紧的，当是十三行的命运造成的历史创伤。其实，遗嘱也就是这一历史创伤而形成的。而这一历史创伤又该怎么归结？文化的、经济的、思维方式上的、观念形态上的……当我们仍在不同程度地为创伤记忆所纠缠着的时候，我们当如何寻求避免创伤重复的历史与未来相同的出路呢？如果走不出来，仍在历史的怪圈转悠，等待我们的又将是一场怎么样的悲剧？

我以为，这正是十三行精神层面上最沉重的也最有价值的研究内容。只有上升到这一层面的研究，我们方不会愧对十三行的先行者们，才会在今天的改革开放中，真正解放思想，扬帆出海，绕过暗礁，乘风破浪，驶向光明的未来，实现可能的愿景。

参 考 文 献

〔法〕阿兰·佩雷菲特：《停滞的帝国——两个世界的撞击》，王国卿等译，生活·读书·新知三联书店 1993 年版。

安妮·怀特：《广州行商》，博士学位论文，宾夕法尼亚大学，1967 年。

巴素：《亚洲商人和西方贸易，加尔各答和广州的比较研究，1800—1840》，博士学位论文，加利福尼亚大学历史系，1975 年。

陈尚胜：《试论清朝前期封贡体系的基本特征》，《清史研究》2010 年第 2 期。

程存洁：《250 年前普鲁士商船首航广州》，《广州日报》2003 年 8 月7 日。

戴逸：《简明清史》，人民出版社 2004 年版。

格林堡：《鸦片战争前中英通商史》，康成译，商务印书馆 1961 年版。

郭成康：《康乾盛世历史报告〔史评〕》，中国言实出版社 2002 年版。

郭德炎：《广州、香港和澳门的巴斯商人研究》，澳门《文化杂志》2003 年。

郭廷以：《近代中国史》，商务印书馆 1941 年版。

黄启臣、梁承邺编著：《广东十三行之一：梁经国天宝行史迹》，广东高等教育出版社 2003 年版。

黄启臣:《广东商帮》,黄山书社 2007 年版。

黄启臣:《黄启臣文集》,香港天马图书有限公司 2003 年版。

考迪埃:《广州行商》,《通报》1902 年第 3 期。

(清)梁廷枏总纂:《粤海关志》,袁钟仁校注,广东人民出版社 2002 年版。

李国荣、林伟森主编:《清代广州十三行纪略》,广东人民出版社 2006 年版。

李国荣主编,覃波、李炳编著:《广州十三行——帝国商行》,九州出版社 2007 年版。

李景屏:《乾隆王朝真相》,农村读物出版社 2003 年版。

李景屏:《乾隆六十年:1795 年》,华艺出版社 2009 年版。

李云泉:《朝贡制度的理论渊源与时代特征》,《中国边疆史地研究》2006 年第 3 期。

李治亭、孙玉良:《中国历史五大盛世——康乾盛世》,河南人民出版社 1998 年版。

李治亭:《清康乾盛世》,江苏教育出版社 2005 年版。

梁嘉彬:《广东十三行考》,广东人民出版社 1999 年版。

林涛:《正说清朝三百年》,中国国际广播出版社 2005 年版。

刘正刚:《话说粤商》,中华工商联合出版社 2007 年版。

〔美〕穆素洁:《全球扩张时代中国海上贸易的新网络(1750—1850)》,《广东社会科学》2001 年第 6 期。

〔美〕马士:《中华帝国对外关系史》,张汇文等译,上海书店出版社 2000 年版。

〔美〕马士:《东印度公司对华贸易编年史》,区宗华译,中山大学出版社 1991 年版。

潘刚儿、黄启臣、陈国栋:《广州十三行之一》,华南理工大学出版社 2006 年版。

覃波：《清宫广州十三行档案的珍贵价值》，《历史档案》2003 年第 2 期。

谭元亨：《十三行：习俗与商业禁忌研究》，华南理工大学出版社 2013 年版。

谭元亨：《国门十三行：从开放到限关的逆转》，华南理工大学出版社 2011 年版。

谭元亨：《开洋——国门十三行》，人民文学出版社 2011 年版。

谭元亨：《千年国门——广州 3000 年不衰的古港》，广东旅游出版社 2001 年版。

谭元亨等：《开海——海上丝绸之路 2000 年》，广东旅游出版社 2001 年版。

谭元亨主编：《十三行新论》，中国评论学术出版社 2009 年版。

吴伯娅：《康雍乾三帝与西学东渐》，宗教文化出版社 2002 年版。

邢永福主编：《中国第一历史档案馆》，广东经济出版社 2002 年版。

杨宏烈编著：《广州泛十三行商埠文化遗址开发研究》，华南理工大学出版社 2006 年版。

叶显恩：《世界商业扩张时代的广州贸易（1750—1840）》，《广东社会科学》2005 年第 2 期。

伊格里斯：《广州的中国保商和他们债务》，伦敦，1838 年。

张宏杰：《乾隆皇帝的十张面孔》，人民文学出版社 2009 年版。

章文钦：《广东十三行与早期中西关系》，广东经济出版社 2009 年版。

中荔：《十三行》，广东人民出版社 2004 年版。

朱小丹主编：《中瑞海上贸易的门户》，广州出版社 2002 年版。

后记

让历史来诉说

　　这本书写得如此艰涩，是我自己料所不及的。这倒不是身体的原因，虽说其间做了心脏手术，更多的还在思想上。

　　是的，我当为十三行行商们申辩什么呢？似乎已无可辩驳了。历史就是历史，铁铸般的沉重，也铁铸般的坚固，你休想撬动它一下，更别妄想砸开一条裂缝。纵然历史学家一拨一拨如野草般丛生，也如野草般"一岁一枯荣"，可他们又能对历史有什么作为呢？当历史成为一门职业，历史论文也就成了年年评定职称时大量炮制出来的文字垃圾，散发着腐烂恶臭，而那些教授、研究员则如在腐草中的鼻涕虫、屎壳郎们，应运而生了。又能有什么真知灼见，又怎么能有创见与开拓？在这些寄生物的身上，又怎么找得到诸如梁启超、梁思成、钟敬文、季羡林等老一代学者纵横千古、经天纬地的气概？又怎么找得到诸如鲁迅、郭沫若、茅盾、巴金、沈从文、老舍等老一代作家烛见古今、创作与学问皆通的厚重与潇洒呢？整个学术与文学殿堂，都耽于往孔方兄里钻营、拉着娘娘腔、痴迷于声色犬马、享乐消闲，不惜勾心斗角、尔虞我诈之际，谁还会去寻求历史的公正，思想的崇高与深刻，生命的真正价值所在……

　　于是，十三行的正名，也就沦为了一种利益之争，一种炒作，某个政绩什么的，已远不是历史自身了。作为十三行的后人，我们又能对此说上什么？还能再指望一个梁嘉彬再世么？

正因为这，我已没有勇气再去做一部十三行的学术著作，却又于心不甘，这才有了这样一本历史报告，介乎于学术与文学之间，而不是虚构类的小说什么的。也许，直到这个时候，我才明白，学富五车的陈寅恪，在晚年那种严酷的气候下，何以去写一部《柳如是别传》，不再做"学问"了。

当然，却也受陈寅恪的影响，"以诗证史"，一方面，加重史的可信程度，另一方面，也多少加重这部作品的艺术色彩或诗味——这便是本书引录了那么些古诗词的原因，可录的其实还很多，每每不得不忍痛割爱。同样，本书中引证的史料，也都不少，作者不愿意说的，就让史料说好了。这该不算"春秋笔法"吧。不过，一位台湾著名学者却不认同，他评我的另一部作品时便称："简短叙述中带有颇深的褒贬，所谓'一字之褒荣于华衮，一字之贬严于斧钺'……"

一个人的文字风格也许是很难改变的。此书的艰涩、沉重，也都与作者的人生一脉贯之，既然不愿选择沉默，那就唯有这样，必要时说上一两句，至于人家怎么听的，那是人家的事。反正我说了。

这也许有几分尴尬。本来，这书中所讲的也就是一个尴尬的历史群体，尘垢之久，怎能一下子变得干净呢？没准，永远也干净不了。这让我想起这本书中"遗漏"的一个几近神奇的传说。

那是当年十三行所在的珠江岸边，有一位专门卖肉的赵姓"猪肉佬"。他用来剁肉的案板又厚又重，到底用了多少个年头，连他自己也说不清了，反正记事起便有这个案板，而每日所卖出的钱，则仅够其维持一家人的生计。没想到有一天，"财"从天降，一位番鬼佬来到这位赵姓的猪肉佬案前，提出要花钱买他的案板。赵姓猪肉佬当时只是想，这不就是一大块厚点的木头案板么，卖了，换块新的也无妨，于是，便开了海口，出价50两银子，那时节，与番鬼佬打交道，都是用的银元。番鬼佬满口应承，立即回去把银子取来。他这么一爽快，猪肉佬便多了个心眼，称："刚才不过是戏言而已，你真要买，当不是这个价。"

"多少？加倍，一百么？"

"不行。"

"那就两百。"

这么一口气加到 500 两银子，番鬼佬连眼都不眨一眨。

猪肉佬这下子更疑惑了，心想，如今这号案板，也不过百钱，连一两银子都不值，可这位番鬼佬居然不惜重金以购之，只怕这案板是不世之宝，只是外人不识货罢了。为此，他还是拒绝了：再高价也不卖。

番鬼佬也只好走了，他们得趁季候风，乘商舶回国。

猪肉佬则自始视这个案板为无价之宝，不敢再轻易扛到街上去剁肉了，而是把它洗得干干净净，把上边的油腻也刮去了一层，收藏在了家中，还时刻提防着，怕被人偷走。

约摸一年后，那位鬼番佬又来到了十三行，再专门找到这位猪肉佬，一看台案换了，惊问：是否已有人高价买走？猪肉佬告诉他，这个案板已珍藏在家中一年了，就等他来。番鬼佬一听，便说，这案板已不值钱了。猪肉佬百思不得其解，要问个详细，鬼佬只说，案板中有一老蜈蚣，久饮猪血，已养出了一颗定风殊。这定风珠在海上可是无价之宝，能避风息浪，可现在这蜈蚣已一年无血可饮，早死了，定风珠也化了，案板自然没了价值，他也就不要了。

猪肉佬唯有跌足长叹。

这个传说是真是假，却是没什么重要的。传说毕竟是传说。只是，历史也会演绎为神话，神话本身也是历史。从这个故事中，我们不仅可以得知，当时十三行有多富，居然可用 500 两银子买个案板，但其内涵，却比这丰富得多。很多东西，此时有价，彼时无价，时过境迁，价值也同样发生变换。一如古董，无知者不懂整旧如旧，乱加"保护"，甚至粉刷一新，结果反成破坏，使至一钱不值了。

思想领域中的一切，当不尽一致。当年苏联的"集体农庄"的理念，曾被多少人捧为圭臬，可时至今日，苏联的解体又迳与之有关，自是成了负价值。今天呢，美国梦也一度为不少人津津乐道，只是到最后又会怎样呢？价值观与历史观互相是不可以断然割裂开来的，正与负的价值每每躲不过历史的颠簸，我们当从猪肉佬身上明白点什么。

时至今日，我们仍未必认为，正是商业文明，才带来自由、平等、民主与博爱。这一切，当是人类历史进程中许多综合因素造成的，而非仅由市场所决定。但中国仕农工商，商者为末的传统，毕竟拉了历史后腿有太长的时间，少不了来个纠枉过正。于是，今日，连各级官员都被称之为"老板"或"波士"，每每教我们这些十三行的后裔哑然失笑。这么叫，未必是个好兆头呢。十三行"老板"们的噩梦，莫非还得在他们身上重演？如今，因贪腐而获罪的这类"老板"当与日俱增。只是没了当日的籍没、抄家、充军、流放或鞭刑了！

不知后一代人，看这么一部"财大气粗"的《帝国海商》当有怎样的观感？他们会理解么——这却是多虑了，毕竟，还是在同一片土地上，同一个文化背景，他们不会鲁钝到如书中洪任辉"闯关"一样，搬起石头砸自己的脚，那么不识时务，不谙世情。

记得马尔库塞说过："通过感性媒介物体验到的东西是现在的东西，但是艺术若不把这个东西表现为过去的东西，就不能使它作为现在在场的东西表现出来。于是，艺术作品中称为形式的东西就产生了：它是回顾，是再现。这种模仿行为把现实转换为记忆。"

十三行的记忆，自不是后顾，而只是当下与前瞻，是当下的一个警示，这正是行文艰涩的一个原因，不得不说的话总是很难说的，而且也很难说清楚，知识分子本身也就是很难说清楚的一种，谁说得清自己。可我还是努力去说了。这当告慰先人，也告慰今天。也告慰我的邑人——毕竟父辈是南番顺即三邑人，这些年诸如《广府寻根》、《千年国门》等作品，当是写的这么一个族群：三邑是广府的中心地，三邑人就是最典型的广府人，无论学术，还是文学作品，真正关心这个族群的，还是少之又少。而且，十三行正是产生在广府。

这又是一番不曾明白的话——我要说的是什么？有谁来告诉我呢?！

让历史来告诉好了，只是我已未必听到了。

策划编辑:张文勇
责任编辑:郭 倩 何 奎
封面设计:肖 辉

图书在版编目(CIP)数据

海国商道:来自十三行后裔的历史报告/谭元亨 著.
 -北京:人民出版社,2014.6
ISBN 978-7-01-013171-9

Ⅰ.①海… Ⅱ.①谭… Ⅲ.①十三行-研究 Ⅳ.①F752.949

中国版本图书馆 CIP 数据核字(2014)第 025699 号

海 国 商 道

HAIGUO SHANGDAO

——来自十三行后裔的历史报告

谭元亨 著

人 民 出 版 社 出版发行

(100706 北京市东城区隆福寺街 99 号)

北京市文林印务有限公司 新华书店经销

2014 年 6 月第 1 版 2014 年 6 月北京第 1 次印刷
开本:710 毫米×1000 毫米 1/16 印张:29.75
字数:425 千字

ISBN 978-7-01-013171-9 定价:60.00 元

邮购地址 100706 北京市东城区隆福寺街 99 号
人民东方图书销售中心 电话 (010)65250042 65289539